S.F.
V.

Gerd R. Ueberschär / Winfried Vogel

Dienen und Verdienen

Hitlers Geschenke an seine Eliten

S. Fischer

Lektorat: Walter H. Pehle
Satz: Stahringer, Ebsdorfergrund
Druck und Einband: Clausen & Bosse, Leck
Printed in Germany
ISBN 3-10-086002-0

Inhalt

Dienen und Verdienen

Vorwort

Ein weitgehend unbekanntes Kapitel in der Geschichte des Dritten Reiches sind Hitlers Geschenke und Dotationen, die er während seiner zwölfjährigen Herrschaft vorwiegend an Angehörige der politischen und militärischen Elite verteilte. Dabei wurden von dem »Führer« des NS-Staates zum Teil gewaltige Summen in Form von Geldbeträgen oder als Immobilienwerte aus staatlichem Besitz vergeben. Daß diese Zuwendungen keine Ausnahmen bildeten, sondern vielmehr in ein vielschichtiges und vielfaches Korruptions- und Bereicherungssystem eingebunden waren, das von der Spitze des Regimes bis zu regionalen und lokalen Parteigliederungen und Staatskreisen reichte, hat der Historiker und Publizist Sebastian Haffner in seinem in England schon 1940 veröffentlichten Buch »Germany: Jekyll & Hyde« publik gemacht (deutsch: »1939 – Deutschland von innen betrachtet«. Berlin 1996, zu den folgenden Zitaten siehe dort S. 43 ff.). Haffner sprach von »grenzenloser Korruption« und »riesigem Ausmaß des Diebstahls« sowie »dreistester Inanspruchnahme öffentlicher Gelder« durch die herrschende Schicht, die sich sogar als »neuer Hochadel« verstand. Umfangreiche Unterschlagungen, Bereicherungen und Korruptionsfälle waren nach dem Urteil Haffners im NS-Staat an der Tagesordnung. Dabei wurden Millionen von Steuergeldern veruntreut und verschenkt.

Nun ist die Einflußnahme mit Geld in der Geschichte nichts Besonderes. Freilich floß dieses in der Regel nicht so versteckt und heimlich wie bei Hitler, der unter Zuhilfenahme des Chefs der Reichskanzlei, Reichsminister Hans-Heinrich Lammers, ausdrücklich Diskretion, Vertraulichkeit und Verschwiegenheit bei der Dotationsvergabe verfügte. Sowohl diese Geheimhaltung als auch das spätere Verschweigen der Dotationen in den Memoiren Betroffener erschweren die Suche nach den Belegen dieser amtlichen Vorgänge.

Die Untersuchung stützt sich vorwiegend auf Aktenbestände der Präsidial- und Reichskanzlei und des Reichsfinanzministeriums sowie auf Aufzeichnungen und Berichte von Zeitzeugen und Zeitgenossen. Das Ergebnis kann gleichwohl nicht erschöpfend sein, da sich auch andere Reichs- und Parteidienststellen mit den Anregungen und Vorarbeiten zur Gewährung von Zuwendungen und Dotationen befaßt haben. Einige Dotationen werden in Memoiren von Zeitzeugen behauptet oder als wahrscheinlich angenommen, lassen sich aber letztlich nicht beweisen, so daß zwar gemäß Aktenlage eine Dotationsgewährung aufgrund paralleler Ereignisabläufe bei anderen Fällen angenommen werden kann, aber dennoch der vollständige Beweis für den Empfang der Dotation nicht möglich ist.

Für den Historiker und interessierten Leser bleibt dies eine unbefriedigende Situation. Es ist aber mehr als 50 Jahre nach dem Ende der NS-Herrschaft kaum noch mit ergänzenden Hinweisen oder dem Auftauchen zusätzlicher Beweisstücke zu rechnen, so daß die vorliegende Präsentation der Forschungsergebnisse gerechtfertigt erscheint, obwohl möglicherweise nicht alle Zuwendungen Hitlers an Angehörige der politischen und militärischen Elite des NS-Staates erfaßt sind.

Durch die Geheimhaltung vor 1945 und die nicht umfassend vorliegende Quellenüberlieferung nach 1945 wurden die von Hitler in Form von Bardotationen und Gütern gewährten Zuwendungen in der historischen Literatur nur punktuell bei biographischen Arbeiten erwähnt. Eine gründliche Untersuchung und Darstellung unterblieb jedoch. Auch die Öffentlichkeit in der Bundesrepublik verhielt sich gegenüber der seit Nürnberg bekannten Korrumpierung und Bereicherung der Eliten im NS-Staat seltsam indifferent. In der Historiographie der ehemaligen DDR wurde die Problematik erstmals 1971 von dem Historiker Olaf Groehler knapp behandelt (Olaf Groehler: Die Güter der Generale. Dotationen im zweiten Weltkrieg. In: ZfG 19 [1971], S. 655–663), ohne daß er die Möglichkeit gehabt hätte, die in der Bundesrepublik liegenden zentralen Quellen, wie z.B. die Akten der Reichskanzlei, auswerten zu können. Nachdrücklich hat der US-Historiker Gerhard L. Weinberg 1979 auf die noch ausstehende Beschäftigung mit diesem Thema hingewiesen und davor gewarnt, beschönigende Selbstdarstellungen der Beschenkten zu akzeptieren (Gerhard L. Weinberg: Zur Dotation Hitlers an Generalfeldmarschall Ritter von Leeb. In: Militärgeschichtliche Mitteilungen Nr. 2/1979, S. 97–99). Die Dotationen des »Führers« können zudem auch nicht als übliche Herrschaftsgeschenke durch Fürsten und Regenten wie im Mittelalter oder in der Neuzeit angesehen werden, denn sie hatten bei Hitler und der NS-Führung eine spezielle Funktion, wie die vorliegende Studie zeigen wird.

Es ist nicht unser Ziel, dem Verbleib oder der juristischen und finanzpolitischen Verfolgung der Zuwendungen nachzugehen; das würde den Rahmen der historischen Darstellung sprengen. Gleichwohl kann angemerkt werden, daß Geschenke und Dotationen mehrfach Ursache und Ausgangspunkt für parlamentarische Anfragen in demokratisch legitimierten Institutionen der Bundesrepublik Deutschland gewesen sind. Wiederholt wollten seit den achtziger Jahren mehrere Regierungsmitglieder, Abgeordnete des Deutschen Bundestages sowie Bürgerinnen und Bürger wissen, ob die Dotationen zu Recht empfangen wurden und weiterhin behalten werden dürften oder ob es sich dabei um unrechtmäßige Vermögensverschiebungen während der NS-Gewaltherrschaft handelte, die möglicherweise korrigiert werden sollten.

Bei den ressortfachlichen Prüfungen wurde deutlich, daß es seit 1949 keine spezielle gesetzliche Regelung zur Rückabwicklung bzw. Rückgabe der Dotationen gibt. Nur wenn sie Organisationen, Personengruppen oder Personen gehörten, deren Besitz aufgrund von Gesetzen und Verordnungen der alliierten Militärregierungen beschlagnahmt oder deren Vermögen nach einem Gerichtsurteil in Entnazifizierungsverfahren eingezogen wurden, konnte es zur Überprüfung und Rückführung des Dotationsvermögens kommen. Die vorläufige Beschlagnahme nach dem Militärregierungsgesetz Nr. 52 endete allerdings mit der Aufhebung des Gesetzes zum 5. Mai 1955, als das Besatzungsstatut aufgehoben wurde und die Bundesrepublik Deutschland ihre volle Souveränität erlangte. Nur bei Vermögensregelungen in den Entnazifizierungsverfahren konnte es danach noch zur Neuregelung von Vermögensfragen kommen; generell waren die Dotationen nicht betroffen. Verständlicherweise bilden sie auch in neuester Zeit Stoff für Verwunderung und Erstaunen, wie Beiträge in verschiedenen Presseorganen zeigen (Peter Meroth: Vorschuß auf den Endsieg. In: stern Nr. 25 v. 12. Juni 1980; Winfried Vogel: »... schlechthin unwürdig«. In: Die Zeit Nr. 14 v. 28. März 1997).

Dieses Buch soll die Frage beantworten, wer in welcher Form und in welchem Ausmaß aus dem Kreis von Hitlers politischer und militärischer Elite eine Zuwendung des Diktators erhalten hat; zugleich vermittelt es einen Eindruck, wie weit die Verstrickung und Abhängigkeit materieller Art von Angehörigen der politischen und militärischen Führungsschicht im NS-Regime gegangen ist. Darüber hinaus können die vorgelegten Forschungsergebnisse vermeiden helfen, daß weitere Spekulationen über Umfang und Größe dieser Dotationen entstehen.

Wir danken Herrn Professor Dr. Gerhard L. Weinberg, North Carolina, für seine Anregung zum Thema, Herrn Professor Dr. Friedrich Kahlenberg, Präsident des Bundesarchivs, für seine Unterstützung, Frau Gisela Lammerich und Frau Ute Ueberschär-von Livonius für die Mühe bei der Anfertigung des Manuskriptes, Herrn Hans U. Stenger, Frankfurt am Main, für seine freundlichen Hinweise zum Text sowie den Mitarbeiterinnen und Mitarbeitern der genannten Archive für die Unterstützung bei den Recherchen in den Archivmaterialien und Herrn Dr. Walter H. Pehle, der nach Lektüre des ZEIT-Artikels das Buchprojekt auf den Weg gebracht und energisch vorangetrieben hat, sowie seinen Kolleginnen und Kollegen für die gute Zusammenarbeit mit dem Verlag.

Freiburg und Bad Breisig, im April 1999
Gerd R. Ueberschär und Winfried Vogel

I. Dotationen und Schenkungen in der Geschichte

1. Die Dotationen in Hitlers Vision vom zukünftigen NS-Staat

Als Reichspropagandaminister Dr. Joseph Goebbels in der Nacht vom 2. auf den 3. Dezember 1944 mit dem »Führer« Adolf Hitler in einem mehrstündigen Gespräch Überlegungen anstellte, wie das deutsche »Staatsleben rein nach nationalsozialistischen Gesichtspunkten« in der Zukunft einmal »auszurichten« sei, schwebte ihnen vor, die führenden Nationalsozialisten »nicht nur [als] Träger des staatlichen, sondern auch [als] Träger des gesellschaftlichen Lebens« einzusetzen.[1] Da Hitler zu dieser Zeit nach dem Attentatsversuch des Grafen Stauffenberg vom 20. Juli 1944 noch immer auf Rache sann, beabsichtigte er zudem, den »Adel nach dem Kriege radikal abzuschaffen und jeden Aristokraten, der sich nicht bedingungslos zu [dem NS-] Regime bekennt, zu enteignen, vor allem die, die im Besitz von Landgütern sind«.[2] Beide NS-Führer sahen wie im 17., 18. und 19. Jahrhundert die besondere Stellung des Adels im Staate durch den Besitz von Landgütern begründet. Um die eigenen Parteigenossen dann an die Stelle der Aristokraten im Staat setzen zu können, sollten sie ebenfalls »eine gewisse materielle Unabhängigkeit« erhalten. Dafür hatte Hitler eine einfache Lösung parat: Er wollte »deshalb die nationalsozialistische Führungsschicht auch nach dem Kriege mit großen Dotationen ausstatten, und zwar vor allem mit Dotationen an Landbesitz. Diese sollten übrigens auch den bewährten Militärs zugute kommen.«[3]

Anfang Dezember – als die Gegner Deutschlands sowohl im Osten als auch im Westen schon die Reichsgrenzen überschritten hatten und auf deutschem Boden standen – erörterten Hitler und Goebbels in einer nächtlichen und fast sechsstündigen Unterredung, die der Reichspropagandaminister als »eine der interessantesten und beruhigendsten« in seinem Tagebuch festhielt[4], richtungweisende Pläne für die künftige NS-Herrschaft. Durch Vergabe von Dotationen sollte Hitlers Staat und Regime für alle Ewigkeit gefestigt werden. Die Geschenke sollten es den führenden Nationalsozialisten ermöglichen, ohne materielle Sorgen die ihnen übertragenen Aufgaben zu erfüllen. Die Dotationen erhielten eine doppelte Funktion zugewiesen. Einerseits sollten sie eine finanzielle Absicherung der Beschenkten schaffen, und andererseits sollten sie die Forderung nach Siedlungstätigkeit des neuen NS-Adels verwirklichen. An welche historischen Beispiele mögen Hitler und Goebbels gedacht haben, als sie die Vergabe von Dotationen zum staatstragenden Akt erhoben? Die finanziellen Zuwendungen waren grundsätzlich keine Besonderheit des NS-Regimes.

In der Tat gab es eine Reihe von Persönlichkeiten, die sowohl durch Standeserhöhungen im Kreis der Adligen als auch durch Dotationen und andere finanzielle Zuwendungen ihre Position im staatlichen Gefüge erst richtig absichern konnten, da ihnen zuvor die nötigen finanziellen Mittel fehlten, um entsprechend ihrer Stellung auftreten zu können.

Unter Rückgriff auf das frühe Mittelalter – hier vor allem auf die übliche Praxis bei den Langobarden – handhabte man im 17., 18. und 19. Jahrhundert mit der Dotation (lat. dos = Mitgift, Geschenk, Gabe) die Verleihung von Grundeigentum, mit welchem der König besondere Leistungen – vor allem beim Kriegsdienst – belohnte. Die Mittel dazu boten Ländereien in den eroberten Staaten; auch im religiösen Bereich betrachtete man es als üblich, daß der Gründer einer kirchlichen Anstalt gleichsam als deren geistlicher Vater seine Stiftung mit ausreichenden Mitteln »dotierte«.[5]

Zweifellos sollte vor allem im persönlichen Bereich durch das Schenken eine Beziehung zwischen dem Schenkenden und dem Beschenkten entstehen, die eine gegenseitige Verpflichtung begründen sollte. »Kleine Geschenke erhalten die Freundschaft«, sagt ein Sprichwort. Und große? Führen sie zu Abhängigkeit, Bindung, Verpflichtung oder gar zu Korruption? Nach den Regeln und Ritualen des Schenkens an mittelalterlichen Höfen beruhte die Gabe im besonderen Maße auf Reziprozität.[6] Im Unterschied zum ökonomischen Austausch von Waren war die vom Geber erwartete Gegenleistung nicht unbedingt gleichfalls ein Geschenk, sie konnte auch aus Ehre, Anerkennung, persönlicher Bindung und Verpflichtung bestehen. Aus dem höfischen System des Schenkens entwickelten sich später Dimensionen, die im 18. und 19. Jahrhundert auch die Form von Verschwendung und Korruption annahmen.

In der Zeit des Absolutismus wurden mit Dotationen Staatsmänner, Feldherren und Offiziere durch den jeweils regierenden Fürsten für besondere Verdienste belohnt. Dies konnte durch Nobilitierung, d.h. Übertragung von Adelstiteln, Standes- und Rangerhöhungen erfolgen sowie durch Ordensverleihungen oder durch Schenkung von Landbesitz und Gütern. Der Zweck war eindeutig: Herrscher und Gefolgsmann sollten durch den materiellen Dank für besondere Taten enger aneinander gebunden werden. Dotationen waren dabei etwas ganz Selbstverständliches: »Alles und Jedes hatte seinen Preis, jede Standeserhöhung, jede Heirat – besonders die politische –, jeder politische Vertrag. Die Bestechung war eine übliche, allgemein bekannte Form der politischen Verhandlung, und Dank und Gnade des Landesherrn drückten sich noch nicht ausschließlich in Ordensverleihungen aus, sondern in Dotationen. Deshalb die Zeit als besonders geldgierig oder auch nur materialistisch einzustufen, hieße sie gründlich mißzuverstehen, sie hatte lediglich ihre eigenen Maßstäbe und ihre eigenen Tugenden.«[7] Beispiele für die Adelserhebungen und Dotationsvergaben sind die Schenkungen Kaiser Karls VI. an Graf Althahn und Kaiserin Maria Theresias an ihren Staatskanzler Fürst Kaunitz-Rietberg, an Feldmarschall Graf Daun und an Feldmarschall Laudon.

Nicht selten wurden Dotationen – so auch noch im 20. Jahrhundert – mit der Erhebung in den Adelsstand verbunden. So wurden 1918 die britischen Offiziere General Haig und Admiral Beatty zusammen mit einer Reihe anderer siegreicher Feldherren aus dem Ersten Weltkrieg in den Grafenstand (Earl) erhoben, und es wurde ihnen zugleich eine stattliche Dotation gewährt.[8]

2. Kaiserlicher Dank an Prinz Eugen

Ein typisches Beispiel ist auch die Dotation an Prinz Eugen von Savoyen durch Kaiser Leopold I. Im Juli 1697 wurde Prinz Eugen (1663–1736) zum Oberbefehlshaber der in Ungarn stehenden und in einem desolaten Zustand befindlichen kaiserlichen Armee von

55 000 Mann ernannt. Es war dem Präsidenten des Hofkriegsrats, Graf Ernst-Rüdiger von Starhemberg, gelungen, den zögernden Kaiser Leopold zu überzeugen, daß nur der junge, tüchtige Prinz Eugen die nötige »Experienz« und »den Verstand sowie Autorität und Respekt« hatte, um wieder Siege an die österreichischen Fahnen zu heften, nachdem Wien bisher ruhm- und glücklos in Italien und Ungarn Krieg geführt hatte. Er vermochte tatsächlich, das überlegene türkische Heer in wenigen Wochen mit Kühnheit, Improvisationsfähigkeit, Energie, Tatkraft und persönlichem Vorbild sowie durch Konzentration aller verfügbaren Kräfte am 11. September 1697 in der Schlacht bei Zenta vernichtend zu schlagen, und konnte dem Kaiser in Wien die Vernichtung von 25 000 Türken und den Gewinn reicher Beute melden.

Aus Dankbarkeit und in Anerkennung dieser Tat schenkte Kaiser Leopold I. dem Prinzen ein großes Territorium im Winkel zwischen Donau und Drau südlich von Fünfkirchen (Pécs), das einen Wert von ungefähr 80 000 Gulden besaß.[9] Die hohen Kosten für den Krieg gegen die Türken und der chronische Geldmangel des Hauses Habsburg erlaubten damals keine Bardotation. Land stand dagegen ausreichend zur Verfügung, obwohl dem Kaiser das frisch in Ungarn eroberte Territorium eigentlich nicht gehörte. Die Ländereien galten jedoch als herrenlos, wurden der Krone übertragen, und diese belohnte damit ihr treu ergebene Adelige und Heerführer.

Als Prinz Eugen am 7. September 1706 die Armee von König Ludwig XIV. von Frankreich in der Schlacht bei Turin besiegte und die Stadt besetzte, belohnte der Kaiser den Prinzen erneut. Er ernannte ihn im April 1707 zum Generalgouverneur des Herzogtums Mailand, eine Dienststellung, die dem Prinzen ein Jahresgehalt von 100 000 Gulden einbrachte.[10] Als Gegenleistung wurden einige Repräsentationsverpflichtungen erwartet. Die kaiserliche Gunst machte den Prinzen Eugen zu einem der reichsten Männer Wiens.

Dotationen als Dankesgesten der Herrschenden wurden in dieser Zeit als Normalität angesehen. Die Großzügigkeit im Schenken ehrte den Herrscher und vergrößerte den Respekt und die Zuneigung seines Volkes. Sie war auch Motivation für den der Krone dienenden Adel, denn die Gehälter im Hofdienst waren eher karg. So betrug das Jahresgehalt des preußischen Ministers Wilhelm von Grumbkow, eines Zeitgenossen des Prinzen Eugen, wie das seiner anderen Kollegen etwa 1000 Gulden.[11] Selbstverständlich wurden diese Dotationen als öffentliche Angelegenheit betrachtet. Niemand wäre damals auf die Idee gekommen, aus Dotationen wie etwa der Übertragung von Ländereien, Schlössern, Gütern oder Geldbeträgen ein Geheimnis zu machen.

Als Dankesgeste des regierenden Fürsten ist auch das Geschenk von Herzog Karl August von Sachsen-Weimar an Johann Wolfgang von Goethe 1793 zu werten, der dem Dichter das Helmershausensche Haus am Frauenplan mit Finanzierung eines Umbaues im Wert von 7500 Talern übergab.[12] Schon seit April 1791 hatte der Herzog das zuvor erworbene Haus Goethe zur kostenfreien Nutzung überlassen. Angesichts eines jährlichen Gehaltes von Goethe von etwa 3100 Talern (im Jahr 1820) war diese Schenkung eine fürstliche Zuwendung.[13]

Gelegentlich flossen aber auch große Summen diskret, wie z.B. die Subsidien oder Bestechungsgelder von Monarchen reicher Länder an kleinere Fürsten im Heiligen Römischen Reich Deutscher Nation, von denen man politisch etwas wollte, oder an handelnde Minister, die den jeweiligen Regierungskurs beeinflussen konnten.

3. Napoleons Dotationen

Im besonderen Maße hat Frankreichs Kaiser Napoleon I. vom Instrument der Dotationsvergabe als persönliche Auszeichnung und Standeserhöhung seiner revolutionären Generalskameraden und Verwandten sowie Bekannten Gebrauch gemacht.[14] Er verlieh vor allem seinen Heerführern die mit der Eroberung anfallenden Güter in fremden Staaten als Lehen in Form einer Dotation seines Kaiserreichs. Zum Teil kamen die Inhaber der neuen Herrschaft sogar in Besitz von Hoheitsrechten. Gelegentlich wurde der neue Adelstitel mit einer Rentenzahlung aus Gutsbesitz in Frankreich verbunden. Ziel war, einen neuen Verdienstadel zu schaffen, der dem Kaiser ideell wie materiell verpflichtet war. Allerdings wurden damals auch die Pensionen der Mitglieder des französischen Ordens der Ehrenlegion als Dotation bezeichnet.

Für Napoleons umfangreiche Vergabe von Dotationen gibt es mehrere Gründe: Die Umbruchzeit nach der Französischen Revolution erleichterte es vielen Geschäftemachern, sich an Krieg, Handel und Schiebereien in großem Umfang zu bereichern. Im Absolutismus des 18. Jahrhunderts war dies nur wenigen Privilegierten möglich gewesen. Hemmungslos haben schon Vertreter des französischen Konvents seit 1794 die »befreiten«, d.h. eroberten Territorien im linksrheinischen Deutschen Reich ausgeplündert. Zum Beispiel verlangte man von den okkupierten Gebieten hohe Kontributionen: Im August 1794 mußte das Kurfürstentum Trier 4 Millionen Livres bezahlen, im Juni 1795 legten die Vertreter französischer Stellen der Region zwischen Maastricht und Bonn eine Kontribution in Höhe von 25 Millionen Franken auf, die allerdings später auf 8 Millionen herabgesetzt wurde.

Will man den wirklichen Wert der von Napoleon verschwenderisch ausgegebenen Geldsummen und Dotationen an die neuen Notabeln seines Empires annähernd richtig bewerten, muß man kurz einen Blick auf die Einkommens- und Lebensverhältnisse des einfachen Bürgers werfen, was freilich nur lückenhaft möglich ist. Für die napoleonische Zeit wird angegeben, daß die Lohnskala für einen einfachen Arbeiter in Paris sich zwischen einem Minimum von 2,50 Francs pro Tag und einem Maximum von 4,20 Francs pro Tag bewegte. Außerhalb der Hauptstadt kam ein Tagelöhner oder ungelernter Arbeiter auf 1,50 Francs am Tage; in der Textilindustrie und in den Bergwerken wurden diese Löhne durch Frauen- und Kinderarbeit weiter nach unten gedrückt. Ein Kilogramm Weißbrot erhielt man in dieser Zeit für 35–55 Centimes, für einen Liter Wein bezahlte man zwischen 50 Centimes und einem Franc.[15]

Bis 1804, dem Jahr seiner von ihm selbst initiierten Kaiserkrönung, hatte Napoleon seine großen Siege mit einer durch die Revolution geprägten Armee errungen. Ihre Generale waren, wie er selbst, jung und stammten zum Teil aus einfachen Verhältnissen; teilweise rekrutierten sie sich auch aus dem Unteroffiziersstand. Mit seiner Kaiserkrönung suchte er, Teile der alten bourbonischen Aristokratie mit den neuen Helden der Revolutionszeit zu Notabeln seines Empires zu vereinigen. Zu diesem Zweck wurden neue Hofämter geschaffen, in den eroberten Gebieten Territorien verteilt und große Summen Geldes als Dotationen an alte und neue Notabeln ausgeschüttet.

Da Napoleon wußte, daß seine Generale sich nicht selten in den vergangenen Feldzügen großzügig bereichert hatten, schrieb er 1805 in einem Brief an seinen Bruder Joseph, er werde sie alsbald so reich machen, daß sie nicht mehr zu stehlen brauchten.[16] Nach den siegreichen Feldzügen gegen Österreich, Preußen und Rußland von 1805 bis 1807 ernannte er in Vasallenstaaten eine Reihe von Titularherzögen, denen er auch zusätzliche Dotationen zusprach, wie bespielsweise die Herzöge von Dalmatien, Istrien, Rivoli, Belluno, Ragusa, Tarent, Friaul, Conegliano, Feltre, Montebello und Treviso. Mit dem Erlaß vom 30. Juni 1807 wurde ein Füllhorn von Dotationen an 27 namentlich genannte Marschälle und Generale ausgeschüttet. Große Domänen im Werte zwischen 217 190 Francs und 4 831 238 Francs wurden in dem betreffenden Erlaß mit genauen Wertangaben aufgeführt.[17] Sie lagen ausschließlich in eroberten Ländern, in diesem Fall vorwiegend im Osten, d.h. in Polen, und in Italien, Westfalen sowie in Hannover. Die Güter waren, so bestimmte es Napoleon, ein Geschenk. Sie blieben unverkäuflich und unübertragbar, stellten aber einen großen Wert dar. Nicht nur die Generale und Marschälle – wie der Herzog von Pontecorvo (Bernadotte) –, sondern auch hohe Beamte und Würdenträger Frankreichs wurden ab 1808 mit Dotationen und Adelstiteln reichlich bedacht – wie z.B. die Herzöge von Benevent (Talleyrand), Otranto, Parma, Bassano, Piacenza und Cadore. Mit den Titeln waren Einnahmen aus reichen Domänen und zum Teil hohe Bargeldgeschenke verbunden, die zwischen 200 000 und 600 000 Francs lagen; Marschall Berthier erhielt sogar eine Million Francs.

Die Gelder flossen aus einem »Irrgarten von Kassen, Domänen, Spartöpfen und Fonds, [die] der willkürlichen Verwaltung des Diktators ausgeliefert [waren]«[18], so daß niemand einen Überblick hatte – eine Parallele zur späteren Vergabepraxis im Reich des deutschen Diktators. Verbunden waren die Dotationen mit einer Fülle von Titeln, wie z.B. bei seinem Generalstabschef Marschall Louis Alexandre Berthier, der sich 1806 Fürst von Neuchâtel (preußisches Gebiet in der Schweiz) und Fürst von Wagram nennen durfte, oder bei Marschall Michel Ney, der den Titel Herzog von Elchingen, ab 1812 noch Fürst von der Mosqua erhielt. Marschall Louis Nicolas Davout erlangte die Titel Herzog von Auerstädt und Fürst von Eckmühl. Die Titel waren reine Adelsbezeichnungen und nicht mit realer Herrschaft in den Fürstentümern verbunden. Sie bezeichneten oft den Ort, an dem Eroberungen, Siege und große Domänenschenkungen

stattgefunden hatten, z.B. bei Marschall François Lefebvre, der Herzog von Danzig (Duc de Dantzig) wurde. Die Dotationsurkunde für den Marschall, der die preußische Stadt bravourös erobert hatte, datiert vom 10. September 1808[19] und lautet wie folgt:
»Wir wollen unserem Cousin, dem Marschall und Senator Lefebvre, einen Beweis unserer Gunst geben, als Dank für die Anhänglichkeit und Treue, die er uns allezeit erwiesen hat, und als Anerkennung für die hervorragenden Dienste, die er uns am ersten Tag unserer Herrschaft und seitdem unablässig leistete und denen er soeben neuen Glanz verliehen hat durch die Einnahme der Stadt Danzig. Wir wünschen, durch einen besonderen Titel die Erinnerung an dieses ruhmvolle und denkwürdige Ereignis wachzuhalten; wir haben deshalb beschlossen, ihm den Titel eines Herzogs von Danzig zu verleihen, und wir tun dies hiermit, zusammen mit einer Schenkung von Landbesitz innerhalb unseres Staatsgebiets. Wir erwarten, daß das besagte Herzogtum Danzig von unserem Cousin, dem Marschall und Senator Lefebvre übernommen wird, und daß er es weitervererbt an seine ehelichen und unehelichen männlichen Nachkommen nach dem Erstgeburtsrecht. Er soll darüber als über sein Eigentum verfügen, mit allen Lasten und Verpflichtungen und mit den Rechten, Titeln, Ehren und Vorrechten, die den Herzogtümern durch die Verfassung des Kaiserreichs gegeben werden.«[20]

Der neue Herzog hatte damit wie andere Generale und Marschälle Napoleons einen Titel und Namen, aber keinen Besitz in Danzig und dort nicht einmal eine Wohnung, es sei denn, er hätte sie sich gekauft.

Dieser neue kaiserliche Kriegs- und Geldadel blendete die französischen Bürger nur kurze Zeit. Er war auch eine eigenartige Erscheinung im Land von Freiheit, Gleichheit und Brüderlichkeit. Zwar bestach die Tatsache, daß man in der napoleonischen Zeit in Armee und Verwaltung schnell aufsteigen konnte – Marschall Lefebvre war arbeits- und besitzlos, als er in die Revolutionsarmee eintrat, und seine Frau war Waschfrau in Paris. Auf der anderen Seite gelang es Napoleon trotz dieser Flut von Titeln, Schenkungen, Dotationen und neuen Orden nicht, die Ausgezeichneten nachhaltig an sich zu binden. Er warf seinen Marschällen später sogar Undankbarkeit vor, als er im Exil seine Memoiren schrieb, hatte er doch seine eigene Erkenntnis, »anständig geben heißt ehren, viel geben heißt verderben«[21], selber nicht beherzigt. Die neuen Notabeln haben die neubegründete Dynastie in schweren Zeiten nicht geschützt, sie eher verraten oder allein gelassen und sich dann den alten Mächten wieder zugewandt. Ein geheimer Artikel des ersten Pariser Friedensvertrages vom 30. Mai 1814 hob schließlich alle Dotationen Napoleons, der am 11. April 1814 abgedankt hatte, sowie die damit verbundenen Rechte und Ansprüche außerhalb von Frankreichs Grenzen auf.[22]

4. Adelserhebung und Dotationen an Fürst Clemens von Metternich

Mit der Verbannung Napoleons 1815 auf die Insel St. Helena war die nahezu grenzenlose Korrumpierung von Staatsbediensteten durch Dotationen zunächst einmal beendet. Es herrschten wieder die Regeln des absolutistischen Feudalstaates und die Kontinuität höfischer Sitten und Gebräuche des 18. Jahrhunderts. Clemens von Metternich-Winneburg (1773–1859), der große Sohn des Rheinlandes in österreichischen Diensten als Botschafter in verschiedenen Städten Europas während der Auseinandersetzung mit Napoleon, wurde 1809 in einer Phase tiefer Erniedrigung Wiens geschickter Außenminister. Er führte die Verhandlungen über die Eheschließung Napoleons mit der Erzherzogin Marie Louise und wurde einer der maßgeblichen Gestalter der europäischen Politik in der ersten Hälfte des 19. Jahrhunderts.

Nach der Völkerschlacht bei Leipzig vom 16. bis 18. Oktober 1813, die zum Sieg der Alliierten und zur Vertreibung Napoleons aus Deutschland führte, verlieh Österreichs Kaiser Franz I. seinem Außenminister die Fürstenwürde für seine Person und seine Nachkommen. Stolz schrieb Metternich an seine Frau: »Der Kaiser hat mich heute morgen zu sich gerufen. Er hat mir gesagt, daß er Europa beweisen möchte, daß ich es gewesen bin, der direkt zu seinem Heil und dem Österreichs beigetragen hat [...], daß er von mir nur eines erwarte – das Versprechen, daß ich mich, solange er lebe, nicht mehr von ihm trenne. Der Kaiser hat sein Handbillet zurückdatiert und es auf den 20. Oktober geschrieben, um es dem schönen Tag [der Völkerschlacht – d. Verf.] anzunähern. Diese Tatsache berührt mich mehr als jede andere Anerkennung.«[23]

Nach der Abdankung Napoleons im April 1814 gewährte Franz I.

dem Fürsten Metternich eine weitere Dotation: In einem Handschreiben vom 21. April 1814 gestattete er Metternich und seinen direkten Nachfahren, im ersten Feld ihres Familienwappens das Wappen des Hauses Österreich zu führen, und in seiner Eigenschaft als König von Ungarn schenkte er Metternich die Herrschaft Daruvàr, ein stattliches Gut. Zugleich übertrug er ihm Titel und Würde eines »eingeborenen Magnaten« des Königreichs Ungarn.[24]

Als nach Napoleons Rückkehr von der Insel Elba und dem Ende der 100-Tage-Herrschaft nach der Schlacht bei Waterloo (1815) das schwierige Geschäft der Neuordnung Europas beendet war, dankte Kaiser Franz Metternich erneut. »Mein lieber Fürst von Metternich«, schrieb er ihm am 1. Juli 1816, »um Ihnen ein dauerhaftes Zeichen meiner Anerkennung für die beachtlichen Dienste zu geben, die Sie dem Staat und mir in der letzten Zeit des europäischen Durcheinanders geleistet haben, schenke ich Ihnen die vormals von Fulda abhängige Domäne Johannisberg an den Ufern des Rheins mit allen Mobilien und Immobilien, die dazu gehören.«[25] Die ehemalige Benediktinerabtei, 35 Kilometer südöstlich von Metternichs Geburtsort Koblenz, die zuerst nach ihrer Säkularisierung durch Napoleon an Marschall François Kellermann als Dotation des französischen Kaisers verliehen worden war, war ein Juwel unter den Weingütern des Rheinlandes. Durch diese Schenkung konnte die Familie Metternich wieder ins Rheinland zurückkehren, aus dem sie in den Wirren der Französischen Revolution und nach der Abtretung der linksrheinischen Gebiete an Frankreich vertrieben worden war.

Da es durchaus zu den Sitten und Gebräuchen der Mächtigen des 19. Jahrhunderts gehörte, Geld-Dotationen anzunehmen – einerlei woher sie kamen –, überrascht es nicht, wenn Metternichs engster Mitarbeiter, Friedrich Gentz, in seinen Tagebuchaufzeichnungen feststellte, der Staatskanzler habe nicht gezögert, Geld von vielen Seiten und Fürsten anzunehmen. Er erwähnte Einnahmen von 17 000 Dukaten im Jahre 1814 zuzüglich einer Dotation Ludwigs XVIII. von Frankreich in Höhe von 24 000 Gulden (624 000 Francs), die ihm dessen Außenminister Talleyrand am Ende eines Silvester-Dinners 1814 überreichte. Über Gegenleistungen für diese stattlichen Beträge ist nichts bekannt.[26]

Angesichts dieser Summen fiel eine Geste der Dankbarkeit für die diplomatische Gefälligkeit Metternichs gegenüber der Gemahlin Napoleons, Marie Louise, bei der Regelung der Thronfolge in Parma in den Bereich »Klein-Geschenke«: Sie übersandte dem Fürsten als Dank eine mit Diamanten besetzte Tabatière im Wert von 36 000 Francs.[27] Es bestanden auch enge finanzielle Verflechtungen Metternichs mit den Wiener Bankiers Rothschild, die das Maß kleiner Gefälligkeiten weit überstiegen und zu deren Ernennung zu Baronen führten.

Nach Metternichs Sturz im März 1848 wurden nahezu alle Dotationen wieder kassiert und gegen den Fürsten Vorwürfe wegen Steuerbetrug erhoben. Erst im November 1850 gab ihm die Wiener Regierung seine Güter wieder zurück und setzte ihm eine Pension von jährlich 8000 Gulden aus. Zwei Jahre lang war es Metternich trotz allen vorangegangenen Reichtums finanziell schlechtgegangen, so daß ihm sogar Zar Nikolaus I. von Rußland mit einer Summe von 100 000 Rubeln, die der vorsichtig gewordene Metternich jedoch nur als Anleihe annehmen wollte, unterstützte.[28] Immerhin blieb das Gut Johannisberg Altersdomizil des großen österreichischen Diplomaten und Ministers. Dort besuchte ihn später der preußische Gesandte in Frankfurt, Bismarck, des öfteren, nicht nur seiner diplomatischen Weisheit wegen, sondern auch wegen der ausgezeichneten Weine, die man dort zusammen verkostete.

5. Dotationen an verdiente preußische Heerführer und Staatsmänner

Nach den Befreiungskriegen und dem Sieg über Napoleon I. vergab auch Preußens König Friedrich Wilhelm III. eine Reihe von Dotationen an seine siegreichen Heerführer: Die Generale Graf Friedrich Tauentzien von Wittenberg, Graf Hans Yorck von Wartenburg, Graf Friedrich Kleist von Nollendorf, Graf Friedrich Wilhelm Bülow von Dennewitz und Graf Neithardt von Gneisenau erhielten jeweils Grundbesitz im Wert von 200 000 Talern. Generalfeldmarschall Fürst Gebhard Blücher von Wahlstatt und Staatskanzler Fürst Karl August von Hardenberg erlangten den Fürstentitel und Güter im Wert von je 450 000 Talern.[29] Dies waren auch für damalige Zeiten enorme Summen.

Dennoch herrschte Unzufriedenheit. Graf Yorck von Wartenburg fühlte sich zurückgesetzt, da er nicht eine gleichwertige Dotation wie

Blücher und Hardenberg zugesprochen bekommen hatte. Nach Aufforderung von Staatskanzler Hardenberg legte er seine Kritik Ende Juli 1814 sogar schriftlich nieder. Er bezeichnete seinen höheren Geldwunsch nicht als »Eigenliebe« oder Sucht nach »ungerechten Prätensionen«, vielmehr glaubte er diese Klippe zu vermeiden, indem er »aktenmäßige Tatsachen sprechen lassen« wollte[30], und erwähnte als Verdienste seine militärischen Leistungen im »Gefecht von Altenzaum, die großen Vollmachten von 1811, den Feldzug von 1812, die Convention von Tauroggen«. Offensichtlich stellte er besondere eigene Taten heraus, die über den reinen militärischen Aufgabenbereich hinausgingen und derentwegen er eine höhere Dotation erwartete. Graf Yorck scheute sich nicht, darauf hinzuweisen, daß er durch den persönlichen Wechsel mit seinen Truppen von Napoleons Grande Armee zurück zu seinem König nach der Konvention von Tauroggen vom 30. Dezember 1812 eine ihm von Napoleon und dessen Marschall Alexandre MacDonald, Herzog von Tarent, angekündigte französische Dotation von 20000 Francs »aufgegeben habe«. Er hielt es deshalb für gerecht und billig, wenn er »wünsche und erwarte, daß der Staat neben der Dotation, die Se[ine] Majestät der König im Allgemeinen den fünf Generalen bestimmt« habe, ihm insbesondere »einen Ersatz für die Dotation leistet, die … [ihm] von Napoleon schon bewilligt [worden] war, ehe noch die allgemeine Gelegenheit eintrat, sich Verdienste um das Vaterland zu erwerben«.[31] Dieser Streit um den Umfang der Dotation zog sich noch ein Jahr hin und gab »Anlaß« zu »den ärgerlichsten Erörterungen«, obwohl der preußische König es den Generalen sogar überließ, eine der königlichen Domänen frei auszuwählen, sich also sehr großzügig zeigte. Bei der Auswahl entschied sich Graf Yorck dann für den reichen Besitz von Klein-Oels in Schlesien.

Die preußischen Könige gewährten Dotationen nicht nur im Kampf gegen Napoleon, sondern auch in den Kriegen gegen Österreich von 1866 und gegen Frankreich von 1870/71. Als Beispiel können hier die Schenkungen an den Chef des Großen Generalstabes, Generalfeldmarschall Graf Hellmuth von Moltke (1800–1891), und an Reichskanzler Fürst Otto von Bismarck (1815–1898) genannt werden.

Der am 26. Oktober 1800 in Parchim in Mecklenburg geborene Hellmuth von Moltke entstammte einer für die damalige Zeit typischen

Ehe zwischen einem Mann aus altem Adelsgeschlecht väterlicherseits und der Tochter einer bürgerlichen Patrizierfamilie. Meistens lebten diese Familien in relativ bescheidenen Verhältnissen. So wurden dann auch aus Gründen wirtschaftlicher Not die Söhne Hellmuth und Fritz von Moltke 1811 in das Kadettenkorps des dänischen Königs nach Kopenhagen geschickt. In der dänischen Armee wurde Hellmuth von Moltke 1817 Sekondeleutnant. Er wechselte aber 1822 zur preußischen Armee. Dort verlief seine Karriere zunächst ebenfalls nicht sehr aufregend: Als er 1832 zum Generalstab kommandiert wurde, war er immer noch Sekondeleutnant. Erst 1833 wurde er Premierleutnant im Generalstab.

Moltke hatte in den Folgejahren entscheidenden Anteil am Anstieg der Leistungen des preußischen Generalstabes, eine anfangs wenig angesehene Behörde innerhalb des Kriegsministeriums, die jedoch die preußische Armee zu ihren Siegen von 1866 und 1870 führte.

Löhne für Fabrikarbeit in Baden (1848):	
Tagelohn für Kinder	13–22 Kreuzer
Lohn einer Arbeiterin	20–35 Kreuzer
Lohn eines ungelernten Arbeiters	30–45 Kreuzer
Lohn eines gelernten Arbeiters	50–80 Kreuzer
Lohn eines Spezialarbeiters/Meisters	120–180 Kreuzer

(1 Reichstaler waren ca. 90 Kreuzer, 1 Gulden entsprach ca. 60 bis 100 Kreuzer)

Nach der Schlacht von Königgrätz 1866, die Preußen die Vorherrschaft in Deutschland verschaffte und deren strategische Anlage Moltkes Werk war, erfuhr der bis dahin in bescheidenen Verhältnissen lebende, immerhin schon 66jährige General eine Geste der Dankbarkeit seines Königs. Wie alle Generale, die an der Schlacht teilgenommen hatten und für die die Summe von 1,5 Millionen Talern als Geldgeschenke bereitgestellt wurde, erhielt auch Moltke eine Dotation. Sie betrug 200000 Taler, in damaliger Zeit eine stattliche Summe.[32] Mit ihr erwarb er 1867 in Schlesien, das er aus zahlreichen Wanderungen und Kuraufenthalten kannte, das Rittergut Kreisau mit Niedergräditz und Wiritschau in der Nähe von Schweidnitz. Der Besitz ging nach seinem Tod auf die Nachkommen seines Bruders

Adolf über. Das Gut gab später einem Kreis des deutschen Widerstandes gegen Hitler seinen Namen, dem »Kreisauer Kreis«, an dem auch Helmuth James Graf von Moltke (1907–1945) beteiligt war.[33]

Bei der Gründung des Deutschen Kaiserreiches im Krieg gegen Frankreich (1870/71) erhielt von Moltke den erblichen preußischen Grafentitel und eine weitere Dotation des Kaisers Wilhelm I. aus dessen Privatschatulle in Höhe von 12000 Talern; sie diente zur repräsentativen Ausstattung einer Dienstwohnung des Generalfeldmarschalls in Berlin, wo auch das neue Generalstabsgebäude errichtet worden war. Zeitzeugen schildern die Dienstwohnung als »in großem Stil ausgeführt, weiträumig und repräsentativ mit einem großen, hellen und weiten Arbeitszimmer«.[34] Persönlich blieb Moltke bescheiden, und eigentlich hielt er diese große Wohnung trotz Repräsentationsverpflichtungen als Generalstabschef für viel zu prächtig. Wohler fühlte er sich offensichtlich auf Gut Kreisau, »dessen spartanische Einfachheit dem König von Sachsen sehr auffiel und doch zugleich imponierte«.[35]

Nach dem Sieg über Frankreich wurden dem neuen Kaiser Wilhelm I. vier Millionen Taler aus der französischen Kriegskostenentschädigung für die Vergabe von Barzuwendungen zur Verfügung gestellt.[36] Dies drückte sich in großzügigen Dotationen an Generale und Feldmarschälle aus. In dem »Ergötzlichen Reisetagebuch« von Nasreddin Schah von 1873, das dieser anläßlich seines Besuches im Preußen-Deutschland führte, kann man eine entsprechende Reaktion auf diese Praxis nachlesen:

»Man zeigte mir bei den zwei Paraden eine Reihe von Generälen, die sich auf unteren Kommandostellen unter dem Oberbefehl von Moltke [...] im letzten Franzosenkrieg hervorgetan haben. Bei dieser Gelegenheit wurde mir ein Bericht bestätigt, den ich, als er mir in Teheran zu Ohren gekommen war, für ein von üblen Zeitungsschreibern erfundenes Märchen gehalten hatte.

Eines Tages las mir nämlich Malcolm Khan aus einer französischen Tageszeitung vor, daß der deutsche Kaiser große Geldbeträge, die er aus den Kriegsstrafgeldern Frankreichs entnommen habe, an die Generäle seines Heeres verteilt habe. Moltke, Roon, Prinz Friedrich-Karl [von Preußen], die Generäle Manteuffel, Wrede und Blumenthal hätten solche Gelder erhalten. Auch Fürst Bismarck habe seinen Teil bekommen.

Wie gesagt, ich hielt die Sache für eine glatte Erfindung, und nun mußte ich erfahren, ja sogar aus dem Munde von Moltke selbst, daß er und die anderen Männer tatsächlich hohe Belohnungen aus dem Staatsschatz einstecken konnten, die einen rund eine halbe Million Tuman, die andern eine Viertelmillion. Das nenne ich Dankbarkeit und gut bezahlten Heldenmut.

Aber wozu, frage ich mich, derart mit dem Geld herumwerfen? Haben die Generäle nicht ihren hohen Sold und außerdem noch den Kriegsruhm? Reicht das denn nicht? Das Geld stammt zwar aus der Franzosenkasse [...] dennoch scheint man hier des Guten zuviel getan zu haben, wenn man den Helden neben ihren Lorbeerkränzen auch noch eine hohe Summe auszahlt. Möglicherweise sind die Deutschen da anders geartet, daß sie sich wegen dieser Summen gegenseitig nicht beneiden und das Geld nicht höher als den Siegesruhm bewerten. In meinem Heer könnte ich solche Mätzchen nicht einführen. Würde ich [...] die ersten Generäle mit einem Teil der Beute belohnen, so hätte ich die ganze Meute vom Obersten bis zum letzten Korporal am Hals. Sie kämen alle angelaufen und verlangten ihren Anteil.

Ganz anders wäre jedoch der Fall, wenn die Generäle auch an einem *verlorenen* Krieg beteiligt wären, wenn man sie alle die Kosten aus ihrer Tasche berappen ließe.«[37]

Auch Reichskanzler Otto von Bismarck (1815–1898) gelangte außer zu zahlreichen Auszeichnungen und Ehrungen auch in den Genuß mehrerer Schenkungen und Dotationen. Die schon früh einsetzenden Verleihungen von Ehrenbürgerrechten in großen Städten sowie die zahlreichen Bismarck-Gedenktafeln und Denkmäler zeugen bis auf den heutigen Tag davon. Am Beginn seiner Karriere eher ein »politischer Hasardeur«, sozusagen die letzte Chance für König Wilhelm I. von Preußen, den Konflikt mit dem Preußischen Landtag politisch zu überstehen, entwickelte sich diese vielschichtige Persönlichkeit zu einem der bedeutendsten Staatsmänner Europas im 19. Jahrhundert, dessen Ehrungen durch seinen König und späteren Kaiser auch stattliche Dotationen umfaßten.

Nach dem preußischen Sieg im deutsch-dänischen Krieg (1864) erhob König Wilhelm von Preußen Otto von Bismarck in den erblichen Grafenstand.[38] Nach dem Sieg über Österreich in der Schlacht bei

Königgrätz am 3. Juli 1866 und dem Frieden von Nikolsburg (1866) verlieh König Wilhelm am 12. Februar 1867, dem Tag der Wahlen zum konstituierenden Reichstag des Norddeutschen Bundes, seinem Ministerpräsidenten nach Bewilligung des preußischen Abgeordnetenhauses als Dank für »die Erhebung des Vaterlandes zu neuer Macht und unvergänglichen Ehren« eine beachtliche Dotation von 400 000 Talern.[39] Der König empfahl Bismarck, mit dieser Dotation einen Grund- oder Kapitalbesitz zu erwerben, der mit dem Ruhm seines Namens und seiner Familie dauernd erhalten bleiben sollte. Bismarck erfüllte diesen Wunsch seines Herrn. Er erwarb am 23. April 1867 die Herrschaft Varzin, ein 22 500 Morgen großes Rittergut bei Köslin in Hinterpommern, zu dem mehrere Dörfer und 11 000 Morgen Wald gehörten und das er nach und nach arrondierte.

Wochenlöhne in Sachsen (1863):	
Arbeiter in der Textilindustrie	1–2 ½ Taler
Buchdrucker	6–7 Taler

Nach dem deutsch-französischen Krieg (1870/71) erhielt Bismarck seine größte Dotation. In einer Geste geradezu napoleonischen Ausmaßes ernannte Wilhelm I. am 21. März 1871, dem Tag der Eröffnung des ersten Deutschen Reichstags, Bismarck zum Fürsten, um ihm dadurch »öffentlich und dauernd den Dank des Vaterlandes und den meinigen auszudrücken«.[40] Er erhob Bismarck in den Fürstenstand Preußens mit der Bestimmung, »daß sich derselbe stets auf das älteste männliche Mitglied« von Bismarcks Familie vererbte. Danach schenkte Kaiser Wilhelm I. am 24. Juni 1871 dem Fürsten Bismarck den Dominialbesitz Schwarzenbek mit dem Sachsenwald im ehemaligen Herzogtum Lauenburg »als Dotation zum Eigentum«. Das Gut hatte eine Größe von 25 000 Morgen, und sein Wert wurde auf eine Million Taler geschätzt.[41]

Das Verhältnis des Fürsten und Reichskanzlers von Bismarck zu Geld und Reichtum unterschied sich nicht von dem eines Normalbürgers, der die Gelegenheit hatte, sozial aufzusteigen. Das zeigen seine Befürchtungen, durch die Erhebung in den Fürstenstand nur kostspielige Auslagen zu haben, die seine Vermögens- und Lebensverhältnisse negativ verändern könnten, wie er in seinen »Gedanken und Erinnerungen« schrieb.[42] Deswegen wollte er auch den Fürstentitel zuerst abwehren. Obwohl er mit der Dotation des Sachsenwaldes zu einem der großen Grundbesitzer Deutschlands aufgestiegen war, beklagte er, daß er für den Zukauf einer Parzelle eine Ausgabe von 85 000 Talern leisten mußte. Ständige Auseinandersetzungen mit der preußischen Einkommensteuerkommission über seine Einordnung in die »richtige« Steuerklasse zeigen, wie sehr Bismarck das Geld schätzte. Als man ihn 1870 in die 19. Steuerklasse statt in die 18. einordnete (womit ein jährliches Durchschnittseinkommen von 32 000–40 000 statt 24 000–32 000 Talern angenommen wurde), legte er empört Beschwerde ein. Damals betrug das durchschnittliche jährliche Pro-Kopf-Einkommen in Deutschland 116 Taler! Zur gleichen Zeit vermochte er, mit Hilfe seiner Bankiers Carl von Rothschild und Gerson von Bleichröder sein Vermögen und seine Einkünfte beständig zu vermehren.

Zu Bismarcks 70. Geburtstag 1885 erbrachte eine Sammlung im deutschen Volk, »Otto-Pfennig« genannt, eine Summe von 2 300 000 Mark. Die Hälfte der Summe spendete der Fürst für eine Stiftung, die andere Hälfte verwendete er für den Rückkauf eines Teils des 1830 veräußerten Familiengutes Schönhausen.[43]

Heute ist es schwer verständlich, wie selbstverständlich damals solche Gesten fürstlich-königlicher Gnade und Huld wie die zahlreichen Dotationen an Diener des Throns für die Bevölkerung waren. Man akzeptierte die Vergabe durch den Landesherrn als legitim, so daß die Beschenkten sich sogar öffentlich beklagen konnten, wenn die Dotation ihnen zu gering erschien. Man muß die Dotationen jedoch aus ihrer Zeit heraus betrachten, einer Zeit, in der die Könige noch den Titel »von Gottes Gnaden« führten, der mehr als eine Floskel war. Während Kriegsinvaliden sich nach den Kriegen mühsam durchs Leben schlagen, Bauern und Bürger die Kriegsschäden meist auf eigene Rechnung regulieren mußten, während die Arbeiterschaft generell in großer Armut lebte, wurden Minister und hohe Offiziere für ihre Taten großzügig mit Bar- und Landdotationen belohnt.

Technischer Fortschritt und Bevölkerungsanstieg bewirkten in der ersten Hälfte des 19. Jahrhunderts eine sich steigernde Entwertung der Arbeitskraft des einzelnen. Das Resultat war eine Zunahme der Armut und des Elends in der untersten Schicht der Bevölkerung sowie die Erhöhung der täglichen Arbeitszeit bis an die Grenze der physischen Erschöpfung. Ende des 18. Jahrhunderts betrug die tägliche Arbeitszeit ca. 12 Stunden, um 1850 war sie auf 14, teilweise auf 16 Stunden gestiegen. Die Wochenarbeitszeit betrug 80 Stunden und mehr. Trotzdem wurde eine Familie dieser Schicht nur satt, wenn Frauen- und Kinderarbeit zusätzliches Geld einbrachten. »Während ein Arbeiterhaushalt im Durchschnitt ca. 75 % seines Geldes für Lebensmittel ausgeben mußte, verwendete ein großbürgerlicher Haushalt von seinem wesentlich größeren Einkommen nur etwa 45 % darauf [...]. Während wohlhabende Bürger und Bauern mehrmals in der Woche Fleisch auf dem Tisch hatten, konnte rund die Hälfte der Bevölkerung nur wenige Male im Jahr Fleisch essen!«[44] Das Existenzminimum einer 4köpfigen Familie betrug um 1885 25 Mark pro Woche.

Jahresverdienste im Deutschen Reich (1900):

Reichsminister	36000 Reichsmark (RM)
Regierungsrat/Gymnasiallehrer	5000–7000 RM
Rechtsanwalt	5000 RM
Facharbeiter	2000 RM
Polizist	1600–2000 RM
Kfm. Angestellter	1200–2000 RM
Verkäufer	1300–1500 RM
Industriearbeiter	1000–1600 RM
Landarbeiter	1000 RM
Weberin/Spinnerin	500 RM
Dienstmädchen	150–200 RM zzgl. Kost und Logis

Quelle: Mirow, Geschichte des deutschen Volkes, S. 508, 663.

Aber nur ein paar Sozialrevolutionäre oder karitativ tätige Kirchenmänner wie Bischof Freiherr Wilhelm Emmanuel von Ketteler, Adolf Kolping und Friedrich von Bodelschwingh beurteilten diese Situation kritisch. Breite Volkskreise nahmen den Brauch der Fürsten, großzügig Dotationen zu vergeben, als von Gott gefügt und in christlicher Demut hin.

6. Dotation und Diskretion – Beispiele im 19. und 20. Jahrhundert

Neben den großen Dotationen in bar und durch Übergabe von Grundbesitz ließen die regierenden Fürsten im 18. und 19. Jahrhundert ihren »Landeskindern« auch kleinere Summen in Form von Renten und Pensionen als Anerkennung zuteil werden. Der Freiheitsdichter Ferdinand Freiligrath, der so unvergängliche Gedichte geschaffen hat wie »Prinz Eugen, der edle Ritter ...«, erhielt von König Friedrich Wilhelm IV. von Preußen 1842 für ein Gedicht über einen spanischen Putschisten eine Ehrenpension von jährlich 300 Talern. Bald geriet er, da er sich keiner Zensur beugen wollte, in den nächsten Jahren in Konflikt mit den Behörden.[45] Die Pension des Königs bereitete ihm persönlich Probleme. Sie hatte ihn in eine »der verfluchtesten aller Amphibienstellungen [...] hineinpatschen lassen«, wie er konstatierte. »Ich will frei und ungehemmt dastehen, die paar hundert Taler sind und bleiben doch ein Maulkorb. Ich kann das nicht mehr ertragen, vollends jetzt nicht, wo fast alles, was der König tut, einem die Brust beklemmt.« Freiligrath verzichtete daher auf die königliche Dotation, emigrierte 1846 nach England und wurde in Preußen steckbrieflich verfolgt. Nach seiner Rückkehr hat man ihm im Jahre 1868 eine ehrenvolle Dotation von nahezu 60 000 Talern zukommen lassen. Sie waren durch einen Spendenaufruf zusammengekommen. Man wollte ihm dafür danken, daß er »seine Wahrheit und seine Überzeugung nie verleugnet habe«.[46]

Es fällt in diesem Zusammenhang auf, daß nicht die Höhe der Dotationen, sondern das insgeheime Schenken besondere Probleme schuf. Denn die Diskretion bzw. das vorsätzliche Verschweigen und Geheimhalten einer solchen Schenkung machte die Grenze zur Korruption fließend. Ein Beispiel dafür ist der Dichter Heinrich Heine. Obwohl er von den Geldern, die er für seine literarischen Arbeiten erhielt, hätte gut leben können, war er ständig in Geldnot, weil er über seine Verhältnisse lebte. Das verführte ihn während seines Aufenthaltes in Paris ab 1840, Gelder aus einem Geheimfonds der französischen Regierung anzunehmen. Offiziell hatte die nach der Juli-Revolution (1830) ins Amt gekommene Regierung diesen Fonds geschaffen, um Anhänger im Ausland sowie in Frankreich lebende, liberal und demokratisch gesinnte Emigranten zu unterstützen. So wurde auch Heine bedacht. Minister Thiers versicherte dem deutschen Dichter, aus der Zuwendung würden keinerlei Verpflichtungen für ihn erwachsen. Er dürfe auch künftig über die französische Regierung oder politische Fragen völlig unabhängig schriftlich und mündlich urteilen. Thiers wies darauf hin, daß andere deutsche, polnische, italienische und griechische Freiheitskämpfer bereits solche Zuwendungen erhalten hatten. Die Geheimhaltung sei darin begründet, daß man den monarchischen Systemen, von denen Frankreich umgeben sei und die ihm den Vorwurf machten, es schüre die Revolution in Europa, keinen Vorwand für neue feindselige Gefühle und Sanktionen gegenüber Frankreich geben wolle.

Allerdings kann man annehmen, daß die französische Regierung die stattlichen Summen aus dem Geheimfonds nicht ohne die Erwartung einer Gegenleistung und aus rein humanitären Gründen auszahlte. Heine akzeptierte Geld und Konditionen. Seine Unterstützung wurde auf 4800 Francs im Jahr festgesetzt.[47] Dies war ein Betrag, der damals etwa dem Jahresgehalt eines deutschen Professors an einer Universität entsprach. Insgesamt betrugen die Geldaufwendungen zwischen 1840 und der Revolution im März 1848 37 600 Francs. Die Bewertung dieser Geldzahlungen an den renommierten Dichter ist schwierig. Einerseits befand er sich in guter Gesellschaft, denn z.B. auch Baron Johann Friedrich Cotta, der Herausgeber der Augsburger »Allgemeinen Zeitung«, erhielt Geldzuwendungen von der französischen Regierung.

Kritiker weisen andererseits darauf hin, daß die französische Regierung mit Heine »nicht den notleidenden Emigranten und Neuankömmling von 1831 unterstützte, sondern den arrivierten Schriftsteller und Berichterstatter der einflußreichen ›Allgemeinen Zeitung‹, von dem sie wirksame publizistische Schützenhilfe erwarten konnte«.[48] Nach der Revolution vom März 1848 veröffentlichten republikanische Zeitungen die geheime Liste der Zuwendungsempfänger der französischen Regierung. Das Ergebnis war ein Eklat in der öffentlichen Meinung. Beschimpfungen, »ein bezahlter Schuft« oder »ein geheimer Pensionär der Monarchie« gewesen zu sein, verletzten Heine tief. Er reagierte mit einem Artikel in der »Allgemeinen Zeitung«, in dem er die »Verdächtigungen der gehässigsten Art und perfiden Zusammenstellungen zur Folie einer Anklage« zurückwies. Die

Redaktion hatte ihm auch vorgeworfen, daß er möglicherweise nicht für das, was er schrieb, bezahlt worden sei, sondern für das, was er nicht schrieb. Empört stellte Heine fest, »daß ich nicht der servile Schriftsteller bin, der sich sein Schweigen bezahlen läßt [...]. Nein, die Unterstützung, welche ich [...] empfing, war kein Tribut, sie war eben nur eine Unterstützung, sie war – ich nenne die Sache bei ihrem Namen – das große Almosen, welches das französische Volk an so viele Tausende von Fremden spendete, die sich durch ihren Eifer für die Sache der Revolution in ihrer Heimat mehr oder weniger glorreich kompromittiert hatten und an dem gastlichen Herde Frankreichs eine Freistätte suchten«.[49] Einem Freund gegenüber erklärte er schon 1843, er sei nicht käuflich gewesen und fühle sich auch absolut nicht bestochen »oder doch nur so, als ich meine 6000 Francs noch nicht erhielt, erhob ich alle Pariser Staatsmänner in den Himmel«. Gerade wegen des empfangenen Geldes durch die französische Regierung habe er es kaum noch gewagt, »ein Wörtchen zu ihrem Lobe zu sagen, aus Furcht, ich käme mir selbst bestochen vor«.[50] Das Beispiel Heine zeigt, wie problematisch die fortlaufende Gewährung einer diskret gegebenen Dotation sein konnte. Auch ein unabhängiger und kritischer Geist wie er konnte dadurch moralisch in Bedrängnis geraten.

Um ein vielfaches größer war diese Gefahr für hohe Führungspersönlichkeiten in einem diktatorisch beherrschten Unrechtsstaat insbesondere dann, wenn sie diskret einen Briefumschlag mit Geld zugesteckt erhielten. Auf diese Weise bekam beispielsweise Generalfeldmarschall Wilhelm Ritter von Leeb zu seinem Geburtstag am 5. September 1941 eine Dotation Hitlers überreicht. Der Chefadjutant des »Führers« übergab ihm in dessen Namen einen Scheck über 250 000 RM.[51]

Zwei Umstände waren für den so Beschenkten peinlich: Die diskrete Übergabe erweckte den Anschein von Bestechung, und die Schenkung vor siegreicher Beendigung des Krieges war ein ungedeckter Wechsel auf die Zukunft. Solange der Sieg ausstand, wie früher bei den preußischen Königen, war es ein noch unverdienter »Vorschuß auf den Endsieg«.[52]

Gerade am Beispiel der Zuwendung Hitlers an den Generalfeldmarschall von Leeb werden im Vergleich zu den Schenkungen der preußischen Könige die Unterschiede der Vergabe von Dotationen im 18. und 19. Jahrhundert und in der nationalsozialistischen Diktatur deutlich: Die Geschenke der Kaiser und Könige wurden in selbstverständlicher Offenheit gewährt als Zeichen der Dankbarkeit und Anerkennung für herausragende Taten in siegreich beendeten Kriegen. Oft wurden sie sogar offiziell in einem Staatsakt als Zeichen fürstlicher Gnade und Huld vergeben. Jegliche Geheimnistuerei ist dieser Zeremonie fremd. Im nationalsozialistischen Staat änderte sich dies: Die Dotationen enthielten etwas Zwielichtiges. Geheim blieben sie nicht – aber geheimnisvoll. Über ihre Höhe wurde nicht gesprochen, genauso wenig wie über den Grund ihrer Gewährung durch den Diktator. Sie wurden nicht als Belohnung für eine herausragende Tat nach gewonnenem Krieg vergeben, sondern der Anlaß war oft willkürlich oder ein runder Geburtstag des Beschenkten. Diese Umstände umgaben jede Dotation mit der Aura einer gezielten Korruption von oben und belasteten den Dotationsempfänger mit der Frage, ob er die geheim gegebene Schenkung annehmen sollte oder durfte.

II. Dotationen, Beihilfen und Zuwendungen in der Weimarer Republik und im NS-Deutschland bis 1939

1. Die Verfügungsmittel des Reichspräsidenten

Der Zusammenbruch der Monarchien in Deutschland, Österreich-Ungarn und Rußland sowie die Neuordnung der Staatenwelt Mittel- und Osteuropas nach dem Ersten Weltkrieg ist eine historische Zäsur der europäischen Geschichte. In den sich herausbildenden Demokratien gab es keine »gnädig verliehenen« Dotationen und Privilegien durch den jeweiligen Herrscher. Wenngleich noch manche Traditionen und Konventionen aus den Monarchien in der Republik weiterlebten, war die Vergabe großzügiger Dotationen durch das Staatsoberhaupt mit demokratischem oder kommunistischem Verständnis von der Rolle des Staates und des Bürgers unvereinbar. So kannte auch die Weimarer Republik keine derartigen Geschenke durch den Reichspräsidenten als Staatsoberhaupt. Adelserhebungen gab es nicht mehr, Güter konnten ebenfalls nicht verschenkt werden.

Das von den Siegermächten erzwungene republikanisch-parlamentarische System der Weimarer Staatsverfassung bereitete den Bürgern und Parteien in der praktischen Anwendung und Gestaltung erhebliche Probleme. Nicht wenige vermißten den Glanz der Monarchien. Verschärft wurde die Situation der jungen Demokratie zudem durch die als schmählich empfundenen Auflagen des Versailler Vertrages – wie z.B. des Kriegsschuldartikels – sowie die existentielle wirtschaftliche Not, in die das Bürgertum nach dem verlorenen Krieg gestürzt war. Sogar die sozialdemokratische Partei, bedeutendster Träger demokratischen Gedankengutes, befand in einem Artikel vom Januar 1924 im »Vorwärts«: »Es ist ohne weiteres zuzugeben, daß sich die Partei in einer bequemeren Lage befand, solange das parlamentarische System für Deutschland noch nicht erfunden war. Dieses System mit seiner fatalen Notwendigkeit, Mehrheiten zu schaffen und Regierungen zu bilden, wird uns noch manche harte Nuß zu knacken geben.«[1]

Neben den demokratischen Tendenzen gab es das nahezu ungebrochene Gedankengut der kaiserlichen Monarchie in nationalen Kreisen, das durch das Frontsoldatentum teilweise stark verinnerlicht und idealisiert wurde. So konnte die junge Republik beispielsweise die studentische Jugend nicht für sich gewinnen. Die künftigen Leistungsträger in Staat, Wirtschaft und Kultur standen der neuen Demokratie fern. Die alten Machteliten, welche die demokratischen, parlamentarischen Gedanken ablehnten, bereiteten denn auch in unheilvoller Allianz – verbunden mit Kreisen der Wirtschaft des ostelbischen Junkertums – mit einer eher gleichgültigen Justiz den Weg, der diesen Staat 1933 in die Arme des NSDAP-Parteiführers Adolf Hitler trieb.

Die demokratische Verfassung Weimars sah eine Machtaufteilung zwischen Parlament und dem vom Volk gewählten Reichspräsidenten vor, die sich vom heutigen Grundgesetz der Bundesrepublik Deutschland stark unterscheidet. Der Reichspräsident wurde direkt vom Volk gewählt und besaß dadurch eine eigene Legitimation als politische Kraft im Verfassungsgefüge des Reiches. Sein stärkstes Recht war, den Reichstag jederzeit auflösen und mit Notverordnungen nach Artikel 48 der Weimarer Verfassung ohne Parlament regieren zu können. Der 1925 nach dem Tod des ersten Reichspräsidenten Friedrich Ebert zu seinem Nachfolger gewählte Generalfeldmarschall Paul von Hindenburg bemühte sich, ein redliches Staatsoberhaupt dieser Demokratie zu sein, obwohl seine innere Überzeugung durchaus monarchistisch war. Eine starke monarchistische Grundströmung im Bürgertum, Hindenburgs Renommee als Kriegsheld und als legendärer Chef der dritten Obersten Heeresleitung im Ersten Weltkrieg machten ihn zum »Ersatz-Kaiser« des Reiches. Er gebot über den vom Parlament und Rechnungshof kontrollierten Haushaltstitel »Verfügungsmittel des Reichspräsidenten«. Dieser diente – ähnlich wie heute beim Bundespräsidenten – zur Milderung persönlicher Härtefälle und zur Hilfe für in Not geratene Menschen, die etwa durch die Folgen des Krieges in wirtschaftlichem Elend leben mußten.

Nicht selten zeigte sich aber, daß monarchistisch gesinnte Kreise, Frontsoldatenverbände und ostelbische Gutsbesitzer in diesen Verfügungsmitteln des Reichspräsidenten die Möglichkeit sahen, damit die Dotationspraxis des Kaisers fortzusetzen.[2] Es waren vor allem Interessenten aus Künstlerkreisen, ehemalige Soldaten und Rittergutsbesitzer, die in Routineangelegenheiten, in Rentensachen von Kriegerwitwen oder Kriegsbeschädigten den Reichspräsidenten um finanzielle Hilfe angingen. Typisch für das Denken in alten monarchistischen Kategorien ist der Brief des ehemaligen Theaterintendanten des Deutschen Theaters in Posen, Franz Gottscheid, vom 29. April 1930, dessen Wirkungsstätte ab 1919 zum neu errichteten polnischen Staat gehörte. In seinem Schreiben an den »Hochgebietenden Herrn Reichspräsidenten« wies Gottscheid auf seine Verdienste für das Deutschtum im Osten während seiner Zeit am Posener Theater und auf die seiner Ansicht nach unzureichende Rente hin, von der er momentan in Dresden leben mußte: »Nun meint der Deutsche Bühnenverein, ob es nicht möglich sei, aus einem Eurer Exzellenz zur Verfügung stehenden Dispositionsfonds – analog der früheren Privatschatulle Seiner Majestät, des Kaisers – eine nachträgliche ordnungsgemäße Pension für meine 17 Jahre lange Tätigkeit für das Deutschtum im Osten festzustellen.« Deshalb legte er »wie alle Gutgesinnten, vom Vaterlandsgedanken erfüllten Deutschen [die] in Eurer Exzellenz ihr großes Vorbild sehen, das hilfsbereit eingreift, wo es nötig ist«, sein Schicksal in »Eurer Exzellenz Hand und verbleibe mit innigster menschlicher Verehrung Euer Exzellenz gehorsamster Franz Gottscheid, ehemaliger Landwehr-Offizieranwärter und Inhaber der Rettungsmedaille am Bande«.[3] Offensichtlich hatte er damit bei Hindenburg den richtigen Ton getroffen. Die Kanzleianweisung an den preußischen Finanzminister lautete dann auch am 15. Mai 1930: »Dem Antrag kann nach Lage der Verhältnisse entsprochen werden.«[4]

Dies war nicht der einzige Griff in die »Privatschatulle« Hindenburgs. Eine »Frontliga e.V.« bat den Reichspräsidenten mit Antrag vom 6. Juni 1932 um Mittel für zwei Zuchtpferde für »die erste Frontsoldaten-Siedlung«. Der Staatssekretär beim Reichspräsidenten, Otto Meißner, kürzte die gewünschte Summe auf die Hälfte und bewilligte dann 800 RM.[5] Neben Glücksrittern wandten sich auch Lieferanten für die Armee im Ersten Weltkrieg an den Reichspräsidenten und baten um finanzielle Hilfe, da sie noch Rechte aus unbezahlten Lieferungen aus der Kriegszeit geltend machen konnten und angaben, sie seien ohne eigenes Verschulden durch ihre Vorleistungen für die Armee in Not geraten.

Besonders verbunden fühlte sich Reichspräsident von Hindenburg, seit Oktober 1927 selbst Eigentümer eines Ritterguts, den in Not geratenen ostelbischen Gutsbesitzern. Denn diese Agrarier hatten wirtschaftliche Anpassungsprobleme mit ihren Produkten, und so mancher Großbetrieb geriet in den Wirtschaftskrisen der Republik unter den Hammer. So hatten beispielsweise die zuständigen Beamten von Reichskanzlei, Reichsfinanzministerium und dem Büro des Reichspräsidenten im Oktober 1931 einen Dringlichkeitsantrag des Rittergutsbesitzers Major a.D. Hermenau zu bearbeiten, dessen Gut Seeligenfeld im Kreis Rastenburg die Zwangsversteigerung drohte. Hermenau war als Schwerverwundeter aus dem Krieg heimgekehrt und stellte den Antrag, durch eine weitere Umschuldung die Zwangsversteigerung abzuwenden. Nach Untersuchung des Falles durch die Treuhandstelle für Umschuldungskredite in der Provinz Ostpreußen stellte der Reichsminister der Finanzen dem Büro des Reichspräsidenten die Lage des Gutes vor. Hermenau hatte danach bereits 1928 eine Umschuldungshypothek in Höhe von 63 000 RM und einen verlorenen Zuschuß aus dem Betriebserhaltungsfonds in Höhe von 28 000 RM erhalten. Nach dieser Umschuldung war sein Betrieb jedoch wiederum in Schwierigkeiten geraten. Er erhielt deswegen einen weiteren Zusatzkredit in Höhe von 20 000 RM. Auch danach war der Betrieb weiterhin in wirtschaftlichen Schwierigkeiten. Die Treuhandstelle wollte trotzdem eine Zwangsversteigerung verhindern und war entschlossen, »unter keinen Umständen Zwangsmaßnahmen einzuleiten, um dem Betrieb die Möglichkeit zu geben, den Anschluß an die neue Ernte zu erreichen«.[6]

Die Beamten der Treuhandstelle wiesen aber auch darauf hin, daß mit den erneut erbetenen 12 000 RM aus dem Fonds des Reichspräsidenten sich dieser Betrieb schwerlich retten lassen würde. Trotz dieses Hinweises hat dann der Reichsminister der Finanzen mit Schreiben vom 9. Oktober 1931 dem Büro des Reichspräsidenten mitgeteilt, daß er unter Zurückstellung erheblicher Bedenken sich entschlossen habe, die erbetene Summe von 12 000 RM zur Verfügung zu stellen.

So konnte schließlich die Oststelle der Reichskanzlei mit Schreiben vom 27. Oktober 1931 den Beteiligten mitteilen, daß der Antrag Hermenaus, der direkt an den Adjutanten und Sohn des Reichspräsidenten, Oberstleutnant Oskar von Hindenburg, gerichtet worden war und den dieser an den Reichsfinanzminister Gottfried Treviranus übergeben hatte, befürwortet wurde. Bei dieser Gelegenheit und auch später war dem Reichsfinanzminister »wiederholt aus der Umgebung des Herrn Reichspräsidenten nahegelegt worden, sich dafür einzusetzen, daß Hermenau der Besitz von Seeligenfeld erhalten bliebe«.[7] Diesem persönlichen Wunsch wurde in vollem Umfange entsprochen. Eine parlamentarische Kontrolle über den Einsatz der Finanzmittel erfolgte nicht.

2. Der Dispositionsfonds des »Führers und Reichskanzlers« Adolf Hitler

Die Ernennung Adolf Hitlers zum Reichskanzler am 30. Januar 1933 durch Reichspräsident von Hindenburg erschien vielen Bürgern als relativ normaler Vorgang in der Serie der damals häufig wechselnden Regierungen der Republik. Der zugleich faszinierende und abstoßende, sich als wilder Revolutionär und gleichermaßen dem Bürgertum schmeichelnder Politiker zeigende Parteiführer der NSDAP schien vielen eingebunden in altbekannte konservative Strukturen und Personen. Denn in der Regierung waren acht konservative und deutschnationale Minister vertreten; die neue revolutionäre nationalsozialistische Partei stellte nur drei Minister. Eigentlich waren es nur zwei, nämlich der Reichskanzler selbst und Reichsinnenminister Wilhelm Frick, die ein klassisches Ressort besetzten. Hermann Göring wurde Reichsminister ohne Portefeuille und schien dadurch im Kabinett eine relativ machtlose Figur zu sein, die zudem als preußischer Innenminister unter dem Reichskommissar für Preußen und Vizekanzler, Franz von Papen, durch dessen politische Weisungsbefugnisse eingebunden war.

Unabhängig von diesem äußeren Rahmen beschrieb Joseph Goebbels, NSDAP-Gauleiter in Berlin, mit brutaler Offenheit in seinen Tagebüchern die nächsten Schritte zur Auflösung der Demokratie: »Die große Entscheidung ist gefallen. Deutschland steht vor seiner historischen Wende. Der Reichstag soll aufgelöst werden. Das letzte Mal. Das werden wir fingern.«[8] Tags darauf hielt er mit wilder Entschlossenheit fest: »Nun aber wird ausgeräuchert, in ein bis zwei Monaten haben wir Ruhe und Ordnung in Deutschland wiederhergestellt. Das neue Reich ist erstanden. Es wurde mit Blut geweiht. Wir sind am Ziel. Die deutsche Revolution beginnt.«[9]

So kam es dann auch: Auflösung des Reichstags, Reichstagsbrand am 27. Februar 1933, Ausnutzung dieses Ereignisses zur Verhängung eines permanenten Ausnahmezustandes, Parteienverbote und der große Mißbrauch deutscher und preußischer Traditionen am 21. März 1933 beim »Tag von Potsdam«, mit dem Hitler versuchte, die nationalkonservativen Kreise für sich zu gewinnen. Zwei Tage später billigte der Reichstag das Ermächtigungsgesetz, das jegliche parlamentarische Kontrolle beseitigte.

Schon zuvor war am 15. Februar 1933 die Presse geknebelt und manche ihrer Organe verboten worden. Goebbels schrieb in sein Tagebuch: »Jetzt haben wir auch eine neue Handhabe gegen die Presse, und nun knallen die Verbote, daß es nur so eine Art hat. ›Vorwärts‹ und ›8 Uhr Abendblatt‹, alle jene jüdischen Organe, die uns soviel Ärger und Kummer bereitet haben, verschwinden mit einem Schlage.«[10] Es folgten die Zerschlagung der SA und die Ermordung zahlreicher ihrer Führer, aber auch unbeteiligter Personen am 30. Juni 1934. Schlußsteine der Zerstörung der deutschen Demokratie und des parlamentarischen Systems bildeten die wohlvorbereitete Übernahme der Funktion des Reichspräsidenten durch Adolf Hitler, der sich nun »Führer und Reichskanzler des Deutschen Reiches« nannte, als Reichspräsident von Hindenburg am 2. August 1934 verstarb.

Die neue Stellung ermöglichte Hitler den Zugriff auf die Verfügungsmittel des Reichspräsidenten. Bereits im Dezember 1934 interessierte er sich für diesen Fonds. Zwar besaß er als Reichskanzler selbst einen eigenen Etattitel (Kapitel III, 1, Titel 32 des Haushalts) »zur Verfügung des Reichskanzlers zu allgemeinen Zwecken«. Dessen Verwendung wurde im allgemeinen durch den Rechnungshof nach § 89 der Reichshaushaltsordnung (RHO) geprüft. Dies geschah durch den Präsidenten des Rechnungshofes. In den Folgejahren dürfte diese Form der Kontrolle jedoch entfallen sein.

Anläßlich eines Vortrags von Staatssekretär Meißner, der auch unter Hitler weiterhin die Präsidialkanzlei leitete, fragte der »Führer« Anfang Dezember 1934, ob die Verfügungsmittel betr. »allgemeine Bewilligungen« im Einzelplan XV, Kapitel 1, Titel 32 ihm allein und unbeschränkt zur Verfügung stünden oder ob er bei der Bewilligung an Vorschläge des Reichsfinanzministers gebunden sei.[11] In einem Vermerk des Finanzministers vom 6. Dezember 1934 wurde Hitler dargelegt, die Mittel hätten früher zur ausschließlichen Verfügung des Reichspräsidenten gestanden, und Zuwendungen daraus wären nur auf dessen Anordnung gezahlt worden. Die Mittel hätten aber der Prüfung durch den Rechnungshof unterlegen und somit auch der Prüfung und Entlastung durch das Parlament. Zugleich wies der Minister darauf hin, daß »die Verfügungen des Reichspräsidenten [...] zu ihrer Gültigkeit der Gegenzeichnung durch den zuständigen Reichsminister – hier Reichsminister der Finanzen – [bedurften], der hiermit die Verantwortung auch dem Parlament gegenüber übernahm«. Wenn auch sachlich die »Endentscheidung dem Reichspräsidenten verblieb«, so habe dieser sich in der Praxis doch immer an die Vorschläge des Reichsministers der Finanzen gehalten, »da er diesen nicht in Verlegenheit versetzen wollte, vor dem Parlament eine Maßnahme vertreten zu müssen, die seiner inneren Auffassung nicht entsprach«.

Zudem stellte der Minister fest: »Heute liegen die Verhältnisse, namentlich was die Verantwortlichkeit dem Parlament gegenüber anbetrifft, wesentlich anders. Das Parlament ist bei der Rechnungsprüfung völlig ausgeschaltet, die Reichsregierung entlastet sich selbst. Der Führer und Reichskanzler könnte heute über die Verwendung der Mittel in seiner Eigenschaft als Staatsoberhaupt selbst entscheiden. Seine Entscheidungen wären auch ohne Gegenzeichnung des RdF [Reichsminister der Finanzen – d. Verf.] gültig. Es wäre also durchaus denkbar, die Mitwirkung des RdF auszuschalten und die Mittel zur allgemeinen Verfügung des Reichskanzlers in dessen Haushalt zu übertragen. Zweckmäßigkeitsgründe sprechen jedoch für die Beibehaltung des bisherigen Verfahrens.«[12]

Nach dem Vermerk schlug Staatssekretär Meißner Hitler die Beibehaltung der bisherigen Praxis vor und hat dann auch offensichtlich dessen Zustimmung dazu erhalten. Obwohl mit diesem Vermerk festgestellt wurde, daß es weiterhin bei der Gegenzeichnung des Reichsfinanzministers bleiben sollte, wurde dieser in den nächsten Monaten nur noch zum Vollzugsorgan der immer hemmungsloser werdenden Zugriffe von Partei und Staatsführung auf die beiden Titel zur allgemeinen Bewilligung finanzieller Mittel der Etats des ehemaligen Reichspräsidenten und des Reichskanzlers.

Dies war allerdings dem Reichsminister der Luftfahrt und Oberbefehlshaber der Luftwaffe, Hermann Göring, zu umständlich. In einem knappen, aber energischen Schreiben ließ er am 7. September 1936 dem Reichsfinanzminister mitteilen: »Der Führer hat sein Einverständnis zu einer geheimen Gesetzesvorlage gegeben, aufgrund derer er [der Führer] unter Vernachlässigung alter bestehender Gesetze und Verordnungen in von ihm alleine zu bestimmenden einzelnen Ausnahmefällen berechtigt ist, die Witwenpension nach eigenem Ermessen verbindlich festzusetzen.«[13] Wiederum gelang es Staatssekretär Meißner, den Vorstoß Görings abzufangen. Er teilte in einem Schreiben vom 22. Oktober 1936 dem Reichsfinanzminister mit, der »Führer« habe bestimmt, daß wegen der klaren Rechtslage, nach der er als Reichsoberhaupt befugt sei, Gnadenbewilligungen aus seinem eigenen Dispositionsfonds zu gewähren, »von dem angeregten Erlaß eines solche Ermächtigung enthaltenden Geheimgesetzes Abstand genommen werden soll«.[14]

Ab 1934/35 wurden dann in sich rasch verstärkender Intensität Geldsummen aus den Verfügungskapiteln des Reichskanzlers und des ehemaligen Reichspräsidenten für alle möglichen Zwecke entnommen. Eine klare sprachliche Trennung oder gar Definition war nicht zu erkennen. Ganz allgemein wurde von »Beihilfen«, »Zuwendungen«, »Pensionsaufbesserungen«, »Rentenzuschüssen« und »Ehrensold« gesprochen. Hinzu kamen beträchtliche Ausgaben für Ankäufe von Repräsentationsgegenständen aller Art und von Geschenken an ausländische Politiker.

Die Mißachtung von Recht und Gesetz auf allen Gebieten übertrug sich auch auf die dem »Führer« und Reichskanzler zur Verfügung stehenden Haushaltsmittel. Es wurde ganz schnell wahr, was General Ludendorff am 1. Februar 1933 an seinen ehemaligen Vorgesetzten Hindenburg geschrieben hatte: »Sie haben durch die Ernennung Hitlers zum Reichskanzler unser heiliges deutsches Vaterland dem größten Demagogen aller Zeiten ausgeliefert. Ich prophezeie Ihnen feierlich, daß dieser unselige Mann unser Reich in den Abgrund stürzen und unsere Nation in unfaßbares Elend bringen wird.«[15] Die Zahlungen aus den beiden Dispositionsfonds Hitlers erfolgten an unterschiedliche Personengruppen und flossen selbstverständlich vor allem an Anhänger des »Führers«.

Ehrensold für verdiente völkische Kämpfer

Ein Vorschlag des zum Reichsinnenministerium gehörenden Sachverständigen für Rasseforschung, Dr. Achim Gercke, vom 28. Juli 1933, die »Versorgung der alten Vorkämpfer der nationalsozialistischen Bewegung« zu verbessern[16], wurde von Hitler wohlwollend geprüft und letztlich gebilligt. In einem Brief vom 5. Oktober 1933 teilte Reichsinnenminister Dr. Wilhelm Frick dem Reichsfinanzminister mit, er »würde es begrüßen, wenn es sich ermöglichen ließe, den um die völkische Erneuerung unseres Volkes verdienten Vorkämpfern, die hierfür in der Vergangenheit erhebliche Mittel aufgewendet haben und sich jetzt durch Alter, Krankheit oder wirtschaftlichen Zusammenbruch in unverschuldeter Not befinden, den Dank und die Anerkennung des Reiches für ihr mannhaftes Eintreten in der Form eines Ehrensoldes abzustatten«.[17] Da Frick selbst dafür keine Haushaltsmittel zur Verfügung standen, schlug er vor, den Ehrensold aus dem Dispositionsfonds des Reichskanzlers zu bewilligen. Da es sich nach erster Schätzung um einen verhältnismäßig kleinen Personenkreis handelte, der für diesen Ehrensold in Frage kam, hatte der Reichsfinanzminister keine Bedenken gegen den Vorschlag Fricks. Bemerkenswert an dem Vorschlag von Gercke ist, daß dieser mit seinem Schreiben vom 28. Juli 1933 direkt mit Hitler verkehrte und als Anrede nicht etwa die Formel »Sehr geehrter Herr Reichskanzler« wählte, sondern bereits damals »Mein Führer« schrieb. Bei seiner Schilderung des zu bedenkenden Personenkreises fallen auch die Bezeichnungen »kleiner Kreis aufrechter Männer« sowie »völkische und antisemitische Vorkämpfer« auf, die für die rassische Erneuerung des deutschen Volkes eingetreten seien und »in der jüngeren Generation die geistige Vorbereitung für das nationalsozialistische Denken besorgt« hätten.[18] Dies waren Formulierungen, welche die eindeutige Zielsetzung des Ehrensoldes als eine Belohnung eigener Parteigenossen deutlicher als der nach wie vor gepflegte amtliche Schriftverkehr zwischen Innen- und Finanzminister hervortreten lassen.

Mit dem Schreiben war eine Liste von 17 Personen verbunden, die mit einem monatlichen Ehrensold von 300 RM bedacht werden sollten. Hinzu kamen zwei Frauen, für die eine monatliche Zuwendung von 200 RM bzw. 300 RM vorgeschlagen wurde. Über die besonderen Leistungen dieser Personen ist nur so viel bekannt, daß zum Beispiel Professor Dr. Martin Stammler aus Chemnitz ein Buch über

»Rassenpflege im völkischen Staat« im Frühjahr 1933 publiziert hatte. Ein anderer Empfänger, Richard Ungewitter aus Stuttgart, wurde als Autor zahlreicher rassistischer Bücher wie »Aus Judenknechtschaft zur Freiheit empor«, »Rassenverschlechterung durch Juda« und »Deutschlands Wiedergeburt durch Blut und Eisen« genannt.[19]

In den Jahren 1934 bis 1936 wurden derartige Vorschläge so zahlreich, daß der anfangs erwartete »kleine begrenzte Kreis« sich doch erheblich ausweitete. Hitlers Stellvertreter, Rudolf Heß, nahm dann die Angelegenheit in die Hand und erklärte, es könnten durchaus weitere Volksgenossen hinzukommen, »die bisher von dem Ehrensold noch nichts wußten oder deren wirtschaftliche Verhältnisse sich erst in der letzten Zeit besonders verschlimmert hätten«.[20] Die Sache wurde aber bald so unübersichtlich, daß sich unter Leitung des Regierungsrats Singer vom Reichs- und Preußischen Ministerium des Innern am 7. Dezember 1936 mehrere Beamte zu einer Sitzung trafen, um die neuen Vorschläge aus dem Büro von Rudolf Heß zu behandeln. So wurde zum Beispiel ein Dr. St. als Empfänger des Ehrensoldes vorgeschlagen, der zwar nicht NSDAP-Parteigenosse, aber nach der Ermordung des Außenministers von Rathenau 24 Wochen in Haft genommen worden war und politische Flüchtlinge aus der Kampfzeit sowie Maschinengewehre und Munition vor der Interalliierten Militärkommission versteckt hatte. Ein anderer Kandidat hatte »schon vor dem Jahre 1918 in seiner und anderen Zeitschriften gegen die Juden und Freimaurer gearbeitet« und gegen den »roten Reichspräsidenten Ebert in verschiedenen Zeitungsartikeln den Vorwurf des Landesverrats« erhoben.[21] Dafür hatte er dann zweieinhalb Jahre Gefängnis und 100000 RM Geldstrafe erhalten. Nun sollte er deswegen von den neuen Machthabern gleichsam »entschädigt« werden.

In der Besprechung wies der Vertreter des Finanzministeriums darauf hin, daß man den Kreis der »völkischen Vorkämpfer« sehr eng definiert habe und davon ausgegangen sei, daß die Ehrensold-Aktion eigentlich abgeschlossen sei. So müsse nunmehr bedürftigen Dichtern aus der Schiller-Stiftung geholfen werden und Parteigenossen müßten eben durch die Partei versorgt werden. Sowohl der Vertreter der Präsidialkanzlei, Ministerialdirektor Dr. Döhle, als auch Dr. Müller aus dem Stab von Rudolf Heß widersprachen diesem Vorschlag. Sie waren der Ansicht, der sich auch der NSDAP-Reichsleiter Philipp

Bouhler anschloß, daß Parteigenossen Staatsmittel in Anspruch nehmen könnten, weil der Ehrensold ja eine »besondere Ehrung durch den Führer und Reichskanzler« darstellen sollte.[22] Schließlich einigte man sich,

- daß einmalige Anträge von Volks- und Parteigenossen von der Kanzlei des »Führers« bearbeitet werden sollten. Die Anträge wurden an Staatssekretär Hans Heinrich Lammers von der Reichskanzlei weitergegeben,
- daß von der NSDAP ein Ehrensold lediglich an die Witwen gefallener Parteigenossen gezahlt werden sollte,
- daß der Ehrensold des »Führers« eine große Ausnahme bleiben müsse und nur denen zustehe, die sich den völkischen Kampf zur Lebensaufgabe gemacht hätten.[23]

Belohnungen an Personen mit besonderen Verdiensten um die nationalsozialistische Bewegung

In der begünstigten Gruppe von Personen mit besonderen Verdiensten für die NS-Bewegung findet man eine stattliche Zahl von über hundert Personen beiderlei Geschlechts, die sich um die nationalsozialistische Bewegung verdient gemacht hatten. Sie wurden von unterschiedlichen Stellen für den Ehrensold vorgeschlagen und erhielten Zuwendungen, die sich im Bereich von 50 RM bis 500 RM monatlich bewegten. Ihre »Verdienste« lagen meistens darin, der nationalsozialistischen Bewegung lange anzugehören, also »alte PG« (Parteigenossen) zu sein oder sich antisemitisch und rassistisch betätigt zu haben, sei es als Autor, Redner oder Schauspieler. Man konnte auch im Ausland, wie Professor P. aus Prag, Adolf Hitler durch den Kampf für das Deutschtum unterstützt haben und dann dafür später monatlich 300 RM Ehrensold erhalten. Auch der Dichter Hermann St. erhielt auf Vorschlag von Reichspropagandaminister Goebbels einen derartigen Ehrensold. Adelheid M., die Tochter eines bedeutenden Historikers, erhielt 100 RM wegen nicht näher bezeichneter Verdienste.[24]

Immer wieder flossen auch Gelder an Gutsbesitzer, um sie vor dem finanziellen Ruin zu bewahren. So erhielt der Gutsbesitzer von Oppen aus Bollersdorf, Kreis Ober-Barnim, am 19. April 1937 »zum Ausgleich der finanziellen Aufwendungen, die er in der Kampfzeit für die nationale Gesundung und Erneuerung des deutschen Volkes aus eigenen Mitteln« dargebracht hatte, einen als »Beihilfe« bezeichneten Betrag von 75 000 RM – eigentlich war dies schon eine stattliche Dotation. Die Aufwendungen von Oppens, so hielt der Vermerk in den Akten des Finanzministeriums fest, »sind zwar nicht zahlenmäßig belegt, sie sind aber durch Erklärung des Herrn Generalforstmeisters von Keudell genügend belegt«.[25] Das gleiche gilt für den SA-Obergruppenführer Manfred Frhr. von Killinger aus Dresden, der 1933/34 Reichskommissar und Ministerpräsident von Sachsen sowie von 1940 bis 1944 deutscher Gesandter in Preßburg und Bukarest war. Er erhielt am 10. September 1935 3000 RM, weil er »in Not geraten ist«.[26]

Zueignungen an Personen aus dem Bekanntenkreis Hitlers

Eine andere mit Zuwendungen bedachte Personengruppe setzte sich aus Weggefährten und Bekannten aus der Zeit Hitlers in Linz (1905–1908), in Wien (bis 1913) und aus der frühen »Kampfzeit« in München nach 1919 zusammen. August Kubizek, Hitlers Jugendfreund aus der Linzer Zeit, mit dem er danach in Wien einige Monate zusammen in einem Zimmer wohnte, hatte Hitler nach seinem eigenen Musikstudium 1908 aus den Augen verloren. Als Hitler 1933 Reichskanzler wurde, hat ihm Kubizek gratuliert und daraufhin auch einen Antwortbrief des neuen Reichskanzlers erhalten. Die österreichische Historikerin Brigitte Hamann schildert die Begegnung der Jugendfreunde, die sich 30 Jahre lang nicht gesehen hatten, nach dem Anschluß Österreichs am 9. April 1938 und das Versprechen Hitlers, sofort die Kosten für die Ausbildung der drei Söhne seines Freundes zu übernehmen.[27] Kubizek erhielt zwar keinen Ehrensold, rückte aber 1943, von NSDAP-Reichsleiter Martin Bormann mit der Ausarbeitung der Erinnerungen an die gemeinsame Jugendzeit mit Adolf Hitler beauftragt, in eine höhere Besoldungsgruppe, als ihm als Leiter eines Gemeindestandesamtes zustand.

Der Alldeutsche Franz St., ein radikaler, aggressiver Gegner des parlamentarischen Systems, den Hitler in Wien vor dem Ersten Weltkrieg kennengelernt hatte, erhielt 1938 einen vierwöchigen Erholungsurlaub in Deutschland geschenkt und ab 1. Juni 1939 einen steuerfreien lebenslänglichen monatlichen Ehrensold von 300 RM. Auch Karl Hermann W., Führer der deutsch-radikalen Partei während Hitlers Wiener Zeit, bekam ab Juni 1938 als schwerkranker 75jähriger einen Ehrensold, den er als Mittelloser gut gebrauchen konnte.[28] Den Eheleuten Kr. aus Derendorf, Provinz Sachsen, gewährte Hitler am 5. August 1937 den Erlaß der Restschuld eines Darlehens in Höhe von 2000 RM. Sie hatten »den Führer während der Kampfzeit auf dem ihnen damals gehörenden Gut mehrfach aufgenommen und ihm außerdem ein Darlehen zur Herausgabe des Buches ›Mein Kampf‹ zur Verfügung gestellt«, das aber inzwischen längst zurückgezahlt worden war.[29] Am 9. April 1940 bewilligte Hitler der Krankenschwester Claire M., die in Weimar lebte, auf Vorschlag von Staatssekretär Meißner eine monatliche Rente ab 1. April 1940 in Höhe von 200 RM, weil sie den kriegsverwundeten Gefreiten Adolf Hitler im Lazarett Beelitz während des Ersten Weltkrieges gepflegt hatte.[30]

Zuwendungen und Unterstützungen an sonstige Personen

Groß war die Zahl jener Personen, die aus allen Berufsgruppen und aus den verschiedensten Gründen dem »Führer« zur Rentenaufbesserung vorgeschlagen wurden. Eine bestimmte Ordnung oder Absicht läßt sich dabei allerdings nicht erkennen. Aus der langen Namensliste seien einige Fälle wegen ihrer Bedeutung oder ihrer Kuriosität erwähnt.

Eine Prinzessin, mit ihrem Gut überschuldet, in Konkurs geraten und im Umzug aus dem Schloß begriffen, erbat schon im Frühjahr 1934, wie es in dem Vermerk von Staatssekretär Meißner vom 20. Juni 1935 heißt, »vom verewigten Reichspräsidenten« eine Beihilfe von 800 RM. Sie erhielt diese dann schließlich von Hitler.[31]

Eine andere Prinzessin, die Mutter des holländischen Prinzgemahls Bernhard von Lippe-Biesterfeld, sprach im November 1937 beim preußischen Ministerpräsidenten Hermann Göring wegen finanzieller Probleme vor, wie dieser dem Reichsminister der Finanzen mitteilte. Die Prinzessin klagte darüber, daß sie nicht in der Lage sei, unter den veränderten Verhältnissen nach dem Sturz der Fürstenhäuser den an sie gestellten Anforderungen gerecht zu werden. Als Mutter des Prinzgemahls der Prinzessin Juliane der Niederlande sei sie gezwungen, das holländische Prinzenpaar öfter bei sich aufzunehmen, unter Umständen auch die Mutter, die niederländische Königin Wilhelmine. Dazu sei sie aber finanziell nicht imstande und deshalb bäte sie »nachzuprüfen, ob es Möglichkeiten gäbe, ihr aus diesem Grunde laufend Mittel zur Verfügung zu stellen«. Göring betrachtete sich nicht als zuständig und leitete die Bitte an den Reichsfinanzminister weiter mit der Bemerkung, »nachdem die Prinzessin mir anfangs erklärt hatte, 60000 RM zu brauchen, macht sie es jetzt billiger«.[32] Der Antrag wurde dennoch abgelehnt.

Maxi Herber aus München erhielt vom »Führer« in Garmisch im Januar 1936 einen Zuschuß von 3000 RM »zur Förderung ihrer sportlichen Weiterbildung«[33] und in einem persönlichen Schreiben Hitlers die Mitteilung über diese Bewilligung. Der »Führer« tätigte mit dieser Summe keine Fehlinvestition, denn Fräulein Herber wurde bereits am 14. Februar 1936 zusammen mit dem großen Eiskunstläufer Ernst Baier Olympiasieger im Paarlaufen.

Der Berliner Professor Max Seifert erhielt im Juli 1941 auf Vorschlag von Reichserziehungsminister Rust wegen »hervorragender Verdienste auf dem Gebiet deutscher Musikforschung«[34] einen steuerfreien jährlichen Ehrensold von 2000 RM zusätzlich zu seinem Ehrensold aus preußischen Mitteln von ebenfalls 2000 RM und des weiteren 2400 RM vom preußischen Finanzminister. Dagegen wirkt der Rentenzuschuß für die Witwe des Uniformkundlers Professor Richard K., die bereits 75 Jahre alt war, in Höhe von 50 RM monatlich ausgesprochen kümmerlich. Ebenso bescheiden war der Rentenzuschuß an die Tochter des Komponisten Friedrich v. F., zu dessen Werken die Oper »Martha« zählt. Sie erlangte 1934 einen Rentenzuschuß von 75 RM.

Reichsminister Goebbels teilte am 11. Dezember 1934 mit, er habe keine Bedenken gegen die Weitergewährung einer Unterstützung von 800 RM jährlich an die Witwe des Schriftstellers Arno Holz, des Imitators barocker Lyrik z.B. in der Gedichtsammlung »Dafnis«. Zwar habe dieser seine Werke im SPD-eigenen Dietz Verlag herausgegeben, aber dies nur, »weil kein anderer deutscher Verlag gewillt war«, sie zu publizieren.[35] Dr. Friedrich Castelle erhielt für die Überführung der Gebeine von Hermann Löns in das noch heute bewunderte Grab in der Lüneburger Heide aus dem Dispositionsfonds Hitlers 1741,40 RM. Abgelehnt wurde eine beantragte Zuwendung für die Hinterbliebenen des Erfinders und Maschinenbauingenieurs Gottlieb Daimler, denn die Prüfung durch den Polizeipräsidenten in Köln hatte ergeben, daß die Familie durchaus begütert war. Die Gräfin Fanny von Wilamowitz-Moellendorf, geb. Freiin Fock, immerhin Schwägerin von Ministerpräsident Göring, erhielt 1938 von Hitler eine auf drei

Jahre befristete begrenzte Zuwendung, weil ihr Einkommen von monatlich 85 RM für den Lebensunterhalt nicht ausreichte.

Für das Haus der deutschen Kolonie in Budapest wurde auf Vorschlag des NSDAP-Gauleiters und Staatssekretärs Ernst-Wilhelm Bohle, des Leiters der Auslandsorganisation der NSDAP, im Januar 1939 ein Zuschuß von 40000 RM gezahlt mit der Begründung, Budapest sei eine »total verjudete Stadt« und es bestünde für die Mitglieder der dortigen deutschen Kolonie »die Gefahr, jüdischen oder halbjüdischen Gaststättenbesitzern ausgeliefert zu sein«.[36] Im gleichen Jahr erhielt der Leiter des Kolonialpolitischen Amtes der NSDAP, der bayerische Reichsstatthalter Franz Ritter von Epp, für ein Afrika-Handbuch einen Druckkostenzuschuß von 20000 RM. Die Publikation sollte »der Welt beweisen, daß die deutsche Kolonialwissenschaft eifrig am Werk ist, auch in der Zeit, in der die deutschen Kolonien ihrem rechtmäßigen Besitzer vorübergehend geraubt sind«. Das Buch sei geeignet, »als Unterlage für die zu erwartenden kolonialpolitischen Verhandlungen« zu dienen.[37]

Makaber ist der Brief des »außerordentlichen Gesandten und bevollmächtigten Ministers in besonderer Mission«, des ehemaligen Reichskanzlers Franz von Papen, vom 17. Oktober 1934 an den Reichsfinanzminister. Darin teilte er mit, er habe mit Hitler noch einmal »die Frage der Versorgung der Hinterbliebenen einiger aus Anlaß der Röhm-Revolte ums Leben gekommenen Persönlichkeiten« besprochen. Der Kanzler habe bereits seinerzeit erklärt, daß für die Kinder unter allen Umständen gesorgt werden würde. Er habe bislang in den ihn interessierenden Fällen Bose und Jung aus eigenen Mitteln gesorgt. Damit die Angelegenheit nun aber »regularisiert« werden könne, habe der »Führer« ihn beauftragt, sich mit dem Reichsfinanzminister Lutz Graf Schwerin von Krosigk und dem Reichsjustizminister Franz Gürtner in Verbindung zu setzen. Im Fall von Bose wurde daraufhin den Hinterbliebenen zu ihrer jährlichen Versorgung von 3758 RM ein Zuschuß von 2400 RM gewährt. Was im Fall Jung geschah, läßt sich aus den Akten nicht entnehmen.[38]

Für den nach dem Anschluß Österreichs zurückgetretenen österreichischen Bundespräsidenten Wilhelm Miklas verfügte Hitler, »daß diesem Funktionär« folgende Begünstigungen zu gewähren waren:

»1. Die Belassung der bisherigen abzugsfreien Bezüge im Jahresbetrag von 55700,73 Schilling,

2. die unentgeltliche Bereitstellung der bisherigen Dienstwohnung unter den bisherigen Modalitäten (freie Beheizung, freie Beleuchtung, Entlohnung des Portiers, Bestreitung aller öffentlichen Abgaben für das Gebäude wie Wassergebühren, Steuern, Kaminreinigung und Versicherung),
3. die unentgeltliche Bereitstellung eines vollkommen betriebsfähigen Personenkraftwagens einschließlich eines Chauffeurs nach freier Wahl,
4. die Belassung der Freikarte auf den Bahnen,
5. die Beistellung einer Ehrenwache,
6. die Bereitstellung einer unentgeltlichen Loge in den Staatstheatern, und zwar abwechselnd im Burgtheater und Operntheater,
7. die Zuerkennung eines Versorgungsgenusses an die Witwe des Altbundespräsidenten im halben Ausmaß der unter Punkt 1. bezeichneten Bezüge.«[39]

Dieser umfangreichen Verfügung Hitlers lag offensichtlich der Wille zugrunde, dem ehemaligen österreichischen Bundespräsidenten seine bisherigen Bezüge und Vergünstigungen ungeschmälert auch weiterhin zu gewähren. Ab 1. Januar 1939 sollte der österreichische Altbundespräsident schließlich auf Vorschlag von Reichskommissar Dr. Arthur Seyß-Inquart eine monatliche Zuwendung von 3094,50 RM erhalten. Miklas verzichtete einerseits ab 1940 auf einige von Hitler verfügte Begünstigungen; andererseits wurde festgestellt, daß über diesen Verzicht hinaus »weitere Begünstigungen in Anspruch genommen« wurden, die auch weiterhin zu gewähren waren.

Zuwendungen an Personen und Dienststellen der Wehrmacht

Aus dem Dispositionsfonds wurden auch der Reichswehr und der Wehrmacht sowie militärischen Einzelpersonen Zuwendungen gegeben. Zunächst waren es Kunstwerke von einigem Wert, meistens Ölbilder, die Hitler entweder von sich aus an Truppenteile der Reichswehr für deren Offizierheime verschenkte oder um die er ausdrücklich gebeten wurde. Bei der Einschätzung des Wertes dieser Geschenke muß man sich vor Augen halten, daß das Gehaltsniveau der 30er und 40er Jahre für einen deutschen Facharbeiter einen Monatslohn von knapp 100 RM vorsah. Insofern waren es zum Teil recht wertvolle Geschenke.

Hitler schenkte dem Infanterieregiment in Münster/Westfalen im

April 1935 ein Gemälde, das die Verteidigung des Friedhofs von Beaune-la-Rolande durch das preußische Infanterieregiment 16 im deutsch-französischen Krieg von 1870/71 darstellte und mit einem Wert von 2000 RM zum Verkauf stand.[40] Ein in Öl gemaltes »Führerportrait« erhielten das Artillerieregiment 3 und das Infanterieregiment 8, jeweils im Wert von 2000 RM. Hitlers Gebefreudigkeit sprach sich offensichtlich in Militärkreisen herum. Mit Schreiben vom 18. Juli 1936 teilte Staatssekretär Meißner dem Reichsfinanzminister mit, daß das Generalkommando des III. Armeekorps in Berlin den »Führer« um ein Ölbild, das den Generalfeldmarschall von Mackensen zeigte, gebeten habe. Die Witwe des Malers sei bereit, dieses Bild, das auf 15 000 RM taxiert würde, zum Preise von 5000 RM zu verkaufen. Auch dieser Bitte wurde entsprochen.

Bereits im Mai 1935 schrieb Staatssekretär Meißner dem Reichsfinanzminister, an den »Führer« würden in zunehmender Zahl Anträge von Regimentern und anderen militärischen Dienststellen auf Stiftung von Bildern des verstorbenen Reichspräsidenten von Hindenburg gelangen. Einerseits möchte Hitler die Anträge nicht ablehnen, andererseits hielt er es aber finanziell für nicht vertretbar, in allen Fällen Ölbilder zu schenken. Diese sollten wenigen Zentralbehörden, wie z.B. der Kriegsakademie, vorbehalten bleiben. So wurden dann in der Folge Kopien von Hitler- und Hindenburg-Bildern hergestellt, 50 Stück durch den Verlag von Heinrich Hoffmann für 10 000 RM sowie im Dezember 1936 630 Reproduktionen durch die Firma Ernst Hanfstaengl in München. Der Gesamtbetrag in Höhe von 76 600 RM wurde aus dem Dispositionsfonds entnommen. Für die Schiffe der Kriegsmarine waren die großen Bilder nicht geeignet. Daher erhielt sie eine verkleinerte Ausgabe, die nur mit 6519,10 RM zu Buche schlug. Auf Antrag des Oberkommandos der Kriegsmarine schenkte der »Führer« der Marine das im Verlag Mittler & Sohn, Berlin, herausgegebene Jahrbuch »Nauticus 1938« in einer Stückzahl von 7000 zum Gesamtpreis von 30 000 RM.

Seit Juli 1937 sind außerdem jährliche Zuwendungen von insgesamt 100 000 RM »für Erholungsurlaube von Offizieren der Wehrmacht«[41] zu verzeichnen. Im September 1940 ließ Reichsminister Lammers dem Finanzminister mitteilen, daß gemäß Mitteilung der Adjutantur der Wehrmacht der »Führer« den jährlichen »Betrag von 100 000 RM für die Dauer des Krieges auf 1 000 000 RM erhöht hat«.[42] Der Chef der Reichskanzlei wies gleichzeitig darauf hin, daß die Verfügungsmittel inzwischen sehr stark in Anspruch genommen würden und dringend erhöht werden müßten. Ein Jahr später konnte der Chefadjutant der Wehrmacht bei Hitler, Oberst Rudolf Schmundt, Minister Lammers mitteilen, daß der »Führer« den »Betrag zur Gewährung von Unterstützung für Erholungsurlaube von Offizieren für die Dauer des Krieges auf 2000000 RM erhöht hat«.[43]

Schon ab 1936 gingen beim Reichsfinanzminister und der Reichskanzlei Anträge auf Nachbesserung von Ruhegehältern von Generalen und Admiralen ein. So schrieb der Oberbefehlshaber der Kriegsmarine, Admiral Erich Raeder, am 28. Oktober 1936 an Schwerin von Krosigk, daß seine Bemühungen beim Reichsarbeitsminister, auf dem Wege des Härteausgleichs ein Ruhegehalt aus der Besoldungsgruppe B 1 für den Konteradmiral a.D. Hans Küsel zu erreichen, fehlgeschlagen seien. Raeder wies darauf hin, daß der Admiral nicht mehr in den Genuß seiner Admiralsbezüge gekommen sei, weil er am 19. September 1918 zwar zum Konteradmiral befördert, aber nicht in die entsprechende Planstelle eingewiesen worden sei. Da andere Personen zur gleichen Zeit bei der gleichen Behörde »unter Durchbrechung aller Vorschriften« auf dem Konteradmiralsetat der Marine geführt worden seien, wie z.B. der spätere Reichswehrminister Gustav Noske und dessen Nachfolger als Kieler Zivilgouverneur, Gustav Garbe, sehe die Kriegsmarine diesen Vorgang als unerträglich an. Darum habe man sich auch schon ab dem Jahre 1919 um eine Revision in dieser Sache bemüht. Nun sah Raeder eine neue Chance zur Korrektur, denn »die nationalsozialistische Regierung hat schon manches Unrecht der Systemregierung beseitigt«, wie z.B. im Fall von General Hermann von der Lieth-Thomsen, dem Chef des Feldflugwesens im Ersten Weltkrieg, der ebenfalls 1935 nachträglich zum aktiven Generalmajor der Luftwaffe, später sogar zum General der Flieger ernannt worden war und dadurch höhere Bezüge erhalten hatte.[44]

Um die Jahreswende 1938/39 verwandte sich der Oberbefehlshaber der Kriegsmarine für Vizeadmiral a.D. Ludwig von Reuter. Er bat, diesem anläßlich seines 70. Geburtstags am 9. Februar 1939 zu seinen derzeitigen Bezügen den Unterschiedsbetrag zwischen dem Ruhegehalt nach Besoldungsgruppe B 4 und B 5 als Flottenchef aus dem Dispositionsfonds des »Führers« zu gewähren.[45] Reichsarbeitsminister Franz Seldte legte in seinem Schreiben vom 7. Februar 1939 die Begründung von Generaladmiral Raeder bei, wies allerdings zugleich darauf hin, daß eine Höhergruppierung nur aus dem Dispositionsfonds Hitlers finanziert werden könnte.[46]

Tatsächlich hatte Vizeadmiral von Reuter vom 14. November 1918 bis zum 21. Juni 1919 die Dienststellung eines Flottenchefs im Kriege wahrgenommen und am 21. Juni 1919 die Selbstversenkung der deutschen Flotte in Scapa Flow angeordnet. Nun erkannte man diese Handlung besonders an: »Das aus höchster Vaterlandsliebe und zur Erhaltung der Ehre der Deutschen Kriegsmarine durchgeführte Unternehmen wird vom heute wieder wehrhaften Deutschland erst voll gewürdigt und dem hochverdienten Admiral tief gedankt.«[47] Deshalb sollte er ein höheres Ruhegehalt erhalten. Der »Kampf im bürokratischen Gestrüpp« lohnte sich auch in diesem Fall: Der Vizeadmiral bekam von seinem 70. Geburtstag an monatlich 193,05 RM mehr.

Ähnliche Fälle gab es auch bei anderen pensionierten höheren Offizieren des Reichsheeres und der Luftwaffe. Am 26. April 1937 teilte der Reichskriegsminister, Generalfeldmarschall von Blomberg, dem Reichsfinanzminister mit, daß Hitler dem charakterisierten Generalmajor a.D. Friedrich Haselmayr, der auch SA-Obergruppenführer war, im Gnadenwege den Unterschied zwischen seinem Ruhegehalt als Oberstleutnant (C 5) und dem eines Oberst (C 4) vom 1. Februar 1937 an bewilligt habe.[48] Auf Antrag von Reichsluftfahrtminister Göring vom 22. Oktober 1936 billigte Hitler auch der Witwe des verunglückten Generals Walther Wever eine Anhebung der Pension zu.[49] Als der Chef des Oberkommandos der Wehrmacht, Generalfeldmarschall Wilhelm Keitel, im Dezember 1940 beantragte, der Witwe des im April 1940 verstorbenen Generals der Artillerie und Chefs des Heereswaffenamtes, Professor Dr. Karl Becker, der Einfachheit halber wegen dessen Verdiensten um »Führer und Vaterland« die letzten Dienstbezüge statt einer Witwenpension weiterzuzahlen, wies dies der Reichsfinanzminister zurück. Minister Schwerin von Krosigk bemerkte, daß dies nicht sein könne, da dann die Witwe mehr Geld zum Lebensunterhalt für sich alleine habe als früher beide Ehegatten gemeinschaftlich. Es wurde dann eine ähnliche Regelung wie im Fall von General Wever getroffen.[50]

Gelder für Staatsbegräbnisse

Auch Staatsbegräbnisse wurden aus dem Dispositionsfonds bezahlt. So betrugen die Kosten für die Staatsbegräbnisse für die Generale Wever und von Seeckt sowie die Überführung des Leichnams des Generals der Artillerie von Gallwitz aus dem Ersten Weltkrieg von Neapel nach Freiburg im Breisgau beispielsweise zwischen 2000 und 3000 RM, und das Staatsbegräbnis für die Toten des Panzerschiffs »Deutschland« anläßlich des Einsatzes im Spanischen Bürgerkrieg im November 1937 kostete 84 500 RM inklusive Grabdenkmal.[51]

Aber gelegentlich übertrafen auch die Kosten für die vom Reich übernommenen Staatsbegräbnisse das übliche Maß notwendiger Ausgaben zu Lasten des Reichshaushaltes erheblich. So lesen sich die Abrechnungen für die Beisetzung des Gesandtschaftsrats Ernst vom Rath, der am 7. November 1938 in Paris als Botschaftsangehöriger von dem Juden Herschel Grynszpan ermordet worden war und dessen Tod Goebbels den willkommenen Anlaß für die Ausschreitungen in der sogenannten Reichskristallnacht am 9. November 1938 bot, ausgesprochen makaber und erweisen sich als völlig überzogen. Der mit der Regie des Staatsbegräbnisses beauftragte SA-Brigadeführer Peter Fink vom Propagandaministerium hatte offensichtlich von seinem Minister Goebbels den Auftrag erhalten, keine Kosten zu scheuen. Der Aufwand wird in einem Schreiben des Staatssekretärs Meißner mit etwa 150 000 bis 200 000 RM[52] bezeichnet. Dabei entfielen 50 000 RM auf das eigentliche Staatsbegräbnis, »der überschießende Betrag auf [die] Kosten des Aufmarsches der aus den Bezirken Aachen und Düsseldorf zusammengezogenen Gliederungen [der Partei]«.[53] Es war dabei vorgesehen, daß die Rückerstattung dieses Betrages »aus der dem Judentum in Deutschland auferlegten Buße erfolgen« sollte.

Geschenke an ausländische Staatsmänner

Der zum Teil grenzenlos wirkende Zugriff auf Staatsgelder wurde ebenfalls bei Geschenken an Diplomaten und ausländische Staatsmänner offenbar. So fallen neben den zahlreichen Geschenken an Mussolini und andere Staatsoberhäupter, die aus einem besonderen Haushaltstitel bezahlt wurden, beispielsweise im Februar 1943 Rechnungen für eine Motorjacht als Staatsgeschenk auf. Das Schiff war mit 400 000–500 000 RM veranschlagt. Der Empfänger ist in den

Akten nicht bezeichnet, könnte aber der ungarische Reichsverweser, Admiral Nikolaus Horthy von Nagybanya, gewesen sein.[54] Gegen ein solches Geschenk verblaßte der Wert des Staatsgeschenkes an den spanischen »Caudillo«, General Francisco Franco, vom 5. Januar 1940, dem Hitler »aus politischen Gründen einen geländegängigen Personenkraftwagen von der Daimler Benz Aktiengesellschaft« liefern ließ. Der Kaufpreis betrug 33 597,50 RM und sollte ebenfalls »aus den Verfügungsmitteln des Führers übernommen werden«.[55] Auch die Kosten von Hitlers propagandistisch aufgewerteter Italienreise im Frühjahr 1938 zu Mussolini bezahlte Hitler aus seinem Dispositionsfonds. Einschließlich neuer Uniformentwürfe und der Einkleidung seiner Entourage betrugen die Kosten insgesamt immerhin 210 000 RM.

Der fast sorglose Zugriff auf staatliche Finanzmittel angesichts der schlechten Devisenlage des Reiches und der ungehemmte Umgang mit bestehenden Rechtsverordnungen oder gar Gesetzen, der aus den geschilderten Fällen beispielhaft deutlich wird, läßt erkennen, daß die nationalsozialistische Führung ungeachtet der preußisch-pedantisch wirkenden bürokratischen Abläufe wirklich nur eine Macht im Staate kannte, nämlich den »Führerwillen«, der allein über die Aus- und Vergabe staatlicher Gelder befand. Die Mittel dafür wurden neben anderen Geldquellen aus dem Titel 32 eines eigenen Kapitels des Reichshaushalts von 150 000 RM im Jahre 1933 auf 3 300 000 RM im Jahre 1935 erhöht.[56] In den letzten beiden Kriegsjahren 1944 und 1945 standen Hitler schließlich sogar insgesamt bis zu 40 Millionen RM zur Verfügung, über deren Ausgabe und Verwendung er allein befinden konnte.

3. Die Dotationen an Reichspräsident Generalfeldmarschall von Hindenburg und an Generalfeldmarschall von Mackensen

a) Die Dotation an von Hindenburg

Wie bei kaum einer Persönlichkeit der neuesten deutschen Geschichte schwankt die Bewertung des Generalfeldmarschalls und späteren Reichspräsidenten Paul von Beneckendorff und Hindenburg in hohem Maße. Geboren am 2. Oktober 1847 im preußischen Posen, schied Hindenburg 1911 nach einer Offizierskarriere als General im preußischen Heer aus. Beim Ausbruch des Ersten Weltkrieges im

August 1914 wurde er reaktiviert und zum Oberbefehlshaber der 8. Armee in Ostpreußen ernannt. Es gelang ihm dort, durch sein ruhiges und vielleicht auch stoisches Naturell die Front zusammen mit seinem Generalstabschef General Erich Ludendorff gegen die eingedrungenen russischen Armeen zu stabilisieren.

Die Frage ist, ob der monarchistisch gesinnte Feldmarschall, der am 26. April 1925 im Alter von 78 Jahren zum Reichspräsidenten der deutschen Republik gewählt wurde, durch seine Amtsführung die junge, instabile Demokratie in Deutschland zerstörte oder ob er als »Ersatzkaiser« ihr schwaches Leben hat verlängern können. Eigentlich hätte es die Republikaner alarmieren müssen, daß sechs Jahre nach dem Entstehen der ersten Demokratie in Deutschland knapp die Hälfte der deutschen Bevölkerung für einen preußischen Generalfeldmarschall und überzeugten Monarchisten stimmte, über den man in der Zeitung der »Nationalen Volkssoldaten« im April 1925 lesen konnte, »Hindenburg führt uns wieder! Wir folgen ihm und bereiten uns vor in stiller zäher Kleinarbeit auf den Tag, der alle deutschen Stammesbrüder wieder einreiht in siegwollende Regimenter und Divisionen, in ein neues, großes Volksheer, das dem Reiche zurückgewinnt, was sein ist seit Jahrtausenden, das dem Reiche zurückholt auch das Elsässische Land«.[57]

Trotz dieser nationalen Töne sind die Bewertungen seiner Wahl zum Reichspräsidenten sehr unterschiedlich. Theodor Eschenburg erinnert sich, »mit welch ehrlichem Respekt von Hindenburg, selbst bei großer Indiskretion im diskreten Gespräch, allgemein gesprochen wurde, und zwar auch von Personen, die Hindenburgs Richtungsvorstellungen mit starkem Mißtrauen begegneten«.[58] Golo Mann erinnert sich einer Bemerkung seines Vaters Thomas Mann aus dem Spätsommer 1914: »Dieser Hindenburg ist ein Tausendsassa!«[59] Harry Graf Kessler hielt in seinen Memoiren die Wahl Hindenburgs für eine »außenpolitische Katastrophe« und erwartete »schwere Schläge und Demütigungen« für das deutsche Volk. Er erwähnte zudem die Senilität Hindenburgs, die ihm bei der Vereidigung im Reichstag schon Schwierigkeiten bereitete, was Graf Kessler zu der kritischen Feststellung veranlaßte: »Eine etwas befangene, greisenhafte Generalsstimme, die Ungewohntes und Unverstandenes vorlesen muß.«[60]

Hindenburg wurde von den ihn tragenden Parteien des »Reichsblocks« als unbestechlicher Wächter über Gesetz und Moral dargestellt. In einem von ihm persönlich zurückhaltend geführten Wahlkampf betonte er in seiner Osterbotschaft »an das deutsche Volk«: »Es bedarf vor allem der Säuberung unseres Staatswesens von denen, die aus der Politik ein Geschäft gemacht haben. Ohne Reinlichkeit des öffentlichen Lebens und Ordnung kann kein Staatswesen gedeihen. Der Reichspräsident ist besonders dazu berufen, die Heiligkeit des Rechtes hochzuhalten.«[61] Ferner bekräftigte er, ihm liege das Wohl derjenigen Volkskreise besonders am Herzen, die am schwersten unter der Not der Zeit litten.

Diesem »Wächter über Gesetz und Moral« hatte die Stadt Hannover bereits im September 1918, also noch während des Ersten Weltkrieges und der Herrschaft Kaiser Wilhelms II., eine Villa im Wert von 350000 Goldmark in einem Vorort zur Verfügung gestellt, als sie ihn zum Ehrenbürger ernannte. Dorthin zog sich Hindenburg im Juni 1919 nach der Demobilisierung zurück. Die Schenkung wurde nach der Revolution von den sozialdemokratischen Stadträten bestätigt. Auch in der Zeit der Inflation des Jahres 1923, als große Teile des deutschen Bürgertums durch die Geldentwertung ihr Kapital verloren, halfen industrielle Kreise dem Feldmarschall, seine finanziellen Schwierigkeiten, die durch die Inflation eingetreten waren, zu mildern.[62]

Am 2. Oktober 1927 feierte Hindenburg »in ungewöhnlicher Eintracht« seinen 80. Geburtstag.[63] Dabei stellte besonders eine bedeutende Schenkung die vielen Ehrungen und Präsente, die Hindenburg zu seinem Geburtstag erhielt, in den Schatten: Eine Schwägerin Hindenburgs war in finanzielle Schwierigkeiten geraten und hatte das alte Familiengut Neudeck in Ostpreußen (bis 1919 gehörte Neudeck zu Westpreußen) zum Verkauf angeboten. Elard von Oldenburg-Januschau, Reichstagsabgeordneter der DNVP sowie Gutsbesitzer in der Nachbarschaft und ein alter Freund Hindenburgs, beschloß, den Geburtstag des Reichspräsidenten zu nutzen, um für ihn das Familiengut mit Hilfe von Spenden zu kaufen und es ihm gleichsam zum nationalen Geschenk zu machen. Der Vorschlag von Oldenburg-Januschau fand bei Hindenburg freudige Zustimmung und traf auf dessen geheimen Wunsch, Angehöriger der preußischen Aristokratie mit Grundbesitz zu werden.[64]

Allerdings wurde Oldenburg-Januschaus Vorschlag, staatliche Finanzmittel und die »Hindenburg-Spende« der deutschen Wirtschaft, die einen sozialen Hilfsfonds zur Unterstützung von Kriegsopfern und Kleinrentnern speiste, der teilweise auch durch Volkssammlungen geschaffen wurde, dafür in Anspruch zu nehmen, von Reichskanzler Wilhelm Marx abgelehnt. Er war überzeugt, daß diese Zweckentfremdung des Hilfsfonds für den Ankauf eines Rittergutes nicht durch den Reichspräsidenten gebilligt würde.

Daraufhin machte Oldenburg den Vorschlag, bei den ostpreußischen Rittergutsbesitzern Geld zu sammeln. Die Sammlung bei den Großagrariern brachte jedoch ein klägliches Ergebnis: Es kamen nur 50000 RM zusammen, d.h. nur 5 % des nötigen Gesamtbetrages von einer Million Reichsmark, die das Gut kosten sollte. Nachdem der Reichskanzler auch das Ansinnen, das Gut durch das Reich oder durch das Land Preußen kaufen zu lassen und es dann dem Reichspräsidenten zu schenken, abgelehnt hatte, blieb nur übrig, nach dem Muster der »Bismarck-Spende« zu verfahren, sofern kein anderer Förderer auftrat. Damals, 1885, war durch Geldsammlungen im Reich eine erhebliche Summe aufgebracht worden, durch die das alte Familiengut Schönhausen für Bismarck hatte zurückgekauft werden können.

Auch dieses Mal, 1927, kam durch Spenden von Kriegervereinen, Soldatenverbänden und breite Schichten der Bevölkerung, vor allem aber durch eine großzügige Spende der deutschen Wirtschaft und von Industriemagnaten in West- und Süddeutschland die nötige Summe von einer Million Reichsmark zusammen, und dem Reichspräsidenten konnte danach das Familiengut Neudeck übereignet werden.[65] Neben diesem nationalen »Geschenk des deutschen Volkes« blieb das Geschenk der Reichsregierung, ein neu angefertigtes 500-teiliges Tafelservice nach dem Muster eines Services, das Friedrich der Große für das Breslauer Stadtschloß bei der Berliner Porzellanmanufaktur hatte anfertigen lassen, im Wert von 40000 RM sehr bescheiden.[66] Bemerkenswert an der privaten Schenkung sind jedoch zwei Aspekte: Zum einen wurde das Gut, um die Erbschaftssteuer zu sparen, auf dessen Betreiben sogleich auf Hindenburgs Sohn Oskar überschrieben – ein eher peinlicher Akt, der der Reputation des Staatsoberhauptes schadete, als er später bekannt und in der Öffentlichkeit diskutiert wurde, obwohl Hindenburg sich aus der Sache herausgehalten hatte.[67] Zum anderen geriet der Reichspräsident, der dem politischen Getriebe der Hauptstadt Berlin auf sein Gut Neudeck entfliehen zu können glaubte, dadurch in die Hände der »benachbarten« ostelbischen Großagrarier und deren Pressionen, die, bedingt durch wirtschaftliche Schwierigkeiten unter Beimischung nationaler Töne, immer stärker wurden. Dies war auch das angestrebte politische Ziel der Schenkung. Sie verlangten wiederholt vom benachbarten »Landedelmann« von Hindenburg Hilfen des Staates für sich und ihre Rittergüter vornehmlich in Ostpreußen.

Die Junker waren jedoch nicht nur – ebenso wie andere Bürger – durch Inflation und Weltwirtschaftskrise in Geldschwierigkeiten geraten. Auch ihre Unfähigkeit, die Konsequenzen der Industrialisierung zu erkennen, und eine selbstverordnete Pflicht zu einem »standesgemäßen Leben« ruinierten so manches Gut im Osten. Schon Friedrich Engels hatte vor der Jahrhundertwende auf die unhaltbare Situation der in ökonomischen Gegensatz zum Industriekapital geratenen Schicht hingewiesen.[68] Prophetisch stellte er fest, keine Staatshilfe könne sie auf Dauer am Leben halten.

Trotz allen Drängens des Reichspräsidenten gegenüber den Reichskanzlern Heinrich Brüning und Kurt von Schleicher endete dann auch die sogenannte Ost-Hilfe 1933 in einem Skandal, als der Mißbrauch öffentlicher Gelder aufgedeckt wurde. Die öffentlichen Mittel waren nämlich nicht nur zum Abdecken enormer Schulden, sondern auch zum Kauf von Rennpferden, exklusiven Autos und für Riviera-Reisen verwandt worden.[69] Ein Untersuchungsausschuß des Reichstags sollte die Affäre durchleuchten. Dabei wäre der Mißbrauch der staatlichen Hilfsgelder auch durch Hindenburgs Freund von Oldenburg-Januschau offenbar geworden, der immerhin 621 000 RM zur Sanierung seiner drei Güter erhalten, für das Geld aber ein viertes erworben hatte. Mit dem Sturz der Regierung von Schleicher und der Ernennung Hitlers zum Reichskanzler wurde der Skandal dann allerdings zugedeckt.

Ein knappes halbes Jahr nach den Diskussionen um den Mißbrauch der Ost-Hilfe-Gelder wagte die neue, nationalsozialistisch geführte Reichsregierung erstmals eine Dotation des Staates an Hindenburg zu geben. Sie bestand aus zwei Teilen:

1. in der Befreiung des Reichspräsidenten von Reichs- und Landessteuern aufgrund eines Reichsgesetzes und
2. in der erheblichen Vergrößerung des Ritterguts Neudeck, das eine Gesamtgröße von 811 ha hatte, durch Schenkung der bisherigen

Domäne Langenau und des preußischen Forstes Königwald zu einer Gesamtgröße von 1351 ha, also fast eine Verdoppelung des Hindenburgischen Hausgutes Neudeck durch die preußische Staatsregierung.[70]

Mit dieser staatlichen Donation der preußischen Regierung ehrten die Nationalsozialisten den Reichspräsidenten anläßlich des »Ehrentags von Tannenberg« am 27. August 1933. Die Dotation wurde im Reichsgesetzblatt vom 28. August 1933[71] verkündet und in den Zeitungen als Gabe des deutschen Volkes in großer Aufmachung propagandistisch herausgestellt. Enthusiastisch schilderte ein Berliner Blatt die nach Ostpreußen ziehenden »endlosen Kolonnen«, die Hindenburg als siegreichen Feldherrn der Schlacht von Tannenberg ehrten.[72] Gleichsam als Begründung für die Schenkung bat der Provinziallandtag Ostpreußens in einer Entschließung die Reichs- und preußische Staatsregierung »im Interesse des ganzen deutschen Volkes, die Verbindung der Familie von Hindenburg mit dem ostpreußischen Volk und der ostpreußischen Scholle, die ewig deutsch bleiben werden, für immer sicherzustellen«.[73] Im Anschluß daran übereignete Hitler, der mit seiner Rolle als »einfacher Musketier« im Ersten Weltkrieg kokettierte, die Dotation. Die Urkunde war vom gesamten preußischen Staatsministerium, allen voran Göring, unterzeichnet.[74]

Gerührt dankte der greise Feldmarschall. Dabei war es ihm ein besonderes Anliegen, »in Ehrfurcht, Treue und Dankbarkeit« seines »Kaisers, Königs und Herrn« zu gedenken. In einem Brief an den Reichskanzler vom 30. August 1933 bedankte sich Hindenburg »von ganzem Herzen« für Hitlers freundliche Worte und für die Steuerbefreiung des »neuen Hausgutes von Hindenburg«.[75] Es ist bezeichnend, daß Hindenburg bei den Feierlichkeiten insbesondere an seinen Kaiser dachte, der im holländischen Doorn im Exil lebte. Vielleicht war dem greisen Feldmarschall bewußt, daß die Vergabe der Dotation eine eigentlich dem preußischen König und Deutschen Kaiser zustehende Handlung war. Aus der Hand Kaiser Wilhelms II. hätte er sie – nach gewonnenem Krieg – verdientermaßen empfangen können. Nun erhielt er sie zwar für die »Rettung des Vaterlandes« aufgrund seiner Siege in Ostpreußen und Rußland, aber der Krieg war letztlich 1918 verloren worden, und das Kaisertum war untergegangen, so daß die Dotation allein ein propagandistisches Geschenk der nationalsozialistischen Regierung war.

Schloß Neudeck in Ostpreußen (Foto: A. Ueberschär)

Die großzügige Arrondierung des Gutes Neudeck und seine Erweiterung zum »Hausgut Hindenburg« hatten allerdings einen Schönheitsfehler: Die ehemals preußische Domäne Langenau, die das Land dem Reichspräsidenten geschenkt hatte, war in schlechtem Zustand. Wie ein Vermerk der Reichskanzlei vom 18. September 1933 festhielt, erwartete der Reichspräsident, daß die Mittel zur Instandsetzung des Gutes ebenfalls vom Staat zur Verfügung gestellt würden.[76] Danach sei in einem Gespräch mit Staatssekretär Meißner »der Herr Reichspräsident [...] auch auf die Frage der Zurverfügungstellung der Mittel für den Aufbau der völlig devastierten Domäne Langenau zu sprechen gekommen. Bekanntlich hätten der Herr Reichskanzler und Herr Ministerpräsident Göring dem Herrn Reichspräsidenten bei ihrem Besuch in Neudeck zugesagt, insgesamt 800000 RM, nämlich Reich und Preußen je 400000 RM, zum Wiederaufbau des Gutes Langenau zur Verfügung zu stellen. Der Herr Reichspräsident werde sich sicherlich freuen, wenn dieses Versprechen noch einmal in einem Schreiben des Herrn Reichskanzlers wiederholt und dann auch möglichst bald das weitere wegen Auszahlung des Betrages in die Wege geleitet werden.«[77]Eine genauere Kostenschätzung ergab jedoch, daß man mit den 800000 RM nicht auskommen werde. So stellte das Reichskabinett, wie aus einer Niederschrift über eine Ministerbesprechung vom 26. September 1933 hervorgeht, einen Betrag von insgesamt 1050667 RM zur Verfügung.[78] Der Betrag sollte je zur Hälfte vom Reich und von Preußen getragen werden. Das Reichskabinett nahm dies routinemäßig zur Kenntnis. Am 2. Oktober 1933, als Hindenburg seinen 86. Geburtstag feierte, konnte ihm Reichskanzler Hitler bei seiner persönlichen Gratulation somit eine weitere großzügige Dotation in Millionenhöhe zum Geburtstagsgeschenk machen.[79]

Zusammenfassend läßt sich feststellen: Nicht nur der Generalfeldmarschall und Reichspräsident, der so gerne an preußische Tugenden wie Sparsamkeit und Bescheidenheit appellierte, fand nichts dabei, durch private Spenden eine Million Reichsmark für den Kauf des ehemaligen Hausgutes Neudeck sowie durch staatliche Gelder eine weitere Million zur Arrondierung und eine dritte Million zur Instandsetzung des »Gesamtgutes Hindenburg« als Geschenk anzunehmen. Auch weite Kreise des deutschen Volkes, das ja schon 1926 ein Volksbegehren zur Beschneidung des Besitzes seiner entthronten Fürstenhäuser abgelehnt hatte, sahen in diesen Schenkungen weniger ein Ärgernis denn eine Normalität aus der guten alten Zeit der Fürstenhöfe des Reiches.

b) Die Dotation an von Mackensen

Die nächste große Dotation allein aus Staatsgeldern des NS-Staates erhielt ein weiterer Held des Ersten Weltkrieges: Generalfeldmarschall August von Mackensen. Er war 1849, noch ohne Adelstitel, im Königreich Preußen geboren worden. Er starb am 8. November 1945, überlebte also Kaiserreich, Weimarer Republik und die Zeit des Nationalsozialismus.[80] Mit ihm betrieb die nationalsozialistische Führung, insbesondere nach dem Tod des Reichspräsidenten von Hindenburg im Jahre 1934, einen von der Propaganda meisterlich gestalteten, öffentlichkeitswirksamen Kult als Doyen des Offizierkorps von Reichswehr und Wehrmacht. Es war vor allem Göring als Reichstagspräsident und preußischer Ministerpräsident, der Mackensen als Leitbild des Übergangs vom alten Reich zum neuen, nationalsozialistischen Staatswesen herausstellte.

Mackensen profitierte damals ebenso von einem anderen Brauch im monarchischen Staat, nämlich von der Verleihung eines Adelstitels an einen Großteil des Offizierskorps, aber auch an ausgewählte Bürger. Am 27. Januar 1899, dem 40. Geburtstag Kaiser Wilhelms II., wurde der preußische Offizier mit dem Adelstitel ausgezeichnet. In politischer Hinsicht militärisch-konservativ bis reaktionär denkend, verachtete Mackensen die Presse und gab ihr nach dem Ersten Weltkrieg die Hauptschuld an der Niederlage des Kaiserreichs. Seine eigenen Fehlbeurteilungen sah er weniger kritisch. So hatte er als Feldmarschall beispielsweise den rücksichtslosen Seekrieg gegen die Vereinigten Staaten mit der völlig unzutreffenden Ansicht begrüßt: »Militärisch kann Nordamerika uns nichts anhaben.«[81] Bis zu seinem Tode war er ferner der Meinung, der preußische Militarismus sei die richtige Erziehung für ein Volk, die sozialdemokratische Freiheit verderbe es dagegen.

In der Weimarer Republik war er ein geschäftiger »Reisender für nationalen Rummel«.[82] Stirnrunzelnd betrachtete er die Wahl Hindenburgs zum Reichspräsidenten, weil dieser dann unter der schwarz-rot-goldenen Flagge im bürgerlichen Gewande die Front der Truppe abschreiten müsse. So etwas war ihm zuwider. Wenn es jedoch um seine eigenen Rechte ging, nahm er die republikanischen Institutionen gerne in Anspruch. So prozessierte er gegen die Kürzung seiner Pension; »jene Verfassung bemühend, für die ansonsten nicht sein Herz schlug, bestand er auf wohlerworbene[n] Rechte[n]. Während er gern die Opferbereitschaft für das Vaterland beschwor, glaubte er, den eigenen Gürtel eng genug geschnallt zu haben«[83], so beschrieb es sein Biograph Theo Schwarzmüller.

Nach dem Tode Hindenburgs am 2. August 1934 setzte ihn die NS-Propaganda als letztem noch lebenden Feldmarschall an dessen Stelle und begann mit ihm einen regelrechten Traditionskult. Er erhielt von der Reichswehrführung einen ständigen Adjutanten mit mehreren Hilfskräften, Fahrer und Dienstwagen. Sein 85. Geburtstag am 6. Dezember 1934 wurde gefeiert wie vordem die Geburtstage des Reichspräsidenten und Generalfeldmarschalls von Hindenburg: Hitler selbst fuhr zum Wohnsitz Mackensens nach Falkenwalde, um ihn in Begleitung von Reichsaußenminister von Neurath, Reichswehrminister von Blomberg und dem Chef der Heeresleitung, Freiherr von Fritsch, zu besuchen. Die Begegnung dauerte eine Stunde und führte zur Anordnung Hitlers, den Sandweg zwischen dem Gut Fal-

Erbhof Brüssow (Foto: A. Ueberschär)

kenwalde und der Bahnstation Pölitz als Geschenk für den Jubilar breit auszubauen und zu asphaltieren.[84]

Am 26. Juni 1935 erteilten die Kabinettsmitglieder nach Vorgesprächen mit dem Sohn Mackensens, dem Gesandten Hans-Georg von Mackensen, und auf Betreiben Görings ihre Zustimmung zur Steuerbefreiung einer großen Dotation an den Generalfeldmarschall, der auch preußischer Staatsrat war. In der Begründung der Kabinettsvorlage heißt es: »Nach dem Willen des Führers und Reichskanzlers soll dem Dank des deutschen Volkes an den ruhmvollen Heerführer des Weltkrieges und preußischen Generalfeldmarschall von Mackensen unvergänglicher Ausdruck verliehen werden. Daher hat das preußische Staatsministerium beschlossen, die preußische Domäne Brüssow, Kreis Prenzlau, dem Führer und Reichskanzler zur Verfügung zu stellen, um dem Generalfeldmarschall von Mackensen als Dotation übereignet zu werden.«[85] Die Reichskasse stellte für Umbaumaßnahmen und Neuausstattung einen Betrag von 350000 RM zur Verfügung, auf Zahlung von Abgaben wurde völlig verzichtet. Im Gegensatz zur Steuerbefreiung Hindenburgs vom 27. August 1933 sollte jedoch nur der Akt der Übereignung des Guts von Steuern und Abgaben befreit werden. Bereits ab 1. Juli 1935 konnte Mackensen über das Gut verfügen.

Für diese Dotation benötigte man damals, genau wie im Falle Hindenburgs, ein Reichsgesetz, um die demokratischen Regeln und Gepflogenheiten formell zu beachten. Die Domäne wurde anschließend bis zum September 1935 hergerichtet und schließlich am 22. Oktober 1935 durch Ministerpräsident Göring im Auftrage des »Führers« an den Generalfeldmarschall übergeben. Neben der Erbhofurkunde wurde dabei eine von Hitler unterzeichnete Schenkungsurkunde von Göring überreicht, die Mackensen als »letzten aus der ruhmreichen preußischen Armee hervorgegangenen Generalfeldmarschall« pries. Die Domäne Brüssow sollte zur Begründung eines Mackensenschen Erbhofs dienen, so daß »die deutsche Scholle wieder zur Heimat des deutschen Bauerngeschlechts gemacht« werde, »aus dem der ehrwürdige Feldmarschall erwuchs«.[86]

Brüssow war ein schuldenfreies Gut von 4000 Morgen Nutzfläche, landschaftlich schön gelegen, immerhin eines der größten und ertragreichsten Güter der Uckermark. Mackensen war deshalb über die Dotation hochzufrieden und teilte einem Freund mit: »Der Boden verspricht viel, er trägt auch Rüben und Weizen. Eine Brennerei und eine Kartoffeltrockenanlage ist vorhanden, auch ein fischreicher See von mehr als 300 Morgen und Wald von etwa 150 Morgen.«[87] Bei aller Freude über das großzügige Geschenk der früheren preußischen Krondomäne als Dotation aus der Hand des nationalsozialistischen »Führers« besaß Mackensen das Gespür, daß er als treuer Monarchist ein solches Gut eigentlich nur aus der Hand seines Souveräns entgegennehmen sollte. Er schrieb deshalb auch an Kaiser Wilhelm II. »schuldbewußt« nach Doorn und log ihm vor, er sei von Görings Verfügung »völlig überrascht« worden.[88] Verständlicherweise war Wilhelm II. von der Dotation nicht begeistert und vermutete, daß sein alter, ihm bisher treu ergebener Feldmarschall hinfort als Freund und Anhänger Hitlers zu betrachten sei.[89]

Obwohl Mackensen kein Freund der Nationalsozialisten war und auf den Gruß »Heil Hitler« stets mit »Guten Tag« antwortete[90], nahm er, der auch nach Beginn des Krieges für Gesten, Worte und Geschenke des Diktators empfänglich war, an seinem 90. Geburtstag am 6. Dezember 1939 ein 8000 RM teures Hitler-Porträt und »eine Truhe als Untersatz mit aufgelegter Brokatvelour-Decke« entgegen.[91]

Göring übergibt Generalfeldmarschall August von Mackensen am 22. 10. 1935 die staatliche Domäne Brüssow als Erbhof. Oberhalb von Göring Leonie von Mackensen, daneben Reichsaußenminister Konstantin Frhr. von Neurath und Manfred von Mackensen, rechts (mit Einstecktuch) Hans-Georg von Mackensen (Foto aus: Theo Schwarzmüller: Zwischen Kaiser und »Führer«. Generalfeldmarschall August von Mackensen. Eine politische Biographie, Paderborn u.a. ^{3}1997)

Es erfolgte dies zur gleichen Zeit, als er von Generaloberst a.D. Ludwig Beck bemüht wurde, um bei Generaloberst von Brauchitsch, dem Oberbefehlshaber des Heeres, wegen der Morde in Polen vorstellig zu werden. Mackensens zurückhaltende Kritik fand jedoch wenig Echo und führte nicht zur Abstellung der Mordaktionen.[92]

Mit der Vergabe der Dotationen an Hindenburg und Mackensen als den beiden berühmten Feldmarschällen des Ersten Weltkrieges wurden zwei Heerführer trotz eines verlorenen Krieges beschenkt. Sie erhielten ihren Gutsbesitz nicht nach dem Sieg des Reiches übertragen, sondern nach dessen Niederlage und auch nicht mehr von der alten

Auch im Fall Mackensen kann man das Vertuschen von Differenzen oder gar Untaten des NS-Regimes als Motiv für Hitlers Aktionen erkennen. Denn bei der Übertragung des Gutes Brüssow an Mackensen ist zu vermuten, daß damit auch die Morde im Zusammenhang mit dem sogenannten Röhm-Putsch vom 30. Juni 1934 vergessen gemacht werden sollten. Die Ermordung von Reichskanzler a. D. General Kurt von Schleicher, der zusammen mit seiner Frau erschossen wurde, und von General von Bredow tangierte Mackensen als dienstältesten deutschen Offizier und als Vorsitzenden des Schlieffen-Vereins, der Vereinigung der Generalstabsoffiziere, dem beide Offiziere angehört hatten. Er mußte sich erheblicher Kritik aus dem Kreise der Generalstabsoffiziere stellen, die die Rehabilitierung der ermordeten Generale verlangten. Da Hitler im Reichstag die Todesopfer jedoch als »Landesverräter« bezeichnet hatte, wurde die verlangte Wiedergutmachung wenn nicht unmöglich, so doch zumindest sehr schwierig, zumal der Generalfeldmarschall ebenso wie die Reichswehrführung Hitlers Rolle beim sogenannten Röhm-Putsch nicht kritisch bewertete. Er verlegte sich aufs Lavieren und verhängte auf der Jahres-Mitgliederversammlung des Schlieffen-Vereins am 28. Februar 1935 gleichsam ein Redeverbot zu diesem Thema. Nur halbherzig war Mackensen zur Erklärung bereit, beide Kameraden seien »ohne Verletzung ihrer Ehre auf dem Schlachtfeld gefallen, auf das ihr Geschick sie geführt hat«.[95] Während Mackensen mit den Morden an Schleicher und Bredow befaßt war, erfuhr er von der bevorstehenden Dotation. Die zeitliche Parallelität gibt zu denken. Sie läßt erkennen, daß der greise Veteran, der einerseits kritischer Beobachter der nationalsozialistischen Bewegung und andererseits dem neuen Reichskanzler für die Erneuerung des Reiches dankbar war, sich durch das Geschenk Hitlers in seiner Unabhängigkeit hatte einengen lassen.

III. Dotationen im Krieg

1. Umfang, Art und Verfahrensregelung

Nach Entfesselung des neuen europäischen Krieges durch Hitler, den er 1941 mit dem Überfall auf die Sowjetunion und der Kriegserklärung an die USA zum Zweiten Weltkrieg ausweitete, ergriff der deutsche Diktator verschiedene Formen und Möglichkeiten, um als »Führer« des Reiches seinen Dank für geleistete Dienste, Tapferkeit oder Treue gegenüber Zivilangehörigen und Soldaten zum Ausdruck zu bringen. Noch zum 1. September 1939 begründete er das Eiserne Kreuz (EK) mit zwei Klassen als Tapferkeitsauszeichnung neu. Zahlreiche weitere Orden folgten wie z.B. das Deutsche Kreuz in Silber und Gold, das Kriegsverdienstkreuz mit und ohne Schwertern (ab 18. Oktober 1939), das Ritterkreuz des Kriegsverdienstkreuzes mit und ohne Schwertern (seit 19. August 1940), das goldene Ritterkreuz des Kriegsverdienstkreuzes mit und ohne Schwertern (ab 13. Oktober 1944), das Ritterkreuz des EK (seit 1. September 1939), das Eichenlaub zum Ritterkreuz (ab 3. Juni 1940), das Eichenlaub zum Ritterkreuz mit Schwertern (seit 28. September 1941), das Eichenlaub zum Ritterkreuz mit Schwertern und Brillanten (ebenfalls ab 28. September 1941), das Ritterkreuz mit goldenem Eichenlaub und Schwertern und Brillanten (seit 29. Dezember 1944) und das allein an »Reichsmarschall« Göring verliehene Großkreuz des EK (ab 1. September 1939) sowie das Kreuz des »Deutschen Ordens«, das Hitler nur zehnmal vergeben wollte.[1] Außer diesen generell verliehenen Orden wurde noch eine Flut von speziellen Tapferkeits- und Verdienstauszeichnungen sowie Tätigkeits-, Kampf-, Bewährungs- und Leistungsabzeichen verliehen, so daß die NS-Führung eigentlich über eine umfangreiche Palette von Belohnungen verfügte, um den einzelnen ohne große Folgekosten für den Staat für ihre Interessen zu motivieren.

Sehr bald genügte dies der NS-Führung aber nicht mehr. Nach siegreichem Abschluß des Frankreichfeldzuges griff Hitler als Oberster Feldherr im Sommer 1940 auf weitere Ehrungsmöglichkeiten, Auszeichnungen und Belohnungen zurück. Er führte neue höchste Dienstgradbezeichnungen ein: In seiner Reichstagsrede vom 19. Juli 1941 sprach er die Beförderung von zwölf Generalobersten und Generalen des Heeres und der Luftwaffe zu Generalfeldmarschällen (von Brauchitsch, von Rundstedt, Ritter von Leeb, von Bock, von Witzleben, von Kluge, Keitel, List, von Reichenau, Milch, Sperrle und Kesselring) und die Ernennung Görings zum neu geschaffenen Dienstgrad »Reichsmarschall« aus.[2] Erich Raeder war schon seit 1. April 1939 Großadmiral, der dem Feldmarschall entsprechende Rang bei der Kriegsmarine. Die zahlreiche, für militärische Verhältnisse fast inflationäre Titelverleihung des höchsten Ranges Feldmarschall an zwölf Personen fand nicht nur Zustimmung. So bezeichnete der letzte noch lebende alte Generalfeldmarschall aus dem Ersten Weltkrieg, von Mackensen, die zahlreichen Beförderungen als »etwas übersteigerte Auflage«.[3]

Seinem Adjutanten Engel gegenüber erklärte Hitler am 22. Juli 1940, daß er die Beförderungen der zwölf Generale zu Feldmarschällen absichtlich vorgenommen habe: »Er habe das bewußt und mit Absicht getan und habe auch dabei aus der Geschichte gelernt. Schon im Altertum haben Könige und Cäsaren denjenigen, die für sie etwas besonderes geleistet hatten, große Geschenke gemacht, und auch die preußischen Könige seien in dieser Hinsicht sehr großzügig gewesen. Das sei eine ganz kluge Sache gewesen, denn je mehr man eine Heldentat und Leistung honoriere, um so mehr verpflichte man sich den Betreffenden und binde ihn, ganz unabhängig von dessen Einstellung, doch an seinen Eid und verpflichte ihn demjenigen gegenüber, dem er diese Ehrung zu verdanken habe.«[4]

Dabei erwähnte Hitler auch seine Absicht, »mit der Beförderung zum Generalfeldmarschall und Generaloberst eine steuerfreie geldliche Ehrung [zu] verbinden«. Beim Feldmarschall sollte sie 4000 RM und beim Generaloberst 2000 RM betragen. »Würde der Krieg endgültig gewonnen sein, wäre er auch in der Verteilung von Land nicht kleinlich. Viele Erbgüter des Adels seien auf diese Art und Weise entstanden, und gerade Friedrich der Große sei in dieser Hinsicht sehr großzügig gewesen.«[5]

Was er damit bezwecken wollte, sagte Hitler sehr deutlich: »Er verlange von einem General nicht, daß er Nationalsozialist sei, aber er verlange von einem General und Offizier, daß er sich politisch völlig der Staatsführung unterordne und blindlings die Befehle ausführe, die die politische Führung von ihm verlange. Das würde jedem leichterfallen, auch gegen innere Überzeugung, wenn er entsprechende Ehrungen durch den Staatsführer erhalten habe und sich diesem dadurch von selbst und damit auch dem Staat gegenüber verpflichtet fühlen müsse.«[6]

Mit dieser Erklärung wird eines deutlich: Es ging dem Diktator eindeutig um die Verpflichtung von Persönlichkeiten, man kann auch offener sagen: um die *Korrumpierung seiner Elite*. Diese zweifelhaften Ehrungen und Geldzuwendungen blieben jedoch nicht nur auf Militärs beschränkt; auch hochgestellte Zivilisten erhielten sie.

Über die Gefahr, durch Annahme von Geldgeschenken des »Führers« die Unabhängigkeit und Unbefangenheit diesem gegenüber zu verlieren, hatte man auch in Hitlers engster Umgebung, in seiner Adjutantur, schon vor dem Krieg diskutiert. An Weihnachten 1937, so schreibt sein damaliger Luftwaffenadjutant Nicolaus von Below, sei von Hitler neben einzelnen Personen, Formationen der Wehrmacht, der Polizei und der SS auch die Adjutantur beschenkt worden. Hitler selbst bestimmte dabei die Art der Geschenke. Nach Überlieferung seines früheren persönlichen Adjutanten Fritz Wiedemann machte es dem Diktator »große Freude, andere zu beschenken«.[7] »Geld spielte [dabei] keine Rolle.« Below berichtet, daß zum Weihnachtsfest bei seiner Frau zu Hause ein Paket abgegeben wurde, das ein Dutzend Mokkatassen aus Meißner Porzellan enthielt. Er selbst bekam eine goldene Taschenuhr mit der Gravur von Hitlers Namenszug und dem Datum »Weihnachten 1937« geschenkt.[8]

Als der Chefadjutant des Führers, Oberst i.G. Friedrich Hoßbach, ihm und seinem Marinekameraden Korvettenkapitän von Puttkamer eröffnete, daß Hitler außerdem angeordnet habe, den Adjutanten künftig auch eine monatliche Beihilfe von je 100 RM aus seinem Repräsentationsfonds auszuzahlen, ergab sich eine Diskussion über die Frage nach der damit möglichen Korrumpierung. »Hossbach setzte hinzu, daß es gegen seine Überzeugung sei, von Hitler Geld anzunehmen. Offiziere müßten sich ihre Unabhängigkeit erhalten, besonders auf finanziellem Gebiet«, so hielt von Below fest.[9] Für sich kam der Luftwaffenadjutant zu einem anderen Ergebnis: »Ich war anderer Ansicht. Einmal belastete es mich nicht, von Hitler Geld anzunehmen. Ich traute mir zu, trotz dieser Zulage meine Unabhängigkeit zu bewahren. Zum anderen war mein Hauptmanns-Gehalt wesentlich niedriger als Hossbachs Bezüge als Oberst. Für Repräsentationszwecke mußten wir aber in unserer Stellung besonders für Garderobe hohe Beträge aufwenden.«[10]

Die Feststellung, daß Hitler mit seinen Geschenken ganz gezielt Menschen zu korrumpieren und auszunützen beabsichtigte, ist die eine Seite der Medaille. Die andere ist, daß sich zunehmend Staatsmänner, Politiker, Wirtschaftsführer, Generale und Parteigenossen bereit fanden, sich von ihm in Dienst nehmen zu lassen. Bedenklich ist dabei insbesondere, daß die Beschenkten die von Hitler praktizierte Heimlichkeit ihrerseits akzeptierten. Als Anlässe seiner Dotationsgewährungen nahm Hitler verschiedene Militär- und Dienstjubiläen der Beschenkten oder deren 50., 60., 65. oder 70. Geburtstag wahr. Die Dotationen betrugen in der Regel 100000 bis 600000 RM. Diese Höhe fällt gegenüber den vom Reich verliehenen Staats- und Nationalpreisen für Kunst und Wissenschaft sehr deutlich aus dem Rahmen, wenn man sie beispielsweise mit dem »Nationalen Musikpreis« von 10000 RM oder dem »Nationalen Kompositionspreis« von 15000 RM vergleicht. Hitlers Zuwendungen wurden zudem unabhängig von der Vermögenslage der Dotierten gewährt.

Im militärischen Bereich waren in manchen Fällen Hitlers Wehrmachtsadjutantur und deren späterer Chef, Generalleutnant Rudolf Schmundt, die Initiatoren für die Geschenke und Dotationen des »Führers« zu Jubiläen und Geburtstagen. Schmundt war es dann auch, der nicht selten zu dem jeweiligen Dotationsempfänger an die Front oder in dessen Stabsquartier fuhr, um ihm in diskreter Form den entsprechenden mit einem Begleitschreiben Hitlers versehenen Scheck in einem Briefumschlag zu überreichen. Darin vermied Hitler das Wort Dotation oder Geschenk. Vielmehr umschrieb er seine Zuwendung sehr umständlich »als ein bescheidenes Zeichen« seiner Dankbarkeit und »als Dank des Deutschen Volkes«, mit dem er versuche, »bei der Ausgestaltung« des »ferneren Lebensweges behilflich zu sein«, ohne jedoch die Summe des beigelegten Schecks zu nennen.[11] Da die Dotationen von Hitler als Staatsoberhaupt ausgingen, wurden sie von vielen Empfängern auch als staatsrechtlicher Akt des nationalen Dankes angesehen, obwohl die heimliche Überreichung des Schecks ein umgekehrtes Zeichen setzte; allerdings durfte man nach dem deutschen Beamtengesetz von 1937 mit Zustimmung der obersten Dienstbehörde Belohnungen und Geschenke annehmen.

Nach späteren Hinweisen und auch zeitgenössischen Aussagen sollten alle Inhaber des Ritterkreuzes oder des Eichenlaubes zum Ritterkreuz des Eisernen Kreuzes nach dem Krieg eine »Dotation des Reiches« erhalten.[12] Dafür gibt es aber keinen Beleg in den Unterlagen der zuständigen Reichskanzlei. Es ist nicht auszuschließen, daß die Ritterkreuzträger von Himmler in seiner Eigenschaft als Reichskommissar für die Festigung des deutschen Volkstums bei der späteren Vergabe von Rittergütern und Siedlerstellen im eroberten Osten besonders begünstigt worden wären. Dies ist aber nicht mit der Vergabe der Hitlerschen Dotationen zu verwechseln. So ist auch in Hitlers Richtlinien über die besondere Betreuung der Ritterkreuzträger vom 27. Juli 1941 keine Landzuteilung als Geschenk für die Ritterkreuzträger vorgesehen[13], d.h. »die Kombination Ritterkreuz gleich Rittergut« war »nicht offiziell verkündet worden«. Gleichwohl wurde dies im Krieg wiederholt so verstanden, weil Himmler für die Siedlungsfähigkeit im Osten besondere Bedingungen und Eigenschaften verlangen wollte. Daß bei den vergebenen Dotationen in Form von Landbesitz auch die Interessen der Allgemeinheit beim Zugang zu dem Landbesitz wegen »Erholung und Entspannung« in den Waldungen, Naturschutzgütern, Parks, Gebieten von besonderer landwirtschaftlicher Schönheit, die als Wander- und Ausflugsziele beliebt waren, aufgrund besonderen Wunsches von Hitler zu beachten waren, gab Reichsminister Lammers am 8. Mai 1940 in einer speziellen Verfügung bekannt.[14]

Als seltsames Kapitel der Geldzuwendungen sind Zahlungen an Personen anzusehen, deren Parteien verboten und deren Parteifreunde emigriert, ins KZ verschleppt oder in den Untergrund gezwungen worden waren. Sogar der ehemalige Reichswehrminister der SPD-Regierung Ebert, Gustav Noske, hat mit den Nationalsozialisten 1933 über seine Altersversorgung und Erstattung von Umzugskosten verhandelt.[15]

Zu diesen Ereignissen erklärte Hitler am 28./29. Dezember 1941 in seinen Monologen im Führerhauptquartier: »Ich sagte mir: Es geht nicht, daß einer verhungern muß, nur weil er mein Gegner war. War er ein gemeiner Feind, dann ins KZ mit ihm; hat er aber sein Amt nicht zu persönlichem Eigennutz mißbraucht, so lasse ich ihn laufen und sorge dafür, daß er leben kann. So habe ich auch Noske und vielen anderen geholfen, und, wie ich von Italien zurückkam, habe ich ihnen die Pension erhöht: Gott sei Dank, sagte ich mir, daß die dieses Geschmeiß [die Monarchie in Deutschland – d. Verf.] beseitigt haben. Jeder hat heute ich glaube 800 Mark.«[16]

Hitlers Aussage über Zuwendungen für Noske läßt sich jedoch durch die überlieferten Akten nicht bestätigen. Eine von Beamten für Forschungszwecke im Januar 1949 zusammengestellte Aufzeichnung über Akten aus dem ehemaligen Reichsfinanzministerium enthält die Namen des früheren Präsidenten des Reichstags Paul Löbe, des früheren Reichsarbeitsministers Rudolf Wissel, des früheren preußischen Staatsministers Carl Severing, alle SPD, als Empfänger von Zuwendungen für Pensionserhöhungen in Höhe von 500 bzw. 250 RM ab August 1938, jedoch nicht den Namen von Noske.[17]

Dagegen ist zu belegen, daß auch der Gewerkschafter und Reichsarbeitsminister Dr. Adam Stegerwald um die Erhöhung seiner Pensionen mit der nationalsozialistischen Führung in einem Schriftwechsel rang, der sich vom 9. Februar 1939 bis in den Oktober 1941 hinzog. Darin verwies Stegerwald einerseits auf die Rechtslage, wonach ihm nach Auflösung der christlichen Gewerkschaften Mittel von der Deutschen Arbeitsfront zustünden, andererseits aber auf seine nationalen Verdienste. Denn gerade er habe verhindert, daß alle Arbeiter sich den Sozialdemokraten angeschlossen hätten. Gegen den rheinischen Separatismus nach 1919 habe er erfolgreich gewirkt und an der Saar einen eigenen Gewerkschaftsbund mit 70000 Mitgliedern gegründet.[18]

Als Fazit läßt sich feststellen, daß Hitlers Geld- und Sachgeschenke durchaus Ehrungen und Vertrauensbeweise für von ihm geschätzte Persönlichkeiten waren, aber gleichzeitig auch der engeren Bindung an seine Person und ebenso der bewußten Korrumpierung ehemaliger politischer Gegner dienten. Je länger der Krieg dauerte und je aussichtsloser die Kriegführung wurde, um so eindeutiger muß die beabsichtigte Korruption als vorrangiges Motiv für die Vergabe der Schenkungen und Dotationen betrachtet werden. Der US-amerikanische Historiker Gerhard L. Weinberg konstatierte so für die Zeit nach den Krisen der Kriegsjahre 1942/43 »ein gewaltiges Programm mit Sonderzuwendungen für die höheren Generäle und Admirale, [um] die Loyalität der Führungsspitzen [zu] gewährleisten«.[19]

Diese Bewertung und ihre negative Auswirkung im Urteil von Zeitgenossen über die Generalität und Admiralität bestätigt auch Ulrich von Hassell in seiner Tagebucheintragung vom 20. April 1943: »Je länger der Krieg dauert, desto geringer wird meine Meinung von den Generälen. Sie haben wohl technisches Können und physischen Mut, aber wenig Zivilcourage, gar keinen Überblick oder Weltblick und keinerlei innere, auf wirklicher Kultur beruhende geistige Selbständigkeit und Widerstandskraft, daher sind sie einem Manne wie Hitler völlig unterlegen und ausgeliefert. Der Mehrzahl sind außerdem die Karriere in niedrigem Sinne, die Dotationen und der Marschallstab wichtiger als die großen auf dem Spiele stehenden sachlichen Gesichtspunkte und sittlichen Werte. Aller klarsehenden Leute bemächtigte sich daher eine immer vollkommenere Verzweifelung. Alle, auf die man gehofft hatte, versagen und zwar insofern in besonders elender Weise, als sie alles, was ihnen gesagt wird, zugeben und sich auf die tollsten Gespräche einlassen, aber den Mut für die Tat nicht aufbringen.«[20] Schon am 10. August 1940 hatte von Hassell in einem Gespräch mit einem Bekannten Goerdelers, Hans Bernd Gisevius, erfahren, daß man wußte, daß die Generale »mit Titeln, Ritterkeuzen und Dotationen gemästet« würden.[21]

Bei den Dotationen gab es unterschiedliche *Formen*. Es gab Zuwendungen in Form eines Geldbetrages ohne Zweckbestimmung, wobei dem Empfänger die weitere Verwendung überlassen blieb, ferner gewährte Hitler die »Dotation eines Geldbetrages zum Zweck des Erwerbs von Landbesitz aus privater Hand oder mit nachfolgender Genehmigung eines solchen Erwerbs durch den Führer« oder in Form einer reinen Sachdotation, d. h. der unmittelbaren »Übertragung von Grundeigentum der öffentlichen Hand auf den Beschenkten«.[22] Im Falle der Sachdotation wurde sogar die allgemeine Weisung des »Führers« aufgehoben, daß während des Krieges Sachgeschenke »nicht vergeben werden sollten«.[23]

Hitlers Zuwendungen und Dotationen, die Sachgeschenke, Gemälde, wertvolles Porzellan, Grundbesitz und Güter umfaßten, wurden aus unterschiedlichen Kapiteln und Titeln des Reichshaushaltes bezahlt. Neben seinem Jahresgehalt verfügte er über Aufwandsgelder, die getrennt für seine Positionen als Reichsoberhaupt und Reichskanzler (Einzelplan I, Kapitel 2 und 3) aufgeführt waren. Die Summen hierfür sind unbedeutend. 1942 betrugen sie beispielsweise 360 000 RM und 18 000 RM. Größer war der Dispositionsfonds, der im Einzelplan IX, Kapitel 1, im Haushalt des Reichsfinanzministers untergebracht war. Seine Beschreibung lautete: »Zu Bewilligungen aller Art (Verfügungsmittel des Führers und Reichskanzlers).« Wie schon erwähnt, konnte Hitler über diese Mittel unbegrenzt verfügen. Die Ausgaben bedurften formell der Mitzeichnung des Reichsfinanzministers. Die Mittel betrugen im Jahr 1942 immerhin 6,5 Millionen RM.

Darüber hinaus verfügte die Präsidialkanzlei beispielsweise im Einzelplan I über einen besonderen Haushaltstitel, dessen Verwendungszweck »Zur Verfügung des Führers und Reichskanzlers als Reichsoberhaupt« lautete. Er betrug im Jahr 1942 weitere 1 Million Reichsmark.

Der entscheidende, größte Ausgabenfonds stand im Rahmen des Haushalts des Reichskanzlers beim Etat der Reichskanzlei und deren Staatssekretäre. Er lautete: »Zur Verfügung des Führers und Reichskanzlers zu allgemeinen Zwecken« mit 24 Millionen RM im Jahr 1942.

Die formale Trennung in verschiedene Fonds war jedoch unerheblich; sie konnte bei der Vergabe nach Bedarf umgangen werden. Bei den Geldzahlungen, seien es Zuwendungen kleinerer Art oder stattliche Dotationen, wurde in der Regel Hitlers Fonds in der Reichskanzlei in Anspruch genommen. Es erfolgten aber auch Transaktionen zwischen den verschiedenen Fonds; zudem wurden zusätzlich noch andere Geldquellen zur Zahlung herangezogen.

Generell bearbeitete die *Präsidialkanzlei* als Büro des Reichspräsidenten Angelegenheiten, für die Hitler als Staatsoberhaupt zuständig war, wie z.B. Staatsbesuche, Akkreditierungen, Glückwünsche, Gnadensachen, Titel und Ordensangelegenheiten. Geleitet wurde die Präsidialkanzlei durch Staatssekretär Otto Meißner, der 1880 im Elsaß geboren worden war und nach Jurastudium und Kriegsdienst im Ersten Weltkrieg seit 1920 Chef des Präsidialbüros unter den Präsidenten Ebert und Hindenburg war.[24] Nach Hindenburgs Tod leitete er als Staatssekretär und später als Staatsminister und Chef die Präsidialkanzlei unter Hitler bis zum Kriegsende.[25]

In erster Linie zuständig für die Bearbeitung von Dotationen war die *Reichskanzlei.* Sie wurde von Staatssekretär, später Reichsminister Dr. Hans-Heinrich Lammers geleitet.[26] Der 1879 in Schlesien geborene ehemalige Beamte des Reichsinnenministeriums wurde Hitlers engster juristischer Berater und quasi »Geschäftsführer« aller Reichsministerien, nachdem Hitler die Kabinettssitzungen abgeschafft hatte. Der »Führer« schätzte seinen prägnanten Vortrag und seine juristische Zuarbeit außerordentlich. 1940 wurde Lammers von Himmler zum SS-Obergruppenführer befördert. Er arbeitete häufig auf dem Obersalzberg und bildete bis 1944 mit dem »Sekretär des Führers«, NSDAP-Reichsleiter Martin Bormann, und dem Chef des Oberkommandos der Wehrmacht, Generalfeldmarschall Wilhelm Keitel, das »Triumvirat« innerhalb von Hitlers Machtzentrum.[27]

Lammers und seinen Mitarbeitern, den »Reichskabinettsräten«, oblag es, Hitlers Wünsche für eine Dotation zu erfüllen bzw. die Anregungen Dritter nach Billigung durch den »Führer« als Verwaltungsakt umzusetzen. Bei Gelddotationen war das Verfahren nicht weiter schwierig. Hier war der Reichsfinanzminister zu informieren, Steuerfreiheit der Dotation festzulegen, die Summe bereitzustellen und festzulegen, wer wann und auf welchem Wege den Scheck Hitlers diskret zu übergeben hatte bzw. wann der Betrag auf das Konto des Empfängers überwiesen wurde.

Schwieriger war die Prozedur, wenn es sich um Erwerb von Grundbesitz in Form von Gütern handelte. Hier waren Reichsminister, Reichskommissare und NSDAP-Gauleiter sowie Siedlungsstellen zu informieren, ferner Kostenschätzungen der Ländereien für den genau anzusetzenden Betrag und Kostenvoranschläge für notwendige Reparaturen einzuholen. Das Gut sollte schließlich stets in einem mustergültigen Zustand von Hitler übergeben werden. Nicht immer verlief dies reibungslos. Manchmal waren Protestschreiben von zuständigen NSDAP-Gauleitern sowie Forst- und Landwirtschaftsdienststellen gegen die Größe und die Abgabe oder sonstige aus regionalen Gründen erfolgte Einsprüche zu beachten und zu bearbeiten. Dadurch konnten sich manche Erwerbungen von Ländereien und Gütern über Jahre hinziehen; manche Kostenschätzung erwies sich dann auch als Makulatur und wurde um ein vielfaches überschritten. Dies alles erledigte die Bürokratie der Reichskanzlei mit Akribie. Die allseits mit den preußischen Tugenden von Zuverlässigkeit und Exaktheit in Verbindung gebrachte Staatsmaschinerie lief im Nationalsozialismus wie geschmiert weiter – auch im Falle der Dotationen.

Die dritte Kanzlei, die sogenannte *Parteikanzlei*, wurde vom »Stellvertreter des Führers«, Rudolf Heß, bis zu seinem England-Flug am 12. Mai 1941 geleitet. Danach führte sie bis zum Kriegsende der »Sekretär des Führers«, NSDAP-Reichsleiter Martin Bormann[28]. Im Laufe der nationalsozialistischen Herrschaft hat diese Kanzlei nicht nur den Umfang ihres Personals zwischen 1933 und 1945 von einem halben Dutzend Mitarbeitern auf etwa vierhundert im Jahr 1944, sondern auch die Quantität und Qualität der zu bearbeitenden Vorgänge und die Einflußnahme auf alle Staatsgeschäfte ausgeweitet. Je stärker der Abbau des Rechtsstaates fortschritt, um so entscheidender wurde für die Ordnung des Reiches der »Führerwille«, ein beschönigendes und camouflierendes Wort für persönliche Willkür, Launen, Spontanentscheidungen und Verwaltungschaos.[29]

Die fortschreitende Ausschaltung von Recht und Gesetz im nationalsozialistischen »Führerstaat« machte auch vor dem Reichshaushalt und Finanzgebaren nicht halt: Grundsätzlich hätten die Verfügungskapitel des »Führers und Reichskanzlers« einer Kontrolle des Rechnungshofes oder mindestens des rechnerischen Nachweises bedurft. So stand es jedenfalls in der Reichshaushaltsordnung (RHO).[30] In der Praxis war dies aber schon früh entfallen. Seit 1940 wurden beispielsweise durch Gesetze oder Verordnungen die §§ 2–75 der RHO in der Zeit des Krieges für nicht anwendbar erklärt. Damit war allgemein und formal der Weg für unkontrollierte Zahlungen eingeräumt.

Eigentlich hätten nach der RHO Grundstücke sowie später als Dotationen verliehene Güter nur nach Zustimmung des Reichsrates und des Reichstages vergeben werden dürfen, wenn ihr Wert 250000 RM überstieg.[31] Seit dem Ermächtigungsgesetz vom 24. März 1933 wurde diese Regelung nicht mehr beachtet. Zu erwähnen ist allerdings, daß nach dem Deutschen Beamtengesetz von 1937 die Annahme von Belohnungen und Geschenken, insbesondere durch Vorgesetzte und obere Dienststellen, streng geregelt war. Auch dies fand im NS-Staat keine Beachtung mehr.

Vergebens sucht man nach Richtlinien über die Verteilung von Zuwendungen und Dotationen. Das Verfahren wurde von Fall zu Fall von Reichsminister Lammers verfügt, der sich sehr bemühte, Hitlers Wünsche und Absichten in die Praxis umzusetzen. Mehrfach ging der Anstoß für eine Dotation auch von anderen Stellen aus. Zugestellt wurden die von Hitler bewilligten Dotationen durch die Reichskanzlei.

Dieses Verfahren galt bis 1944. Im Frühjahr 1944 machte die Reichskanzlei zur Frage der Verfahrensregelung bei der Vergabe von Dotationen durch Hitler einen Vorstoß. Da mit einer damals anstehenden Dotation[32] gleich sechs Stellen parallel befaßt waren, hielt es Lammers für notwendig und »unerläßlich«, mit Bormann und Generalfeldmarschall Keitel eine generelle Regelung des Verfahrens abzusprechen[33]: »Schon im Interesse einer gleichmäßigen und damit gerechten Bemessung des Umfangs der Dotationen in vergleichbaren Fällen – z.B. an verdiente Persönlichkeiten gleichen Ranges – ist es erforderlich, daß die einzelnen Fälle zur Einhaltung einer kontinuierlichen Praxis stets von den gleichen Stellen behandelt werden.« Lammers meinte, bislang werde die Höhe der Dotation bzw. der Umfang einer Landdotation im Einzelfall »sehr stark von Zufallsmomenten bestimmt«.[34] Der Chef der Reichskanzlei schlug daher vor, die Behandlung der Dotationsangelegenheiten sollte grundsätzlich durch Bormann und Keitel sowie durch ihn selbst »als die an diesen Angelegenheiten regelmäßg beteiligten Stellen« erfolgen. Dies war ein geschickter Schachzug von Lammers, der sich zu dieser Zeit heftig gegen den zunehmenden Einfluß von Bormann bei Hitler wehren mußte. Aufgrund des besonderen Interesses von Hitler an der Vergabe von Dotationen und der ihm zustehenden Verwaltung des Dispositionsfonds konnte der Chef der Reichskanzlei davon ausgehen, daß ihm letztlich die Koordination und »die Federführung in der Regel« zufallen würde.

Zusätzlich sollten von Fall zu Fall auch der Reichsführer SS und die Reichsminister der Ressorts für Ernährung und Landwirtschaft, für Rüstung und Kriegsproduktion und der Finanzen beteiligt werden. Eine Antwort Bormanns und Keitels ist in den Akten der Reichskanzlei nach dem Frühjahr 1944 nicht überliefert. Immerhin konnte Lammers bei Hitler eine Teilregelung zu seinen Gunsten erreichen. Am 13. Juli 1944 ermächtigte der »Führer« den Chef der Reichskanzlei, »alle z.Zt. laufenden Dotationen, bei denen es sich um die Zuweisung von Grund und Boden handelt, ohne besonderen Vortrag großzügig zu behandeln und zu erledigen und ... [sich] dabei im ungefähren Rahmen derjenigen Summen zu halten, die der Führer bisher in vergleichbaren Fällen bewilligt hat«.[35] Damit fiel Lammers letztlich die Entscheidung über die auszugebende Summe zu. Er blieb dann auch für die nächsten zehn Monate bis zum Kriegsende im Mai 1945 der zentrale Ansprechpartner, wenn von anderen Ministern und Parteiführern die Vergabe einer Dotation vorgeschlagen wurde oder wenn sich jemand selbst ins Spiel brachte und sich für eine Landdotation interessierte.

Im Zusammenhang mit der an Generaloberst Guderian »gewährten Dotation eines landwirtschaftlichen Gutes« betrachteten die Beamten der Reichskanzlei Anfang April 1944 die Ausführung der Dotation des »Führers« in Form eines »Überlassungsvertrages mit Auflassung«, wie es häufig auch bei anderen Dotationen geschah und ebenso bei noch weiteren Dotationsfällen vorgesehen war, »als schlechthin unwürdig«.[36] Sie entsprach nach ihrer Vorstellung in keiner Weise der Bedeutung einer Dotation als Auszeichnung durch den »Führer«. »Außerdem ... [finde] nach Vollziehung des Eigentumserwerbs der Dotationsgedanke nicht mehr den erforderlichen sichtbaren Ausdruck, da der Dotierte das Eigentum in der gleichen Weise erworben hat und für die Zukunft über den gleichen Besitztitel darüber verfügt, wie es auch bei einem rechtsgeschäftlichen Erwerb durch eine beliebige andere Person der Fall sein würde.«

Diese Überlegungen wurden auch im Zusammenhang mit der zweiten Dotation an Generalfeldmarschall Ritter von Leeb Ende Mai 1944 angestellt.[37] Man wollte deshalb nach einem Weg suchen, »um sowohl in der Form wie in der Sache einer solchen Dotation den Inhalt und die Bedeutung zu geben, die ihr zukommen«. Sofern Hitler den Landerwerb von vornherein angeordnet oder später genehmigt habe, sollte immer »eine besondere Ausgestaltung des Erwerbsvorgangs« erfolgen. In der Reichskanzlei schlug man vor, dies »durch eine Urkunde besonderer Art« vorzunehmen. Dadurch sollte die Großherzigkeit des »Führers« herausgestellt werden. Die Eintragung im Grundbuch sollte daraus automatisch resultieren und »lediglich berichtigenden Charakter« haben. Sofern ein Gut erst gekauft werden mußte, sollte dies über den Reichsfinanzminister erfolgen. Man schlug vor, die »Modalitäten einer derartigen Durchführung von Landdotationen in einem allgemeinen Führererlaß festzulegen«, bei dessen Vorbereitung der Reichsminister der Justiz und der Reichsminister der Finanzen zu beteiligen seien. Außerdem sollte »für die Behandlung von Dotationsangelegenheiten [ein] zu bildender Arbeitsausschuß« eingesetzt werden.

Mit diesem Vorschlag preschten die Bearbeiter in der Reichskanzlei jedoch weit über das Ziel hinaus, denn ein »Führererlaß« hätte die von Hitler praktizierte Diskretion und willkürliche Vergabe der Dotationen unmöglich gemacht. Dieser wollte mit seinen Dotationen gerade keine Öffentlichkeit und Aufmerksamkeit entstehen lassen. Denn im hellen Licht der Öffentlichkeit wären Neid und Mißgunst bei den Nicht-Beschenkten ausgelöst worden, ganz zu schweigen vom mangelnden Verständnis der deutschen »Volksgenossen« für die üppigen Geschenke mitten im schweren Krieg. Ein »Führererlaß« zur Dotationsvergabe kam dann auch nicht zustande, die Dotationen wurden weiterhin diskret und willkürlich vergeben.

Im Sommer 1944 beschäftigte die Form der Aushändigung bzw. Übersendung des Dotationsschreibens gleich mehrere Dienststellen. Der damalige Chef der Heeresrüstung und Befehlshaber des Ersatzheeres, Generaloberst Fritz Fromm, stellte Ende Juni 1944 fest, daß in seinem Verantwortungsbereich von Reichsminister Speer angeregte Dotationen an Soldaten des Ersatzheeres als Geldbetrag »durch die Post ausgehändigt« wurden. Dieses Verfahren kritisierte er: »Ich lege besonderen Wert darauf, so hohe Auszeichnungen durch den Führer im üblichen Rahmen der militärischen Gepflogenheiten vor der Einheit oder Gefolgschaft durch den Vorgesetzten oder Betriebsführer in feierlicher Form überreichen zu lassen.«[38] Fromm bat deshalb Lammers, bewilligte Dotationen an Angehörige des Ersatzheeres über seine Dienststelle zu leiten.

Bürokratisch korrekt beabsichtigte die Reichskanzlei, eine Stellungnahme des Reichsministers für Rüstung und Kriegsproduktion, »Professor« Speer, einzuholen. Zugleich deutete man an, daß Fromm mit dieser Anregung in den Bereich Speers eingreife. In dem Entwurf von Reichsminister Lammers an Speer vom 17. Juli wird deutlich, daß sich die Dotationen in einer Grauzone bewegten: »Ich möchte nicht unterlassen, darauf hinzuweisen, daß meines Erachtens die Mitteilung über die Bewilligung einer Dotation und die Überreichung der Zuwendung an den Dotierten vor versammelter Gefolgschaft nicht immer bedenkenfrei sein wird, da dies bei den Nichtbeteiligten sehr leicht Mißstimmung auslösen könnte. Diese Möglichkeit dürfte besonders dann gegeben sein, wenn mehrere Angehörige einer Einheit oder eines Betriebes mit einer Dotation in unterschiedlicher Höhe bedacht werden. Im übrigen erscheint es mir auch grundsätzlich nicht angebracht, weitere Kreise darüber zu unterrichten, daß und in welchen Fällen der Führer Dotationen vergibt.«[39]

Eine Stellungnahme erübrigte sich aber, da Generaloberst Fromm in die Ereignisse um den Attentatsversuch Graf Stauffenbergs verwikkelt war. Er, der die Attentäter des 20. Juli zur Rettung seiner Haut nach einem summarischen Standgericht noch in der Nacht vom 20. zum 21. Juli 1944 in Berlin hatte erschießen lassen, wurde selbst am nächsten Tag von Himmler abgelöst und verhaftet sowie am 12. März 1945 vom »Volksgerichtshof« zum Tode verurteilt und erschossen. Der Aktenvorgang schließt dann auch am 24. Juli 1944 mit dem Vermerk: »Nachdem Generaloberst Fromm seines Amtes als Befehlshaber des Ersatzheeres entsetzt ist, erübrigt sich eine weitere Verfolgung der Angelegenheit.«[40]

Nicht nur bei den größeren Dotationen, sondern auch bei kleineren Zuwendungen hatten sich während der Kriegsjahre Kompetenzwirrwarr und Wildwuchs entwickelt. So bemühten sich dann im April 1944 die an diesen Zuwendungen beteiligten Dienststellen, wie die Reichsminister des Innern und der Finanzen sowie die Reichskanzlei, um einen Runderlaß über Ehrungen, z.B. bei Ehe- und Altersjubiläen. Neben einer Glückwunschurkunde bzw. einem Schreiben zu goldenen und diamantenen Hochzeiten sowie bei Altersjubiläen (Vollendung des 90., 95. und 100. Lebensjahres) waren danach kleinere Geldbeträge zwischen 50 und 300 RM vorgesehen. Kriegsveteranen sollten außerdem ein Bild des Führers mit Namenszug erhalten, jedoch nur einmal. »Ruf, Verhalten und politische Zuverlässigkeit der Jubilare« mußten »in jeder Beziehung einwandfrei sein«.[41] Der Erlaß regelte das Antragsverfahren und untersagte allen anderen Ministerien und staatlichen Dienststellen die Vergabe weiterer Ehrengeschenke aus Haushaltsmitteln, wenn Hitler schon eine Ehrengabe oder eine Ehrenzuwendung gemacht hatte.

In einem zäh und beharrlich geführten Schriftverkehr erreichte der Chef der Parteikanzlei, Martin Bormann, die Aushändigung dieser Urkunden und Geldgeschenke durch den Ortsgruppenleiter der NDSAP vornehmen zu lassen. Er begründete dies mit dem bezeichnenden Wunsch, den Ortsgruppenleiter, der im Kriege oft die Aufgabe habe, die Nachricht vom Heldentode des Familienangehörigen zu überbringen, und der deshalb im Volksmund schon die Bezeichnung »Totenvogel« erhalten habe, auch einmal zum Überbringer einer angenehmen Nachricht zu machen.[42]

Es half dabei auch nichts, daß Reichsführer SS Heinrich Himmler betonte: »Die Führerehrung [...] ist ein Staatshoheitsakt, der als solcher von den staatlichen Behörden vorbereitet und von der Präsidialkanzlei für den Führer als Staatsoberhaupt ausgesprochen wird«, zumal der »Führer« nicht als Führer der Partei, sondern als Staatsoberhaupt diese Zuwendungen vergebe. Bormann setzte im Oktober 1944 durch, daß die Urkunde zum Jubiläumstag nicht mehr unmittelbar durch die Post zugesandt, sondern an die Ortsgruppe zur Aushändigung durch die Amtsträger der NSDAP geschickt wurde. Darüber hinaus gelte: »Der Führer ist gleichzeitig Führer des Staates und der Partei.« So wurde der Erlaß schließlich am 6. Januar 1945 im Ministerialblatt des Reichs- und Preußischen Ministeriums des Innern veröffentlicht.[43]

Die Ehrungen bei Jubiläen aller anderen Art fielen in den normalen Pflichtenkatalog des Reichspräsidenten, d.h. ab 1934 in den von Hitler, und waren in der Regel durch Erlasse – noch aus der Weimarer Republik – geregelt, bis sie durch die Verfügung des Reichsinnenministers vom 6. Januar 1945 aufgehoben wurden.[44]

Auf anderem Gebiet war Heinrich Himmler, Reichsführer SS und Chef der Deutschen Polizei, ab 1943 auch Reichsminister des Innern, erfolgreicher. Für seinen Orden der schwarzgekleideten SS-Männer gelang es ihm, eigene Wege zur Vergabe von Dotationen zu gehen. Sein durch Ausbeutung der KZ-Häftlinge und mittels enger Verbindungen zur deutschen Industrie geschaffenes Wirtschaftsimperium und seine Stellung als »Reichskommissar für die Festigung des deutschen Volkstums« boten ihm dazu ab 1939 verschiedene Möglichkeiten. Sogar Angehörige der Wehrmacht korrespondierten mit ihm wegen der Vergabe von Gütern in den eroberten Ostgebieten und nahmen seine Hilfe als Reichskommissar für die Festigung des deutschen Volkstums in Anspruch, der über eroberte Güter und Ländereien im Osten verfügen konnte.

Im Verkehr mit ausländischen Staatsoberhäuptern war Adolf Hitler ausgesprochen großzügig. So erhielten in den Jahren von 1937 bis

1940 Prinzregent Paul von Jugoslawien, König Faruk von Ägypten, König Zogu I. von Albanien, der spanische Staatschef, General Franco, und Marschall Tschiang Kai-schek von China PKWs der Marke Mercedes bzw. Daimler Benz. Die Kosten lagen jeweils zwischen 20000 und 33500 RM. Sogar eine größere Motorjacht wurde – wie schon erwähnt – im Februar 1943 gebaut und mit 658000 RM verbucht; der Empfänger war vermutlich Admiral Nikolaus Horthy, der ungarische Reichsverweser. Gelegentlich schien die vorgesehene Summe einer Dotation für ausländische Politiker oder Militärs selbst deutschen Stellen zu hoch zu sein.

Das zeigte sich bei der Dotationsvergabe an den bulgarischen General Nikola Schekoff (Jekov). Ihn schlug im Mai 1941 der Chef des Oberkommandos der Wehrmacht Keitel, einem Hinweis von NSDAP-Reichsleiter Robert Ley folgend, zur Auszeichnung durch eine Dotation vor.[45] Schekoff habe sich als Oberbefehlshaber der verbündeten bulgarischen Armee im Ersten Weltkrieg große Verdienste um das Deutsche Reich erworben.[46] Er habe auch aus kameradschaftlicher Verbundenheit mit der deutschen Wehrmacht vom Beginn des Zweiten Weltkrieges an auf seinen Ehrensold des Ordens »Pour le mérite« zugunsten des Deutschen Roten Kreuzes verzichtet. Dieser Verzicht bedeutete nach Ansicht Keitels bei der kärglichen Pension des alten Generals von umgerechnet etwa 150 bis 180 RM ein empfindliches Opfer.

Sondierungen des Militärattachés in Sofia bei König Boris von Bulgarien und bei bulgarischen Politikern ergaben keine Einwände gegen eine Dotation. Wie der Attaché berichtete, sah König Boris in einem »einfachen, modernen Landhaus mit Garten in einer landschaftlich schönen Gegend Mazedoniens oder Griechisch-Thraziens« ein geeignetes Geschenk.[47] Der König meinte, man müsse aber notariell festlegen, daß Haus und Grundstück persönliches Eigentum des Generals seien und nach seinem Tode an seinen Sohn und später an den schon vorhandenen Enkel fallen sollten. Eine derartige Verfügung sei notwendig, da in der Umgebung des Generals Personen seien, die später gerne selbst von dieser Ehrengabe Gebrauch machen wollten.

Nach Vortrag bei Hitler konnte Lammers Keitel mitteilen, daß das Geschenk an Schekoff vom »Führer« persönlich ausgehen sollte. Der dafür erforderliche Geldbetrag in Höhe von bis zu 500000 RM sollte aus den von ihm verwalteten Mitteln zur Verfügung gestellt werden. Als schließlich im Juni 1941 das Einverständnis des Generals »zur Annahme des Geschenks des Führers« vorlag, war Keitel der Ansicht, daß die beabsichtigte Summe von 500000 RM »für dortige Verhältnisse zu hoch erscheint«.[48] Er schlug daher vor, »die Summe von RM 200000 nicht zu überschreiten«, und hielt sie in Übereinstimmung mit dem langjährigen deutschen Militärattaché in Sofia für »völlig ausreichend, weil der General Schekoff gar nicht in der Lage ist, ein größeres Haus zu bewirtschaften und zu unterhalten«. Doch Keitel konnte sich jedoch mit seinen Argumenten nicht durchsetzen. Lammers legte fest, daß Schekoff durch den Militärattaché in Sofia im Namen des »Führers« das Geldgeschenk in Höhe von 500000 RM erhielt, »das den General instand setzt, selbst ein geeignetes Grundstück anzukaufen«.[49] Schließlich wurde die Dotation im Juni 1942 mit einem persönlichen Schreiben Hitlers überreicht; zwei Drittel des Betrages legte der Bulgare dann in eine »General Nikola-Schekoff-Stiftung« ein.[50]

Was mit den erheblichen Geldsummen, die als Bardotationen an Persönlichkeiten des Dritten Reiches gegeben wurden, im einzelnen geschah, wenn sie nicht zum sofortigem Erwerb von Gütern mit Hilfe der Reichskanzlei verwandt wurden, bleibt im dunkeln. Wer sich z.B. dafür ein Haus oder eine Villa gekauft hat, ohne die Reichskanzlei um Hilfe zu bitten, ist auch nicht in die Akten dieser Behörde eingegangen. Dieses Vermögen dürfte noch heute im Familienbesitz sein, wenn es nicht jenseits der neuen deutsch-polnischen Grenze an Oder und Neiße lag oder der Zerstörung im Krieg zum Opfer gefallen ist. Das gilt ebenso für wertvolle Sachgeschenke durch Hitler, wie zum Beispiel Ölgemälde.

Der Empfängerkreis der Zuwendungen und Dotationen des »Führers« war breit gefächert. Bedacht wurden Minister, Staatssekretäre, Feldmarschälle, Generale und Admirale, NSDAP-Gauleiter sowie andere politische Leiter der Partei, Künstler, Architekten, Bauräte und Schriftsteller. Anträge wurden in der Regel von der Reichskanzlei großzügig aufgegriffen. Ablehnungen kamen fast nicht vor. Die praktizierte diskrete Form der Aushändigung von Geld- und Sachzuwendungen erschwert im nachhinein den Überblick. Da die Akten nicht vollständig überliefert sind[51], dürfte der Kreis der Belohnten und Beschenkten noch größer sein. Gleichwohl gibt es für bestimmte Personen – wie z.B. Generalfeldmarschall Model oder Generaloberst Halder – Hinweise, daß sie anders als Kameraden in ähnlichen Führungspositionen keine Dotation Hitlers erhalten hatten.[52]

Insgesamt kann man sagen, daß hier das Prinzip Zufall herrschte, denn es wurden nicht alle Reichsminister und Staatssekretäre, auch nicht alle Generalfeldmarschälle oder Generalobersten mit Zuwendungen bedacht. In der Literatur bestehen widersprüchliche Angaben über die Möglichkeit, eine Dotation abzulehnen oder zurückzuweisen. Nach den Quellen zur Dotation an Generalfeldmarschall Ritter von Leeb und den Erinnerungen des ehemaligen Reichsfinanzministers Graf Schwerin von Krosigk soll eine Ablehnung der Hitlerschen Dotation nicht möglich gewesen sein, wie dem Reichsprotektor von Neurath von Minister Lammers beschieden wurde.[53] Auch der frühere persönliche Adjutant Hitlers, Fritz Wiedemann, schreibt, daß es »natürlich« schwierig gewesen wäre, »dem Führer eine solche Dotation auszuschlagen«.[54] Dagegen steht die Behauptung aus der Literatur, Generalfeldmarschall Rommel habe eine Dotation erfolgreich abgelehnt.[55] Auch der spätere Generalstabschef und General der Infanterie Zeitzler soll eine Dotation zurückgewiesen haben, wie Georg Meyer schreibt.[56] Zu beiden Fällen liegen Akten nicht vor, so daß man feststellen kann, daß kein Fall von Ablehnung einer Dotation Hitlers zweifelsfrei dokumentiert ist.

Zu den Aufgaben der Präsidialkanzlei und der Reichskanzlei gehörte auch, darüber zu wachen, daß keine anderen Geschenkgeber vorpreschten oder Hitlers Zuwendung übertrumpften. Bereits am 10. August 1939 wies Reichsminster Lammers in einem Rundschreiben an die Reichsminister, Reichsstatthalter und Landesregierungen darauf hin, daß es insbesondere nicht angehe, solche Geschenke aus Sammlungen, Museen und ähnlichen Einrichtungen herauszunehmen; er teilte deshalb mit: »Verschiedentlich sind in den letzten Jahren aus besonderem Anlaß führende Persönlichkeiten des Staates und der Partei mit Geschenken bedacht worden von nicht nur hohem Sachwert, sondern auch bedeutsamem Kunstwert oder großem historischen und traditionellen oder ideellem Wert, indem diese Geschenke vom Schenker dem Eigentum des Reichs, der Länder, der Gemeinden usw., besonders aus Museen und Sammlungen entnommen wurden. Der Führer mißbilligt solche Geschenke, und zwar auch dann, wenn die für solche Schenkungen maßgebenden Gesetzes- und Verwaltungsvorschriften nicht verletzt worden sind.«[57]

Da Hitler selbst gelegentlich solche wertvollen Gegenstände verschenkte, wird es hierbei vor allem darum gegangen sein, die Praxis der Zuwendungen und Dotationen nicht seitens anderer Ministerien und Dienststellen ausufern zu lassen. Denn die Zuständigkeit für die Vergabe bedeutender Geschenke wollte Hitler mit der Reichskanzlei für sich behalten. In diesem Zusammenhang wünschte Hitler auch nicht, daß leitenden Staatsbediensteten und führenden Parteigenossen etwa »aus besonderem Anlaß ein Geschenk« gemacht wurde »aus Mitteln, die durch Sammlungen innerhalb der Gefolgschaft aufgebracht« wurden.[58] Hitler ließ durch Lammers am 20. Februar 1942 mitteilen, daß er dies »besonders dann nicht« zulassen könne, »wenn die Absicht bestehe, damit führende Persönlichkeiten des Staates oder der Partei zu bedenken. Das gleiche gilt für Geschenke, die Staatsbediensteten in leitender Stellung oder Politischen Leitern etwa aus bestimmten Kreisen der Bevölkerung gemacht werden sollen.«[59]

Acht Monate später kam Lammers auf diese Problematik erneut zurück, da allem Anschein nach weiterhin unstatthafte und teure Geschenke verteilt wurden, indem man anführte, sie seien nicht »zur persönlichen Verwendung bestimmt«.[60] Lammers stellte dazu fest: »Nach dem ausdrücklichen Wunsch des Führers haben Sammlungen für Geschenke an leitende Staatsbedienstete und führende Parteigenossen auch dann zu unterbleiben, wenn mit ihnen eine ideelle Zweckbestimmung verbunden wird, z. B. die Beschaffung von Mitteln für die Errichtung einer Stiftung oder einer Vereinigung, oder für den Erwerb oder die Errichtung eines Erholungsheims und dgl. Dabei sind Sammlungen bei Personenvereinigungen und juristischen Personen des privaten oder öffentlichen Rechts, beispielsweise Gebietskörperschaften, in gleicher Weise unzulässig wie solche bei Einzelpersonen. Im besonderen ist auch von Aufforderungen oder Anregungen zu Spenden dieser Art bei den genannten Stellen abzusehen.« Hitlers Anordnungen und Hinweise auf die Bestimmungen des Beamtengesetzes und andere Vorschriften erweckten vordergründig den Eindruck, als ob es im NS-Staat keine Selbstbedienung bei Geschenken und Bereicherungen gegeben habe. Dies traf allerdings so nicht zu. Denn es gab sehr wohl Bereicherung und Korrumpierung, über die Hitler freilich weitgehend allein entscheiden wollte.

2. Hitler, der »selbstlose Führer« – eine Legende

Tief eingegraben ins Bewußtsein der Bürger im NS-Staat hat sich das Bild vom anspruchslosen, aus kargen Verhältnissen stammenden, unverheirateten Vegetarier, Anti-Alkoholiker und Nichtraucher Adolf Hitler, der immer mit wenig Geld auskam und sich im Gegensatz zu anderen Parteigrößen nie bereicherte. Die Legende hält sich bei vielen sogar bis heute. Doch schon die von Hitler selbst gepflegte Mär von den bescheidenen Familienverhältnissen und der Jugendzeit in ärmlichen Verhältnissen entspricht nicht den Tatsachen. Er stammte aus einer Beamtenfamilie und verfügte über Geldmittel aus einem Familienerbe; bekannt ist, daß er aus seiner Münchener Zeit im Vorstand und später als Vorsitzender der NSDAP erhebliche Geldbeträge besaß.

Woraus Hitler seinen Lebensunterhalt in München nach seinem Ausscheiden aus dem Dienst der Reichswehr 1920 bestritt, war oft Diskussionsstoff seiner engeren Parteigenossen. Fest steht, daß er Honorare für Reden außerhalb der NSDAP erhielt, möglicherweise ferner Zuwendungen aus geheimen Reichswehrfonds, zudem Geldspenden für die Partei eintrieb, von denen er auch Beträge für sich abzweigte. Hinzu kommen Sach- und Geldgeschenke wohlhabender Münchener Familien wie von dem Schriftsteller Dietrich Eckart, dem Klavierfabrikanten Carl Bechstein und dem Verleger Hugo Bruckmann. Wie Wulf C. Schwarzwäller in seiner Untersuchung über »Hitlers Geld« beschreibt, stand es ganz in Hitlers Ermessen, was er als Geldbeschaffer seiner Partei für sich behielt und was er an die Parteikasse abführte.[61] Die Mittel reichten jedenfalls schon früh für ein Auto mit Chauffeur. »Als Steuerzahler trat er von 1919 bis 1925 aktenmäßig überhaupt nicht in Erscheinung. Warum das Finanzamt ihn in diesen ersten Jahren nie belästigte, ist nicht mehr aufzuklären und gehört zu den Geheimnissen des bayerischen Fiskus.«[62]

1925 erklärte Hitler dem Finanzamt München, er habe 1924 und im 1. Quartal 1925 kein Einkommen gehabt. Seinen Lebensunterhalt und seinen Autokauf habe er aus Bankkrediten bestritten. Schließlich bequemte Hitler sich, doch ein Einkommen anzugeben, und es begann ein jahrelanger Streit um die Glaubwürdigkeit seiner Angaben mit dem Finanzamt. Im Jahr 1929 hatte er offensichtlich seine Bankkredite zurückgezahlt, denn er gab keine Bankzinsen mehr an. »Es muß angenommen werden, daß Hitlers gemeldetes Einkommen nur einen Bruchteil seines tatsächlichen Einkommens ausmachte. Wovon hat er seine Bankschulden zurückgezahlt? Wovon hat er 1928 das Haus auf dem Obersalzberg gekauft, wovon 1929 eine Luxuswohnung am Prinzregentenplatz gemietet?«[63] Es ist für Hitlers Finanzgebaren bezeichnend, daß er Zuwendungen von wirtschaftlichen und politischen Kreisen erhielt, wie z.B. in diskreter Form vom Industriellen Fritz Thyssen, die er für seinen persönlichen Lebensstil einsetzte und am Finanzamt vorbeilenkte. Gerade die von Thyssen gewährten diskreten Zahlungen sollten Hitler »zu wirtschaftlicher Unabhängigkeit [...] verhelfen«.[64] Das gleiche Verfahren wandte Hitler später bei den von ihm gewährten Dotationen an: Sie sollten als diskrete Zuwendung die weitere Lebensführung des Beschenkten in entscheidendem Maße erleichtern und ihm ein gewisses Maß an wirtschaftlicher Unabhängigkeit verschaffen.

Hitler bezog zudem Tantiemen und Honorare für sein Buch »Mein Kampf«, das sich gut verkaufte, und für Beiträge im »Völkischen Beobachter«. Nachdem er am 30. Januar 1933 Reichskanzler geworden war, verzichtete Hitler propagandawirksam zugunsten von SA und SS auf sein Jahresgehalt (29 200 RM) und seine Aufwandsentschädigung (18 000 RM). Im »Völkischen Beobachter« wurde diese Geste am 7. Februar 1933 publik gemacht und darauf verwiesen, daß er ein eigenes Einkommen als Schriftsteller habe und seine öffentliche Position nur als Ehrenamt betrachte.[65]

Die Regelung seiner Steuerauseinandersetzungen mit dem Finanzamt München-Ost, das den Reichskanzler sogar noch 1934 gemahnt hatte, übertrug er fortan seinem persönlichen Adjutanten, Julius Schaub, und dem Staatssekretär im Reichsfinanzministerium, Fritz Reinhardt. Schließlich wurden Hitlers Steuerschulden von 1933 mit 405 494 RM niedergeschlagen: »Der Präsident des Finanzamtes München, Dr. Ludwig Mirre, und Staatssekretär Reinhardt wurden sich einig, daß das Staatsoberhaupt von jeglicher Steuer befreit sein müsse«.[66] Nachdem Hitler seit dem 2. August 1934 auch Reichspräsident geworden war, wurden seine Steuerunterlagen vernichtet. Nach einer entsprechenden Steuerbefreiung ließ sich der »Führer« dann auch seine Gehälter als Reichskanzler und Reichspräsident wieder auszahlen.

Sein Vermögen wuchs weiterhin durch zahlreiche Tantiemen und Honorare – z.B. für die Publikation seiner Reden – und durch die jährliche »Adolf-Hitler-Spende der Deutschen Wirtschaft«, deren Höhe auf zweistellige Millionenbeträge geschätzt werden und zu seiner privaten und persönlichen Verfügung standen.

Sogar für den Abdruck seines Bildes auf den Briefmarken der Deutschen Reichspost erhielt Hitler einen stattlichen Betrag vom Reichspostminister. Diese reichlich sprudelnde Geldquelle wurde Hitler durch den seit 1937 neu amtierenden Reichsminister Wilhelm Ohnesorge verschafft, der veranlaßte, daß die Reichspost ständige Honorarzahlungen an den »Führer« für die Wiedergabe von dessen Bild auf Sonder- und Serienmarken zu leisten hatte.[67] Während Reichspräsident von Hindenburg sich nie sein Abbild auf den Briefmarken hatte bezahlen lassen, war Ohnesorge nach Anregung durch den »Reichsbildberichterstatter« Heinrich Hoffmann bereit, Hitler einen prozentualen Anteil der Markenverkäufe für die Nutzung des Persönlichkeitsrechtes am eigenen Abbild zu vergüten. Die Zahlungen setzten mit der ersten »Führer«-Briefmarke im März 1937 ein. Goebbels hielt in seinem Tagebuch fest, daß die neue Führerbriefmarke von 1937 für Hitler »viel Geld einbringen« sollte.[68] In der Öffentlichkeit verbrämte die NS-Propaganda diesen für Hitler sehr lukrativen Handel mit der Erklärung, daß damit neue Mittel für einen Sonderfonds des »Führers« geschaffen werden sollten, die zur »Erfüllung der großen und für das Volksganze wichtigen kulturellen Aufgaben beitragen« sollten.[69] Die Masse der verkauften Briefmarken ließ dann jeweils eine beachtliche Summe zusammenkommen, die Reichspostminister Ohnesorge seinem »Führer« in der Regel als Scheck an dessen Geburtstag übergab. Einmal waren es über 50 Millionen RM, wie Albert Speer und Heinrich Hoffmann bezeugten.[70] Immerhin konnte Hitler damit unbeschwert und haushaltsrechtlich völlig unkontrolliert seine Kunsttransaktionen und Bilderkäufe tätigen.

Einblick in das Vermögen des »Führers«, der keine Steuern zahlte, hatte letztlich nur ein Mann: der Leiter der Parteikanzlei und spätere »Sekretär des Führers«, NSDAP-Reichsleiter Martin Bormann, der das Privatvermögen Hitlers verwaltete und Hitler auch große Summen aus dem Parteivermögen zugänglich machte. So wurden alle Bauarbeiten auf dem Obersalzberg aus Parteigeldern bezahlt. Allein der Ausbau des Kehlstein-Hauses und der Zufahrt kosteten knapp 27 Millionen RM, was einem heutigen Wert von ca. 280 Millionen entspricht.[71]

3. Die Steuerbefreiung für Dotationen

Reichsfinanzminister Lutz Graf Schwerin von Krosigk legte nach dem Krieg in seinen Erinnerungen besonderen Wert darauf, daß sein Ministerium nicht bei der Bewilligung und Vergabe der Dotation eingeschaltet gewesen war[72]; das Reichsfinanzministerium habe nur davon erfahren, »um die zuständigen Finanzämter zu benachrichtigen, denn der Dotationsakt war steuerfrei«. Da dies eine »Routinesache« gewesen sei, seien ihm als Reichsfinanzminister noch nicht einmal »alle Dotationen zur Kenntnis gekommen«. Daß die Berliner Dienststellen der Finanzbehörden keine Kenntnis von allen Dotationen erhielten, hing damit zusammen, daß die Mitteilungen über die steuerliche Behandlung der Dotationen an die zuständigen Finanzämter des Wohnsitzes erfolgten. Andererseits erlangten die Steuerbeamten in Berlin aber Kenntnis von einer größeren Reihe der Dotationen Hitlers, denn aufgrund besonderer Erlasse des Reichsfinanzministeriums aus den Jahren 1937 und 1939 war die Bearbeitung der steuerlichen Belange der Reichsminister, NSDAP-Reichsleiter usw. »ausschließlich den Finanzämtern Berlin-Mitte und München-Nord übertragen worden«.[73] Durch den Brand des Finanzamtes Berlin-Mitte während der Einschließung Berlins im Frühjahr 1945 durch die Rote Armee wurden jedoch alle diesbezüglichen Akten vernichtet, so daß die amtliche Überlieferung des Reichsfinanzministeriums lückenhaft ist.

Die Informationsweitergabe an die Finanzämter über die Steuerfreiheit der jeweiligen Dotation war zweifellos Routine im üblichen Schriftverkehr der Behörden. Keine »Routinesache« war hingegen die grundsätzliche Entscheidung, daß die Dotationen steuerfrei gewährt wurden. Sie ging allein auf Anordnung Hitlers zurück. Nach dem gültigen Steuerrecht waren die Dotationen als Schenkungen (Donationen) mit einem hohen Prozentsatz zu versteuern. Da die

Donation in diesem besonderen Fall nicht zwischen Verwandten erfolgte, konnte der Schenkungssteuersatz bis zu 50 % betragen. Aufgrund des 50 %igen Kriegszuschlages auf die Einkommenssteuer ab 4. September 1939 konnte diese Steuer in einzelnen Veranlagungsfällen sogar bis auf 65 % ansteigen.[74] Da dieser hohe Steuersatz die Schenkung erheblich geschmälert hätte, entschied Hitler, daß die von ihm vergebenen Dotationen und Schenkungen schenkungssteuerfrei bleiben sollten. Erst der danach gewonnene Vermögenszuwachs durch Zinsen sollte der Vermögenssteuer unterliegen. Bei Hitlers Dotationsgewährung wurde folglich weder eine Einkommenssteuer noch eine Schenkungssteuer erhoben. Nach dem Zusammenbruch des Dritten Reiches und nach dem Kriegsende im Mai 1945 haben einige Finanzämter dann doch in den Jahren 1945/46 Forderungen zur Nachversteuerung der empfangenen Dotation in Höhe von 30 % Schenkungssteuer durchzusetzen versucht.[75]

Die Information an die Vorsteher der für die Verwaltung der Einkommens- und Schenkungssteuer zuständigen Finanzämter erhielten die entsprechende Weisung zur generellen Steuerfreiheit im September 1941 »streng vertraulich«. Diese Verfügung wurde insofern dringend notwendig, weil der Kreis der Dotationsempfänger immer größer wurde und über die Zuständigkeit der Berliner Finanzbehörden hinausreichte.[76] Die Reichskanzlei hielt am 30. Dezember 1942 in einem Vermerk und einem Brief an den Reichsfinanzminister fest, daß der »Führer« es ausdrücklich »vermieden wissen will«, daß seine Schenkungen geschmälert würden[77], daß sie deshalb »ohne Rücksicht auf den Anlaß der Zuwendung schenkungs- und einkommenssteuerfrei« waren.[78]

Gleichzeitig legte man fest, daß zukünftig Mitteilungen an das Finanzministerium über Dotationen im Einzelfall bis zu 50000 RM unterbleiben sollten, da es »aus beamtenpolitischen Gründen [...] nicht erwünscht« sei, »dem Reichsminister der Finanzen mitzuteilen, wenn einem Angehörigen des Hauses aus besonderem Anlaß eine steuerfreie Dotation gewährt wird«.[79] Auch hier war man also um Diskretion bemüht. Die Steuerfreiheit sollte allein dem Empfänger mitgeteilt werden, damit er Bescheid wußte, daß die Schenkung »nicht in die Einkommenssteuer-Erklärung aufzunehmen sei«. Soweit es sich um Dotationen in namhafter Höhe an bekannte Persönlichkeiten handelte, würde Reichsminister Lammers »von Fall zu Fall«

den Reichsfinanzminister unterrichten. Reichsfinanzminister von Krosigk erklärte sich mit diesem Vorschlag und Verfahren am 29. März 1943 einverstanden.[80]

Nachdem somit Einvernehmen erzielt worden war, gab Lammers schließlich am 9. Oktober 1943 den Reichsministern von Hitlers »Willensmeinung Ausdruck«, daß dieser »die Vergebung von Dotationen und die Bestimmung über deren Steuerfreiheit als sein höchstpersönliches Recht in Anspruch« nahm. Nur der »Führer« habe das Recht, so tat Lammers kund, eine Dotation im Einzelfall zugunsten einer bestimmten Person zu geben, und nur er könne die Anordnung treffen, »daß die Dotation steuerfrei sein soll«. Alle anderen Zuwendungen und Dotationen, »die die Reichsminister oder andere Stellen im Rahmen ihrer Befugnisse und Zuständigkeiten in Anerkennung bestimmter Verdienste im Wege der Schenkung machen, unterlagen den dafür geltenden haushaltsrechtlichen, steuerlichen und sonstigen allgemeinen Vorschriften«.[81] Etwaige Wünsche der Minister nach Gewährung von Dotationen durch Hitler sollten an Lammers »als dem für die Verwaltung der Mittel des Führers zu allgemeinen Zwekken zuständigen Reichsminister mit entsprechender Begründung« vorgelegt werden.

Erneut wachte Lammers mit dieser Verfügung ausdrücklich darüber, daß kein anderer NS-Führer neben dem Diktator steuerfreie Dotationen vergeben durfte. Sich selbst setzte er zugleich als wichtige Schaltstelle ein; Lammers' Rundschreiben wurde in der Wehrmacht als Geheimschreiben an alle Kommando- und Befehlsstellen weitergegeben.[82] Mit üblichem Geschäftsverkehr nahm man die »Willensmeinung« des Diktators zur Kenntnis. Äußerungen oder kritische Anmerkungen dazu waren nicht erwünscht.

Im nachhinein haben sich immerhin Steuerbeamte des zuständigen Finanzamtes in Berlin, die 1945 einen Bericht über die Dotationsangelegenheiten verfaßten, empört über diese ungerechtfertigte Bevorzugung geäußert und berichtet, daß sie sich heimlich »genaue private Aufzeichnungen aus den Akten« anfertigten, um später »die Bestrafung der Verantwortlichen dereinst herbeizuführen und zu sichern, auch für den Fall der Beiseiteschaffung oder Vernichtung der Akten«.[83]

Einer der Minister, die von Hitlers »Willensmeinung« betroffen waren, war Reichspropagandaminister Goebbels, denn er hatte bisher ebenfalls Dotationen »an verdiente Künstler ausgegeben, die steuerfrei waren«.[84] In seinem Tagebuch notierte er sich, daß der Reichsfinanzminister dies bei Hitler zur Sprache gebracht habe. Der »Führer« habe nun ihm den Vorschlag gemacht, daß er in Zukunft selbst diese Dotationen auf Goebbels' Vorschlag vergeben wolle, »damit die Steuerfreiheit weiterhin gewährt werden kann«.

Diese Heimlichtuerei macht deutlich, daß den beteiligten NS-Führern, Hitler, Lammers, Goebbels, Bormann, die Ungesetzlichkeit der Steuerbefreiung – im Gegensatz etwa zu dem Dotationsverfahren für von Hindenburg – bewußt gewesen sein muß. Hatte man am 27. August 1933 noch öffentlich ein Gesetz beschlossen, so ging nun »die steuerliche Bevorzugung nur in aller Heimlichkeit vor sich«.[85]

Die steuerliche Behandlung der Dotationen bestätigt die bereits gewonnene Erkenntnis, daß Hitler – ganz im Gegensatz zu den historischen Vorbildern früherer Jahrhunderte – das Licht der Öffentlichkeit scheute. Wenn sich dennoch Steuerbeamte darüber private Notizen machten, so geschah dies gerade, um später einmal die »gewissenlose Einstellung einzelner Prominenter steuerlichen Fragen gegenüber« aufzudecken[86] und deren Machenschaften der Bestrafung zuzuführen. Bezeichnenderweise haben sich die zuständigen Sachbearbeiter im Berliner Finanzamt Mitte die bevorzugte steuerliche Behandlung der NS-Elite gerade deshalb besonders gut nach 1945 gemerkt, weil die »bedenkenlose Besserstellung der Prominenten« aufgrund unmittelbarer Anweisung des Staatssekretärs Fritz Reinhardt im Reichsfinanzministerium oder durch dessen Büro bewußt erfolgte und dadurch mit besonderen aktiven Handlungen als Steuerskandal im Dritten Reich verbunden war.

4. Zum Vergleich: Löhne und Preise im NS-Deutschland

Will man die immer größeren, sich monarchischen Gepflogenheiten annähernden Dotationen Hitlers einigermaßen bewerten, ist es notwendig, die Einkommensverhältnisse im nationalsozialistischen Deutschland zum Vergleich heranzuziehen. Die Kriegsjahre 1914–1918 hatten – läßt man einige Kriegsgewinnler außer Betracht – generell zur Verarmung des Bürgertums und der Arbeiterschaft geführt. Die Inflation von 1923/24 und ihre Folgen bis zur Weltwirtschaftskrise

1929/30 brachten das Bürgertum in der Regel um seine Ersparnisse und Vermögen, den Staat in schwerste Budgetnöte, viele Firmen um die wirtschaftliche Wettbewerbsfähigkeit, und sie führten bei vielen arbeitenden Menschen inklusive der Beamten zu Lohn- und Gehaltsabzügen.

Man muß in diesem Zusammenhang fragen, ob die spätere Bezeichnung dieser Jahre als »goldene 20er Jahre« die tatsächlichen Verhältnisse in Deutschland nicht glorifiziert. Die Formulierung mag zwar zur Charakterisierung der kulturellen Blüte und Vielfalt in zahlreichen Großstädten angemessen sein, die Lebensumstände der meisten Menschen waren aber alles andere als »golden«. In großen Teilen der Arbeiterschaft in ländlichen Bezirken Deutschlands herrschte eher allgemeine Not. Es sei auch daran erinnert, daß die Rheinland-Besetzung, d.h. die Besetzung von Industriezentren an Ruhr und Rhein, sowie von ländlichen Gebieten im Westen im Januar 1923 durch französische und belgische Truppen bis in das Jahr 1930 dauerte. Diese Okkupation brachte neben dem Erstarken nationaler Bestrebungen im Reich auch eine Dämpfung der wirtschaftlichen Entwicklung der besetzten Regionen mit sich.

Die steigenden Arbeitslosenzahlen der Krisenjahre führten zu erheblichen Finanzierungsproblemen der 1927 neu eingeführten Arbeitslosenunterstützung, so daß diese nicht nur auf 6,5 Monate beschränkt werden mußte, sondern auch die Zahlungen im Sommer 1932 um die Hälfte gekürzt wurden. So erhielt ein 4-Personen-Haushalt, in dem der Arbeiter, der etwa einen Wochenverdienst von 60 RM gehabt hatte, statt 34,54 RM nur noch 17,40 RM Arbeitslosenunterstützung. Alleinstehende mit einem ehemaligen Verdienst von ca. 10 RM pro Woche hatten nur noch sechs Wochen lang einen Anspruch auf 4,50 RM Arbeitslosenunterstützung. Danach standen weitere Kürzungen bevor.

Als krasses Beispiel für die Not, das aber in der Tendenz nicht untypisch ist, ist das kleine Eifeldorf Müllenbach anzuführen. Dort war 1927/28 fast die gesamte Bevölkerung arbeitslos. Da die Stromrechnungen bald nur noch zögerlich und dann gar nicht mehr bezahlt werden konnten, unterband das Rheinisch-Westfälische Elektrizitätswerk (RWE) wegen Zahlungsunfähigkeit der Gemeinde im Dezember 1932 die Stromzufuhr des Ortes. Der Schulunterricht fiel ebenfalls aus, weil Heizmaterial für den Schulsaal fehlte.[87]

Die zu dieser Zeit von den Weimarer Regierungen eingeleiteten sogenannten Notstandsarbeiten, wie Straßen-, Wege- und Kanalbau, eine Initiative, der wir nicht nur den Nürburgring, sondern auch den Beginn des Autobahnbaus verdanken, konnten nur die ärgste Not lindern. Diese schlimme Situation bestand bemerkenswerterweise zu einer Zeit, als die deutsche Wirtschaft ihre Millionenspende dem Reichspräsidenten, Generalfeldmarschall von Hindenburg, übergab und ihm den Erwerb des Gutes Neudeck als Wohnsitz ermöglichte.

Die dann von Hitlers Regierung seit 1933 verkündeten und schließlich realisierten Maßnahmen, die zu der vielgefeierten drastischen Reduzierung und beinahe vollständigen Beseitigung der Arbeitslosigkeit in den Jahren zwischen 1934 und 1938 führten, waren jedoch betrügerische Kunstgriffe: Die Einführung der zunächst einjährigen allgemeinen Wehrpflicht am 16. März 1935, dann der zweijährigen ab 24. August 1936 und der sechsmonatigen Arbeitsdienstpflicht im Reichsarbeitsdienst ab 26. Juni 1935 reduzierte die Zahl der Arbeitslosen in der Statistik drastisch. Hinzu kamen Parteimaßnahmen, die die Vergrößerung der SA sowie die Aufblähung vieler Behörden und Parteiorganisationen zur Folge hatten. Mit Ehestandsdarlehen, die großzügig vergeben wurden, versuchte man viele Ehefrauen vom Arbeitsmarkt fernzuhalten. Junge Frauen wurden durch Beschäftigung im »Bund Deutscher Mädel« von der Alltagsmisere und der Arbeitslosigkeit abgelenkt. Der Anstieg der wirtschaftlichen Produktion wurde vor allem mit Rüstungsaufträgen erreicht, so daß gerade 1938/39 eine angespannte Wirtschaftssituation bestand, die auch ohne Krieg erhebliche Probleme gebracht hätte.[88]

Für die Darstellung der Gehälter und Löhne im NS-Reich mögen einige Beispiele dienen: Ein Reichsminister verdiente ca. 1700 RM bis 1800 RM, Speer als Generalbauinspektor des Reiches 1937 erhielt 1500 RM monatlich, also etwa das gleiche wie die Oberbürgermeister von Berlin und anderen großen Städten.[89] Ein verheirateter evangelischer Pfarrer verdiente 320,89 RM, nach der Geburt eines Kindes 10 RM zusätzlich im Monat. Ein schwerverwundeter Oberleutant der Panzertruppe erhielt 1942 mit Zulagen 370,34 RM brutto; nach allen Abzügen blieben ihm 226,52 RM.[90]

Die Stunden- und Wochenlöhne der Arbeiterschaft lagen im Schnitt bei etwa 80 Reichspfennig brutto pro Stunde. Der Wochenlohn betrug etwa 28 RM bei 47 Stunden Arbeitszeit. Ungelernte Arbeiter erhielten ca. 24 RM. Eine ungelernte Textilarbeiterin erhielt wöchentlich 19 RM brutto. Neben den regelmäßig in Lohn und Brot stehenden Arbeitern und Angestellten gab es in den ländlich strukturierten Gebieten noch einen größeren Personenkreis von »Tagearbeitern« (Tagelöhnern), die etwa 3 RM pro Tag verdienten. Die Tariflöhne für spezielle Branchen, wie z.B. Weinbergarbeiter, betrugen pro Stunde etwa 45 Reichspfennig.

Ein typischer Schachzug der nationalsozialistischen Führung in diesem Zusammenhang war die vergleichsweise günstige Regelung der Löhne des KZ-Personals, das man in jährlich steigender Zahl brauchte. Eine ledige KZ-Aufseherin im Alter von 25 Jahren erhielt beispielsweise 1943/44 185,86 RM brutto. Nach Abzug von Sozialversicherung, Steuern, gesetzlichen Abgaben und Kosten für Verpflegung und Wohnung blieben ihr immerhin monatlich 105,10 RM freies Geld übrig. Hinzu kamen 35 RM Überstundenpauschale, wenn bei einer 68-Stunden-Woche mehr als 300 Stunden im Monat »gearbeitet« wurde.[91] Diese gute Bezahlung verlockte einige Unterprivilegierte, die nicht wußten, welcher Dienst auf sie zukam, sich für die Beschäftigung als Aufseherin in einem Konzentrationslager zu interessieren und zu bewerben.

Als Preise für Güter des täglichen Lebens lassen sich feststellen: Ein halbes Pfund Butter kostete 0,80 RM, ein Zentner Kartoffeln ca. 3,80 RM, ein Pfund Suppenfleisch 0,90 RM, ein Pfund Rindfleisch ohne Knochen 1,15 RM und Schweinefleisch 1 RM, fetter Speck 1,10 RM und ein Ei 11 Pfennig. Für einen Liter Ahrwein erhielt der Winzer 0,40 RM.

Vielen Nazigrößen gelang es vom Beginn der NS-Herrschaft an, sich nicht nur erheblich, sondern schamlos zu bereichern. Als extremstes Beispiel gilt Göring, der – ohne daß Hitler eingriff – seine monatlichen Gehälter oder Aufwandsentschädigungen addieren ließ. Reichspropagandaminister Goebbels erhielt alleine aufgrund seiner Bereitschaft, der Wochenzeitung »Das Reich« wöchentlich einen Leitartikel zu liefern, vom Franz-Eher-Verlag dafür jährlich 200000 RM.[92]

Zweifellos bestanden enorme Diskrepanzen in der Entlohnung der nationalsozialistischen »Volksgemeinschaft«, die auch im Bereich von Löhnen und Gehältern nur als Propagandaphrase existierte.

Hitler und die neubeförderten Generalfeldmarschälle der Luftwaffe mit »Reichsmarschall« Göring – v. l. n. r. Milch, Sperrle, Hitler, Göring und Kesselring (Foto: Bilderdienst Süddeutscher Verlag)

Hitler und seine neubeförderten Generalfeldmarschälle – v. l. n. r. Keitel, von Rundstedt, von Bock, »Reichsmarschall« Göring, Hitler, von Brauchitsch, Ritter von Leeb, List, von Kluge, von Witzleben und von Reichenau am 19. 7. 1940 (Foto: AP)

IV. Die monatlichen Sonderzuwendungen

1. Hitlers besondere Aufwandsentschädigungen an Generaloberste und Feldmarschälle

Nach der Beförderung zahlreicher Generalobersten zu Feldmarschällen und mehrerer Generale zu Generalobersten im Anschluß an den siegreichen Westfeldzug am 19. Juli 1940 gewährte Hitler ihnen jeweils eine besondere »Aufwandsentschädigung«. Diese Zahlung legte er am 8. August 1940 in einer persönlichen Anordnung fest.[1] Sie betrug für Generaloberste und Generaladmirale 2000 RM pro Monat und für Generalfeldmarschälle und Großadmirale 4000 RM pro Monat.[2] Diese sogenannten Aufwandsentschädigungen waren als steuerfreie Zulagen zum jeweiligen Gehalt anzusehen. Da ihre Zahlung aufgrund einer persönlichen Verfügung und Bewilligung Hitlers erfolgte, konnte sie auch jederzeit von ihm eingestellt oder ausgesetzt werden.

Es gibt verschiedene Hinweise, daß die monatliche Zahlung von den Empfängern als übliche Anhebung des Gehalts über den Dienstgrad »General der Infanterie« hinaus verstanden wurde,[3] da die Reichsbesoldungsordnung C nur bis zur Stellung des Kommandierenden Generals (General der Infanterie) reichte.[4] Die Zahlung wäre also gleichsam die Gehaltsaufstockung für den Dienstgrad Generaloberst bzw. Generalfeldmarschall gegenüber dem Dienstgrad General der Infanterie gewesen, da keine Regelung für Generaloberst und Generalfeldmarschall in der Besoldungsordnung vorgesehen gewesen war. Danach hätte der monatliche Zuschlag tatsächlich eine Ungereimtheit der Besoldungsordnung ausgebügelt und wäre dann nicht als Dotation zu bezeichnen gewesen. Diese Einschätzung entspricht jedoch nicht den Tatsachen, da die monatliche Sonderzahlung steuerfrei gewährt, als besondere Aufwandsentschädigung aus dem von Reichsminister Lammers verwalteten Dispositionsfonds Hitlers gezahlt wurde und von dem »Führer« jederzeit widerrufen werden konnte. Sie entsprach auch in keinem Falle in der Höhe den üblichen persönlichen Dienstaufwandsentschädigungen in besonderen Kommandostellen, wie z.B. für die Oberbefehlshaber oder Kommandierenden Generale. So hat beispielsweise auch »Reichsmarschall« Hermann Göring eine in der Höhe in keinem Verhältnis zur Besoldungsordnung stehende monatliche Zuwendung von 20000 RM von Hitler erhalten, die keineswegs als monatlicher Ausgleich für die Ungereimtheit der Besoldungsordnung bezeichnet werden kann.

Bis zum 1. April 1942 erhielten nur die Oberbefehlshaber der Wehrmachtteile und der Chef des Oberkommandos der Wehrmacht nach der Besoldungsgruppe C der bestehenden Reichsbesoldungsordnung vom 1. April 1939 einen jährlichen Gehaltsbetrag von 26550 RM, während die Generalobersten, Generaladmirale sowie Generale und Admirale gemäß der Besoldungsgruppe C 2 24000 RM im Jahr empfingen.[5] Erst mit der Ergänzung des Reichsbesoldungsrechts vom 30. März 1943[6] wurde die Reichsbesoldungsordnung C mit Wirkung ab 1. April 1942 geändert. Danach wurde den Oberbefehlshabern der Wehrmachtteile, dem Chef des Oberkommandos der Wehrmacht sowie Generalfeldmarschällen und Großadmiralen Bezüge in der Besoldungsgruppe C 1a wie den Reichsministern gezahlt. Die Gehaltsstufe nach der Besoldungsgruppe C 1b mit 25500 RM erhielten nun die Generalobersten und Generaladmirale. Die Besoldungsgruppe C 2 mit 24000 RM bekamen weiterhin die Generale und Admirale. Die noch von Reichskanzler Brüning verfügte Gehaltskürzung betrug während des Krieges einheitlich 6%.

Gemäß Geheimverfügung des Oberkommandos des Heeres vom 10. November 1939[7] und der Neufassung vom 18. Juli 1942[8] erhielten einzelne Generale und Admirale in bestimmten herausgehobenen Kommandostellen persönliche Dienstaufwandsentschädigungen. Diese betrugen (jeweils monatlich): für die Oberbefehlshaber einer Heeresgruppe sowie für die Oberbefehlshaber einer Armee 250 RM, für die Kommandierenden Generale, stellvertretenden Kommandierenden Generale und Befehlshaber eines Höheren Kommandos zbV [zur besonderen Verwendung] 150 RM, für die Kommandeure aller Divisionen des Feldheeres und des Ersatzheeres 50 RM.

Den Generalfeldmarschällen (Großadmiralen) stand eine monatliche, im voraus zu zahlende normale Dienstaufwandsentschädigung von 400 RM zu (entsprechend den Reichsministern). Neben der Dienstaufwandsentschädigung als Generalfeldmarschall war eine Dienstaufwandsentschädigung aufgrund der ausgeübten Kommandofunktion gemäß der Verfügung vom 18. Juli 1942 nicht vorgesehen.

Danach handelte es sich bei den aus Hitlers Sonderfonds vorgenommenen Sonderzahlungen keineswegs um übliche Aufwandsentschädigungen gemäß Besoldungsordnung, sondern um eine besondere Vergünstigung und Donation aus einer Sonderkasse des Diktators. Daß sie als angebliche Aufwandsentschädigung angesichts der monatlichen Gehaltszahlung von ca. 2000 RM mit dem zusätzlichen Betrag von 2000 RM für Generalobersten (Generaladmirale) und von 4000 RM für Generalfeldmarschälle (Großadmirale) überaus großzügig gewährt wurde, ist offensichtlich. Die Höhe ging denn auch auf die persönliche Entscheidung Hitlers zurück.

Von dieser persönlichen Zahlungsanordnung Hitlers gab Reichsminister Lammers den jeweils beförderten Generalen im Rahmen oder im Anschluß an die Beförderung Kenntnis. Die Mitteilung mußte von den bei Lammers in der Reichskanzlei erschienenen Generalen unterzeichnet werden. Offensichtlich sollte darüber kein Schriftwechsel entstehen. Lammers informierte die Empfänger dabei, daß der »bis auf weiteres« zu zahlende Betrag aus den »Verfügungsmitteln des Führers« stammte und daß er »von der Einkommenssteuer befreit« war.[9] Ebenso teilte er den bedachten Offizieren mit, daß er im Einzelfall zu entscheiden habe, »ob und in welcher Höhe hierauf anderwärts bezogene Aufwandsentschädigungen anzurechnen sind«.[10]

Gelegentlich mußte die Reichskanzlei den von ihr festgelegten Termin für den Zahlungsbeginn der Sonderzahlungen vorverlegen, wenn ihr zum Beispiel die »Adjutantur der Wehrmacht beim Führer« ein vordatiertes Beförderungsdatum mitteilte, wie es bei den Generalobersten Erich von Manstein, Erwin Rommel, Walter Model, Wolfram Freiherr von Richthofen und Hans Jeschonnek am 1. Januar 1942 bzw. 1. März 1942 der Fall war.[11]

In den ersten Jahren konnte der Chef der Reichskanzlei die Empfänger der Gelder noch mündlich informieren und die Angelegenheit diskret abwickeln. Da die von ihm anfangs praktizierte mündliche Unterrichtung über die zusätzlichen Zahlungen durch Hitler beim Voranschreiten des Krieges schwierig wurde, denn manche beförderten Generale konnten wegen dieser finanziellen Vergünstigung nicht extra von der Front zu ihm in die Reichskanzlei oder in sein Feldquartier kommen, mußte Lammers dann ab 1942 auch »ausnahmsweise den schriftlichen Weg« wählen.[12]

Dabei informierte er jeden Empfänger, daß die bewilligte Aufwandsentschädigung »ihrer Natur nach nicht pensionsfähig und jederzeit widerruflich« war und aus den von ihm verwalteten Haushaltsmitteln des »Führers« gezahlt wurde. Ein Nachweis über die Verwendung wurde nicht verlangt. Ferner führte Lammers an, daß die Beträge »nach einer Abmachung mit dem Reichsminister der Finanzen in den Einkommenssteuererklärungen *nicht* angegeben werden« sollten.[13] Die sich daraus später ergebenden Zinsen unterlagen allerdings wieder der Einkommenssteuer. Ausdrücklich wies Lammers auf die Geheimhaltung der Angelegenheit hin: »Ein Schriftverkehr soll in dieser *vertraulich* zu behandelnden Angelegenheit grundsätzlich nicht stattfinden. Falls er ausnahmsweise unvermeidlich ist, sind Schreiben *nur an mich* zu richten mit dem auf dem Briefumschlag deutlich sichtbaren Vermerk: ›*Eigenhändig!*‹.«[14]

Deshalb legte Lammers auch Wert darauf, daß ihm sein Mitteilungsschreiben wegen »der gebotenen vertraulichen Behandlung« urschriftlich zurückgesandt wurde. Alles sollte zwar »ordnungsgemäß« und durch Unterschrift bestätigt abgewickelt werden, aber es sollten keine Papiere oder Schriftstücke darüber unkontrolliert beim Empfänger zurückbleiben.

2. Die Gewährung der steuerfreien Aufwandsentschädigungen an weitere Personen

Der Kreis der Empfänger von laufenden Sonderzuwendungen aus diesem Dotationsfonds blieb nicht nur auf die Generalobersten bzw. Generaladmirale oder Generalfeldmarschälle und Großadmirale begrenzt. Nach einer im Aktenbestand der Reichskanzlei überlieferten Liste bedienten sich auch Beamte der Reichskanzlei aus diesem Topf. Sie verglichen ihre Ministerialtätigkeit mit den Aufgaben der Wehrmachtsadjutanten bei Hitler und billigten sich wie diesen entsprechende, jedoch höhere Monatszahlungen zu; diese wurden dann im Mai 1942 nochmals erhöht und umfaßten im einzelnen folgende steuerfrei gewährten Monatsgelder.[15]

Die an Beamte der Reichskanzlei sowie an Offiziere der »Adjutantur der Wehrmacht beim Führer« gezahlten Aufwandsentschädigungen in RM (ab Mai 1942):

Name	Dienststellung	bisher gez. Betrag	künftig zu zahlender Betrag
Dr. Willuhn	Reichskabinettsrat	300	600
Dr. Killy	Reichskabinettsrat	300	600
von Stutterheim	Reichskabinettsrat	300	600
Dr. Ficker	Reichskabinettsrat	300	600
Dr. Meerwald	Ministerialdirektor	400	600
Rauch	Adjutant, Major d. Sch.	100	250
Schmundt	Generalleutnant	300	600
von Puttkamer	Kapitän z. S.	200	500
von Below	Oberstleutnant	200	400
Engel	Oberstleutnant	200	400
Christian	Oberst d. G.	200	500

Quelle: BA Berlin, R 43 II/1565, S. 24.

Im Zuge des Aufstieges von NSDAP-Reichsleiter Bormann als »Sekretär des Führers« zu dessen grauer Eminenz[16] war die Stellung von Lammers als großzügiger Verwalter von Hitlers Dotationsfonds ab 1943 nicht mehr unangefochten wie noch 1940/41. Der Chef der Reichskanzlei mußte deshalb im März 1943 dem »Herrn Reichsleiter« Bormann zur »persönlichen Unterrichtung« das Verfahren bei der Gewährung von Aufwandsentschädigungen ausführlich und »ergebenst« erklären.[17] Er machte deutlich, daß die gleichen Zahlungen adäquat den Reichsministern und Generalfeldmarschällen bzw. Großadmiralen sowie den Staatssekretären und Generalobersten bzw. Generaladmiralen gewährt würden. »Die Höhe der Aufwandsentschädigung für die Herren Generalfeldmarschälle bzw. Großadmirale richtet sich nach den allgemeinen Sätzen für die Herren Reichsminister.« Dies galt entsprechend auch für die Generalobersten bzw. Generaladmirale in bezug auf die Staatssekretäre.

Bereits empfangene Aufwandsentschädigungen als Mitglied des Reichstags (600 RM) oder des Preußischen Staatsrats (500 RM) sollten auf die Gelder aus Hitlers Verfügungstopf voll angerechnet werden. Lammers teilte ferner mit, daß es ihm überlassen sei, über die Anrechnung von anderwärts bezogenen Aufwandsentschädigungen, die den Betrag von monatlich 500 RM übersteigen, zu entscheiden.[18] Bormann erfuhr zugleich, daß die Zahlung direkt von Lammers und monatlich im voraus unter Ausschaltung jeglicher Amtskassen erfolgte. Im Falle des Ablebens des Empfängers sollte die Zahlung noch weitere drei Monate erfolgen, um die »im allgemeinen damit verbundenen wirtschaftlichen Schwierigkeiten« zu mildern. Lammers schrieb ferner, »aus begreiflichen Gründen habe ich bei dem vertraulichen Charakter der Angelegenheit grundsätzlich von einem Schriftverkehr abgesehen«. Er habe die in Betracht kommenden Personen jeweils »persönlich unterrichtet« und darüber »in jedem Einzelfall eine Aufzeichnung in Form einer Verhandlungsniederschrift« gemacht. Nur »ausnahmsweise [habe er] den schriftlichen Weg gewählt«, wenn die Generalfeldmarschälle oder Generalobersten nicht zu ihm kommen konnten.

Im gleichen Monat traf Lammers mit dem Chef des Oberkommandos der Wehrmacht die Vereinbarung, daß er über dienstliche Veränderungen bei den Generalobersten bzw. Generaladmiralen sogleich unterrichtet werden sollte, denn sobald ein Generaloberst oder Generaladmiral aus dem aktiven Wehrdienst entlassen wurde, verlor er die großzügige Aufwandsentschädigung, wie dies beispielsweise bei Generaladmiral Boehm vorübergehend vom Juni 1943 bis zum 31. März 1944 und erneut ab 1. April 1945 der Fall war.[19] Bei Generalfeldmarschällen bzw. Großadmiralen war die Zahlung des Betrages nicht abhängig von einer dienstlichen Stellung und wurde lebenslänglich gewährt, da ein Feldmarschall nicht außer Dienst (a.D.) gestellt werden konnte; er blieb – wie schon im Kaiserreich – immer im Dienst, auch wenn er kein Kommando übertragen bekam und beispielsweise zur »Führerreserve« versetzt worden war.

Als Generaladmiral Marschall versehentlich vom 1. Juli 1943 bis zum 31. Mai 1944 die Aufwandsentschädigung für elf Monate weitergezahlt wurde, obwohl diese ihm nicht zustand, da er vorübergehend aus dem aktiven Wehrdienst entlassen worden war, entschied Lammers großzügig, daß der Generaladmiral die überzahlte Summe von 22000 RM behalten durfte.[20]

Einer Aufstellung vom 13. Dezember 1944 ist zu entnehmen, daß auch noch andere Angehörige der politischen und militärischen Führungsschicht seit April 1943 monatliche Zahlungen aus Hitlers Sonderfonds als sogenannte besondere Aufwandsentschädigung erhielten. Dies galt für alle Präsidenten der Obersten Gerichtshöfe und des Rechnungshofs[21] sowie für: den damaligen Reichskommissar für das Sanitäts- und Gesundheitswesen und früheren ersten Begleitarzt des »Führers«, SS-Gruppenführer und Generalleutnant der Waffen-SS Prof. Dr. Karl Brandt, mit 1500 RM;[22] den Ministerialdirektor Dr. Meerwald und die Reichskabinettsräte (Dr. Willuhn, Dr. Kuhn, Dr. Killy, von Stutterheim, Dr. Ficker) mit je 600 RM; den Oberstleutnant der Schutzpolizei Rauch, Adjutant beim »Führer«, mit 250 RM; die folgenden Offiziere in der Adjutantur der Wehrmacht beim »Führer«: Konteradmiral von Puttkamer, den Chefadjutanten, mit 500 RM; Generalmajor Christian, früher Adjutant in der Adjutantur der Wehrmacht, mit 500 RM; Oberstleutnant von Below und Oberstleutnant Engel mit je 400 RM; Major d. G. Borgmann mit 400 RM; Major d. G. Waizenegger mit 300 RM.

Diese Beträge waren den Beamten in der Reichskanzlei jedoch nicht ausreichend. Sie schlugen ab Januar 1945 entsprechend der vergleichsweisen Zuordnung der militärischen und zivilen Ränge[23] neue, höhere Beträge für die Reichskanzlei vor, und zwar monatlich: für deren Ministerialdirektor und die dort tätigen Reichskabinettsräte 700 RM und für Konteradmiral von Puttkamer als Chefadjutant 600 RM.

Die neue Zusammenstellung sah für die Rangklassen Hauptmann bis General entsprechend ansteigende Sätze als besondere Aufwandsentschädigungen vor (siehe Übersicht S. 108).

Diese monatlichen Zahlungen wurden ebenfalls streng geheimgehalten. Zum Jahreswechsel 1944/45 nahm dies groteske Züge an, als Konteradmiral von Puttkamer am 23. November 1944 und 24. Dezember 1944 die Reichskanzlei bat, ihn über alle Empfänger und vertraulich auch über die Höhe der Aufwandsentschädigungen zu unterrichten, da er als Chefadjutant der Wehrmacht bei Hitler der Ansicht war, daß seit den ersten Zahlungen »wegen der erheblichen Personalveränderungen der letzten Zeit nicht mehr alles in Ordnung [sei]«.[24]

Die Reichskanzlei war zwar bereit, ihm die Namen der noch lebenden Generalfeldmarschälle und Großadmirale sowie der aktiv im Wehrdienst stehenden Generalobersten, Generaladmirale und Oberstgruppenführer der Waffen-SS – also der damaligen Empfänger der

Übersicht über die Gewährung einer Aufwandsentschädigung (AE) an Angehörige der Reichskanzlei und an Adjutanten der Wehrmacht beim Führer usw. in RM (für 1944):

Milit. Dienstrang	Besoldungsgruppe	jährl. Grundgehalt	entspricht einem Beamten der Dienststellung als	Besoldungsgruppe	jährl. Grundgehalt	bisher gewährte mtl. AE	künftig zu gewährende mtl. AE
Hauptmann Kapitänleutnant	C 8	6900	Amtmann Hauptmann d. Sch.	A 3b	7000	–	200
Major Korvettenkapitän	C 7	8400	Regierungsrat Major d. Sch.	A 2c2	8400	300	300
Oberstleutnant Fregattenkapitän	C 6	9700	Oberregierungsrat OTL d. Sch.	A 2b	9700	400	400
Oberst Kapitän z. S.	C 5	12600	MinR Oberst d. Sch.	A 1a	12600	500	500
Generalmajor Konteradmiral	C 4	16000	MinDirig. GenMajor d. Pol.	B 7a	16000	–	600
Generalleutnant Vizeadmiral	C 3	19000	MinDir/RKR GenLtn. d. Pol.	B 4	19000	600	700
General d. Inf. Admiral	C 2	24000	General d. Pol.	B 3a	24000	–	1000

Quelle: BA Berlin, R 43 II/1622, S. 12.

4000- bzw. 2000-RM-Zahlungen – anzugeben,[25] lehnte es aber ab, ihm auch die Namen der sonstigen Offiziere, die eine besondere Aufwandsentschädigung erhielten, und deren Höhe zu nennen, obwohl Puttkamer selbst zu diesem Empfängerkreis gehörte. Man wollte angeblich vermeiden, »daß der bewußt eng gezogene Empfängerkreis erweitert wird« – ganz zu schweigen von der Höhe des Betrages, die wollte man »auf alle Fälle außer Betracht« bleiben lassen und keinesfalls bekanntgeben.[26]

Schließlich teilte Lammers dem Konteradmiral am 7. Januar 1945 mit, er sei nur bereit, die Hinweise auf alle übrigen Empfänger mündlich zu geben, denn die Regelung der Aufwandsentschädigungen beruhe »auf einem persönlichen Auftrag des Führers an den Reichsminister und Chef der Reichskanzlei« und bedürfe »der besonderen vertraulichen Behandlung«[27], d.h. noch im Januar 1945 war Lammers sehr bemüht, sich nicht in seine Karten und Kassen schauen zu lassen.

Auch drei Monate später, als das Deutsche Reich schon in Trümmern lag und der Krieg offenkundig verloren war, »funktionierte« noch die Bürokratie der Berliner Reichskanzlei in der Voßstraße 6. Als Generaloberst Ferdinand Schörner am 5. April 1945 zum Generalfeldmarschall befördert wurde, erhielt er noch am 19. April die vertrauliche Mitteilung über die ihm nun zukommenden 4000 RM.[28] Ob Schörner die vertraulichen Papiere angesichts der katastrophalen Kriegslage auch wieder an die Reichskanzlei zurücksenden konnte, läßt sich in den Akten nicht feststellen. Immerhin wurde die Zahlung sogleich aufgenommen, so daß er bereits in der Liste vom April 1945 als frisch beförderter Generalfeldmarschall und Empfänger von 4000 RM aufgeführt ist.

Allerdings häuften sich in den letzten Kriegsmonaten und Kriegswochen die Meldungen der Zahlungsempfänger, man möge doch bitte die monatlichen Sondergelder an die neuen Wohnorte der Ehefrauen umleiten, da bereits viele Städte und Orte im Osten und Westen des Reiches von den Alliierten erobert worden waren, so daß die Familien der Feldmarschälle und Generalobersten nach Evakuierung, Räumung oder Flucht neue Wohnungen und Unterkünfte suchen mußten.[29]

Im März 1945 trafen dann auch erste Beschwerden bei Lammers ein, wie z. B. am 31. März von Generaloberst Ritter von Greim, demzufolge die Zahlungen nicht mehr ordnungsgemäß einträfen, da die entsprechenden örtlichen Postscheckämter zerstört worden seien.[30] Angesichts der militärischen Gesamtlage wurden die Gelder dann vorab für Mai und Juni 1945 überwiesen.[31]

Die letzte Liste über Aufwandsentschädigungen aus Hitlers Dispositionsfonds vom April 1945 zeigt, daß bis zum Schluß des Regimes pro Monat für die Reichsminister insgesamt 88 300 RM, für die Staatssekretäre insgesamt 46 000 RM, für die Marschälle (inklusive Großadmirale) insgesamt 92 000 und Generalobersten (inklusive Generaladmirale) insgesamt 68 000 RM, für die Präsidenten der Obersten Gerichte, des Rechnungshofes und Reichsfinanzhofs (inklusive an S. kgl. Hoheit, den Herzog von Sachsen-Coburg) zusammen 11 400 RM, für die Beamten der Reichskanzlei 3250 RM und für die Offiziere in der Wehrmachtsadjutantur bei Hitler 5750 RM gezahlt wurden. Insgesamt waren dies 314 700 RM, die etwa jeden Monat an 121 Personen der zivilen und militärischen Führungsschichten steuerfrei verteilt wurden.

Über die üblichen 4000 RM bei der Spitzengruppe der Hitlerschen Elite hinausgehende Beträge erhielten: Göring mit 20 000 RM monatlich, Lammers mit 8000 RM monatlich, Frhr. von Neurath mit 8000 RM monatlich und Goebbels mit 7400 RM monatlich.

Gerade die Selbstbedienung von 8000 RM monatlich durch Reichsminister Lammers, d.h. von 96 000 RM jährlich, bei einem jährlichen Ministergehalt von 26 550 RM zeigt, wie schamlos man sich im Dritten Reich bereicherte. Und diese Summe erhielt der Chef der Reichskanzlei seit 1940 jedes Jahr. Bereits dieser Betrag von rund 100 000 RM jährlich entsprach einer stattlichen Dotation aus Hitlers Fonds bzw. aus dessen staatlicher Schatulle und ist ein Beispiel für die rücksichtslose Selbstbedienung der NS-Elite bis 1945.

Liste der Generalfeldmarschälle (Großadmirale) und Generalobersten (Generaladmirale, SS-Oberstgruppenführer der Waffen-SS), die 1944 4000 bzw. 2000 RM monatlich erhielten.

Name		Name		Name	
Keitel	GFM	Halder	GenO.	Harpe	GenO.
von Brauchitsch	GFM	Guderian	GenO.	Rendulic	GenO.
von Rundstedt	GFM	Hoth	GenO.	Rauss	GenO.
von Bock	GFM	Strauß	GenO.	Frießner	GenO.
Ritter von Leeb	GFM	von Falkenhorst	GenO.	Dietrich	SS-OGruf.
List	GFM	Reinhardt	GenO.	Hausser	SS-OGruf.
von Küchler	GFM	Ruoff	GenO.	Marschall (bis	GenAdm.
von Manstein	GFM	Lindemann	GenO.	Nov. 1944)	
von Kleist	GFM	von Arnim	GenO.	Schniewind	GenAdm.
Busch	GFM	Heinrici	GenO.	Warzecha	GenAdm.
Frhr. von Weichs	GFM	von Salmuth	GenO.	Boehm	GenAdm.
Model	GFM	von Mackensen	GenO.	Kummetz	GenAdm.
Raeder	GAdm.	von Vietinghoff-	GenO.	Stumpff	GenO.
Dönitz	GAdm.	Scheel		Keller	GenO.
Milch	GFM	Hollidt	GenO.	Löhr	GenO.
Sperrle	GFM	Jodl	GenO.	Loerzer	GenO.
Kesselring	GFM	Zeitzler	GenO.	Deßloch	GenO.
Frhr. von Richt-	GFM	Jaenecke	GenO.	Student	GenO.
hofen		Weiß	GenO.	Ritter von Greim	GenO.
Blaskowitz	GenO.	Schoerner	GenO.		

Quelle: BA Berlin, R 43 II/1621, S. 6f.; R 43 II/1565, S. 144.

V. Exemplarische Fälle von Hitlers Gebefreudigkeit

Verständlicherweise konnte Hitler von sich aus nicht überschauen, wem und zu welchem Anlaß er eine finanzielle Zuwendung aus seinem unkontrollierten Dispositionsfonds zukommen lassen könnte. Bei einer Reihe von Beschenkten hat er aber offensichtlich selbst die Anregung gegeben, wer sich von den NSDAP-Führern, Feldmärschällen, Generalen, Admiralen, SS- oder SA-Führern, Ministern oder Staatssekretären nach dem Kriege auf einem Gut im Osten mit seiner Familie »ansiedeln« sollte. Bei den meisten Fällen läßt sich die Dotation auf eine allgemeine Anregung oder auch konkreten Vorschlag aus dem Kreis der ihm zugeteilten verschiedenen Adjutanten zurückführen. Auch der für die Haushaltsführung der Finanzmittel zuständige Reichsminister und Chef der Reichskanzlei, Hans Heinrich Lammers, hat wiederholt Geschenke und Zuwendungen durch Hitler angeregt oder auch eingeleitet und die von Hitler genehmigten Zahlungen direkt überwiesen.[1]

Bei den nachfolgend beschriebenen Fällen sollen nicht jene Geschenke im Mittelpunkt der Darstellung stehen, die Hitler auf Vorschlag einzelner Parteileute, Staatsbediensteter oder seiner Adjutanten vergab, um finanzielle Probleme von »Partei- oder Volksgenossen« abzuwenden oder sie mit einzelnen Beträgen von 500 RM bis 2000 RM für irgendeine Leistung als »Normalbürger« zu belohnen. Diese erhielten zudem die Geldbeträge eher zufällig als systematisch. Im Vergleich zum Personenkreis aus dem Bereich der staatlichen und militärischen Elite ist ihre Zahl auch gering.

Gleichsam als »Koordinations- und Clearingstelle« für Hitlers Dotationen an »verdiente« Partei- und Volksgenossen im zivilen Bereich fungierte der persönliche Adjutant des »Führers«, SS-Obergruppenführer Julius Schaub.[2] Er gehörte zu Hitlers engstem Bekanntenkreis der ersten Münchener Jahre. Als Teilnehmer am Münchener Hitlerputsch im November 1923 verurteilt, wurde er nach seiner Entlassung Hitlers Privatangestellter in einer Mischung aus Leibwächter und Sekretär mit Adjutantenfunktionen. Von 1933 bis 1945 war er »Persönlicher« bzw. »Chefadjutant« des »Führers« für den zivilen Sektor. Er besaß Hitlers volles Vertrauen und wurde von ihm im April 1945 mit der Vernichtung seiner persönlichen Akten in München und auf dem Obersalzberg betraut. Nach Ende seiner Internierung durch die Amerikaner im Februar 1949 wurde er vor der großen Strafkammer des Landgerichts I in München angeklagt, wegen Mangels an Beweisen aber freigesprochen. Schaub gab im Namen Hitlers die Dotationsaufträge an Reichsminister Lammers, der dann die Zahlungen an die »verdienten« Volksgenossinnen und Volksgenossen ausführte.

In einigen Fällen war die Höhe der Zuwendungen angesichts des Lohn- und Einkommensniveaus im NS-Staat beachtlich. Daß Hitler sogar in angespannten politischen und militärischen Situationen Zeit fand, sich um seine Dotations- und Zuwendungstätigkeit zu kümmern, dokumentiert der Fall einer kinderreichen Familie aus Wildschütz im Sudetenland, über die Hitler im November 1941 – mitten in der Winterschlacht gegen die Rote Armee an der Ostfront – in der »Linzer Tagespost« las, daß die Ehefrau innerhalb von 16 Monaten fünf Kindern das Leben geschenkt hatte. Daraufhin veranlaßte Reichsleiter Bormann, nachdem er bei der zuständigen NSDAP-Gauleitung Erkundigungen über die Familie eingezogen hatte, daß die Kinder Sparbücher über jeweils 500 RM und das Ehepaar bis zur Vollendung des 16. Lebensjahres der Kinder einen monatlichen Zuschuß von 60 RM als Zuwendung des »Führers« erhalten sollten.[3]

In manchen Fällen nahmen Hitlers Dotationen auch schlicht die Funktion von zusätzlichen Versorgungsbezügen oder Sozialgeldern ein. So gewährte er beispielsweise am 23. Mai 1943 einem schwer verwundeten Unteroffizier, der beide Beine an der Front verloren hatte und als »schwerstbeschädigter Berufsunteroffizier« weiterverwendet wurde, »eine einmalige Unterstützung in Höhe von 12 000 RM aus seinen ihm persönlich zur Verfügung stehenden Mitteln«, nachdem ihm der Fall von Oberstleutnant Engel, seinem Heeres-Adjutanten, vorgetragen worden war.[4]

Erheblich höhere Geldbeträge und Dotationen flossen allerdings an Angehörige der Eliten des NS-Staates wie zum Beispiel an Künstler, Architekten, Bauräte und Schriftsteller, ferner an Minister und Staatssekretäre sowie an NSDAP-Gauleiter, SS- und SA-Führer und schließlich an sonstige Parteigrößen, ferner auch an Angehörige der Wehrmacht und Waffen-SS. Einige »exotische« Beispiele aus Hitlers Vergabepraxis sollen abschließend aufgeführt werden.

1. Architekten, Bauräte, Künstler und Schriftsteller

Mehrere Dotationen an Baudirektoren, Bauräte und Angehörige von Stadtbauämtern wurden durch den Generalbauinspektor und späteren Reichsminister Albert Speer angeregt. Einige von ihnen waren von ihm an der Planung und Gestaltung umfangreicher Parteiaufträge, wie z.B. der Reichskanzlei, des Parteitagsgeländes in Nürnberg und des Tempelhofer Feldes in Berlin, beteiligt. Ohne große Rücksicht auf Verfahrensregeln ließ der damals gerade 32jährige Speer seine Mitarbeiter auszeichnen. Oft erhielt Lammers nur die Mitteilung, daß aus anderen Kassen bereits Dotationsbeträge an die Empfänger geflossen seien und daß er nun die Rückerstattung einleiten sollte.

Am 30. März 1937 teilte Martin Bormann vom Obersalzberg aus mit, daß er auf Weisung Hitlers »Herrn Professor Speer einen Verrechnungsscheck über 10000 RM übergeben habe, die aus dem Dispositionsfonds des Führers zurückgezahlt werden sollen«.[5] Der Betrag war von der unter Bormanns Leitung stehenden »Verwaltung Berghof« vorgelegt worden, damit der neu ernannte Professor Ralf Brugmann aus Nürnberg seine Dotation rechtzeitig zum Geburtstag erhalten konnte. Brugmann bedankte sich dann auch überschwenglich.[6]

Indigniert bat Lammers, damals noch Staatssekretär, am 23. September 1937 Generalbauinspektor Speer, ihm doch mitzuteilen, »aus welchem Anlaß den Bauräten Brugmann, Wallraff und Zöller eine Dotation gegeben wurde, damit ich prüfen kann, ob und ggf. welche Reichsmittel für diese Bewilligungen in Anspruch genommen werden können bzw. inwieweit andere Mittel dafür herangezogen werden müssen«.[7] Kurz angebunden begründete Speer in seiner aus vier Zeilen bestehenden Antwort die Geldbeträge mit der »Fertigstellung verschiedener Bauvorhaben«. Erst im Mai 1938 erhielten dann die Dienststellen, welche dafür 20000 RM vorgelegt hatten, ihr Geld wieder zurück.

Im Mai und Juni 1938 bekamen 41 Angehörige der Bauverwaltung Berlins im Zuge der Baumaßnahmen an der Ost-West-Achse Beträge zwischen 500 und 2000 RM. Nach deren Fertigstellung wurden weitere 27 Bedienstete der Berliner Stadtverwaltung mit Geldgeschenken bedacht. Die Beträge sind hier zwischen 200 und 1000 RM gestaffelt.[8]

Kennzeichnend für Speers unkonventionelles Vorgehen war, daß beispielsweise zunächst Mittel für einen über 70 Personen umfassenden Empfängerkreis ausgelegt wurden und Reichsminister Lammers dann nachträglich durch einen umfangreichen Schriftwechsel wenigstens Namen und Quittungen der Empfänger einfordern mußte. Er wies deshalb Speer darauf hin, daß er es begrüßen würde, wenn er grundsätzlich von Vorschlägen an den »Führer«, die zur Inanspruchnahme seiner Mittel führten, *zuvor* unterrichtet würde.[9] Speer hatte dafür kein Verständnis. Er schrieb am 7. Juni 1939 an Lammers: »In Ihrem Schreiben wiederholen Sie Ihren Wunsch, *zuvor* unterrichtet zu werden, bevor Vorschläge an den Führer und Reichskanzler gemacht werden. [...] Ich darf hierzu bemerken, daß sich oft aus längeren Unterhaltungen mit dem Führer und Reichskanzler Pläne und Vorschläge entwickeln, die mit einer unvorhergesehenen Zahlungsanordnung zusammenhängen. So ist es auch in diesem Fall gewesen. Deshalb war wegen der Kürze der Zeit nur eine telefonische Information möglich.«[10] Grundsätzlich wolle er »bemüht« bleiben, Lammers rechtzeitig zu unterrichten.

Für eine Dotation in Höhe von 10000 RM an einen Oberbaurat Schmidt aus Marienburg, vorgeschlagen durch den NSDAP-Gauleiter Albert Forster aus Danzig in Westpreußen, genügte die ebenso schlichte wie nichtssagende Begründung, »er sei ein verdienter Mann«.[11]

Weitere Zuwendungen an Architekten, Künstler und Schriftsteller wurden außer durch Speer auch durch den Reichsminister für Volksaufklärung und Propaganda, Joseph Goebbels, und durch NSDAP-Reichsleiter Martin Bormann angeregt. Eine Reihe von Personen erhielt sie zudem auf Vorschlag der verschiedenen nichtmilitärischen Adjutanten des Führers, wie z. B. von NSKK-Brigadeführer A. B. Albrecht, vom persönlichen Adjutanten Schaub oder vom Adjutanten NSKK-Gruppenführer Albert Bormann, dem Bruder von Martin Bormann. Bei deren Mitteilungen an Lammers handelte es sich in der Regel um Empfehlungen und Anregungen von Hitler selbst oder um von anderen Personen an ihn herangetragene und von ihm gebilligte Vorschläge. Während Goebbels über eigene Finanzierungsmöglichkeiten für seine Geschenke verfügte, ließ Speer seine Geldgeschenke über Lammers auszahlen.

Bei Speer fällt der ungehemmte Umgang mit Geld aus dem Reichsetat auf, einerseits, was die Art und Gründe seiner Vorschläge, andererseits, was die völlig aus dem Rahmen fallenden Summen betrifft, die er großzügig gewährte und von Hitler genehmigen ließ.

Auf Vorschlag von Goebbels wurde »auf Weisung des Führers« der Filmschauspielerin Henny Porten ab 1. April 1943 eine lebenslängliche Rente von monatlich 1000 RM bewilligt[12], obwohl keine Hilfsbedürftigkeit vorlag, wie ausdrücklich festgehalten wurde. Über die Frage der Steuerfreiheit ihrer Rente entwickelte sich ein längerer Schriftwechsel zwischen Bormann und Lammers. Obwohl Renten grundsätzlich steuerpflichtig waren, wurde schließlich die Lösung gefunden, die monatliche Rente der Schauspielerin als monatliche Dotation zu bezeichnen, um dadurch Steuerfreiheit gewähren zu können.

Goebbels setzte die von ihm gegebenen Geldgeschenke bewußt als Belohnung für »die guten und positiven Teile der deutschen Filmschaffenden« ein und notierte sich dann freudig in seinem Tagebuch, daß sie »allgemeine Freude« hervorriefen und die Empfänger »vollkommen« auf seiner Seite stünden[13]; er meinte zudem am 1. März 1942: »Ja, sie werden gewiß bei der Durchführung der einschneidenden Reformmaßnahmen meine Partner und Bundesgenossen sein.«[14] Ebenso nahm Goebbels im Juni 1944 an, daß eine ganze Reihe von größeren »Ehrendotationen« an bekannte Künstler – unter anderem an die an Tuberkulose erkrankte Brigitte Horney – »den Beschenkten sicherlich sehr große Freude machen« werde.[15]

Gelegentlich fiel die Gunst Hitlers auch auf aufstrebende und strebsame Musikstudenten, die er als musikalisch und kompositorisch besondere Talente durch monatliche Zuwendungen von 300 RM unterstützte.[16] Einer dieser Beschenkten, den der »Führer« dazu noch vom Militärdienst freigestellt hatte, bedankte sich, indem er versprach, seine »Kraft des Geistes und der Seele voll und ganz« dazu zu nutzen, Deutschlands führende Stellung in der Tonkunst wiederherzustellen. Er wollte Hitler eine neu komponierte Oper mit dem Namen »Hero und Leander« widmen. Unbekümmert von allen Kriegsereignissen teilte er Lammers am 22. August 1944 mit, daß die Uraufführung des geplanten Werkes für das späte Frühjahr 1945 vorgesehen sei und er ihn jetzt schon dazu einlade.[17]

Es fällt auf, daß die in den letzten Kriegsjahren verliehenen Dotationen an Künstler und Schriftsteller, wie die an den Dichter Hermann Burte anläßlich seines 65. Geburtstages am 15. Februar 1944 in Höhe von 15000 RM, gemessen an früheren Zuwendungen für Künstler, Schriftsteller, Architekten oder Bauräte auf stattliche Summen anwuchsen. Selbstverständlich erfolgten auch diese Zahlungen im verborgenen. So erwähnte die Würdigung Hermann Burtes im »Völkischen Beobachter« vom 15. Februar 1944 nicht nur dessen Verdienste als Schriftsteller, sondern auch den ihm 1912 verliehenen Kleist-Preis, ferner ein besonderes Geschenk des Reichsstatthalters von Baden, NSDAP-Gauleiter Robert Wagner, und sonstige Ehrungen – nicht aber die Dotation.[18]

Der Generaldirektor der Bayerischen Museen, Professor Dr. Ernst Buchner, der häufig im Auftrag Hitlers zur Begutachtung von Gemälden herangezogen wurde, erhielt im Januar 1945 gemäß Entscheidung des »Führers« »*wieder* eine einmalige Aufwandsentschädigung in Höhe von 30000 RM«.[19]

Eigenartig liest sich die Begründung der Dotation von 100000 RM für den Filmregisseur Professor Karl Ritter. Er gehörte zur Klientel von Reichsminister Goebbels, der in seinem Vorschlag an Hitler im April 1944 feststellte, die Regiearbeit Ritters habe in den letzten fünf Jahren im Zeichen eines deutlichen und immer stärker bemerkbaren Leistungsabfalles gestanden. Seine Filme »Über alles in der Welt« und »G. P. U.« waren im Urteil von Goebbels propagandistische und künstlerische Mißerfolge gewesen; sie seien ihren gewichtigen Themen in keiner Weise gerecht geworden und gehörten »zu den Filmen mit den schlechtesten Publikumserfolgen der letzten Jahre«.[20] Der Ritter-Film »Besatzung Dora« konnte der Öffentlichkeit »aus künstlerischen und politischen Gründen überhaupt nicht zugänglich gemacht werden«. Goebbels warf dem Regisseur »sehr grobschlächtige Regie und schlechte Schauspielerführung« vor.[21] Dennoch erhielt Ritter »wegen der immer anständigen Gesinnung und vorbildlichen nationalsozialistischen Haltung« eine Dotation von 100000 RM, um seine Schulden begleichen zu können.

Großzügige Unterstützungen erhielten auch der Komponist von Rezniček (30000 RM)[22], der »verdiente Wagner-Sänger« Adolf Wallnöfer (10000 RM)[23] und die Witwe des Kammersängers Josef von Manowarda.[24] Cornelia von Manowarda kam in den Genuß einer Dotation von 30000 RM sowie einer monatlichen Ehrenpension von 500 RM. Diese großzügige Zahlung wurde ihr auf Vorschlag von Hermann Göring gewährt, obwohl weder Bedürftigkeit noch sonst ein erkennbarer Grund vorlagen.[25]

Der Vorschlag von Goebbels, dem Schriftsteller Professor Heinrich Sohnrey zum 85. Geburtstag eine steuerfreie Ehrengabe von 30000 RM und ein persönliches Glückwunschschreiben des »Führers« zu übersenden[26], verursachte in der Kanzleibürokratie Definitionsprobleme, denn Lammers wollte den Begriff Dotation oder Ehrengabe allein für Hitlers Zahlungen reservieren. Er teilte Goebbels mit, daß der Minister mit der Formulierung »steuerfreie Ehrengabe« zwar seiner kürzlich geäußerten Bitte entspräche, ein solches Geschenk nicht als Dotation zu bezeichnen.[27] Zugleich bat er aber, die Bezeichnung Ehrengabe möglichst nur in besonderen Ausnahmefällen zu verwenden, da sie von Dritten wiederum unter Umständen als ein der Dotation gleichwertiger Begriff aufgefaßt werden könnte. Statt dessen solle für die Geldgeschenke aus den Titeln des Reichsministers für Volksaufklärung und Propaganda der Begriff »Zuwendung« oder, wenn Hitler die Steuerfreiheit genehmigt habe, der Begriff »steuerfreie Zuwendung« verwendet werden. Auch im vorletzten Kriegsjahr mahlten somit die Mühlen der Bürokratie sehr fein, und Lammers wachte mißtrauisch über die von ihm zu verwaltenden Dotationsmittel aus Hitlers Dispositionsfonds.

Auch die Adjutanten wurden wegen ihrer allzu unbekümmerten Schreiben von Lammers gerügt. Als SS-Obergruppenführer Schaub im Juli 1944 mitteilte, daß auf Anordnung des »Führers« Professor Paul Baumgarten aus München für seine Verdienste um das Architekturwesen eine Dotation von 100000 RM erhalten sollte, wies Lammers darauf hin, daß er wiederholt darum gebeten habe, besonders im Fall der Steuerfreiheit vorher eingeschaltet zu werden.[28] Zudem war der Reichskanzleichef der Ansicht, diese Zuwendung sei auch keine echte Dotation. Er bat deshalb die Adjutantur künftig um mehr Präzision bei den Begründungen.

Gelegentlich waren die Zuwendungsbeträge so hoch bemessen, daß sie aufgrund der Kriegssituation gar nicht ausgezahlt werden konnten. Als Speer im April 1940 Lammers mitteilte, Hitler habe sich entschlossen, dem blinden Bildhauer Gustinus Ambrosi aus Wien ein Atelier in der näheren Umgebung von Linz zu errichten, wurden die Kosten auf 800 000 RM geschätzt.[29] Dies war ein gewaltiger Betrag. Da sich Grunderwerb und Planung des Ateliers länger hinzogen und die eigentlichen Bau- bzw. Umbauarbeiten wegen der Kriegsverhältnisse eingestellt werden mußten, kam es dann nur zu einer Zahlung von knapp 5000 RM. Der Rest des zunächst zur Verfügung gestellten Teilbetrages von 100 000 RM wurde im April 1943 wieder der Reichskasse zugeführt.

Zwei enge Mitarbeiter des Architekten Professor Paul Ludwig Troost, der nach der Machtergreifung vom Januar 1933 mit der Errichtung von Parteibauten in München beschäftigt worden war – er erbaute u. a. die Ehrentempel an der Ostseite des Königsplatzes in München sowie zwischen 1933 und 1937 das »Haus der Deutschen Kunst« und lieferte die Planungen zum »Führerbau« und »Verwaltungsbau der NSDAP« sowie zur Umgestaltung des Königsplatzes in der »Hauptstadt der Bewegung« –, erhielten ebenfalls finanzielle Zuwendungen. Troosts Frau Gerda empfing am 7. März 1943 neben einem Sonderhonorar von 3000 RM die stattliche Dotation von 100 000 RM.[30] Professor Leonhard Gall, ein weiterer Mitarbeiter Troosts, bekam zu seinem 60. Geburtstag 50 000 RM als steuerfreie Dotation.[31] Er leitete nach dem Tod von Troost im Jahre 1934 gemeinsam mit dessen Witwe das Architekturbüro und führte die Aufträge und Projekte weiter, wie z. B. das »Haus der Deutschen Kunst«, das im Juli 1937 mit einem Festzug eingeweiht wurde, und die gesamte Einrichtung des »Berghofs« auf dem Obersalzberg – Hitlers bevorzugtem Aufenthaltsort, wenn er nicht in Berlin war.

Ein besonders eklatantes Beispiel für den leichtfertigen Umgang mit Geld sind die Dotationen in einer Gesamthöhe von knapp 800 000 RM für Professor Arno Breker.[32] Der bis heute nicht unumstrittene Künstler nimmt in seinen Memoiren für sich in Anspruch, in völliger Unkenntnis von NS-Verbrechen gehandelt zu haben; er habe wie viele der Generale »auf der Höhe ihrer Schaffenskraft auch im Dritten Reich« seinen Beruf ausgeübt, »ohne noch von dem entsetzlichen Völkermord an den Juden zu wissen«.[33] Noch 1972 behauptete er, als die historische Forschung nahezu alle Verbrechen der Nazizeit zutage gefördert hatte, »die vielen Biographien der Nachkriegszeit zeugen ebenso wie die bisherige Geschichtsforschung davon, daß diese Greuel in aller Heimlichkeit geschahen«.[34] In seinen Memoiren äußert er sich auch zu den großzügigen Honoraren, die er durch die Aufträge Hitlers erhielt:

»Die Honorierung war, gemessen an den Jahren, die hinter mir lagen, auf dem Papier als fürstlich anzusprechen, obwohl die anstehenden Summen nie in Rechnung gestellt wurden. Ich nahm nur einen Bruchteil in Anspruch, um die laufenden Unkosten zu decken, dem Rat Speers folgend, der es vernünftig fand, sich nach dem Krieg das Honorar auszahlen zu lassen, da im anderen Fall die Steuer alles schlucken würde.«[35]

Der Umgang mit den historischen Fakten – auch denen seines eigenen Lebens – war nicht Brekers Stärke.[36] Er überliefert zudem eine Anekdote aus einer Begegnung mit Hitler, die, wenn sie nicht wahr sein sollte, dann doch als gut erfunden angesehen werden kann. Bei der Vorlage einer hohen Kostenaufstellung in einem Gespräch mit Adolf Hitler »hielt der Vortragende Ministerialdirektor des Finanzamtes [gemeint ist wohl das Reichsfinanzministerium – d. Verf.] die Summe für übertrieben. Darauf die klassische Reaktion Hitlers: ›Meine Künstler sollen leben wie die Fürsten und nicht in Dachkammern hausen, wie es Ihrer romantischen Vorstellung vom Künstlerdasein wahrscheinlich vorschwebt – hungern müßten sie auch noch. Sie haben aber gar keine Bedenken, wenn ein Klosettdeckel-Fabrikant es zum Millionär bringt!‹«[37] Für Breker war diese Einstellung Hitlers außergewöhnlich gewinnbringend.

Neben seinen Honoraren erhielt er mehrere Dotationen des »Führers«. Auf Vorschlag Speers als Generalbauinspektor für die Reichshauptstadt Berlin hatte sich Hitler Anfang April 1940 entschieden, Arno Breker zu dessen 40. Geburtstag am 19. Juli 1940 »ein Anwesen außerhalb Berlins zu schenken.[38] Speer, mit sicherem Blick für Schönheit und Angemessenheit einer Dotation, schlug das Haus Jäckelsbruch bei Wriezen vor. Hitler stimmte zu und ordnete an, daß das Gebäude ausgebaut und ferner in dem dazugehörigen Park für

Breker ein Atelier errichtet werden sollte. Speer teilte dann Lammers mit, daß Hitler sich entschlossen habe, für die Gesamtkosten einschließlich des Grunderwerbs den Betrag von 250 000 RM zur Verfügung zu stellen, und ihm die Arbeiten übertragen habe. Speer kümmerte sich auch um den Grunderwerb für seinen Freund Breker. Lammers stellte eilig das Geld zur Verfügung, denn alles sollte ein Geschenk zu Brekers Geburtstag am 19. Juli sein. Doch am 3. September 1940 mußte Speer feststellen, daß zur Fertigstellung des Hauses Jäckelsbruch laut einem zweiten Kostenanschlag außer den von ihm schon verbauten 250 000 RM weitere 200 000 RM benötigt würden. Der gleichsam zum Vollzugsbeamten degradierte Reichsminister Lammers mußte in Speers Schreiben lesen: »Der Führer hat sich in einer Besprechung am 10. 7. Speer gegenüber mit der Bewilligung von weiteren 200 000 RM einverstanden erklärt.«[39] Schließlich konnte Breker in seinen neuen Landsitz einziehen.

Es ist anzumerken, daß bezeichnenderweise im Schriftverkehr das Anwesen Jäckelsbruch immer schlicht »Haus Jäckelsbruch« genannt wurde. Der Bürgermeister der Gemeinde Eichwerder über Wriezen (Kreis Oberbarnim) bat jedoch in einem handschriftlichen Schreiben vom 16. März 1941 an die Reichskanzlei in Berlin, um Zahlung der Steuern und Abgaben für das »Schloßgrundstück in Jäckelsbruch« in Höhe von 8795 RM für die Zeit vom 1. April 1940 bis 31. März 1941, die nach Angaben von Professor Arno Breker auch noch von der Reichskanzlei bezahlt würden.[40] Selbstverständlich wurde dieser Betrag ebenfalls zu Lasten der Reichskasse übernommen.

In einer eigens einberufenen Besprechung bei Reichsminister Speer im Januar 1942, an der neben Staatssekretär Reinhardt vom Reichsfinanzministerium noch zwei weitere hohe Beamte teilnahmen, ging es um die Einkommenssteuer des Künstlers Breker.[41] Dieser hatte 1941 900 000 RM Einkünfte als Bildhauer; es war ihm jedoch offensichtlich nicht möglich, so erklärte Speer, die Betriebsausgaben genau zu belegen. Diese seien wegen der vielen Repräsentationsverpflichtungen Brekers verhältnismäßig hoch einzuschätzen.

Speer setzte sich dann dafür ein, auf einen detaillierten Nachweis zu verzichten und einen Pauschalbetrag anzuerkennen. Staatssekretär Reinhardt entsprach diesem Wunsch und schlug die Anerkennung von 25 % der Einkünfte als Betriebsausgaben vor. Nach einigem Hin und Her einigte man sich auf den Pauschalsatz von 30 % Betriebsausgaben. Da dies aber offensichtlich immer noch nicht Brekers und Speers Intentionen entsprach, wurde den Beamten des Reichsfinanzministeriums am 13. Februar 1942 mitgeteilt, in der Steuersache Breker habe der »Führer« ein weiteres Entgegenkommen angeordnet.[42] Daraufhin fand am 14. Februar 1942 eine weitere Besprechung statt.[43] Wiederum machte sich Speer zum Anwalt seines Freundes und erklärte, Breker habe in den Jahren 1934 bis 1937 wenig, von 1938 bis 1941 viel verdient. Von seinen Einkünften sei aber so gut wie nichts übriggeblieben. Er könne seine Hand dafür ins Feuer legen, daß er keine besonders kostspieligen Neigungen oder Leidenschaften habe. Sein geringes Vermögen sei nur so zu erklären, daß er Beträge versteuert habe, die eigentlich Betriebsausgaben darstellten. Speer dachte dabei insbesondere an Repräsentationskosten und setzte sich für einen Satz von 50 % der Einkünfte als anerkannte Betriebsausgaben ein.

Die Beamten des Finanzministeriums gaben sich damit nicht zufrieden. Sie entgegneten kühl, die Bruttoeinnahmen Brekers als freischaffender Künstler hätten von 1934 bis 1941 2 401 166 RM betragen. Daneben habe er seit 1938 Einkünfte als Professor an der Akademie und seit 1939 Einkünfte aus Kapitalvermögen gehabt. Allein 1941 hatte Breker 919 855 RM für Bildhauerei eingenommen. Staatssekretär Reinhardt habe zugestanden, daß 30 % dieses Betrages, das seien 275 966 RM, als Betriebsausgaben anerkannt werden sollten. Das bedeutete eine Anerkennung von Kosten für Material, Ateliermiete, geschäftliche Reisen und Repräsentation in einer ungewöhnlichen Höhe. Speer blieb dagegen bei seinem Vorschlag, insgesamt 50 % (459 844 RM) anzuerkennen.[44]

Das Finanzministerium wies darauf hin, daß Professor Breker danach im Jahr 1941 täglich 1259,88 RM als absetzbare Betriebsausgaben gehabt haben müsse. In Wirklichkeit hätten sie aber nach der von Speer selbst mitgeteilten Aufstellung insgesamt nur ca. 160 000 RM betragen. Würde man Minister Speers Vorschlag folgen, erhielte die zugebilligte Pauschalsumme die Bedeutung einer Reichsdotation für Professor Breker. Es gebe aber keine gesetzliche Handhabe, eine solche auf dem Weg über eine individuelle Steuerentlastung zu gewähren. Daher empfahl das Reichsfinanzministerium, Breker in Würdigung seiner einmaligen künstlerischen Leistungen eine Dotation zu gewähren und sicherzustellen, daß diese einigermaßen wirtschaftlich verwendet werde.[45]

Am 21. April 1942 schrieb dann Bormann an Lammers einen sorgenvollen persönlichen, streng vertraulichen Brief bezüglich der finanziellen Verhältnisse Brekers. Darin stellte er fest: »Tatsache ist, daß Bildhauer Arno Breker zwar erhebliche Einnahmen hat, daß er, wie viele große Künstler, aber nicht zu rechnen versteht, weshalb ihm das Geld unter den Händen einfach zerrinnt. Tatsache ist, wie Reichsminister Speer dem Führer vortrug, daß Professor Breker praktisch genommen zur Zeit 30000 RM Schulden hat, da er nach dem derzeitigen Stand seiner Arbeiten bereits rd. 60000 RM zu viel erhielt, während er auf seinem Bankkonto nur mehr 30000 RM besitzt.«[46]

Hitler entschied daher, daß Breker aus den von Lammers verwalteten Mitteln eine steuerfreie Dotation in Höhe von 250000 RM erhalten sollte. Lammers hatte das »Entsprechende« zu veranlassen. Er teilte am 25. April 1942 Professor Breker in Berlin-Grunewald mit, daß der »Führer« ihm eine Dotation von 250000 RM steuerfrei gewährt habe. Das Schreiben schloß mit der besonderen Ermahnung: »Zur Vermeidung unerwünschter Berufungen bitte ich, die Angelegenheit unter allen Umständen streng vertraulich zu behandeln.«[47] Erst am 1. Juli 1942, als Breker wieder in Berlin war, teilte er in einem handschriftlichen Brief Reichsminister Lammers endlich Bank und Kontonummer mit, so daß das Geld dann angewiesen werden konnte.

Im März 1943 stellte Speer fest, daß der Umbau des »Hauses Jäkkelsbruch«, der ja ursprünglich mit 250000 RM angesetzt und mit zusätzlichen 200000 RM aufgestockt worden war, noch viel mehr Geld verschlungen habe als ursprünglich angenommen.[48] Er bat deshalb darum, ihm die weiteren Mehrkosten von 90655,95 RM zu erstatten. Aus der detaillierten Abrechnung für den gesamten Hausbau ergab sich, daß statt der ursprünglich 250000 RM schließlich 540655,95 RM verbaut worden waren.[49]

Doch alle diese finanziellen Gunstbeweise reichten immer noch nicht aus, um Brekers finanzielle und wirtschaftliche Angelegenheiten zufriedenstellend zu regeln. Im August 1943 schrieb Speer an Staatssekretär Meißner – obwohl er eigentlich wissen mußte, daß dieser nicht zuständig war –, daß sein Freund Breker von sämtlichen Steuern und Abgaben, welche die Dotationen betrafen, freigestellt werden sollte.[50] Im September 1943 erklärte ihm dann auch der dafür zuständige Reichsminister Lammers, daß die Dotationen zwar grundsätzlich steuerfrei seien, wenn so entschieden würde; die aus einer etwaigen Anlage und Nutzung der Dotation sich ergebenden Einnahmen unterlägen jedoch der allgemeinen Steuer. Dieser Grundsatz müsse auch bei den Schenkungen an Breker eingehalten werden.[51] Mit diesem Brief und dem Hinweis, daß er es für überflüssig ansehe, nun noch einmal in den Angelegenheiten Brekers dem »Führer« vorzutragen, schließt der Aktenvorgang der Reichskanzlei im September 1943. Immerhin hatte Breker beachtliche Summen erhalten.

Dieser Umgang mit Steuergeldern und andere Zuwendungen an herausragende Architekten, Bauräte, Künstler und Schriftsteller in unterschiedlicher Höhe von 15 000 bis 100 000 RM sprechen eine deutliche Sprache. Sie zeigen, wie bereitwillig und skrupellos einzelnen Personen finanzielle Vorteile verschafft wurden. Wer annahm, daß diese Dotationen nach dem Krieg in Speers und Brekers Memoiren erwähnt würden, sieht sich getäuscht. Sie werden, wie in vielen anderen Fällen auch, verschwiegen. Arno Breker gelingt es sogar, das Bild eines politisch Ahnungslosen und Getäuschten, in ständigen finanziellen und wirtschaftlichen Problemen befindlichen, verkannten großen deutschen Künstlers zu vermitteln.[52]

2. Minister und Staatssekretäre

Vorschläge für Dotationen an Minister und Staatssekretäre erfolgten in der Regel von Hitler selbst in Form von Anweisungen an die Reichskanzlei oder aus der Parteikanzlei von Martin Bormann. Vorschläge Dritter, die Hitler zur Genehmigung vorgelegt wurden, kamen bei diesem Personenkreis nicht vor. Der hohen Stellung und Funktion der bedachten Personen im Staat entsprach die Höhe ihrer Dotationen. Sie bewegten sich in der Regel zwischen 100 000 und 1 Million RM.

Wesentlich weniger erhielten allerdings Adolf Wagner, Julius Dorpmüller, Karl Otto Saur und Franz Seldte. Der bayerische Staatsminister Adolf Wagner gehörte zum engsten Zirkel der Münchener Kampfgefährten Hitlers.[1] Mit Schreiben vom 8. Oktober 1940 teilte der persönliche Adjutant Hitlers, SS-Gruppenführer Julius Schaub,

Reichsminister Lammers mit, der »Führer« habe vom Haus der Deutschen Kunst in München ein Gemälde mit dem Titel »Sein und Vergehen« von Karl Truppe angekauft und das Bild dem bayerischen Staatsminister Wagner zum 50. Geburtstag geschenkt.[2] Die Rechnung vom 3. Oktober über RM 12000 war dem Schreiben gleich beigefügt. Die Beamten der Reichskanzlei stellten am 11. Oktober 1940 in einem Vermerk fest: »Die Kosten des Bildes = 12000 RM werden, wie in gleichen Fällen, auf die Mittel zu allgemeinen Zwecken zu übernehmen sein«; sie fertigten dazu am 13. Oktober eine Auszahlungsanordnung für das laufende Rechnungsjahr.[3] Geschäftsmäßig korrekt wurden SS-Gruppenführer Schaub und der Direktion des Hauses der Deutschen Kunst am 16. Oktober mitgeteilt, daß das Geld angewiesen worden sei. Am 22. Oktober konnte sich der Direktor des Hauses der Deutschen Kunst für den Eingang des Betrages von 12000 RM bedanken.[4] Für einen Landesminister war es eine bescheidene Dotation, die zudem nicht in bar ausgezahlt wurde.

Nach dem üblichen Schema erfolgte die Dotation an Reichsverkehrsminister Julius Dorpmüller.[5] Hitler hatte den Verkehrsexperten 1937 als Nachfolger des zurückgetretenen Reichsministers Paul Frhr. von und zu Eltz-Rübenach zum Reichsverkehrsminister ernannt. Im Juni 1944 erhielt er zum Dienstjubiläum ein von Hitler aus dem Bestand von Heinrich Hoffmann, seinem Fotografen, gekauftes Gemälde von Karl Spitzweg mit dem Namen »Die erste Eisenbahn«. Der Preis des Bildes betrug 60000 RM.[6]

Am 14. Mai 1942 übermittelte SS-Gruppenführer Schaub dem Adjutanten des Chefs der Reichskanzlei in das Führerhauptquartier, »daß der Führer einem gewissen Herrn Saur eine Zuwendung von 30000 RM machen wolle«, und bat um Ausstellung eines entsprechenden Schecks.[7] Nachdem festgestellt worden war, daß es sich bei Karl Otto Saur um einen engsten Mitarbeiter Speers handelte, wurde der Scheck vorbereitet und zur Aushändigung an den »Parteigenossen Karl Otto Saur« im verschlossenen Umschlag dem persönlichen Adjutanten des »Führers« ohne jede nähere Begründung übersandt.

Offensichtlich waren es die in den letzten Kriegsjahren reichlich gewährten und wohl auch bekannt gewordenen Dotationen, die den Reichsarbeitsminister Franz Seldte[8] bewogen haben, sich mit einem Schreiben vom 5. April 1944 an seinen Kollegen Lammers zu wenden. Immerhin war Seldte seit 1933 Reichsarbeitsminister. Die von ihm geführte Massenorganisation »Stahlhelm« war 1935 aufgelöst worden. Aus dieser Zeit, so schrieb Seldte an Lammers in seinem Brief vom 5. April, stamme noch eine persönliche Forderung von 40 000 RM, die bei der Liquidation seiner Organisation nicht von der Versicherung Deutscher Ring, Hamburg, beglichen worden sei. Er habe zur Deckung von Forderungen ein Darlehen bei deutschen Banken aufgenommen sowie die Schuld und die Zinsen seit 1939 getragen. Nach Rücksprache mit dem Reichsschatzmeister der Partei, NSDAP-Reichsleiter Franz Xaver Schwarz, sei man übereingekommen, die Bereitstellung der Summe von 40 000 RM aus dem Dotationsfonds des Führers zu erbitten. So geschah es dann auch. Nach Vortrag von Lammers bei Hitler genehmigte dieser großzügig auch noch die Zahlung der Zinsen in Höhe von 9000 RM, so daß Seldte am 15. September 1944 eine Zuwendung von 49 000 RM erhielt, die eigentlich eine deutsche Versicherung hätte bezahlen müssen.[9]

Hunderttausende von Reichsmark flossen an Reichsminister Fritz Todt, Staatsminister Otto Meißner und Staatssekretär Franz Schlegelberger. Als »Routinefälle« der Dotationen wurden die Zahlungen von je 100 000 RM abgewickelt. Zu seinem 50. Geburtstag erhielt Fritz Todt[10] am 4. September 1941 eine Bardotation von 100 000 RM und ein Gemälde von Eduard Thöny im Wert von 4500 RM mit dem Titel »Westwallarbeiter«.[11] Noch kurz vor Kriegsende, im Mai 1945, erhielt auch der Chef der Präsidialkanzlei, Staatsminister Otto Meißner, zu seinem 65. Geburtstag am 13. März eine Dotation in Höhe von 100 000 RM.[12]

Als der mit der Wahrnehmung der Geschäfte des Reichsjustizministers beauftragte Staatssekretär im Reichsjustizministerium Franz Schlegelberger[13] im August 1942 in den Ruhestand versetzt wurde, da mit Otto Thierack von Hitler ein neuer Reichsjustizminister ernannt wurde, dankte der »Führer« dem treuen Juristen Schlegelberger in einem Brief vom 20. August 1942 und versprach ihm mit den üblichen höflichen Umschreibungen eine Bardotation: »Für die hervorragenden Dienste, die Sie in jahrzehntelanger aufopferungsvoller Arbeit dem Deutschen Reiche geleistet haben, spreche ich Ihnen meinen besonderen Dank aus. Fassen Sie es als Zeichen des Dankes und der Anerkennung auf, wenn ich versuche, Ihnen bei der Gestaltung Ihres so verdienten Ruhestandes besonders behilflich zu sein.«[14]

Für die Gestaltung des Ruhestandes Schlegelbergers war zunächst einmal eine Dotation von 100000 RM vorgesehen. Im Januar 1944 wandte sich jedoch der pensionierte Staatssekretär, der, wie es in einem Vermerk der Reichskanzlei heißt, »in reduzierten Verhältnissen in seiner Sommerwohnung in Lehnin wohnt, keine Hausangestellten hat und daher seine Kohlen selbst tragen muß«, an den »Führer«, an den amtierenden Reichsminister für Ernährung und Landwirtschaft, Staatssekretär Herbert Backe, und an Reichsminister Lammers mit der Bitte, ihm beim Erwerb eines landwirtschaftlichen Gutes behilflich zu sein.[15] Die Beamten der Reichskanzlei wiesen in einem Vermerk vom 24. Januar 1944 darauf hin, daß gemäß den Rechtsvorschriften für den Erwerb landwirtschaftlicher Grundstücke Personen, »die hauptsächlich ihr Geld anlegen wollen oder eine Besserung ihrer Versorgung erstreben [...], während des Krieges nicht mit der Erteilung einer Genehmigung rechnen können«.[16] Auch der Schlegelbergersche Hinweis in seinem Schreiben, daß er »kraft Erbgutes« für die Landwirtschaft seit jeher besondere Neigung besitze, könne für die Genehmigung nicht in Erwägung gezogen werden. Leider, so stellten die Beamten fest, gebe es Präzedenzfälle. So habe man schon im militärischen Bereich Landdotationen an hohe Offiziere oder deren Hinterbliebene gegeben oder in Aussicht gestellt und damit Beispiele geschaffen, die gegen die Grundsätze verstoßen hätten. Daher liege die Entscheidung alleine beim »Führer«.[17] Am 4. April 1944 schrieb Lammers an Schlegelberger, daß Hitler das Gesuch zum Erwerb eines landwirtschaftlichen Anwesens genehmigt habe und ihm deshalb beim Erwerb geholfen werden solle.[18] Es läßt sich aufgrund der Akten jedoch nicht feststellen, ob Schlegelberger ein Gut »in Süd- oder Westdeutschland«, wie er es sich in seinem Schreiben gewünscht hatte, erwerben konnte. Nach dem Zusammenbruch des Dritten Reiches wurde Schlegelberger wegen seiner Verantwortung für zahlreiche NS-Gesetze in Nürnberg zu lebenslänglicher Haft verurteilt, jedoch 1951 wegen Krankheit wieder freigelassen. Er starb am 14. Dezember 1970 im Alter von 96 Jahren in Flensburg.

Einige Reichsminister erhielten jeweils 250000 RM aus Anlaß runder Geburtstage. Gleichsam als Routinezuwendungen konnten der Reichsminister des Innern, Wilhelm Frick (1877–1946), zum 65. Geburtstag am 12. März 1942[19], der Reichspostminister, Dr.-Ing. Wilhelm Ohne-

Der Adjutant Hitlers, SS-Gruppenführer Julius Schaub, übergibt dem Reichspostminister Wilhelm Ohnesorge zusammen mit einem persönlichen Schreiben des »Führers« einen Scheck über 250000 RM. (Foto aus: Die Deutsche Post. Wochenschrift für das Post- und Fernmeldewesen, Nr. 25 v. 20. 6. 1942; Museum für Post und Kommunikation, Frankfurt a. M.)

sorge (1872–1962) am 8. Juni 1942 zu seinem 70. Geburtstag[20] und der Reichsminister für die besetzten Ostgebiete, Alfred Rosenberg (1893–1946), am 12. Januar 1943 zu seinem 50. Geburtstag[21] diese stattliche Summe in Empfang nehmen.

Auch der Diplomat der alten Schule und ehemalige Reichsminister des Äußeren (amtierend vom Juni 1932 bis zum Februar 1938), Konstantin Freiherr von Neurath, erhielt eine Dotation von 250000 RM anläßlich seines 70. Geburtstages am 2. Februar 1943.[22] Freiherr von Neurath war von Hitler 1933 in sein Kabinett übernommen worden. Im Februar 1938 verlor er jedoch sein Amt im Zusammenhang mit der Fritsch-Krise an Joachim von Ribbentrop und führte bis zum Kriegsende ein paar bedeutungslose Titel. Zu der Zeit, als Neurath die Geldsumme empfing, war er seit seiner Entlassung als Reichsaußenminister von Hitler im März 1939 zum Reichsprotektor in Böhmen und Mähren ernannt worden. Zwar war er anfangs für die rücksichtslosen Unterdrückungsmaßnahmen gegen die Intelligenz und Bevölkerung der »Rest-Tschechei« verantwortlich, gleichwohl war er seit September 1941 kaltgestellt, als alle Handlungsvollmachten dem neuen Stellvertretenden Reichsprotektor, SS-Gruppenführer Reinhard Heydrich, übertragen wurden. Sechs Monate nach Empfang der Dotation wurde Neurath im August 1943 von Reichsminister Frick auch als Reichsprotektor abgelöst. Im Nürnberger Prozeß wurde er zu 15 Jahren Gefängnis verurteilt. 1954 kam er aus gesundheitlichen Gründen frei und starb am 18. August 1956.

Nach den Erinnerungen von Reichsfinanzminister Graf Schwerin von Krosigk soll Neurath die Dotation abgelehnt haben. Er habe aber von Lammers die Antwort erhalten, »eine Dotation des Führers könne man nicht ablehnen«.[23] Daraufhin soll er die erhaltene Geldsumme nicht angerührt haben. Anhand der überlieferten Akten ist es freilich nicht möglich, diesen Hinweis zu überprüfen oder gar zu verifizieren.

Schon der unterschiedliche Anlaß für die Dotationen – nämlich willkürlich oder zufällig gewählte »runde« Geburtstage – zeigt, daß es für die Geldgeschenke keine eigentliche Begründung oder gar protokollarisch festgelegte Verfahren gab. Es ist auch kein Grund ersichtlich, warum andere Minister mit Beträgen unterhalb der Summe von 250000 RM und wiederum andere mit der vierfachen Summe bedacht wurden. Es muß einstweilen Spekulation bleiben, ob Hitler mit der Höhe der Summe seine Wertschätzung für die Arbeit und Persönlichkeit der ihm dienenden Minister und Staatssekretäre ausdrücken wollte.

In dem überlieferten Dotationsbrief an Reichspostminister Ohnesorge gab Hitler wie üblich an, bei der finanziellen Zuwendung habe er den »Dank des Deutschen Volkes« im Sinn und er wolle im Namen des deutschen Volkes dem Jubilar »bei der Ausgestaltung ... [des] ferneren Lebensweges behilflich« sein.[24] Dies war die übliche, höfliche Umschreibung für die Anhebung des Vermögens der so reichlich beschenkten Reichsminister.

Die außergewöhnlich hohe Dotation von 520000 RM an den Reichswirtschaftsminister und Präsidenten der Deutschen Reichsbank, Walther Funk (1890–1960), der am 18. August 1943 seinen 53. Geburtstag feierte, sollte allerdings eine Peinlichkeit ohnegleichen vertuschen. Denn der Wirtschaftsminister hatte sich nach dem Zeugnis von Reichsfinanzminister Graf Schwerin von Krosigk von führenden Geschäftsleuten der Industrie (mit 250000 RM) sowie mit Unterstützung von Göring und Goebbels, die nochmals zusammen 270 000 RM beisteuerten, einen Bauernhof in Bayern schenken lassen[25] und sich dann mit den Aus- und Umbaumaßnahmen »zu einer modernen Minister-Sommerresidenz« schlichtweg finanziell »übernommen«.[26] Daraufhin bat er Hitler um eine Dotation. Dieser verlangte, daß die Spender aus Industriekreisen ihre Geldbeträge zurückerhielten, denn »der Wirtschaftsminister dürfe sich nichts schenken lassen«.[27] Immerhin zeigte Hitler hier mehr moralisches Gespür als Funk, dem es offensichtlich gleichgültig war, ob er von Wirtschaftskreisen bestochen wurde. Hitler, der wohl auch die Ausschließlichkeit der Gewährung von Dotationen durch sich allein wahren wollte[28], bewilligte am 3. Juni 1943 die Dotation von 520 000 RM für Funk »in Anerkennung seiner verdienstvollen und erfolgreichen Tätigkeit für das Großdeutsche Reich«[29] und ließ das Geld auf das Konto des »Walther Funk-Unterstützungsfonds« bei der Deutschen Reichsbank überweisen. Funk mußte davon sowohl die Baukosten bezahlen, ferner die vom Finanzministerium nicht erlassene Schenkungssteuer entrichten und auch die schon empfangenen Spenden wieder zurückzahlen.[30]

Summen in Millionenhöhe umfaßten die Dotationen an von Tschammer und Osten, von Ribbentrop und Lammers. Am 25. März 1943 starb der Staatssekretär im Reichsministerium des Innern und Reichssportführer Hans von Tschammer und Osten.[31] Schon zwei Tage nach seinem Tod schrieb Bormann Lammers an, Reichsjugendführer Baldur von Schirach habe dem »Führer« berichtet, die finanziellen Verhältnisse des Reichssportführers von Tschammer befänden sich keineswegs in Ordnung. Große Schulden seien vorhanden.[32] Hitler wünsche, baldigst die wirtschaftlichen Verhältnisse der Witwe festzustellen. »Falls Schulden bestehen, soll eine ausreichende Dotation gezahlt werden und auf jeden Fall auch eine ausreichende Witwenrente, d. h. eine Witwenrente, die höher liegt als die, die der Frau des verstorbenen Staatssekretärs aufgrund der geltenden Vorschriften zustehen würde.«[33] Lammers sollte »nach Klärung der Verhältnisse baldigst geeignete Vorschläge unterbreiten«.

Auch in schweren Tagen des Krisenjahres 1943 – in Stalingrad hatte die 6. Armee kapituliert, Nordafrika war verloren, der U-Boot-Krieg geriet in seine entscheidende Krise – funktionierte die Fürsorge für verdiente Kämpfer. Lammers ließ im Innenministerium die finanzielle Situation des verstorbenen Staatssekretärs untersuchen. Mehrere Fernschreiben zwischen den Ministerien unterstreichen die Dringlichkeit der Angelegenheit. Schon sechs Tage nach dem Tod von von Tschammer und Osten wurde festgestellt, daß dieser kein Privatvermögen besessen, aber auch keine Schulden hinterlassen hatte. Drei Lebensversicherungen im Gesamtbetrag von 35 000 RM stünden zur Auszahlung. Außerdem sei Frau von Tschammer Eigentümerin des Gutes Klein-Dehsa bei Löbau in Sachsen. Das Gut sei 400 Morgen groß. Der Einheitswert betrage 150 000 RM und es sei mit Hypotheken in Höhe von 129 000 RM belastet. Es erfordere in der Bewirtschaftung einen jährlichen Zuschuß von 6000 bis 7000 RM. Außerdem stehe Frau von Tschammer eine Übergangsbeihilfe in Höhe von 12 000 RM zu.[34]

Der Leitende Staatssekretär des Innenministeriums, Hans Pfundtner, machte für die Dotation den Vorschlag, »für die Familie, in erster Linie für den minderjährigen Sohn Kurt-Dietrich – ein schuldenfreies Gut in einer Größe von höchstens 1000 Morgen mit gutem Boden und guten Gebäuden (Wohnhaus) in Niederschlesien oder im Warthegau zu erwerben und ihr schuldenfrei zu übereignen mit der Maßgabe, daß es nach Aussterben der Familie an den Staat zurückfällt, sowie das Witwengeld, das zur Zeit 994,50 RM beträgt, auf 1500 RM monatlich zu erhöhen«.[35]

Dieser Vorschlag wurde von Hitler aufgegriffen. Die Gauleiter von Niederschlesien, Karl Hanke, und Oberschlesien, Fritz Bracht, wurden über den Wunsch des »Führers«, ein entsprechendes Gut auszuwählen und zur Verfügung zu stellen, unterrichtet und um weitere Veranlassung gebeten. In einem umfangreichen Schriftverkehr regelten die Verwaltungen des Innenministerums und der Reichskanzlei anschließend die Auszahlungen.

Mit dem Gut ging es Frau von Tschammer jedoch bald nicht schnell genug: Schon am 23. August 1943 teilte sie Lammers mit, daß sie in der Gutsangelegenheit noch nichts von den Gauleitern gehört habe.[36] Sie erwähnte, daß ihr Sohn in Afrika verwundet und in englische Kriegsgefangenschaft geraten sei und daß ihre ganze Sorge darin bestehe, daß »ihm durch den Segen seines Vaters eine gesicherte Zukunft beschert würde, soweit man das jetzt erhoffen kann. [...]« Sie bat: »Bitte verstehen Sie mich nicht falsch; ich möchte wirklich nicht unbescheiden sein und happig«, wenn sie sich nun nach dem neuen Gut erkundigte, und erklärte dabei, sie wolle auch in schweren Zeiten ausharren. Die beiden Gauleiter, die vermutlich andere Sorgen hatten, wurden daraufhin an Hitlers Auftrag erinnert. Ob die Auswahl und Übereignung des neuen Gutes noch zustande kam, läßt sich aus den überlieferten Akten nicht entnehmen, zumindest ist dies im März 1944 noch nicht erfolgt.

Als Reichsaußenminister Joachim von Ribbentrop[37] am 30. April 1943 seinen 50. Geburtstag feierte, konnte ihm Lammers mitteilen, daß Hitler ihm »die am 30. April dieses Jahres in Form eines Reichsbank-Barschecks zur Verfügung gestellte Dotation von 500 000 RM steuerfrei gewährt habe«.[38] Etwas verwundert teilte Lammers in seinem Schreiben vom 29. April dem persönlichen Adjutanten des »Führers«, SS-Gruppenführer Schaub, auf dem Obersalzberg mit, daß er den gewünschten Scheck als Geburtstagsgeschenk ausgestellt habe und zugleich annehmen möchte, »daß dem Führer bekannt ist, daß Reichsminister von Ribbentrop bereits am 5. April eine Dotation von gleicher Höhe erhalten hat. Falls ich keine andere Nachricht mehr von Ihnen erhalte, werde ich annehmen, daß der anliegende Scheck Reichsminister von Ribbentrop morgen ausgehändigt worden ist.«[39] Demnach ist davon auszugehen, daß von Ribbentrop innerhalb von knapp vier Wochen, im April 1943, zwei Dotationen in einer Gesamthöhe von einer Million RM erhielt.[40]

Als der 65. Geburtstag des Reichsministers und Chefs der Reichskanzlei, Hans Heinrich Lammers, am 27. Mai 1944 bevorstand, teilte Bormann dem Staatssekretär in der Reichskanzlei, Friedrich-Wilhelm Kritzinger, am 17. Mai 1944 mit, daß anfangs die Absicht bestanden habe, dem Jubilar eine Bardotation zu gewähren. Dies sei jedoch überholt, weil er dem »Führer« inzwischen habe mitteilen können, »Reichsminister Dr. Lammers würde mit der Schenkung des jetzt von ihm bewohnten Jagdhauses Schorfheide nebst dem auf beiliegender Karte eingetragenen Grund – ca. 33 ha – eine besondere Freude bereitet werden«.[41] Nach anfänglichen Bedenken und nachdem Görings Bereitschaft, die Grundstücke abzutreten, vorlag, erklärte sich Hitler bereit, dem Wunsch von Lammers zu entsprechen. In einem besonderen Bewilligungsschreiben mit Briefkopf »Der Führer« unterzeichnete Hitler selbst die Urkunde für die Dotation an Lammers.[42]

Er verfügte, »Reichsminister Lammers solle als Dotation zum 27. 5. 1944 das gegenwärtig bewohnte Jagdhaus und seine Nebengebäude nebst dem vorhandenen Mobiliar bekommen; außerdem sollen zu dieser Dotation die Gegenstände, die Reichsminister Dr. Lammers aus dem Dienstgebäude von v. Heydtstraße 18 und aus der Dienstwohnung Voßstraße 6 benötigt, gehören«.[43] Bormann mußte »Reichsmarschall« Göring bitten, die auf einem Blatt bezeichneten Grundstücke in der Schorfheide abzutreten.[44] Der Wert der Grundstücke sollte danach, wenn erwünscht, der Stiftung Schorfheide aus den Haushaltsmitteln des »Führers« ersetzt werden. Damit Lammers in die Lage versetzt wurde, nach dem Kriege auf dem geschenkten Grundstück entsprechende Wohn- und Wirtschaftsgebäude zu errichten, erhielt er außerdem eine steuerfreie Bardotation von 600000 RM; hinzu kam noch ein Gemälde (»Moorlandschaft« von Josef Wenglein) im Wert von 54000 RM.[45]

Der so großzügig Beschenkte dankte in einem Schreiben vom 5. Juni dem »Reichsmarschall« für die »Genehmigung für eine Übereignung des Besitzes in der Schorfheide [...], der mir im Laufe der Jahre so sehr ans Herz gewachsen ist, [daß er ihm] eine ganz große Freude bereitet«.[46] Lammers versicherte: »Wie bisher gehört meine ganze Kraft auch weiterhin dem Führer und seinem großen Werke. Ich will nicht müde werden, meinen Anteil am Siege und für die Bereitung einer glücklichen Zukunft unseres Volkes beizutragen. Stark im Glauben an den Führer und durchdrungen von der Zuversicht auf den Erfolg unserer guten Sache bitte ich Sie, hochverehrter Herr Reichsmarschall, mir Ihr Vertrauen, das zu besitzen ich mir stets zur hohen Ehre anrechne, weiterhin zu erhalten und mir damit eine der Voraussetzungen meines ganzen Schaffens auch für die Zukunft zu geben.« Die Harmonie zwischen Bormann, Lammers, Göring und Hitler sollte freilich nicht lange anhalten.

Ab Sommer 1944 hatte Lammers kaum noch Zugang zu Hitler, der von Bormann immer stärker abgeschirmt wurde und dessen Beeinflussung unterlag. Weil Bormann immer noch gegen Lammers intrigierte und Hitler den Verdacht hegte, Lammers habe im April 1945 in der Nachfolgefrage Hitlers mit Göring gemeinsame Sache gemacht, ordnete er am 23. April 1945 an, seinen langjährigen treuen Chef der Reichskanzlei sogar zu verhaften, was allerdings nicht mehr erfolgte, denn Lammers geriet kurz darauf in alliierte Gefangenschaft. Er wurde 1949 im sogenannten Wilhelmstraßen-Prozeß angeklagt, zu 20 Jahren Gefängnis verurteilt, jedoch 1952 vorzeitig entlassen. Er starb am 4. Januar 1962 in Düsseldorf.

Der Umstand, daß Lammers, der geschäftsmäßig für die Vergabe der Dotationen zuständig war, sich selbst eine eigene Dotation verschaffte oder verschaffen ließ, fand im Kreis seiner Ministerkollegen Kritik. Reichsfinanzminister Graf Schwerin von Krosigk schrieb nach dem Krieg, sein Verhältnis zu Lammers habe sich »wesentlich« verschlechtert, als er von Lammers' Dotation erfuhr,[47] denn er war der Meinung, daß gerade der für die Dotationsgelder verantwortliche Mann »sich die Finger sauber halten sollte«.[48]

Nach Aufzeichnungen von Beamten des ehemaligen Finanzamtes Berlin-Mitte erhielt Reichsminister Albert Speer von Göring in dessen Eigenschaft als preußischer Ministerpräsident im März 1943 »zwecks Arrondierung« seines eigenen Gutes in der Mark Brandenburg »Waldgelände von mindestens 100 ha« geschenkt.[49] Auch in diesem Falle gewährte der Staatssekretär im Reichsfinanzministerium, Reinhardt, Schenkungs- und Einkommenssteuerfreiheit wie bei anderen Dotationen. Der Einheitswert des geschenkten Grundbesitzes war allerdings bis Kriegsende nicht bekannt, da Speer bis zum April 1945 die eigentlich schon zum 1. Januar 1944 angeforderte Vermögenserklärung nicht abgegeben hat.

Im März 1943 verschaffte Bormann im Zusammenhang mit Positionsgerangel der höheren NS-Führer in der näheren Umgebung Hitlers, als er als »Sekretär des Führers« nach Mitstreitern gegen seine Rivalen Speer, Goebbels, Ley und Funk Umschau hielt, dem stets geldgierigen Hermann Göring eine Schenkung von 6 Millionen RM aus dem sogenannten Reptilienfonds der »Adolf Hitler Spende«.[50] Es ist nicht überliefert, ob diese Zuwendung im Einvernehmen mit Lammers erfolgte.

Nicht nur Minister und Staatssekretäre wurden aus dem staatlichen Fonds beschenkt, sondern auch Verwandte der Minister. Als beispielsweise die Tochter des Reichsministers für kirchliche Angelegenheiten, Hanns Kerrl, im Sommer 1941 heiratete, erhielt sie als Hochzeitsgeschenk aus den Vereinigten Werkstätten für Kunst und Handwerk in München einen Wertgegenstand von 8350 RM.[51] Darüber hinaus teilte der persönliche Adjutant des »Führers«, SS-Gruppenführer Schaub, am 22. Juni 1941 Reichsminister Lammers mit, daß ein weiterer Betrag von 2412 RM für ein zusätzliches Geschenk des »Führers« an Fräulein Kerrl zu überweisen sei.

3. NSDAP-Reichsleiter, -Gauleiter, SA-/SS-Führer und andere Parteifunktionäre

Der verschwenderische Umgang mit Staatsgeldern zeigt sich auch bei der Gruppe beschenkter Parteigrößen. Denn ein Regime, das die Finanzierung der Baumaßnahmen des Reichsparteitagsgeländes der NSDAP in Nürnberg, für das Speer Gesamtkosten von 700 bis 800 Millionen RM ermittelt hatte, durch den Reichsfinanzminister aus Steuergeldern anordnete, hatte letztlich auch keine Skrupel, staatliche Geldsummen an die Funktionäre der eigenen Parteihierarchie, wie z. B. die NSDAP-Reichs- oder Gauleiter, zu verteilen. Gerade die Clique der Gauleiter hatte sich schon vor Kriegsbeginn an den hemmungslosen Umgang mit Geld gewöhnt. Speer, der während des Krieges als Rüstungsminister für die Genehmigung von Material für Friedensbauten zuständig war, hatte große Schwierigkeiten, gegenüber jenem verwöhnten Personenkreis rigorose Einschränkungen bei der Bautätigkeit wegen Mangels an Rohstoffen durchzusetzen.

Dabei kämpften die Gauleiter sowohl um Prestigeprojekte in ihrem Gebiet, wie z. B. Fritz Sauckel für sein »Gauforum« in Weimar[1], als auch für eigennützige Zwecke, wie z. B. Robert Ley, der den Ausbau eines Schweinestalls auf seinem Mustergut mit der Begründung beantragte, daß dieser für die Ernährungslage des Reichs große Bedeutung habe.[2] Wie Speer in seinen Memoiren berichtet, mußte er das Schloß Kleßheim bei Salzburg für Hitler mit einem Aufwand von 15 Millionen RM zu einem luxuriösen Gästehaus ausbauen.[3] Himmler errichtete bei Berchtesgaden für seine Geliebte ein großes Landhaus, und der Gauleiter des Warthegaus, Arthur Greiser, baute das Posener Schloß und ein Hotel mit großem Aufwand aus. Speer kam deshalb nach 1945 zu dem Urteil: »Nach nur neun Jahren Herrschaft war die führende Schicht so korrumpiert, daß sie selbst in der kritischen Phase des Krieges nicht auf ihren gewohnten aufwendigen Stil verzichten konnte. Für ›repräsentative Verpflichtungen‹ benötigten sie allesamt große Häuser, Jagdsitze, Güter und Schlösser, reichliche Dienerschaft, eine opulente Tafel, einen erlesenen Keller.«[4]

Die Anregungen für Dotationen an NSDAP-Gauleiter und andere Parteifunktionäre kamen ausnahmslos aus der Umgebung des »Führers« oder von diesem selbst, denn Hitler ließ es sich nicht nehmen, einige seiner alten Getreuen durch Geld persönlich auszuzeichnen. Im Schriftverkehr mit der Reichskanzlei belegen mehrere Briefe des persönlichen Adjutanten Julius Schaub oder des »Sekretärs des Führers«, Martin Bormann, daß auch sie entsprechende Dotationen angeregt haben.

Am Beispiel des SA-Gruppenführers und Berliner Polizeipräsidenten Wolf-Heinrich Graf von Helldorf zeigt sich, wie großzügig man staatliche Gelder in Anspruch nahm, um private Angelegenheiten zu regeln. Als Graf Helldorf im Juli 1935 vertretungsweise mit der Leitung des Berliner Polizeipräsidiums beauftragt wurde, mußte er zugeben, daß er »noch finanzielle Verpflichtungen« aus früherer Zeit zu erfüllen habe.[5] Bei der Regelung eines ersten Teils der Schulden war ihm dann Reichsführer SS Heinrich Himmler »behilflich«. Dieser sagte ihm zu, im Falle seiner Ernennung auch für die zweite Hälfte der Schulden »zu sorgen«. Einer Aufzeichnung vom 20. August 1935 legte Graf Helldorf deshalb schlicht die Notiz bei, er benötige noch 20000–25000 RM »für die Abdeckung« seiner restlichen Verbindlichkeiten, wobei er konstatierte, daß er die genaue Summe nicht angeben könne, »da sie abhängig ist von dem zum Teil noch nicht abgeschlossenen Verhandlungsergebnis mit meinen Gäubigern«.[6] Das Schriftstück enthält den handschriftlichen und unterschriebenen Vermerk »Genehmigt Adolf Hitler«. Bei knapper Schätzung dürften beide Hälften der Schulden ca. 50000 RM betragen haben, die Graf Helldorf als Geldgeschenk Hitlers aus staatlichem Fonds ohne besondere Verdienste – nur aufgrund seiner Stellung in der Partei und SA – in Empfang nehmen durfte.

Die Vermischung von Staats- und Parteiverwaltung, die besonders auf der Ebene der Gauleiter wirksam wurde, erschwerte die staatliche Dienstaufsicht auch bei der Vergabe von Finanzmitteln – sofern sie überhaupt beabsichtigt oder gewünscht wurde. Die Bevölkerung sah das Treiben der braunen Parteigrößen, der »Goldfasane«, während des Krieges allerdings zunehmend kritischer.[7]

Als reichlich dubios erweist sich die Dotation an den Stabschef der

SA, Viktor Lutze. Der höchste SA-Führer führte bei seiner Vermögenserklärung für 1939 eine Darlehensschuld von 154000 RM als steuermindernd auf.[8] Nach Erkundigungen des Berliner Finanzamtes Mitte ergab sich, daß es sich dabei um ein zinsloses, nicht rückzahlbares Geschenk, d.h. gleichsam um eine Dotation Hitlers, handelte, die der SA-Stabschef jedoch als eine Schuld gegenüber Hitler bezeichnete, deren Rückzahlung der »Führer« jederzeit verlangen könne, so daß Lutze den Betrag in den Jahren von 1939 bis zu seinem Tod nach einem Autounfall am 2. Mai 1943 fortwährend steuerlich geltend machte, was zur Freistellung von der Vermögenssteuer führte. Die von Hitler gewährte Dotation verwendete Lutze zum Ankauf des Gutes »Saltenhof« in Bevergern (Westfalen), welches das zuständige Berliner Finanzamt allerdings als »Luxusgut« bezeichnete. Es überrascht auch nicht, daß Lutze bei seinem Tod ein Vermögen von 396000 RM hinterließ, für das er – ebenso wie für die Erträge – jahrelang keine Steuern bezahlt hatte.

Ein Sachgeschenk erhielt in diesem Personenkreis NSDAP-Reichsleiter Max Amann.[9] Er konnte sich in der Zeit des Dritten Reiches in besonderem Maße bereichern, weil er als Geschäftsführer an den Einnahmen aus dem Zentralverlag der NSDAP, Franz Eher Nachfolger GmbH, und von Druckereien prozentual partizipierte. Er blieb auch deshalb in der Hierarchie des Dritten Reiches unangegriffen, weil er die Tantiemen für Hitlers Buch »Mein Kampf« und für andere NS-Größen sicherstellte und zum Teil verwaltete. Vielleicht war dies der Grund, weshalb ihm Hitler keine weitere Geldsumme zu seinem 50. Geburtstag am 24. November 1941 schenkte, sondern ein Gemälde von Friedrich Völtz, signiert 1877, mit dem Titel »Rinder auf der Weide« im Werte von 20000 RM.

Dotationen wurden auch an Mitarbeiter des persönlichen Dienstleistungsbereiches für Hitler gewährt. Die Heirat des HJ-Oberbannführers Heinz Lorenz, der beim Pressedienst des »Führerhauptquartiers« arbeitete, war am 16. Dezember 1942 ebenso Anlaß für eine Dotation in Höhe von 10000 RM[10] wie der 45. Geburtstag des persönlichen Flugkapitäns des »Führers«, SS-Oberführer Hans Baur, den Hitler im Juni 1942 mit 20000 RM beschenkte.[11]

Im Mai 1944 erhielten Hitlers altbewährter Kraftfahrer, der SS-Sturmbannführer Erich Kempka, 10000 RM sowie SS-Obersturmbannführer Fritz Darges einen Barscheck von 5000 RM. Begründungen wurden nicht gegeben.[12] SS-Hauptsturmführer Heinz Linge aus dem Kreis von Hitlers Hausdienern[13] bekam am 3. Februar 1945 anläßlich des zehnjährigen Dienstjubiläums seiner Tätigkeit unmittelbar bei Hitler eine steuerfreie Dotation von 10 000 RM. Ferner erhielt der SS-Obersturmbannführer Max Wünsche von der SS-Leibstandarte »Adolf Hitler« zu seiner Hochzeit am 29. Mai 1944 einen Reichsbank-Barscheck von 10 000 RM.[14]

Die Dotationen an den »alten Parteigenossen« Ulrich Graf aus München mit 20 000 RM am 3. Juli 1943 und an den Münchener Ratsherrn Christian Weber in Höhe von 50 000 RM am 25. August 1943 waren keine Besonderheit, eher Routine im üblichen Dotationsgeschäft mit Einzelsummen unter 100 000 RM. SS-Oberführer Graf, ehemaliger Metzgergeselle und Expedient im Eher Verlag, war als Hitlers Leibwächter in der »frühen Kampfzeit« der Saalschlachten in München einer der engsten Getreuen der ersten Stunden. Er stand in vielen gefährlichen Situationen an Hitlers Seite, auch beim Marsch auf die Feldherrenhalle am 9. November 1923. Als es dort durch die Schüsse der Polizei in den ersten Reihen der Partei-Marschierer Tote und Verwundete gab, warf sich Graf über den am Boden liegenden Adolf Hitler, deckte ihn mit seinem Körper und wurde mehrfach verwundet.

Von anderer Art war die Verbindung Hitlers zu seinem Duz-Freund Christian Weber. Er war einmal Stallbursche gewesen, liebte Pferde und Geselligkeit und entwickelte sich in der braunen Münchener Umgebung Hitlers zu einem barocken Lebemann mit der Leibesfülle eines Falstaff in Lederhosen. Obwohl er zu Hitlers engstem geselligen Kreis gehörte, machten die Münchner viele Witze über ihn. Er organisierte Pferderennen, z. B. 1934 das mit 100 000 RM dotierte internationale Rennen um das »Braune Band von Deutschland«, das auch in der Kriegszeit durchgeführt wurde. 1934 erhielt er den Posten des Münchener Leiters des »Amtes für Fest-, Freizeit- und Feiergestaltung«, organisierte Faschingsumzüge und das 125. Jubiläums-Oktoberfest 1935. Neben diesem typischen braunen Klamauk blieb er den Münchnern bis heute als Gründer des Deutschen Jagdmuseums und als einfallsreicher Motor des München-Tourismus gegenwärtig.

Mit der Begründung, er habe seine Wohnung in Nürnberg bei einem Bombenvolltreffer verloren, erhielt der Oberbürgermeister der

Stadt der Reichsparteitage, Willi Liebel, der gleichzeitig Amtsleiter in Speers Rüstungsministerium war, eine Dotation von 50000 RM. Die Begründung lautete in den offiziellen Dokumenten verständlicherweise anders als im Brief von Speer an Lammers vom 16. September 1943, sie hätte sonst auch auf Millionen anderer deutscher Bombengeschädigter zugetroffen. So erhielt er das Geld angeblich für »seine Verdienste als Chef des Zentralamtes des Reichsministers für Bewaffnung und Munition«.[15]

Bei der Dotation an NSDAP-Reichsleiter Philipp Bouhler[16] stößt man auf die Klientel Martin Bormanns. Er war Beauftragter für die Euthanasie-Mordaktion T 4. Als Kanzleichef Hitlers war er an den geheimsten Vorgängen beteiligt. Weder seine »Leistung« bei diesen Vorgängen noch eine besondere Einzeltat waren jedoch das Motiv für Hitler, sondern seine Schulden. Wie Bormann Minister Lammers in einem Schreiben vom 1. Mai 1943 mitteilte, »hörte der Führer heute, daß Reichsleiter Bouhler gewisser finanzieller Schwierigkeiten halber aus seinem Besitz ein bekanntes Bild von Thoma veräußern wolle. Der Führer hat daraufhin bestimmt, Reichsleiter Bouhler solle das schon dem Auktionator übergebene Bild zurückziehen; er solle durch Sie [...] ohne weiteres eine Dotation in Höhe von 100000 RM erhalten.«[17]

Bereits einen Tag später, am 2. Mai 1943, erteilte Lammers schriftlich den Auftrag, den Scheck mit der Kurierpost noch am selben Tage Bouhler in Berlin auszuhändigen. Bormann und Lammers selbst befanden sich im »Führerhauptquartier« in München. Bemerkenswert ist der Zusatz, den Lammers einem Vertrauten in Berlin, Ministerialrat Erich, schrieb: »Ich bitte [...] nebst Anlagen persönlich an Reichsleiter Bouhler verschlossen den Brief auszuhändigen und die von ihm erbetene Empfangsbestätigung entgegenzunehmen sowie diese hier beizufügen. Reichsleiter Bouhler braucht nicht zu wissen, daß Sie von dem Inhalt des Briefes Kenntnis haben.«[18] Da sich Bouhler jedoch nicht – wie vermutet wurde – in Berlin, sondern auf dem schönen Obersalzberg befand, verzögerte sich die Aushändigung des Schecks noch bis zum 14. Mai 1943.

NSDAP-Gauleiter Otto Telschow vom Gau Ost-Hannover erhielt zu seinem 65. Geburtstag im November 1942 das »Restgut Lopau« in der Lüneburger Heide geschenkt, für das dem Provinzialverband Hannover als Eigentümer am 1. November 1942 der Gegenwert von

40 000 RM überwiesen wurde. NSDAP-Gauleiter Joachim Eggeling vom Gau Halle-Merseburg erhielt am 30. November 1944 als Geburtstagsgeschenk zum 60. Geburtstag 100 000 RM als Dotation.

Der letzte Stabschef der SA, SA-Obergruppenführer Wilhelm Schepmann, erhielt zu seinem 50. Geburtstag am 17. Juni 1944 ebenfalls 100 000 RM. Auch dem ersten Stabschef der SA, Hauptmann a. D. Franz Pfeffer von Salomon, gewährte Hitler vermutlich eine Dotation. In einem Vermerk vom 3. Februar 1944, die Wünsche nach Landerwerb des Staatssekretärs Schlegelberger betreffend, heißt es: »Auch im Falle von Pfeffer und in den Fällen, in denen hohe Offiziere Dotationen erhielten, hat Herr Reichsminister sich an den Ernährungsminister und den zuständigen Reichsstatthalter gewandt und gebeten, der betreffenden Persönlichkeit beim Landerwerb behilflich zu sein.«[19] Weitere Einzelheiten dieser Dotation an von Pfeffer enthalten die Akten der Reichskanzlei nicht.

Ungewöhnlich hoch war die Dotation, die Hitler auf Vorschlag von Reichsaußenminister von Ribbentrop am 28. November 1944 der Witwe des in Bukarest während der Kriegszeit verstorbenen Gesandten, SA-Obergruppenführer Freiherr von Killinger, gewährte. Sie erhielt 250 000 RM schenkungs- und einkommenssteuerfrei. Den gleichen Betrag bekam der Gauleiter von Thüringen und Generalbevollmächtigte für den Arbeitseinsatz (ab 1942) Fritz Sauckel.[20] Er war verantwortlich für die brutalen Arbeitseinsätze und rigorosen Deportationen von Zwangsarbeitern aus allen eroberten Territorien, die in deutschen Industriewerken ausgebeutet wurden und bis heute auf eine Entschädigung warten.

Eine eher ungewöhnliche Entwicklung nahm die Bitte des Leiters der Deutschen Arbeitsfront, Robert Ley,[21] nach einer Zuwendung. Er wird als Prototyp eines pöbelhaften, radikalen Nationalsozialisten beschrieben, der stets gegen bürgerliche Sitten und »blaublütige Schweine« wetterte. In seiner Position als Leiter der Deutschen Arbeitsfront verfügte er über weitreichende Vollmachten und große Finanzquellen. Parallel zum Aufbau eines Industrieimperiums, das Göring mit den Hermann-Göring-Werken in Salzgitter und anderswo installierte, plante Ley, ein Reichstraktorenwerk größten Ausmaßes in seiner Heimatstadt Waldbröl aufzubauen, wo alle Traktoren für das Großdeutsche Reich und die eroberten Gebiete gebaut werden sollten. Der »Führer« gewährte, wie Lammers am 19. März 1940 mitteilen konnte, Reichsleiter Ley »eine Dotation von einer Million RM in Anerkennung seiner besonderen Verdienste um die Gewinnung des deutschen Arbeiters«.[22] Das Geld wurde am 30. April auf Leys Konto bei der Bank der Deutschen Arbeit in Berlin überwiesen.

Die Großzügigkeit des »Führers« wurde auch in einem Rentenzuschuß für Maria Magdalena F. aus München deutlich. Auf Vorschlag von Bormann erhielten sie und ihr Kind, das der NSDAP-Gauleiter und bayerische Staatsminister Adolf Wagner[23] adoptiert hatte, 1944 als Dank für die Pflege des erkrankten Gauleiters eine monatliche Rente von 600 RM.[24]

Manche Dotationswünsche höherer Parteiführer waren nicht so bescheiden. Sie wurden sogar von den damit befaßten »Parteigenossen« als »unverschämte Forderungen« bezeichnet.[25] Im März 1944 teilte die Parteikanzlei dem Reichsministerium für Ernährung und Landwirtschaft mit, daß der NSDAP-Gauleiter von Hessen-Kassel, Karl Weinrich, »einen Hof als Dotation bekommen« solle.[26] Da Weinrichs Vorstellungen über einen Hof von ca. 200 Hektar Größe mehrfach wechselten, war es nicht leicht, eine geeignete Domäne als Objekt im gewünschten Südwestdeutschland zu finden. Deshalb fuhr der »Parteigenosse« Buba vom NSDAP-Reichsamt für das Landvolk in München Anfang August 1944 nach Kassel, um Weinrich entsprechende Vorschläge von zehn im Einvernehmen mit dem Reichsernährungs- und Landwirtschaftsministerium ausgesuchten Domänen zu unterbreiten. Buba, »ein alter SS-Mann«, war als Nationalsozialist nach diesem Treffen »sehr enttäuscht«[27], denn Gauleiter Weinrich betrachtete die Gewährung der Dotation als eine ihm zustehende Wiedergutmachungshandlung für angeblich erlittenes Unrecht, da er seinen Gauleiterposten in Kassel aufgeben sollte. Daraus ergab sich dann die weitere Forderung, es müsse außerdem »schon ein mit allen Bequemlichkeiten ausgestattetes Heim sein«, da er und seine Familie »bisher 14 Zimmer gewöhnt seien und davon auch in Zukunft nicht Abstand zu nehmen gedachten«. Zudem weigerte Weinrich sich, »in den alten Osten zu ziehen«. Er wollte weder in Ostpreußen, im Warthegau noch weiter östlich beschenkt werden. Vielmehr interessierte er sich für die Domäne Beberbeck in Kurhessen. Diese hatte einen Umfang von insgesamt 1048 Hektar, besaß eine landwirtschaftliche Nutzfläche von 841 ha, hatte einen Einheitswert von 960000 RM und einen Verkaufswert von 2,5 bis 3 Millionen RM.[28] Darauf war

Weinrich »ganz versessen«. Großzügig machte er den Vorschlag, 75 ha landwirtschaftliche Fläche sowie einige Waldstücke abzutreten, »um die genehmigte Größe« für die Dotation zu erreichen.

Selbstverständlich drängte er wie viele Dotationsempfänger während des Krieges auf »schnellste« Erledigung. War diese Eile durch die Kriegssituation von 1944 bedingt? Er zweifelte möglicherweise insgeheim doch am »Endsieg« und wollte rasch vor Kriegsende sichergehen, die angekündigte Dotation auch noch wirklich zu erhalten. Agrarwirtschaftliche und andere ökonomische Bedenken, wie sie Staatssekretär Willikens vom Reichsernährungs- und Landwirtschaftsministerium vortrug, wurden seitens der Parteikanzlei beiseite geschoben. Ob Weinrich später wirtschaftlichen Erfolg mit der Domäne erziele, sei seine Sache, wenn er »den Betrieb unbedingt haben wolle«.[29] Allerdings behalf sich Staatssekretär Willikens in diesem Falle mit einem Trick, um die Übereignung der umfangreichen Domäne Beberbeck an den Parteibonzen zu verhindern. Er schickte an den NSDAP-Oberbefehlsleiter Helmuth Friedrichs von der Parteikanzlei in München folgendes Telegramm: »Übergabe von Domäne Beberbeck wegen Anämie zur Vermeidung von Regreßansprüchen oder späteren Vorwürfen unmöglich.«[30]

Im Kreis des persönlichen Stabes des Reichsführers SS kam man zum Ergebnis, daß »eine Durchführung einer solchen Landübereignung jetzt im Kriege in Volkskreisen, die davon Kenntnis erhielten, nur neue Nahrung für Angriffe gegen die Partei« bringen würde.[31]

Als sich sehr deutlich Schwierigkeiten abzeichneten, für Gauleiter Weinrich ein gewünschtes Gut in Südwestdeutschland zu finden, machte das Reichsministerium für Ernährung und Landwirtschaft den Vorschlag, bei Weinrich erst einmal festzustellen, »in welcher Größen- und Wert-Ordnung und in welcher Gegend Deutschlands ein dementsprechendes Gut ausgesucht werden« solle, denn es sei für das Ministerium nicht leicht, aus der begrenzten Zahl der zur Verfügung stehenden Domänen überhaupt ein passendes Gut für den Dotationsempfänger herauszusuchen.[32] Dabei nahm der Staatssekretär den Dotationsfall Weinrich zum Anlaß, um allgemein darauf hinzuweisen, daß die Suche nach einem Gut nicht die Sache des Ministeriums sein könne, und wies auf Himmler als Reichskommissar für die Festigung des deutschen Volkstums als geeigneteren Ansprechpartner hin.

Die Wünsche Weinrichs überstiegen aber auch die Vorstellungen des Reichsführers SS. In einem Schreiben an Martin Bormann erklärte Himmler unumwunden, daß er die Forderungen Weinrichs und dessen »edler« Familie als »unverschämt« ansehe. Seines Erachtens wäre es das einzig Richtige, »Herrn Weinrich zum Arbeitseinsatz zu bringen, ebenso wie seine verehrte Frau Gemahlin und die noch mehr verehrte Frau Tochter«.[33] Weinrich sei zu Recht seines Postens enthoben worden und erhalte nun »nur in Anbetracht seiner früheren Kampftätigkeit, [und] dank der unendlichen Güte und Gnade des Führers einen Bauernhof«. Die Dotation sei auf keinen Fall als Abgeltung für erlittenes Unrecht gedacht, und Weinrich müsse »dieser Star gestochen werden«. Allerdings, so schrieb Himmler, besitze der ehemalige Gauleiter für sein Verhalten »eine Generalentschuldigung«, dies sei »seine bis jetzt noch unübertroffene Dummheit«.

Bormann war bemüht, die Wogen zu glätten. Er meinte, wie Himmler sei er der Auffassung, »daß die Leistungen Weinrichs an sich nicht die Dotierung mit einem Bauernhof rechtfertigen« würden. Aber der Vorschlag, dem überforderten Gauleiter nach seiner Ablösung »einen Hof zu übergeben«, stamme von ihm. Da Weinrich als beschäftigungsloser Parteigenosse »unzufrieden« sei, solle er einen Hof erhalten, wo er »Gardinen anstecken könnte und ähnliches mehr«, denn er arbeite »nun einmal gerne im Haushalt«. Mit anderen Worten: Um einen arbeitslosen und unzufriedenen Gauleiter zu beschwichtigen, erwog man, ihm einen Hof im Wert von 2,5 bis 3 Millionen Reichsmark zu schenken. Die Sache hatte dann allerdings keine Priorität mehr, da Weinrichs Sohn, für den dieser das Gut vor allem empfangen wollte, kurz vor September 1944 als Offizier an der Front fiel. Schon im August hatte Weinrich erklärt, er würde auf die ganze Sache verzichten, »wenn er wüßte, daß sein Sohn nicht zurückkäme«.[34]

Besonderer Wertschätzung muß sich auch der SS-Gruppenführer Paul Hennicke bei Hitler erfreut haben. Der in Weimar wohnende Parteigenosse erhielt im Januar 1943 in einer Aktion zusammen mit zwei kriegsblinden Unteroffizieren der Wehrmacht eine Dotation von 50 000 RM ohne jede Begründung.[35] Zu seinem 60. Geburtstag empfing der inzwischen beförderte SS-Obergruppenführer und General der Polizei eine weitere, auf den 22. Mai 1943 datierte Zuwendung über 100 000 RM. Auf die beiden Unteroffiziere war die Parteikanzlei erst durch eine Zuschrift aus Berlin aufmerksam geworden. Eine Mutter teilte dem »Führer« mit, daß ihr kriegsblinder jüngster Sohn am 30. Januar 1943 heirate und am gleichen Tag die Hochzeit ihrer ältesten Tochter mit einem ebenfalls erblindeten Oberjäger der Wehrmacht stattfinde. Hitler hat dann beiden Hochzeitspaaren den Betrag von je 5000 RM als Hochzeitsgeschenk mit seinen Glückwünschen überreichen lassen.[36]

Um eine große Summe ging es bei der Dotation an den Chef der Ordnungspolizei und späteren Nachfolger Heydrichs als Stellvertretender Reichsprotektor in Böhmen und Mähren, SS-Oberstgruppenführer und Generaloberst der Polizei Kurt Daluege.[37] Am 22. August 1943 schrieb Himmler an Bormann, daß Daluege, anläßlich seiner längeren krankheitsbedingten Beurlaubung auf Wunsch Hitlers für »seine langjährigen treuen Dienste und um ihm eine bessere Wiederherstellung seiner Gesundheit« zu ermöglichen[38], ein Gut in der Gegend von Mecklenburg, Vorpommern, Ost-Brandenburg oder Niederschlesien erhalten sollte. Die Bezahlung des Gutes »in der Größe von 1500 bis 2000 Morgen«, also in einer Größe, wie sie damals »ähnlich Generaloberst Guderian erhalten« sollte[39], müsse durch die Sonderfonds entweder von Bormann oder von Lammers übernommen werden. Gleichzeitig informierte Himmler Reichsminister Lammers sowie Staatssekretär Herbert Backe vom Reichsernährungsministerium und Staatssekretär Friedrich Alpers, um die Angelegenheit zu beschleunigen.

Schon Anfang September 1943 ließ Backe Daluege acht Domänen zur Auswahl benennen. Neue Schwierigkeiten traten auf, als Daluege »ein Gut in der Nähe Berlins« wünschte.[40] Backe machte dann gegenüber Himmler deutlich, daß er nicht einfach einen Privatbesitz enteignen oder einen Pächter aus dessen Pacht vertreiben könne, nur um Dalueges Wunsch zu erfüllen, zumal er ihm schon »alle in Frage kommenden [vom Reich] selbstbewirtschafteten Domänen angeboten habe«. Dalueges Wunsch sei eine »sachlich unerfüllbare Forderung«. Die weitere Suche nach einem Gut gestaltete sich auch deswegen schwierig, weil Himmler es z. B. nicht wollte, daß Dalueges Gut neben dem des Reichsaußenministers von Ribbentrop lag. Offensichtlich wollte Himmler den nachbarschaftlichen Kontakt zwischen den beiden unterbinden. Im Oktober 1943 schlug Backe dann das bislang verpachtete Gut Trebus mit 600 ha und ca. 4,5 km von Fürstenwalde entfernt vor. Parallel dazu ließ Himmler elf Betriebe im Warthegau aus seinem Geschäftsbereich als Reichskommissar für die Festigung deutschen Volkstums namhaft machen.[41] Davon zog Daluege dann Anfang Januar 1944 zwei Güter (Gut Ilsenau im Kreis Samter mit 285,95 ha und Gut Berndorf im Kreis Grätz mit 417,5 ha) »in die engere Wahl«.[42]

Obwohl der NSDAP-Gauleiter im Reichsgau Wartheland, Arthur Greiser, am 20. Januar 1944 gegenüber Himmler darlegte, daß er von der Dotationssuche für Daluege bislang keine Kenntnis habe, war er bei der Auswahl ebenfalls behilflich und konnte Daluege noch das Reichslandgut Weiher Obernik mit 966,45 ha benennen[43], das Daluege mit Interesse inspizierte, weil dort »das Herrenhaus in einem guten baulichen Zustand« war und ein größerer See innerhalb des Gutes lag.[44] Daraufhin registrierte die Reichskanzlei am 29. Februar 1944 mit Kritik, daß »5 bzw. 6 Stellen« mit dieser Dotationsangelegenheit befaßt waren, deren Bearbeitung allerdings allein in die Zuständigkeit von Lammers falle, denn er sollte sie schließlich auch bezahlen.[45] Deshalb wurde Dalueges Dotationsprojekt als »Beispielsfall für die mit Generalfeldmarschall Keitel und Reichsleiter Bormann bereits besprochene Notwendigkeit der Regelung des Verfahrens bei Vergebung von Dotationen« betrachtet. Während es zu dieser von der Reichskanzlei und Lammers angestrebten Verfahrensregelung kam, schleppte sich die Dotationssuche für Daluege weiter hin.

Im April 1944 stand fest, daß dieser sich für das Gut Ilsenau im Kreis Samter im Reichsgau Wartheland entschieden hatte, das nach dem Urteil des SS-Stabshauptamtes ein »Spitzenbetrieb« war, er aber nunmehr eine Übereignung »mit Stichtag 1. 7. 1943« wünschte, also zu jenem Tag, an dem er im Vorjahr abgelöst und beurlaubt worden war.[46] Auch mit diesem überzogenen Wunsch erklärte sich Himmler einverstanden, denn immerhin war ein verdienter Nationalsozialist durch eine große »Dotation des Führers« zufriedenzustellen.[47] SS-Standartenführer Rudolf Brandt, der Chef des Persönlichen Stabes Reichsführer SS, machte dann auch im Namen Himmlers gegenüber dem Reichsstatthalter des Reichsgaues Wartheland deutlich, daß nunmehr Lammers eingeschaltet werden müsse, denn der durfte und sollte nun die Finanzmittel zur Verfügung stellen. Außerdem sollte sofort der Entwurf einer Verhandlung für die Überlassung des Gutes »nach dem Muster Deipenhof (Generaloberst Guderian)« erstellt werden.[48] Offensichtlich war es das Ziel der SS-Führung, mit dem Gut für SS-Oberstgruppenführer und Generaloberst der Polizei Daluege eine vergleichbare Dotation zu finden, wie sie gerade der damalige Generalinspekteur der Panzertruppen, Generaloberst Heinz Guderian, erhalten hatte.

Schon Anfang Mai 1944 legte der Beauftragte des Reichskommissars für die Festigung deutschen Volkstums beim Reichsstatthalter des Reichsgaues Wartheland, SS-Standartenführer Hübner, den gewünschten Entwurf für den Überlassungsvertrag zur Begutachtung vor. Als Ertragswert für die landwirtschaftlichen Flächen wurden 511 520 RM angenommen.[49] Der reale Wert war erheblich höher. Aber Daluege war immer noch nicht ganz zufrieden. Nun wünschte er »zusätzlich etwa 20,78 ha Hochwald aus dem Gute Schennenort«, das benachbart lag, «da die [eigenen] vorgesehenen 153 ha Wald nur Jungwald darstellten und besten Falls Stangenholz und nicht Bauholz abgeben« würden.[50]

Auch diese Forderung Dalueges wurde erfüllt, so daß der an ihn zu übergebende lastenfreie Besitz schließlich 492,55 ha umfaßte. Danach entwickelten sich die Dinge rasch und für den SS-Oberstgruppenführer sehr zufriedenstellend, so daß er schließlich am 24. Mai 1944 das Rittergut Ilsenau mit den zusätzlichen Grundstücken des Rittergutes Scheunenort »nebst totem und lebendem Inventar« als Eigentümer in Empfang nehmen konnte.[51] Lammers zahlte die verlangten knapp 600 000 RM im Juni 1944 an die Amtskasse des Reichskommissars für die Festigung deutschen Volkstums.[52] Ende September zog Daluege mit seiner Familie nach erfolgtem, für ihn kostenlosen Umbau in Gut Ilsenau ein.

Aber auch dann noch ließ er nicht locker: SS-Gruppenführer Greifelt hatte ihm für seinen Verwalter, einen SS-Sturmmann, ein Holzhaus als Bürogebäude bauen lassen, weil die vorgefundenen Unterkünfte Daluege nicht gut genug waren: »Die vorhandenen Räume des polnischen Inspektors sind polnisch, aber nicht deutsch.«[53] Der Notariatsvertrag wurde schließlich am 3. November 1944 in Posen unterzeichnet, dabei wurde der Wert auf 610 000 RM festgesetzt.

Die Dotationsvergabe an Daluege zeigt, wie ungeniert man immer mehr forderte. Stand für den Dotationsempfänger erst einmal fest, daß er eine Dotation erhalten sollte, zögerte dieser nicht, weitere Wünsche anzumelden. Dann wurde um jedes Holzhaus gefeilscht oder noch ein paar Parzellen vom Nachbargut hinzugefordert, damit das Gut auf alle Fälle auch zukünftig profitabel war und weiterhin finanziellen Gewinn versprach. Die Dotationen an die Reichsleiter, Gauleiter und andere höhere Parteifunktionäre sowie sonstige Getreue Hitlers zeigen ferner die erhebliche Vergrößerung der ausgezahlten Summen ab 1943 im Vergleich zu den Dotationen von 1942, und sie dokumentieren zweitens, wie Hitler in den Jahren des Niedergangs seines Reiches sowie der militärischen Krisen und Katastrophen an der Front, beginnend mit der Kapitulation Stalingrads im Januar/Februar 1943, seine Getreuen durch Geldzahlungen enger an sich zu binden suchte.

Es waren eben nicht nur die runden Geburtstage in den Kriegsjahren, sondern auch die sich verschärfende Krise des Dritten Reiches, welche die Dotationen reichlich fließen ließen.

4. Führende Offiziere der Wehrmacht und Führer der Waffen-SS

Die Vergabe von Dotationen an hohe Offiziere und Führer der Wehrmacht und Waffen-SS ist aus mehreren Gründen ein besonders beschämendes Kapitel. Denn dieser Personenkreis hat sich sehr gerne auf »preußische Tugenden« wie Bescheidenheit, einfache Lebensführung, Unbestechlichkeit und ein besonders hochentwickeltes Ehrgefühl berufen. »Mehr sein als scheinen« und »Dienen statt Verdienen« wurden als Binsenweisheiten des Offizier-Berufsstandes jedem Fahnenjunker während seiner Ausbildung beigebracht. Allerdings belegt die Annahme von Hitlers Geschenken, daß sich viele gerade umgekehrt verhielten und dem Grundsatz »Dienen und Verdienen« folgten. Das schlechte Gewissen der mit Dotationen bedachten Offiziere zeigte sich nach dem Krieg, als sie in ihren Memoiren die Zuwendungen meist verschwiegen.

Die Stellungnahmen von Familienangehörigen der nächsten Generation zu den Dotationen, die ihre Väter entgegengenommen haben, sind verständlicherweise apologetisch: Nicht selten wurde behauptet, die Dotation sei ihnen geradezu aufgedrängt worden und die Empfänger hätten von sich aus nichts in dieser Beziehung unternommen. Die Nachkommen von Generaloberst Guderian führen beispielsweise an, der General sei im Frühjahr 1943 »aufgefordert worden, sich ein

Gut auszusuchen«.[1] Andere sehen in der Regel nachträglich keinen Anlaß, die mitunter bis heute im Familienbesitz befindlichen Grundstücke und andere Vermögenswerte zurückzugeben.

Um eine gesicherte Bewertungsgrundlage zu erhalten, werden im folgenden Kapitel nur Fälle von Dotationen erwähnt, die eindeutig aus den Akten zu belegen sind. Dabei ist der Hinweis zu wiederholen, daß weder die überlieferten Akten der Reichskanzlei noch die des Reichsfinanzministeriums als vollständig angesehen werden können.[2] Andererseits enthalten sie in Vermerken auch indirekte Hinweise auf Dotationen, die anderswo bisher nicht belegt werden konnten. Eifersüchteleien untereinander und abträgliche Urteile der Feldmarschälle und Generale übereinander, die auch Gerüchte über Dotationen zum Inhalt haben, bleiben hier außer Betracht, weil sie nicht zweifelsfrei zu belegen sind.[3]

Erfolglos ist der Versuch, bei der Vergabe der Dotationen und Geschenke an höchste Uniformträger des Reiches ein System oder einen roten Faden zu finden oder die Frage zu beantworten, nach welchen Gesichtspunkten ein Teil der Beschenkten Güter, ein anderer große Geldsummen erhielten und wieder andere überhaupt nichts. Denn die an Hitler herangetragenen Vorschläge für Dotationen kamen als Empfehlung und Aufträge aus der Adjutantur – hier vor allem über Oberst d. G. (ab 1942 Generalmajor) Rudolf Schmundt[4] – und aus der engsten Umgebung des »Führers«. Sie wurden – abgesehen von den Geburtstagen – nicht näher begründet. Einige Generale regten auch selbst die Vergabe von Dotationen für sich an, indem sie die Reichskanzlei um Mithilfe beim Erwerb von Landbesitz baten und somit entweder eine Erhöhung schon erhaltener Dotationen anstießen, oder sie gelangten, auf die Freigebigkeit des »Führers« vertrauend, durch diese direkte Bitte tatsächlich zum Erfolg.

Allgemein kann man feststellen, daß bei den Dotationen an Politiker und Parteiführer Geldzahlungen überwogen und die Vergabe von Landbesitz die Ausnahme darstellte. Bei Offizieren war der Wunsch, mit Hilfe der Geldbeträge zu Land und Gütern zu kommen oder sich gleich für ein Gut zu interessieren, weitaus ausgeprägter und auch erfolgreicher. Die schon erwähnte kritische Bemerkung des ehemaligen deutschen Botschafters in Rom, Ulrich von Hassell, in seinem Tagebuch vom 20. April 1943, »der Mehrzahl der Generale seien die Karriere, die Dotationen und der Marschallstab wichtiger als die großen auf dem Spiele stehenden sachlichen Gesichtspunkte und sittlichen Werte«, ist angesichts der reichlich fließenden Dotationen, die nachstehend dargestellt werden, keineswegs unbegründet.

1940/41

Nach der Eroberung Polens, der Einverleibung großer Territorien in das Deutsche Reich und dem unverhofft raschen Sieg über Frankreich stand Hitler im zweiten Halbjahr 1940 im Zenit seiner Macht. In dieser Zeit entschloß er sich, analog zur Ehrung des Reichspräsidenten von Hindenburg in den Zwischenkriegsjahren auch dessen ersten Generalquartiermeister bei der Obersten Heeresleitung im Ersten Weltkrieg, General Erich Ludendorff, der bereits am 20. Dezember 1937 gestorben war, als deutschen Heerführer zu ehren, obwohl sich Ludendorff, wie Hitler bekannt war, sehr kritisch über ihn geäußert hatte. In einem Schreiben vom 27. Januar 1941 teilte Oberst Schmundt Reichsminister Lammers mit, der »Führer« habe angeordnet, »daß mit Rücksicht auf die unvergänglichen Verdienste des Generals der Infanterie Ludendorff seine Geburtsstätte, das in der Nähe von Posen liegende Gut Kurszewnia, jetzt Gut Ludendorff, modern ausgebaut und vergrößert wird. Der Führer beabsichtigt nach Fertigstellung dieses modernen Ausbaus, das Gut in Form einer Dotation den männlichen Erben der Familie Ludendorff zu übereignen.«[5] Hierzu sei bereits der volksdeutsche Besitzer durch ein anderes Gut entschädigt, das Gut selbst durch Hinzukauf einzelner Grundstücke arrondiert worden und die Planungen für den Ausbau stünden vor dem Abschluß. Der »Führer« wünsche, daß der Aus- und Umbau auch während des Krieges durchgeführt werden solle. Beauftragt sei der Reichsstatthalter im Reichsgau Wartheland, Arthur Greiser, dem Lammers für die ersten Maßnahmen 200000 RM zur Verfügung stellen solle.

Eine erste Weisung für diese von Schmundt geschilderten Aktivitäten war bereits am 4. September 1940 direkt von Hitler an Greiser in Posen erteilt worden. In einer Studie »Referat über den Auftrag ›Ehrung General Ludendorff‹« wurde dann generalstabsmäßig eine Beurteilung der Lage und der nächsten Schritte vorgenommen.[6] Treuherzig-völkisch schrieb der beauftragte Regierungs- und Kulturrat des Reichsgaues darin, »daß das zur Dotation bestimmte Gut allen Anforderungen entsprechen muß, die nach Kultur und Technik von einem deutschen landwirtschaftlichen Betrieb nicht nur zur Zeit gefordert wird, sondern auch in Zukunft gefordert werden muß. In erster Linie ergibt sich hieraus die Konsequenz, daß den Wohnungen der Gefolgschaft ein Kulturmaßstab angelegt wird, der es nicht nur ermöglicht, deutsche Landarbeiter zu beschäftigen, sondern auch die für die Zukunft selbstverständliche Forderung erfüllen kann, daß der deutsche Landarbeiter am zivilisatorischen und kulturellen Gute des deutschen Volkes seinen vollen Anteil erhält.« Die Studie hielt fest, daß der derzeitige Besitzer zu der Aufgabe seines Gutes bereit sei, wenn er hierfür das Gut Miegolewo, umbenannt in Gut Lindenhof, im Kreis Neutomichel erhalte. Der Entschluß hierzu fiel diesem sicher nicht schwer, denn sein neues Gut hatte die doppelte Größe des alten. Schon zuvor hatte die Adjutantur dem Reichsstatthalter bedeutet, daß der Besitzer sehr günstig abgefunden werden solle (»doppelt bis dreifach«).[7]

An der Tatsache, daß die Flächen zur Arrondierung des Gutes Ludendorff – insgesamt knapp 85 ha – sich in polnischem Besitz befanden, störte man sich nicht. Die Polen wurden vertrieben. Im Kostenvoranschlag steht der lapidare Satz: »Bargeldmittel zum Grunderwerb des Ersatzgutes oder der polnischen bäuerlichen Höfe [sind] nicht erforderlich.«[8] Für die gesamte Dotationsangelegenheit mußten nach Angabe in der Studie Geldmittel in Höhe von insgesamt 1 612 400 RM zur Verfügung gestellt und ferner die nötigen Ausnahmegenehmigungen für das Bauvorhaben mitten im Krieg durch den zuständigen Reichsminister erteilt werden. Am 25. Februar 1941 stellte Lammers den Gesamtbetrag aus den Verfügungsmitteln des »Führers« bereit. Der Generalbevollmächtigte für die Regelung der Bauwirtschaft, Reichsminister Dr. Todt, wurde angewiesen, die Baumaßnahmen in die Dringlichkeitsliste I zur Genehmigung im Krieg aufzunehmen.

Mit Beginn des Balkan-Feldzuges im Frühjahr 1941, der Verstrikkung in die italienischen Mittelmeer-Abenteuer und schließlich nach dem Überfall auf die Sowjetunion am 22. Juni 1941 begann sich allerdings auch in der hohen Ministerialbürokratie ein Gefühl für die Kriegswirklichkeit zu regen. Zwar waren die Arbeiten auf Gut Ludendorff bereits in Gang gekommen, aber die Freigabe kontingentierter Baustoffe und die Aufnahme in die Liste der kriegswichtigen Bauvorhaben stockte. Todt bat in einem Schreiben »unter Berücksichtigung der gegenwärtigen Lage in der Bauwirtschaft [...] die

Durchführung dieses Bauvorhabens auf einen späteren günstigeren Zeitpunkt zurückzustellen«.[9] Auch aus dem Reichspropagandaministerium gab es Widerstand: Ministerialdirigent Ingmar Berndt erhob Einspruch, das Gut Dornbach dem Vorbesitzer des Gutes Ludendorff, Sarrazin, als Ersatz zu übertragen, da es ihm bereits zugesichert worden sei. Diesen Einspruch wies Gauleiter Greiser aber unmißverständlich zurück.[10]

Bei aller Verehrung für General Ludendorff sah sich Generalfeldmarschall Keitel ebenfalls nicht imstande, aus dem seiner Kontrolle unterstehenden Wehrmachtskontingent Eisen für den Ausbau der Geburtsstätte von General Ludendorff zur Verfügung zu stellen, wie im Oktober 1941 der Chef des Wehrwirtschafts- und Rüstungsamtes im Oberkommando der Wehrmacht, General Georg Thomas, mitteilte. So dümpelte das schwungvoll begonnene Projekt im Warthegau vor sich hin, bis die Reichskanzlei in einem Vermerk am 25. Januar 1944 feststellte, daß für die Dauer des Krieges von der Durchführung weiterer baulicher Maßnahmen im Rahmen der Dotationsangelegenheit Ludendorff Abstand genommen werden müsse.[11]

Anläßlich des 65. Geburtstags von Großadmiral Erich Raeder, des Oberbefehlshabers der Kriegsmarine, würdigte Hitler am 24. April 1941 dessen Treue und stete Gefolgschaft mit einer Dotation von 250000 RM.[12] Raeder hielt loyal zu Hitler. Er erklärte in einer Rede zum Heldengedenktag im November 1939 seine volle Übereinstimmung mit dem rücksichtslosen Kampf gegen den Bolschewismus und das »internationale Judentum«. Der Nationalsozialismus war für ihn eine aus dem Geist des Frontsoldatentums des Ersten Weltkrieges und wahrhaft deutschem Empfinden geborene Bewegung. Das Geschenk des »Führers war dazu bestimmt« – wie es in einem Vermerk der Reichskanzlei heißt –, »die Kosten des zur Zeit in Bau befindlichen Privathauses von Raeder zu decken«.[13] An diese Dotation schloß sich ein Briefwechsel zwischen Raeder und dem Staatssekretär im Reichsfinanzministerium, Fritz Reinhardt, an. Denn das Finanzamt Charlottenburg-West hatte Anfang 1942 festgestellt, daß Großadmiral Raeder in seiner Einkommenserklärung keine Zinsen aus der Dotation angegeben und in seiner Vermögenserklärung zum 1. Januar 1942 Angaben gemacht hatte, in denen die Dotation nicht enthalten war.[14] Selbstverständlich ging Staatssekretär Reinhardt nicht von einer Täuschung des Finanzamtes aus, sondern nahm an, »daß Großadmiral Raeder der Meinung ist, die Werte, die aus der Dotation entstehen, seien auch vermögenssteuerfrei, und die Beträge daraus seien für alle Zeiten einkommenssteuerfrei.«[15]

Reichsminister Lammers kam die unangenehme Aufgabe zu, mit Schreiben vom 15. April 1942 den Großadmiral auf die Sache aufmerksam zu machen.[16] Schon zwei Tage später, am 17. April 1942, antwortete dieser in einem vierseitigen Handschreiben, daß er »bona fide« davon ausgegangen sei, daß der zur Verfügung gestellte Betrag weiterhin steuerfrei bleiben solle. Nun sei er selbstverständlich bereit, die ergänzenden Steuererklärungen abzugeben.[17] Es spricht alles dafür, daß Raeder keine Steuerhinterziehung beabsichtigt hatte. So akzeptierte es auch Lammers.[18] Offensichtlich ist jedoch, daß Vergabe und Annahme der Dotationen – wie in anderen Fällen auch – vom Empfänger so vertraulich behandelt wurden, daß er sich darüber selbst in Fragen der steuerlichen Abrechnung der Erträge nicht beraten hat. Nach dem Krieg gab Raeder als Angeklagter vor dem Nürnberger Gerichtshof der Alliierten zu verstehen, daß er wie Hindenburg und Mackensen die Dotation als besondere Auszeichnung durch Hitler empfangen habe.[19]

Am 5. September 1941 feierte man auf dem Gefechtsstand der Heeresgruppe Nord an der Ostfront den 65. Geburtstag des Oberbefehlshabers dieser Heeresgruppe, Generalfeldmarschall Wilhelm Ritter von Leeb.[20] Um 11.00 Uhr erschien dazu der Chefadjutant des »Führers«, Oberst Schmundt, und überbrachte die Glückwünsche Hitlers sowie einen Scheck in Höhe von 250000 RM.[21] Dieser wurde wie üblich diskret überreicht. In der Notiz eines Teilnehmers der Geburtstagsfeier, des Adjutanten von Leebs, Oberstleutnant Frhr. von Grießenbeck, heißt es: »Um 11.00 [Uhr] kam der Adjutant des Führers, Oberst Schmundt, und brachte die Wünsche des Führers; zum Frühstück waren acht Herren [...]. Der Adjutant des Führers blieb nicht zum Frühstück da. Der Adjutant des Führers soll [...] dem OB eine Dotation in Form eines Schecks gebracht haben. Ein Kapital zum Kauf einer Villa oder Sicherung des Lebensabends. Die Höhe wurde nicht genannt [...].«[22]

Ritter von Leeb war kein Nationalsozialist. Kritisch hatte er den Weg Deutschlands in den Zweiten Weltkrieg gesehen. Er mißbilligte im Herbst 1939 den beabsichtigten Bruch der belgischen und niederländischen Neutralität und wollte deshalb die Militäropposition um Generalstabschef Halder unterstützen. Der Führungskunst Hitlers stand er kritisch gegenüber. Der noch in Ehrbegriffen kaiserlicher und königlicher Zeiten wurzelnde Offizier Leeb ist ein Paradebeispiel für die Verführungskraft der Hitlerschen Gelddotationen. Zwar behauptet sein Biograph Georg Meyer in der Einführung zu den von ihm herausgegebenen Tagebuchaufzeichnungen Leebs, das Geldgeschenk habe den Generalfeldmarschall »verwirrt« und »bestürzt«, ohne darzulegen, woher er dies weiß.[23] Die Dotation sei von Hitler »listig mit einem Dank für Ritter von Leebs erfolgreiche Operation am Ende des Frankreichfeldzuges« verbunden worden. Fest steht aber, daß Leeb während seines Ruhestandes sich mit dem Geld um den Ankauf einer Immobilie bemühte, dazu wieder die Reichskanzlei einschaltete und zum Schluß sogar noch eine weitere stattliche Dotation erlangte.

Am 16. September 1941 dankte er als Oberbefehlshaber der Heeresgruppe Nord erst einmal in einem handschriftlichen Schreiben Reichsminister Lammers für »die gütige Mitteilung« über die »Steuerfreiheit des zur Verfügung gestellten Betrages«.[24] Doch damit war die Angelegenheit noch nicht erledigt. Nachdem der Generalfeldmarschall am 12. Januar 1942 nach Differenzen über die Operationsführung am Nordabschnitt der Ostfront bei Hitler um seinen Abschied gebeten und ihn am 16. Januar auch erhalten hatte, lebte er in seinem Haus in Solln, einem Vorort von München, das er sich beim Ausscheiden aus dem aktiven Dienst am 1. März 1938 gekauft hatte. Seine Bemühungen, auf dem üblichen Grundstücksmarkt für seine Dotation von 250000 RM ein größeres Grundstück mit einem kleinen Landhaus zu kaufen, blieben danach jedoch erfolglos.

Daher wandte er sich am 26. März 1943 an Reichsminister Lammers und schilderte ihm sein Problem: Er wolle auch weiterhin in Solln wohnen bleiben, wünsche sich aber auch einen Besitz auf dem Lande, »um dort im Sommer einige Monate in Ruhe und fern von den täglich drohenden Fliegerangriffen verbringen zu können«.[25] Da für ihn und seine Bedürfnisse ein »kleines einfaches Landhaus« genügen würde, möchte er für den Rest der stattlichen Summe Land dazuerwerben. Da er aber von Landwirtschaft »nichts verstehe«, schwebe ihm vor, »einen größeren Wald mit einem kleinen Landhaus zu kaufen« oder, wenn ein solches Objekt nicht zu erhalten sei, »nur einen Wald zu erwerben und dazu ein kleines Landhaus zu bauen«. Da in den schweren Kriegsjahren selten jemand Grundstücke verkaufte und, wenn etwas angeboten wurde, der Staat sofort die Hand auf das Objekt legte und außerdem der Erwerb von landwirtschaftlichen Flächen durch nicht dem »Nährstand« angehörende Personen genehmigungspflichtig war, bat er Lammers um Hilfe. Leeb meinte, daß es dem Willen des »Führers« entspreche, wenn er sich einen Wald kaufe, und er glaubte, daß ein Hinweis der Reichsregierung an die bayerischen Landesbehörden ihm dabei sehr behilflich sein könne. Das Waldstück sollte möglichst in Alt-Bayern liegen, d.h. »südlich der Donau«. Leeb schloß seine Bitte mit dem Satz: »Daß die Angelegenheit als vertraulich anzusehen ist, bedarf wohl keiner besonderen Erwähnung.«[26] Lammers bestätigte den Eingang des Schreibens am 9. April und teilte nur mit, daß er die erforderlichen Kontakte aufgenommen habe. Er hoffe, über deren Ergebnis in Kürze berichten zu können.[27]

Es ist immer wieder erstaunlich, wofür der »Führer und Reichskanzler«, Reichskriegsminister und Oberbefehlshaber der Wehrmacht und des Heeres, Adolf Hitler, in schweren Kriegszeiten noch Zeit erübrigen konnte. Denn am 10. Mai 1943 hat Lammers den Wunsch von Leeb dann auch Hitler vorgetragen und danach den Auftrag erhalten, sich für den Generalfeldmarschall einzusetzen.[28] Lammers bat am 20. Mai den mit der Führung der Geschäfte des bayerischen Ministerpräsidenten beauftragten NSDAP-Gauleiter Giesler, den zuständigen Behörden in Bayern entsprechende Weisungen zu erteilen und sich unmittelbar mit Leeb in Verbindung zu setzen.[29] In einem Handschreiben dankte der Generalfeldmarschall am 26. Mai Lammers, daß dieser in seiner Angelegenheit dem »Führer« persönlich Vortrag gehalten hatte.[30] Er bat zugleich, Hitler seinen Dank zu übermitteln. Leeb hoffte auch, Reichsminister Lammers nach Abschluß der Angelegenheit einmal auf seinem Waldstück als Gast empfangen zu können.

Es stellte sich jedoch bald heraus, daß es auch für nationalsozialistische Regierungsstellen und den Gauleiter außerordentlich schwer war, in Oberbayern ein geeignetes Gut zu finden, da kein Eigentümer verkaufsbereit war. So schlug Giesler vor, das Gut Hohenburg bei Lenggries, das bisher im Eigentum der Großherzogin von Luxemburg stand und jetzt vom Deutschen Reich verwaltet wurde, dem Generalfeldmarschall von Leeb zu übereignen. Dabei handelte es sich, wie Giesler mitteilte, um ein »recht großes Objekt mit einem schönen Haus«.[31] Noch bevor sich allerdings der Gauleiter mit Leeb am 10. Juni treffen konnte, stellte die Reichskanzlei fest, daß das Auswärtige Amt an diesem ausländischen Besitz interessiert war, so daß eine Veräußerung nicht in Frage kam.[32]

So blieb nur der Weg, dem Generalfeldmarschall Waldflächen aus staatlichem Besitz anzubieten, denn aus privater Hand war, nach Mitteilung Gieslers, heute kein derartiges Objekt zu erwerben. Es seien dem Generalfeldmarschall ca. 20 Waldobjekte in Schwaben, Ober- und Niederbayern angeboten worden. Giesler berichtete: »Nun hat er sich entschlossen (nachdem ihm zunächst nur ein Teil des Distriktes angeboten worden war), den ganzen Distrikt XXIII des Forstamtes Seestetten westlich Passau, ca. 1 km südlich der Donau, vom Lande Bayern zu erwerben. Die Waldparzelle Distrikt XXIII umfaßt ca. 211 ha und hat nach überschläglicher Schätzung einen Wert von ca. 660000 RM«.[33]

Vor seiner Entscheidung bat Gauleiter Giesler jedoch um die Meinung der Reichskanzlei, weil er der Ansicht war, daß »die Wünsche des Generalfeldmarschalls« doch »wesentlich über das Ziel hinausschießen«.[34] Er habe bisher immer an ein Objekt von ca. 300000 RM gedacht, gab aber auch zu bedenken, daß es zweckmäßig sei, den Distrikt XXIII nicht zu teilen, da dann die Waldstücke durch die Trennung in der Bewirtschaftung unrentabel sein würden. Dies erkannte allerdings auch Leeb, der in einem Brief an die bayerische Landesforstverwaltung in München nochmals sein Interesse am Walddistrikt XXIII zum Ausdruck brachte. Er wollte 400000 RM anzahlen und den Rest in mehreren Raten oder durch eine Bankhypothek begleichen.[35] Erneut hielt Lammers dem »Führer« Vortrag mit dem Ergebnis, daß dieser einverstanden war, daß Leeb den gesamten Distrikt XXIII des Forstamtes Seestetten zum Preis von 660000 RM erhielt. Lammers notierte sich am 12. November 1943: »Der Führer ist bereit, den die Bardotation übersteigenden weiteren Betrag Ritter von Leeb als weitere Dotation zu bewilligen. Reichsleiter Bormann hat Kenntnis.«[36]

Mit dieser großzügigen Geste Hitlers belief sich die Dotation für Leeb zu Lasten des Steuerzahlers im Großdeutschen Reich zunächst auf insgesamt 660000 RM. Unklar bleibt, ob Leeb von sich aus reale finanzielle Vorkehrungen traf, um den ihm fehlenden Betrag für den Erwerb des Waldes aufzubringen. Er hätte dann über Hitlers Bereitschaft, auch den restlichen Betrag voll zu übernehmen, nicht unterrichtet gewesen sein dürfen.

Allerdings informierte Lammers kurz darauf den Gauleiter von Hitlers Entscheidung über die weitere Dotation.[37] Leeb bedankte sich am 23. November 1943 sowohl bei Lammers als auch bei Giesler für das weitere Geschenk und die Mithilfe beim Erwerb des Waldgeländes des Forstamtes Seestetten.[38] In einem besonderen Brief an den »Führer« dankte er zudem für dessen Großherzigkeit: »Ich bin sehr erfreut darüber, einen deutschen Wald besitzen zu dürfen, dessen pflegliche Behandlung ich mir besonders angelegen sein lassen werde.«[39] Leeb teilte Hitler auch mit, daß er »mit heißem Herzen« die »schweren Kämpfe im Osten« verfolge. Er meinte, »daß die Angriffskraft der Sowjets sich doch allmählich erschöpfen muß und für die Ostfront wieder eine Zeit der Festigung und Sammlung kommen wird. Man wird wohl auch im Laufe der Zeit mit der ›2. Front‹ rechnen müssen.« Er hoffte zudem, daß dem »Führer« ausreichende Verbände zur Verfügung stünden, um auch dieser Bedrohung Herr zu werden.

Im Januar und März 1944 drängte Leeb die bayerische Landesforstverwaltung und Gauleiter Giesler, die Übergabe an ihn zu beschleunigen. Immerhin konnte im April 1944 nach Verrechnung des laufenden jährlichen Holzeinschlags für 1944 mit dem Gesamtwert des Forstdistrikts dessen Preis von 660000 RM auf 638000 RM für den zu unterzeichnenden Vertrag und die Erstattung aus der Reichskasse gesenkt werden, worum Lammers zuvor gebeten hatte.[40]

In der Reichskanzlei hatte man inzwischen Überlegungen angestellt, die Übertragung von Landbesitz als Dotation durch einen generellen »Führererlaß« in einer würdigeren Form als der bloßen notariellen Unterzeichnung eines Kaufvertrages, wie bei einem normalen Geschäftsabschluß, zu vollziehen.[41] Dies wurde im April 1944 sowohl dem bayerischen Gauleiter als auch Generalfeldmarschall Ritter von Leeb mitgeteilt.[42] Diese Überlegungen der Reichskanzlei und die erforderlichen Mitzeichnungen durch andere Reichsressorts führten zu einer Verzögerung der Übereignung an Leeb.[43] Deshalb schrieb dieser am 27. Juni 1944 noch einmal an Reichsminister Lammers und drängte im Hinblick auf sein Alter von 68 Jahren auf einen baldigen Abschluß der Angelegenheit.[44] Anläßlich eines weiteren Vortrags von Lammers beim »Führer« über zusätzliche Dotationen an Generalfeldmarschall Keitel und die Familie des verstorbenen Generalfeldmarschalls von Reichenau am 13. Juli 1944 entschied Hitler überraschend, daß Generalfeldmarschall Ritter von Leeb der volle Kaufpreis von 638 000 RM aus Mitteln für allgemeine Zwecke erstattet werden solle[45], so daß Leeb über die 250 000 RM aus der ersten Dotation weiterhin frei verfügen konnte und er folglich insgesamt 888 000 RM steuerfrei als Gesamtbetrag von Hitler und damit vom Steuerzahler erhielt. Leeb dankte dann auch »herzlich« für diese »sehr erfreuliche Mitteilung«.[46]

Der Generalfeldmarschall erwarb am 16./17. August 1944 einen Waldbesitz nördlich von Passau an der Donau im Umfang von 213 843 ha. Die Urkunde wurde notariell am 28. August 1944 in Vilshofen/Niederbayern hinterlegt[47]; am 11. Oktober 1944 meldete Giesler an Lammers, der Waldverkauf an Leeb sei »endgültig durchgeführt«.[48] In einem handschriftlichen Brief vom 26. Juli 1944 an Hitler dankte der Feldmarschall für die großzügige Überweisung der gesamten Summe und fuhr fort: Ich »benütze die Gelegenheit, Ihnen für die wunderbare Errettung vor dem ruchlosen Anschlage meine tiefgefühlten Glückwünsche auszusprechen. Sieg dem deutschen Heere, Heil Hitler, Leeb.«[49] Mit dem »ruchlosen Anschlag« war das Attentat Graf Stauffenbergs vom 20. Juli 1944 gemeint.

Die Bewertung der Dotation an Generalfeldmarschall Ritter von Leeb unterliegt zwei Gefahren: Da der erworbene Landbesitz nicht durch Kriegseinwirkungen verlorengegangen ist, wie in vielen anderen Fällen, in denen die Güter im Warthegau oder in anderen eroberten Gebieten des Ostens lagen, befindet sich heute das auf ca. 2,2 Millionen DM geschätzte Waldgebiet noch im Besitz der Familie Leeb. Folglich zieht sie die Kritik der zweifachen Annahme des großzügigen Geschenks Hitlers in besonderem Maße auf sich. Der Sohn des Feldmarschalls erklärte am 25. Juni 1998 in einer Sendung des ZDF, daß er keinesfalls die Absicht habe, das Waldgelände an Bayern zurückzugeben.[50] Das erneute Bekanntwerden dieser Dotation führte dann auch zu Anfragen im bayerischen Landtag. Die andere Gefahr besteht im Kaschieren oder Beschönigen der Dotationen an den Feldmarschall. Einen solchen Vorwurf hat der US-amerikanische Historiker Gerhard L. Weinberg gegenüber dem Herausgeber der Leebschen Tagebuchaufzeichnungen erhoben.[51]

Bezeichnenderweise erteilte auch der bayerische Staat auf eine Anfrage vom 26. Juni 1996, ob sich die Eigentumsrechte nach der Übertragung im Jahre 1944 noch im Besitz der Familie Leeb befänden oder ob der Waldbesitz wieder an den bayerischen Staat zurückgefallen sei, eine ausweichende Auskunft. Am 12. August 1996 erklärte der bayerische Staatsminister Bocklet, er bedauere, mitteilen zu müssen, daß in seinem Hause keine Unterlagen zu dieser bereits 52 Jahre zurückliegenden Liegenschaftsangelegenheit mehr vorhanden seien.[52] Diese Antwort spricht für sich, denn hätte der Minister einen seiner Referenten für das zuständige Forstamt gefragt, hätte dieser ihm zweifellos bestätigen können, daß sich die Forstflächen noch im Familienbesitz Leeb befinden. Erst unter dem Druck der Öffentlichkeit bequemte sich der Pressesprecher desselben Ministeriums im Juni 1997 zu einer ausführlicheren Auskunft über die Dotation Hitlers, die als zutreffender Sachverhalt weiterhin Bestand hat.[53] Immerhin hatte Leeb nach dem Krieg am 22. Februar 1946 eine Steuernachzahlung von 75 000 RM für die erste Dotation von 250 000 RM (also 30 %) zu leisten.[54]

Der 65. Geburtstag eines anderen prominenten Heerführers am 12. Dezember 1941 war ebenso Anlaß für eine Dotation Hitlers über 250 000 RM. Sie fiel an Generalfeldmarschall Gerd von Rundstedt, der ab Juni 1941 Oberbefehlshaber der Heeresgruppe Süd in der Ukraine gewesen ist.[55] Rundstedt bat im November 1941 unter Hinweis auf seine sich verschlechternde Gesundheit darum, als Oberbefehlshaber an der südlichen Ostfront abgelöst zu werden. Hitler entsprach der Bitte und übertrug den Oberbefehl über die Heeresgruppe an Generalfeldmarschall von Reichenau. Gleichwohl erhielt Rundstedt danach eine Dotation. Der Generalfeldmarschall hatte zunächst die Absicht, die Einlösung des Schecks bis zu seiner Genesung zurückzustellen, und schuf damit ungewollt die Legende, er habe den Scheck zwar entgegengenommen, aber nicht eingelöst. Auf Veranlassung der Reichskanzlei machte Chefadjutant Schmundt im Februar 1942 Rundstedt darauf aufmerksam, daß der Scheck binnen einer Woche hätte eingelöst werden müssen, und bot ihm wegen der Anlage des Betrages die Dienste des Bankhauses Dellbrück an.[56] Aus seiner

Kur in Kassel teilte der Generalfeldmarschall Rundstedt Lammers am 22. Februar 1942 mit, er habe den Scheck erst nach der Genesung einlösen und nach siegreichem Krieg zum Erwerb einer Immobilie verwenden wollen, da er zur Zeit noch keine Kaufentscheidung treffen könne.[57] Schließlich löste »des Führers gehorsamer Diener« den Scheck am 5. März 1942 doch ein[58], damit er nicht verfiel, denn auch Lammers hatte Rundstedt darauf aufmerksam gemacht, daß die Laufzeit des Schecks eigentlich nur eine Woche betrage.[59]

1942

1942 kam es an den Fronten in Ost und Süd noch einmal zu beachtlichen Erfolgen der Wehrmacht, aber immer mehr wurde die hoffnungslose kriegswirtschaftliche Unterlegenheit des Deutschen Reiches gegenüber den Alliierten erkennbar. Die Rüstungs- und Kriegsausgaben des Reiches betrugen inzwischen knapp 70 % des Volkseinkommens. Durch die Bildung der sogenannten »eisernen Reserve« wurde ein bestimmter Anteil des Lohns der Arbeitnehmer bei einer Bank hinterlegt mit der Maßgabe, daß er nicht früher als 12 Monate nach Kriegsende abgehoben werden konnte. Dadurch gewann der Staat zusätzliche Kreditmittel, die er dringend benötigte. Die Lebensmittelrationen bei Fleisch und Fett wurden gekürzt, und allmählich verschlechterte sich die Qualität der Lebensmittel; zahlreiche Ersatzstoffe sollten den Mangel an kriegswichtigen Rohstoffen ausgleichen. Während ein qualifizierter Arbeiter 1928 im Schnitt noch einen Stundenlohn von 95,9 Pfennig bekommen hatte, erhielt er 1942 nur noch 80,8 Pfennig bei einer durchschnittlichen Wochenarbeitszeit von 48 Stunden. Vor diesem Hintergrund erhielten die umfangreichen Dotationen Hitlers einen besonderen Wert.

Als SS-Obergruppenführer und General der Waffen-SS Sepp Dietrich, einer der ältesten Anhänger Hitlers, Kommandeur der SS-Leibstandarte und später der 6. SS-Panzerarmee, am 28. Mai 1942 seinen 50. Geburtstag feierte, erhielt er von Hitler eine Dotation von 100 000 RM.[60] Mit dieser stattlichen Summe wurde Dietrich als Sohn armer Eltern aus Bayern und als typischer »Volksgeneral« ausgezeichnet. Hitler sagte ihm auch Dank für die Treue während der Röhm-Affäre 1934, in der dieser das Mordkommando geleitet hatte, dem prominente SA-Führer wie Ernst Röhm, aber auch alte Kameraden und Freunde zum Opfer gefallen waren. Anläßlich der Dotation an Dietrich stellte das Finanzamt Berlin-Mitte zugleich mit dessen Steuerberater fest, daß der SS-Führer jahrelang hohe Vermögensbeträge bei der Steuerveranlagung nicht angegeben hatte.[61] Insofern hatte Dietrich von der Dotationsgewährung nicht nur finanzielle Vorteile.

Auch ein anderer skrupelloser SS-Führer, der mittlerweile an der Ostfront als Divisionskommandeur der Waffen-SS eingesetzt war, wurde von Hitler ähnlich bedacht: Der SS-Obergruppenführer und General der Waffen-SS Theodor Eicke[62], der von 1934 bis 1939 Inspekteur aller Konzentrationslager und SS-Wachverbände (Totenkopf-Verbände) gewesen war, erhielt ebenfalls anläßlich seines 50. Geburtstages am 17. Oktober 1942 eine Dotation. Hitler schenkte diesem »Getreuen«, inzwischen seit November 1939 Kommandeur der SS-Totenkopf-Division, für seine »Verdienste und Bewährung an der Front« 50000 RM.[63]

Ebenfalls zum 50. Geburtstag am 30. März 1942 bekam Generalfeldmarschall und Generalinspekteur der Luftwaffe Erhard Milch, ein enger Freund Speers, seinem Rang als Staatssekretär entsprechend 250000 RM.[64]

Schon frühzeitig zu Beginn des Krieges müssen Gerüchte über zu erwartende Dotationen in höheren Kreisen eine Rolle gespielt haben, wie einer Bemerkung Ulrich von Hassells in seinen Tagebüchern zu entnehmen ist. Am 27. Januar 1940 hielt er fest, der spätere Feldmarschall von Bock sei ein »eitler Geck«, »der an seine künftige Dotation denke«.[65] Eine spätere Dotation an Bock läßt sich allerdings aus den Akten der Reichskanzlei nicht belegen.

Ähnliches gilt für den Oberbefehlshaber des Heeres bis zum Dezember 1941, Generalfeldmarschall Walther von Brauchitsch. Entgegen zahlreichen früheren Behauptungen – auch in Memoiren – konnten Karl-Heinz Janßen und Fritz Tobias belegen, daß Hitler in der Scheidungssache von Brauchitsch im Jahre 1938 keine Gelder an ihn hat überweisen lassen.[66] Der General zahlte die Scheidungsfolgekosten selbst. Ohne sein Wissen jedoch verhandelte der Chef der Reichskanzlei Lammers mit dem Rechtsanwalt der geschiedenen Frau über deren finanzielle Sicherstellung und über eine Aufbesserung ihrer Rente in Höhe von 800 RM. Erst 1942 ist für von Brauchitsch ein Geschenk Hitlers in den Akten nachweisbar. Er erhielt als

Geburtstagsgeschenk – der allerdings schon am 4. Oktober 1941 gewesen war – ein Gemälde von Wilhelm Dietz im Werte von 12 000 RM. Die Rechnung der Lieferfirma Heinrich Hoffmann, München, tauchte erst im März 1942 in den Akten der Reichskanzlei auf.[67]

Der 60. Geburtstag des Chefs des Oberkommandos der Wehrmacht, Generalfeldmarschall Wilhelm Keitel[68], am 22. September 1942 fiel mitten in eine militärische Krise um den Vormarsch zum Kaukasus, in deren Verlauf Hitler eine Reihe von hohen Befehlshabern der Wehrmacht ablöste, darunter auch am 24. September den Generalstabschef des Heeres, Generaloberst Franz Halder. Im Zusammenhang mit einer von Hitler befohlenen Reise von Generaloberst Jodl zur Kaukasusfront im August 1942 war es ferner zu einer schweren Vertrauenskrise zwischen Hitler und seinen engsten Beratern Keitel und Jodl gekommen. Gleichwohl erhielt Keitel anläßlich seines Geburtstages eine Dotation in Höhe von 250 000 RM.[69]

Die Verstimmung über die Operationsführung der Heeresgruppe A am Südabschnitt der Ostfront führte jedoch zur Änderung der üblichen Prozedur. Hatte der persönliche Adjutant des Führers, SS-Gruppenführer Julius Schaub, noch am 14. August 1942 an Reichsminister Lammers geschrieben, daß der »Führer« Generalfeldmarschall Keitel an seinem Geburtstag selbst den Scheck überreichen wolle[70], so teilte er am 15. September 1942 der Reichskanzlei mit, der zur Überreichung an den Feldmarschall erbetene Scheck solle nunmehr nicht in das Führerhauptquartier übersandt werden, da der »Führer« angeordnet habe, daß der Scheck mit einem Schreiben von ihm durch Reichsminister Lammers zu überreichen sei.[71] In dem Brief an den »lieben Herrn Feldmarschall« verband der Diktator mit seinen Glückwünschen die Hoffnung, daß Keitel noch lange Jahre vergönnt sein möge, in voller Gesundheit seine Kraft dem Leben und Kampfe der Wehrmacht zu widmen. Hitler erklärte zudem: »Ich selbst [...] möchte Ihnen anläßlich dieses Tages darüber hinaus meinen aufrichtigsten Dank aussprechen für die Treue und Ergebenheit, mit der Sie sich einst in den Tagen einer schweren Krise mir zur Verfügung gestellt haben. Ich weiß, daß sich an dieser, Ihrer inneren und äußeren Einstellung mir und meinem Werke gegenüber seitdem nichts geändert hat. Sehen Sie, Herr Feldmarschall, es daher nur als ein kleines Zeichen meiner persönlichen und der Dankbarkeit des deutschen

Volkes an, wenn ich in seinem Namen versuche, Ihnen dafür aus Anlaß des 60. Geburtstages bei der Gestaltung der Annehmlichkeiten Ihres privaten Lebens etwas behilflich zu sein.«[72]

Nach Erhalt der Dotation bat Keitel am 30. Dezember 1942 – zu dieser Zeit war Stalingrad eingekesselt, die Situation in Nordafrika kritisch, der Sieg über die Sowjetunion und auch die Alliierten in weite Ferne gerückt – Reichsminister Lammers um Hilfe beim Erwerb von Landbesitz. Der Feldmarschall hatte auch bereits ein spezielles Objekt im Auge: Auf einer beigefügten Karte waren Forstflächen der zur Oberförsterei Lamspringe gehörenden Waldflächen der Hannoverschen Klosterkammer eingezeichnet. Keitel hatte das väterliche Gut Helmscherode, das etwa 229 ha groß und diesen Ländereien benachbart war, 1934 nach dem Tode seines Vaters und nach Abfindung seiner Geschwister geerbt. Er beabsichtigte nun, unter Einsatz seiner Dotation von 250000 RM und Ersparnissen in Höhe von 50000 RM sein Gut um diese staatlichen Forstflächen zu arrondieren.[73]

Lammers trug Keitels Wunsch Hitler vor und hielt in einem als geheim eingestuften Vermerk vom 2. Januar 1943 fest, daß der »Führer« damit »grundsätzlich einverstanden« sei.[74] Lammers bat danach den zuständigen Reichsminister Rust um weitere Bearbeitung der Angelegenheit, insbesondere um Angabe der genauen Schätzung des Bodenwertes, der Größe der Flächen und des errechneten Preises für die Arrondierung.[75] Zugleich schrieb Keitel am 17. März selbst an Rust, der ihm am 24. März antwortete, daß er bereits die erforderlichen Anweisungen erteilt habe.[76]

Dabei wurde festgestellt, daß die amtlichen Forstdienststellen den Wert der von Keitel angestrebten und von ihm selbst auf einer Karte bezeichneten Waldstücke mit 739340 RM erheblich höher einstuften als der Feldmarschall, denn sie gehörten zu den besten Standortklassen und waren auch größer, als Keitel sie angegeben hatte.[77] Der Feldmarschall wurde daher gebeten, seine Wünsche genauer anzugeben. Die Präzisierung der Wünsche des Chefs des Oberkommandos der Wehrmacht und die Bearbeitung durch die Reichsdienststellen zogen sich über das gesamte Jahr 1943 hin. Mit Schreiben vom 9. April 1944 legte Keitel schließlich geschickt zwei Entwürfe für Kaufverträge vor:[78] Entwurf 1 enthielt Grundstücke, die von ihm aufgrund seiner derzeitigen finanziellen Verhältnisse, d.h. unter Einsatz von 300000 RM, angekauft werden konnten. Er umfaßte eine Gesamtfläche von 175 857 ha. Ein Preis hierfür wurde nicht angegeben. Der Entwurf 2 enthielt alle zur Arrondierung möglichen oder gewünschten Grundstücke. Er kam auf eine Gesamtfläche von 246 288 ha. Als Preis wurde für diese erheblich größere Fläche der Betrag von 739 340,76 RM angegeben. Beide Kaufverträge waren bereits auf den 1. April 1944 als Übergabedatum datiert. Für die kleinere Fläche nach dem ersten Vertragsentwurf wurde dann im weiteren Bearbeitungsgang der Kaufpreis von 441 374,36 RM ermittelt.[79]

Es kann vermutet werden, daß Keitel bei der Bearbeitung der Angelegenheit auf die Großzügigkeit des »Führers«, die ihm gewiß bekannt gewesen sein dürfte, gesetzt hat. Denn Lammers notierte am 29. Juni 1944, daß der Feldmarschall drängte und, wenn es nicht in absehbarer Zeit zu seinem Vortrag beim »Führer« komme, sich auf den kleineren Komplex des Waldgebietes beschränken wolle.[80]

Am 13. Juli notierte Lammers: »Ich habe dem Führer Vortrag gehalten. Der Führer hat entschieden, daß Feldmarschall Keitel den Waldbesitz nach Vertragsentwurf II erhalten soll. Der Kaufpreis von 739 340,76 RM soll in voller Höhe aus Mitteln zu allgemeinen Zwekken bezahlt werden, ohne daß Feldmarschall Keitel genötigt ist, die ihm seinerzeit gewährte Bardotation in den Kaufpreis hineinzuwerfen. Feldmarschall ist zunächst fernmündlich von mir verständigt worden.«[81] Ergänzend schrieb er, daß Hitler ihn aufgrund seines Vortrages über die Dotationen an Keitel, von Leeb und an Reichenaus Familie ermächtigt habe, alle laufenden Dotationen, bei denen es sich um die Zuweisung von Grund und Boden handele, ohne besonderen Vortrag großzügig zu erledigen. Lammers solle sich dabei im ungefähren Rahmen derjenigen Summen halten, die der Führer bisher in vergleichbaren Fällen bewilligt habe.[82]

Trotz dieses persönlichen Erfolges war der Generalfeldmarschall noch immer nicht zufrieden. Am 18. August beschwerte er sich bei Lammers, der Leiter des Landeskulturfonds in Hannover, Präsident Stalmann, mache immer neue Schwierigkeiten, um den Abschluß des Verkaufs zu verzögern.[83] Keitel beklagte sich darüber auch in einem Brief beim zuständigen Reichsminister für Wissenschaft, Erziehung und Volksbildung, Bernhard Rust.[84] Allerdings erinnerte dieser in einem ungewöhnlich kühlen Antwortschreiben an den Generalfeldmarschall vom 24. August 1944, das auch nachrichtlich an Lammers ging, an die schwierigen Kriegsumstände im Reich: »Wenn es bisher noch zu keinem formellen Vertragsabschluß über den Kauf der gewünschten Forstflächen gekommen ist, so ist dies ausschließlich auf die durch die Kriegsverhältnisse bedingten Personal- und Verwaltungsschwierigkeiten zurückzuführen.«[85] Ebenso direkt hätte Rust dem Chef des Oberkommandos der Wehrmacht schreiben können, gerade er müsse ja wohl die angespannte Lage besonders gut kennen. Rust wies darauf hin, das Personal der Forstmeisterei Lamspringe befinde sich im Osteinsatz, Dienstgebäude der Verwaltung in Hannover seien durch Luftangriffe zerstört und viele Akten, darunter auch jene zum Keitelschen Kaufvorgang, seien dabei verbrannt, man verfüge ferner nur über überalterte Dienstkraftfahrzeuge, mit denen man nur mühsam von Hannover nach Lamspringe fahren könne, und sei deshalb auf zeitraubende Eisenbahnreisen angewiesen. Nachdem zudem der Besitz Keitels durch die Entscheidung des »Führers« auch noch größer ausgefallen sei, als ursprünglich angestrebt, seien weitere erneute Bearbeitungsvorgänge nötig geworden. Generös schloß Reichsminister Rust, man werde sich trotzdem bemühen, »den endgültigen Vertragsabschluß trotz aller oben geschilderten Belastungen mit kriegswichtigen Arbeiten umgehend zu beenden«.[86]

Nach weiterem Schriftverkehr und Streit über die Verzinsung des Kaufpreises und die Erhebung von Verwaltungskostenzuschlägen[87] wurde der Kaufvertrag schließlich im September 1944 unter Dach und Fach gebracht.[88] Der Generalfeldmarschall, der auf den Schlachtfeldern schon lange keine Erfolge mehr zu verzeichnen hatte und allgemein als »Lakaitel« und »Bürogeneral« Hitlers bekannt war, konnte immerhin sein väterliches Gut in großem Stile auf Kosten des Volksvermögens arrondieren und bekam 764 331 RM geschenkt.[89]

Bei der Charakterisierung Keitels ist es üblich, die vielen negativen Urteile von Zeitgenossen und insbesondere von Generalskameraden über ihn aufzuführen. Kritisiert werden unter anderem seine »Beflissenheit«, »Feigheit«, »Willfährigkeit« und sogar »Charakterlosigkeit«. Er wird auch als »bedingungsloser Jasager« und »militärischer Bürovorsteher« bezeichnet.[90] Diese Schwarz-Weiß-Wertungen sind sicher einseitig und schnell dahingesagt, machen sie doch den obersten Soldaten der Wehrmacht nach Göring zum Sündenbock für alle Fehler und für die Verstrickungen der Wehrmachtsspitze in die Kriegsverbrechen der NS-Führung und lassen die Mitverantwortung der übrigen Generalstabsoffiziere außer acht. Aber immerhin hatte Keitel im Laufe seiner Karriere eine Reihe herausragender Positionen in der militärischen Führung bekleidet und mit anderen Generalen gemeinsam an vielen militärischen Vorhaben mitgewirkt; zudem war er mit der Familie Blomberg befreundet und arbeitete im Truppenamt eng mit von Manstein zusammen, so daß er als Beispiel der um Hitler gescharten militärischen Elite zu betrachten ist.

Im besonderen Maße stieß die Dotation für Generalfeldmarschall Hans-Günther von Kluge, Heeresgruppenoberbefehlshaber an der Ostfront und später Oberbefehlshaber West in Frankreich, anläßlich seines 60. Geburtstages am 30. Oktober 1942 in Höhe von 250000 RM[91] auf Kritik, da mehrere Zeitgenossen ihn während des Krieges für den militärischen Widerstand gegen Hitler gewinnen wollten oder ihn als Sympathisanten der Verschwörer einschätzten. So kritisierte Ulrich von Hassell in seinen Tagebuchaufzeichnungen am 6. März 1943 entrüstet, daß Kluge zwar den Scheck wohl nicht hätte formell ablehnen können, »daß er ihn aber einkassiert [hat], statt ihn vor vertrauten Zeugen in einen Panzerschrank als ewig untouchable zu verstauen, ist unbegreiflich«.[92] Oberstleutnant von Tresckows Ordonnanzoffizier, Oberleutnant Fabian von Schlabrendorff, wußte, daß Hitler den hohen Offizieren – vom Armeeführer an aufwärts – »aus seiner Schatulle Summen, die im Etat nicht ausgewiesen wurden, und die der Steuer nicht unterlagen, [zahlte]. Ein solches Geschenk war für die Ehrauffassung des deutschen Offiziers ein Schlag ins Gesicht. Denn Hitler nahm damit seine höheren Generale an ein goldenes, aber darum nicht weniger wirksames Leitseil.«[93] Seine weitergehende Behauptung, auf dem Scheck über 250000 RM für Kluge habe in Hitlers Handschrift gestanden: »Zu Ihrem Geburtstag, mein lieber Feldmarschall. 125000 Mark können Sie auf Ihrem Gute einbauen, Reichsminister Speer hat Anweisung«, muß allerdings bezweifelt werden.

Eine ausführliche Schilderung der Übergabe des Schecks und der nachfolgenden Diskussionen im Stabe gibt Rudolf-Christoph Frhr. von Gersdorff in seinen Memoiren:[94] »Am 30. Oktober 1942 feierte Feldmarschall von Kluge im Hauptquartier der Heeresgruppe Mitte in Smolensk seinen 60. Geburtstag. Wir Generalstabsoffiziere gingen mit dem neuen Chef des Generalstabes, General Krebs, am späten Vormittag in das Blockhaus des Feldmarschalls, um gemeinsam zu gratulieren. Während dieser Gratulationscour meldete der Ordonnanzoffizier Kluges, Oberleutnant Philipp Frhr. von Boeselager, das überraschende Eintreffen von Hitlers Adjutant General Schmundt. In seiner eleganten Art verneigte sich Schmundt vor dem Feldmarschall und sprach seine Glückwünsche aus. Dann zog er – offensichtlich verlegen – aus seiner Rocktasche einen großen Umschlag, den er Kluge mit einigen schwer verständlichen Worten überreichte. Ich stand in der Nähe und konnte erkennen, daß der Umschlag den Aufdruck ›Geheime Reichssache‹ trug. Kluge riß ihn mit spitzen Fingern auf und zog einen Reichsbank-Scheck über eine sechsstellige Summe – es sollen 200000 RM oder 250000 RM gewesen sein – mit der krakeligen Unterschrift Hitlers heraus. Wortlos steckte der Feldmarschall den Scheck in den Umschlag zurück und warf ihn dann scheinbar achtlos auf seinen Schreibtisch [...].«

Beim Frühstück des Stabes – Schmundt war inzwischen abgereist – habe Kluge die Frage gestellt: »Meine Herren, was tut man eigentlich, wenn man ein Trinkgeld bekommt?« Kluges Generalstabschef Krebs habe geantwortet, daß man diese Geste doch nicht so auffassen dürfe, schließlich hätten die Feldmarschälle Blücher, Yorck und Moltke auch Dotationen erhalten und angenommen. Kluge habe dann entgegnet, das sei etwas ganz anderes gewesen, da hätten Feldherren nach einem siegreich beendeten Krieg aus der Hand ihres Königs Dotationen in Form von Ländereien bekommen. Denen habe man »aber nicht während eines Krieges, dessen Ausgang noch höchst zweifelhaft sei, einen Scheck zugesandt«.

Tresckow habe dann gesagt: »Herr Feldmarschall, Sie wissen, wie sehr wir Sie verehren und welch große Verehrung Sie in der gesamten Heeresgruppe genießen. Wenn Sie sich das erhalten wollen, dann kann ich Sie nur bitten, sich so schnell wie möglich von diesem Geld zu trennen.« Kluge fragte: »Aber wie?« Boeselager sagte dann: »Ach, Herr Feldmarschall, das schicken wir dem Roten Kreuz.« Kluge antwortete nach Gersdorffs Bericht: »Halt's Maul, Frechdachs. Ja, meine Herren, das muß ich mir noch einmal überlegen.« Tresckow habe nochmals insistiert: »Herr Feldmarschall, ich möchte Sie erneut mit allem Nachdruck darauf hinweisen, daß Sie einen Weg finden müssen, dieses Geld wieder loszuwerden. Sie dürfen keinen Pfennig davon für sich verwenden.«[95]

Da der Vorgang dann am 3. November 1942 in der Reichskanzlei als erledigt zu den Akten gelegt wurde, kann davon ausgegangen werden, daß der Scheck auch eingelöst wurde, nachdem Lammers den Feldmarschall noch über die Steuerbefreiung und die Scheckeinlösungsfrist von acht Tagen informiert hatte.[96]

Als Kluge im Juli 1944 als Oberbefehlshaber West beinahe für die Widerstandsaktion zum 20. Juli 1944, die in Paris unter Führung von General Carl-Heinrich Stülpnagel und Oberstleutnant Cäsar von Hofacker stand, gewonnen werden konnte und danach bei der NS-Führung als »Verschwörer« in Mißkredit geriet, wurde deutlich, was man eigentlich von jedem Dotationsempfänger erwartete. Reichspropagandaminister Goebbels hielt in seinem Tagebuch am 3. September 1944 fest, nachdem Kluge Selbstmord begangen hatte, der Feldmarschall habe zum Feind überlaufen wollen – eine Behauptung, die gelogen war. Kluge sei auch dafür verantwortlich, daß, so Goebbels, die deutschen Gegenangriffe gescheitert seien. Ferner notierte sich Goebbels: »Der Führer ist darüber besonders empört und erbittert, weil er Generalfeldmarschall Kluge unter den Feldmarschällen mit am besten behandelt hat. Er hat ihm eine große Dotation ausgeschrieben und ihn auch sonst mit Ehren überhäuft. Das hat Kluge ihm denkbar schlecht gelohnt. Ich hatte seit jeher das Entgegenkommen, das der Führer der Generalität des Heeres gegenüber gezeigt hat, für gänzlich falsch gehalten. Diese Generale verstehen Großzügigkeit nicht. Sie müssen an der kurzen Leine geführt werden, sonst schlagen sie über die Stränge.«[97]

Im Frühsommer 1942 teilte der Chefadjutant der Wehrmacht beim »Führer«, General Schmundt, dem NSDAP-Gauleiter und Oberpräsidenten von Niederschlesien, Karl Hanke, den Entschluß Hitlers mit, den Generaloberst Ewald von Kleist, damals bekannt als erfolgreicher Panzerführer und Sproß eines ursprünglich pommerschen Adelsgeschlechtes, zu dem auch die Dichter Ewald und Heinrich von Kleist zählten, mit einer Dotation auszuzeichnen. Kleist war zu dieser Zeit Oberbefehlshaber der Heeresgruppe A, die den Auftrag hatte, in den Kaukasus vorzustoßen.

Wer die Anregung für die Dotation an diesen durchaus eigenwilligen und kritischen Offizier gegeben hat, läßt sich anhand der Akten nicht feststellen. Der Satz im Brief Schmundts an Lammers vom 27. September 1942, »die Anregung hierzu war von Gauleiter Hanke ausgegangen und vom Führer gebilligt worden«[98], weist in eine bestimmte Richtung, ist jedoch nicht eindeutig zu verifizieren, zumal Hanke zuerst von der Übergabe eines ehemals ausländischen Gutes schrieb, das von Kleist schon durch Vorvertrag gekauft habe. Ursprünglich bestand die Absicht, dem Generalobersten, der das Gut Weidebrück bewirtschaftete und bewohnte, mit dem daneben liegenden Rittergut Hünern im Kreise Trebnitz, das sich bisher im Besitz einer amerikanischen Jüdin befunden hatte, zu beschenken.[99] In den entsprechenden Gesprächen, die Gauleiter Hanke mit von Kleist führte, bat dieser darum, von der Zuteilung anderer oder größerer Flächen aus dem Gut Hünern zu seinem Gut Weidebrück absehen zu wollen, d.h. er verzichtete auf einen Teil des zugedachten Rittergutes.[100] Dieser Verzicht war nicht ganz uneigennützig, denn, wie der Gauleiter in einem Brief schrieb, die Wiesen und die tieferliegenden Ackerschläge in der Flußniederung des Weideflusses waren in ihrem Ertragswert erheblich gemindert, da die Niederung bis zum Jahr 1939 in den Festungsgürtel der früheren Festung Breslau einbezogen und versumpft war.

Hankes Vorschlag, eine Fläche von 107 ha aus dem Bestand des Rittergutes Hünern – sozusagen das Sahnestückchen des Gutes – der Familie von Kleist zu übertragen, die restlichen Flächen den in Hünern ansässigen Kleinlandwirten, Gemüsegärtnern und Bauern der Gemeinde unentgeltlich zu überlassen – gedacht als Anerkennung, da die Einwohner bei allen Aktionen der Partei, insbesondere bei der Wollsammlung mit ihren Leistungen über dem Durchschnitt des Reiches lagen –, wurde angenommen. Der Restbestand des Gutes inklusive Schloß und Gutsgebäude wurden Gauleiter Hanke zur unentgeltlichen Verfügung für öffentliche und private Zwecke zugesprochen. Schmundt trug den Vorschlag Hitler vor, und dieser genehmigte ihn im Juni 1942.[101] Der von Hanke vorgesehene Notarvertrag teilt die Gesamtfläche des Gutes Hünern auf in einen an das Kleistsche Gut Weidebrück angrenzenden Teil mit rund 100 ha (Wert: 192 300 RM), in eine weitere Fläche von rund 100 ha für Ansiedlungszwecke der Gemeinde Hünern und in einen Restbestand von 64 ha mit Schloß und Gutsgebäuden zur Verfügung des Gauleiters (Gesamtwert für die Gemeinde und Gauleiter rund 280 000 RM).[102] Der Betrag von 192 300 RM wurde als Dotation für Kleist von Lammers aus dem Hitlerschen Sonderfonds beglichen. Ein heftiges Hin und Her gab es um die Frage, wer die restlichen 287 700 RM für jene Gutsteile bezahlen sollte, die der Gemeinde Hünern und dem Gauleiter von Niederschlesien überlassen werden sollten, denn Reichsfinanzminister Schwerin von Krosigk hatte es abgelehnt, mit diesem Betrag seinen Haushalt zu belasten.[103] Schließlich übernahm Lammers auch diesen Posten aus Hitlers Fonds.[104]

Bei Unterzeichnung des Notariatsvertrages wurde der an der Front im Osten eingesetzte Generaloberst durch seine Ehefrau Gisela von Kleist aus Weidebrück vertreten. Die Übereignung an von Kleist erfolgte am 27. Oktober 1942. Nach dem Krieg kehrte der Generalfeldmarschall (seit 1. Februar 1943) aus sowjetischer Kriegsgefangenschaft nicht mehr zurück. Er starb im Oktober 1954 in einem Lager bei Moskau.[105]

Am 30. Oktober 1942 erfuhr die für die Bearbeitung von Dotationen zuständige Reichskanzlei unter Lammers überraschenderweise aus einem Brief des NSDAP-Gauleiters des Reichsgaus Wartheland, Arthur Greiser, daß der zu dieser Zeit beurlaubte Generaloberst Heinz Guderian[106] ihm – Gauleiter Greiser – mit Schreiben vom 26. Oktober 1942 mitgeteilt habe, der »Führer« beabsichtige, »ihm im deutschen Osten ein Gut zuzuweisen und daß er [Guderian – d. Verf.] sich etwas Passendes aussuchen solle. Er beabsichtige, in der Heimat seiner Vorfahren wieder seßhaft zu werden und durch dieses großmütige Geschenk des Führers sich im Warthegau anzusiedeln.«[107] Greiser fuhr fort, da ihm hierüber bisher offiziell noch nichts bekanntgegeben worden sei und er andererseits Guderian, der sich um seine Vermittlung bemühe, nicht allzu lange warten lassen wolle, wäre er für eine Entscheidung des »Führers« dankbar.

Reichsminister Lammers und sein Mitarbeiter, Reichskabinettsrat Killy, bemühten sich deshalb umgehend, die Sache aufzuklären. In einem vorwurfsvollen Schreiben vom 13. November 1942 wurde Hitlers Chefadjutant Schmundt darauf hingewiesen, daß Lammers Wert darauf lege, in solchen Fällen tunlichst sogleich und nicht erst nachträglich unterrichtet zu werden. Ferner hieß es, »dieser Wunsch ist dadurch veranlaßt, daß sich bei den Dienststellen des zivilen Bereichs die Gepflogenheit entwickelt hat, Maßnahmen aufgrund einer Entscheidung des Führers erst dann zu treffen, wenn diese Entscheidung durch den Reichsminister und Chef der Reichskanzlei mitgeteilt und bestätigt worden ist«.[108]

Schmundt ließ daraufhin durch seinen Mitarbeiter Major Engel aus dem Führerhauptquartier am 25. November 1942 der Reichskanzlei mitteilen: »Der Führer hat schon vor längerer Zeit dem Generaloberst Guderian gegenüber persönlich zum Ausdruck gebracht, daß er ihm beim Wiedererwerb von Grund und Boden in den wiedergewonnenen Ostgebieten behilflich sein wolle. Bestimmt wurde der Führer durch die Kenntnis, daß das in der Nähe von Schwetz a.d. Weichsel liegende Gut des Generaloberst Guderian seinerzeit von den Polen enteignet wurde. Der Generaloberst hat im Polenfeldzug mit seinem Panzerkorps auch die väterliche Besitzung im Kampf für Deutschland zurückerobert.«[109] Engel schrieb – es ist die Zeit des dramatischen Kampfes um Stalingrad – Generaloberst Guderian, der, wie er vertraulich mitteilen könne, zur Zeit in Berlin lebe und aller Voraussicht nach in absehbarer Zeit mit Rücksicht auf seinen Gesundheitszustand nicht wieder verwandt werden würde, wolle nun seine schon lange gehegte Absicht, sich im Osten festzusetzen, in die Tat umsetzen. Der Generaloberst habe allerdings »ohne Benachrichtigung unserer Dienststelle oder einer anderen Reichsbehörde« sich unmittelbar mit dem Gauleiter des Warthelandes zwecks Grunderwerbs in Verbindung gesetzt. Es sei bedauerlich, daß dies ohne Wissen von Lammers erfolgt sei.[110]

Am 3. Dezember 1942 teilte Lammers dies Gauleiter Greiser in Posen mit und erklärte ihm, daß weiterhin die Absicht des »Führers« bestehe, Guderian beim Erwerb von Grund und Boden in den wiedergewonnenen Ostgebieten in Form einer Dotation behilflich sein zu wollen. Lammers bat den Gauleiter, den Generaloberst bei seinen Bemühungen zu unterstützen und Lage, Größe, Wert usw. in Aussicht genommener Güter als Entscheidungsgrundlage für den Vortrag bei Hitler über die beabsichtigte Dotation mitzuteilen.[111]

Im Februar 1943 wurde Guderian von Hitler zum »Generalinspekteur der Panzertruppe« ernannt. Obwohl der General kritisch gegenüber dessen Dilettantismus in der militärischen Operationsführung eingestellt war, versagte er sich den beabsichtigten Sondierungsgesprächen aus Kreisen der deutschen Militäropposition. Die Dotationsangelegenheit zog sich weiter hin. Am 26. Mai 1943 schrieb Greiser an Lammers einen deutlichen Brief: Er habe die vom »Führer« gewünschte Dotation an Guderian praktisch zu verwirklichen versucht.[112] Dies sei in der Form geschehen, daß er durch die zuständigen Dienststellen eine Liste von solchen Gütern habe aufstellen lassen, die in gesunder Mischung von Wald und Landwirtschaft und bei guter Bodenqualität eine Gewähr für die sichere landwirtschaftliche Bewirtschaftung des Betriebes gäben.

Bezüglich der Größe habe er sich auf den Standpunkt gestellt, daß man einem Generaloberst als erste vom »Führer« ausgesprochene Dotation im deutschen Osten nach Kriegsbeginn nicht mehr geben sollte, als dieser seinerzeit Generalfeldmarschall von Mackensen in Pommern geschenkt habe. Mackensens Dotation in Brüssow habe ca. 4300 Morgen umfaßt. In mehreren persönlichen Gesprächen sei er mit Generaloberst Guderian dahingehend einig geworden, daß bei seinen vielen Besichtigungen die Aussonderung eines Betriebes in ungefähr dieser Größe in Frage kommen würde. Ferner teilte Gauleiter Greiser mit, Guderian habe mit seinen Begleitern und dem ihm vom Gauleiter zur Verfügung gestellten Sachverständigenstab eine ganze Reihe von Betrieben besichtigt. Zwei Betriebe seien in den letzten Wochen in eine engere Wahl genommen worden. Guderian habe die endgültige Auswahl abhängig gemacht von der Begutachtung durch seine Frau.

Der Gauleiter fuhr fort: »Zum Abschluß dieser Besichtigung kam er mit seiner Frau und seinem Sohn noch einmal zu mir, hat dabei aber nicht einen der enger in der Wahl stehenden Betriebe ausgesucht, sondern einen vollkommen neuen, der in der ihm übergebenen Liste aller besichtigten Betriebe gar nicht enthalten war. Dieser Betrieb, welcher Schöngarten heißt und im Kreise Gostingen liegt und rund 7000 Morgen groß ist, gefiel besonders Frau Guderian gut wegen des Wohnhauses, das in einem kulturell und baulich guten Zustand ist und in einem besonders schönen Park liegt.«[113] Greiser machte deutlich, daß er die Hergabe dieses Betriebes habe ablehnen müssen und sich bei dieser Ablehnung vollkommen einig sei mit dem Reichsführer SS in seiner Eigenschaft als Reichskommissar für die Festigung deutschen Volkstums, den er auch rechtzeitig über den Gang der Dinge unterrichtet habe. Er habe bei dieser »etwas unliebsamen letzten Rücksprache« dann vereinbart, Generaloberst Guderian eine weitere Liste mit 10 bis 15 neuen Betrieben in der begrenzten Größenart zu übersenden, und daß dieser nach Erhalt der Liste erneut auf Besichtigungsreise gehe.

Die »Angelegenheit Guderian« gab Greiser Veranlassung, grundsätzlich zur Frage der Vergabe von Gütern Stellung zu nehmen. Er bat Reichsminister Lammers, hierzu die Meinung und möglichst auch die Entscheidung Hitlers einzuholen und ihm mitzuteilen, denn nach seiner Ansicht ging es auf keinen Fall an, daß schon bei der ersten Dotation Landflächen in einer derartigen Größe vergeben würden. »Ich muß offen gestehen, wo sollen wir dann mit den Dotationen für die Feldmarschälle und vielleicht noch andere Bedachte verbleiben, wenn die erste Dotation an einen Generaloberst schon mit rund 7000 Morgen vergeben wird. Wenn das so weitergeht, wird ein großer Teil meines Gaugebietes bezüglich der landwirtschaftlich genutzten Fläche an Dotationsinhaber vergeben, die naturgemäß nicht den Ehrgeiz haben, hier zu wohnen und mit ihren Familien den Verdeutschungsprozeß zu verstärken, sondern diese Dotation lediglich als Sommersitz und als Einnahmequelle betrachten.« Greiser schloß mit der Mitteilung, er wende sich keinesfalls gegen Dotationen im allgemeinen, müsse aber davor warnen, die Betriebsgrößen für solche Dotationen unbegrenzt zu belassen.

Nur wenige Tage später vermerkte Lammers auf der Akte: »Dem Führer vorgetragen. Der Führer stimmt der Auffassung des Reichsstatthalters Greiser grundsätzlich zu.«[114] Am 4. Juni unterrichtete er Gauleiter Greiser, Generalfeldmarschall Keitel, den Chefadjutanten des »Führers«, General Schmundt, und den Reichsführer SS Himmler über den Vortrag bei Hitler und den Sachstand »Dotation für Guderian«.[115] Himmler ließ durch seinen persönlichen Stab der Reichskanzlei mitteilen, er unterstütze die Ansicht von Gauleiter Greiser und dessen Vorschlag, als Dotation vorgesehene Objekte in jedem einzelnen Fall zu begrenzen.[116]

Bevor Greiser die Angaben über Lage, Größe und Preise der als Dotation zur Auswahl stehenden Güter machen konnte, teilte der neue Generalinspekteur der Panzertruppen mit Schreiben vom 15. Oktober 1943 dem eigentlich nicht zuständigen Chef der Parteikanzlei, Reichsleiter Bormann, mit, daß die Übergabe des Hofes Deipenhof im Kreise Hohensalza, Warthegau, als Dotation am 11. Oktober 1943 durch den Vertreter des Reichskommissars für die Festigung des Volkstums im Osten, SS-Standartenführer Hübner, aus Posen erfolgt sei.[117] Guderian stellte zugleich die Frage, ob die Dotation der Schenkungssteuer unterliege und wer zuständig sei für notwendige Instandsetzungsarbeiten des Gutes und für Ergänzungen des »toten Inventars« wie Ackergeräte, Möbel und Maschinen. Ferner stellte der General fest, daß das Gut sich in einem befriedigenden Zustand befinde und keine großen Aufwendungen dieser Art erforderlich seien. Bormann schickte den Vorgang an Lammers. Dieser mußte sich von Gauleiter Greiser unterrichten lassen, was inzwischen geschehen war.[118]

Mit Schreiben vom 14. Januar 1944 erstattete Greiser über die Angelegenheit Bericht: Das Gut Deipenhof habe eine Gesamtfläche von 947,38 ha und bestehe gemischt aus Acker, Wiesen, Weiden, Garten, Park, Wald, Wasser und Gehöften. Der Ertragswert (nicht der Verkehrswert) des Gutes betrage nach Schätzung durch die Deutsche Ansiedlungsgesellschaft 1 240 000,11 RM. Die Auflassung sei bereits beim Amtsgericht Berlin erfolgt ohne besondere Unkosten und ohne Schenkungssteuer. Die Verkehrslage des Gutes sei als gut zu bezeichnen. Der größte Teil der Stallungen und Gebäude sei ausreichend und zweckentsprechend eingerichtet, die Arbeiterwohnungen seien in einem guten Zustand und ebenfalls ausreichend. Der Gesamteindruck der Gebäude sei als gut zu bewerten. Für Um- und Neubauten seien etwa 43 000 RM vorgesehen, die vom Ertragswert abgezogen worden seien. Das Herrenhaus aus dem Jahre 1913/14 sei in einem sehr guten Zustand und mache einen gepflegten Eindruck, die Inneneinrichtung des Gutshauses sei ausreichend, aber keinesfalls luxuriös. Der Gauleiter schloß: »Es handelt sich bei dem Deipenhof um eines der besten Ertragsgüter des Kreises Hohensalza. Eine zusätzliche Ausstattung der Dotation an totem und lebendem Inventar erscheint nicht notwendig. Lediglich die Unterbringung des deutschen Gutsverwalters macht Schwierigkeiten. Generaloberst Guderian hat dieserhalb den Reichsführer SS um Bereitstellung eines Holzhauses gebeten.«[119]

Am 27. Januar 1944 bestätigte Guderian nochmals Reichsminister Lammers den guten Zustand des Gutes und dankte für die Hilfe durch die Reichskanzlei. Er sei schon jetzt mit größtem Eifer an der Arbeit, aus dem großmütigen Geschenk des Führers das Beste zu machen.[120] Im Februar 1944 gingen in der Reichskanzlei der Notariatsvertrag und das landwirtschaftliche Gutachten sowie die Inventarverzeichnisse durch den Reichskommissar für die Festigung des deutschen Volkstums ein. Daraufhin wurde die Summe von 1 240 000,11 RM als Dotationsbetrag der Amtskasse des Reichskommissars für die Festigung deutschen Volkstums überwiesen.[121]

Die ungewöhnliche Art, durch die Generaloberst Guderian auch mittels Auflassung bei einem Amtsgericht zu seiner Dotation kam, hatte ein Nachspiel in der Reichskanzlei. Dort sah man die Form der Ausführung der Dotation, die Übertragung des Gutes im Namen des »Führers« in Form eines notariellen »Überlassungsvertrages mit Auflassung der Bedeutung einer Dotation als eine Auszeichnung durch den Führer und Reichskanzler«, als »unwürdig« an. Man dachte daran, die Modalitäten einer Landdotation in einem besonderen »Führererlaß« festzulegen, um den gewünschten würdigen Rahmen für die Übereignung der Dotationen zu finden.[122]

Fünf Monate nach Dotationsübergabe erlangte Guderian eine neue Stellung und die volle Rehabilitierung als militärischer Führer. Nach dem gescheiterten Attentat Stauffenbergs auf Hitler wurde er am Abend des 20. Juli 1944 anstelle von Generaloberst Zeitzler mit der Wahrnehmung der Geschäfte als Chef des Generalstabs des Heeres beauftragt. Er wurde außerdem in den sogenannten »Ehrenhof« des Heeres berufen, der die am Attentat beteiligten Offiziere aus dem Heer auszustoßen hatte. Die beflissenen Loyalitätserklärungen Guderians und seine Aufrufe aus der Zeit unmittelbar nach dem 20. Juli 1944 stehen in Kontrast zu seinen freimütigen und kritischen Erklärungen über die Operationsführung Hitlers im vorletzten Kriegsjahr. Fanatische Durchhalteappelle und Schwarz-Weiß-Malerei einerseits, Eintreten für einen gesonderten Waffenstillstand mit den Westmächten andererseits kennzeichnen die Schwierigkeit einer objektiven Beurteilung dieser komplexen und auch widersprüchlichen Persönlichkeit. Immerhin war die »Ära Guderian« als Generalstabschef des Heeres – also die letzten neun Monate des Krieges – geprägt von den höchsten Verlusten auf deutscher und alliierter Seite. Schließlich wurde Guderian am 28. März 1945 von Hitler »krankheitshalber beurlaubt«.[123]

Es ist hier nicht die Absicht, die nicht dem normalen Weg entsprechende Erwerbung des Gutes Deipenhof durch Generaloberst Guderian eingehender zu bewerten. Seltsam berührt allerdings der Umstand, daß das vom Deutschen Reich enteignete Gut einer Familie von Kwardowski gehörte, die in der Vergangenheit dem König von Preußen treu gedient und in der preußischen Armee sogar Offiziere gestellt hatte.

Auch Generalfeldmarschall von Manstein, der damals selbst auf der Suche nach einem geeigneten Gut war und eine entsprechende

Korrespondenz mit dem Reichsminister für Ernährung und Landwirtschaft führte, drückte anläßlich eines Besuches bei Guderian als neu ernanntem Generalstabschef des Heeres im Oktober 1944 seine Verwunderung über die problemlose Übereignung an diesen aus. Mansteins Ordonnanzoffizier, Alexander Stahlberg, schildert in seinen Erinnerungen die Szene wie folgt: »Bei ein paar Flaschen Wein wurde die Tischunterhaltung nach dem Essen gelöster. Unvermittelt fragte Manstein: ›Sagen Sie mal, Guderian, ich habe gehört, daß Sie in der Provinz Posen ein Landgut bekommen haben. Wie haben Sie das eigentlich gemacht?‹ Und unbeschwert von jeglichen Hemmungen erzählte Guderian, man habe ihm eine Liste schöner polnischer Güter gegeben. Die habe er einige Tage lang besichtigt und sich schließlich für das passende Objekt entschieden. Manstein reagierte betroffen und fragte, ob denn die polnischen Besitzer dort noch gewohnt hätten. Als Guderian das bejahte, fragte er, was denn dann aus denen geworden sei. Guderian erwiderte, er wisse das nicht. Als er sein Gut übernommen habe, seien die Polen nicht mehr dort gewesen. Wo sie geblieben seien, entziehe sich seiner Kenntnis. Manstein war sprachlos. Ein paarmal zuckte es in seinem Gesicht. Ich kannte ihn zu gut, um nicht zu wissen was das bei ihm bedeutete: Auf solche Weise zu einem Gut zu kommen, war nicht sein Stil.«[124]

In Guderians »Erinnerungen eines Soldaten« von 1951 findet sich zwar eine kurze Schilderung der Eroberung des Besitzes seines Urgroßvaters und seines Großvaters am ersten Kriegstag im September 1939, aber bezeichnenderweise keine genauere Erwähnung der Übereignung von Gut Deipenhof.[125]

1943

Das Kriegsjahr 1943 brachte für das Reich schwere Niederlagen und hohe Verluste. In Stalingrad kapitulierte eine ganze Armee und ging in Kriegsgefangenschaft. Weitere Niederlagen kamen hinzu: Im Mai 1943 mußten die deutschen Stellungen in Nordafrika aufgegeben werden, und ebenso große Verluste gab es im U-Boot-Krieg. Das Scheitern der letzten großen Panzeroffensive bei Kursk und die Landung der Alliierten in Sizilien im Juli 1943 sowie das Ausscheiden Italiens aus der Allianz mit Deutschland im Herbst desselben Jahres waren deutliche Zeichen, daß der Krieg nicht mehr zu gewinnen war. Für die Zivilbevölkerung im Reich nahm die lebensgefährliche Bedrohung durch die alliierten Bombenangriffe erheblich zu. Aber auch in dieser schwierigen Zeit wurden wie in den Vorjahren großzügig Dotationen vergeben.

Weniger Glück beim Erwerb einer Dotation hatte zunächst Generalleutnant Hermann Ramcke. Aus einem Reservelazarett in Berlin erinnerte er in einem Brief vom 15. Januar 1943 den Reichsführer SS Himmler an ein Gespräch im »Führerhauptquartier« anläßlich der Verleihung des Eichenlaubes zum Ritterkreuz, in dem er darum gebeten hatte, sich schon jetzt um eine Ansiedlung im Osten bewerben zu dürfen. Ramcke wies darauf hin, daß er einem alten schleswig-holsteinischen Bauerngeschlecht entstamme, das seit dem 15. Jahrhundert auf ein und demselben Erbhof saß. Er habe sechs gesunde Kinder (fünf Jungen und ein Mädchen), und es sei sein fester Wille, sich in den neu erworbenen Gebieten anzusiedeln, um seine Familie entsprechend ihrer Herkunft »auf die Scholle zu bringen«.[126]

Nur wenige Tage später antwortete Himmler am 31. Januar 1943: »Lieber Kamerad Ramcke, Ihren Brief vom 15. 1. 1943 habe ich erhalten. Wie ich Ihnen bei Ihrer Meldung im Führerhauptquartier bereits zwischen Tür und Angel gesagt habe, kann ich Sie und Ihre Jungen alle für die Siedlung gebrauchen. Sie können überzeugt sein, daß im Frieden, sobald Sie sich der Siedlung widmen können, alles nach Ihren Wünschen gehen wird.«[127] Unabhängig davon gab es im Oktober 1944 im Reichsministerium für Ernährung und Landwirtschaft Bestrebungen, General Ramcke eine an den im Zusammenhang mit dem Attentat vom 20. Juli 1944 stark belasteten Gutsbesitzer Carl Frhr. von Wentzel-Teutschental verpachtete Domäne zu übereignen.[128]

In ungewöhnlicher Weise wandte sich im Februar 1943 ein anderer General an die Führung in Berlin, um aus einer persönlichen finanziellen Notsituation herauszukommen. Es handelte sich um Generalleutnant Edmund Glaise von Horstenau, Minister a.D., der seit 12. April 1941 Deutscher Bevollmächtigter General in Agram (Kroatien) war, nachdem er 1938 als Berufsoffzier von der österreichischen Armee zur Wehrmacht übergewechselt war.[129] Er bat in einem Schreiben vom 11. Februar 1943 um eine Intervention zu seinen Gunsten beim Reichsfinanzminister, um aus einer finanziellen Zwickmühle herauszukommen.[130] Er hatte sich als österreichischer Minister 1938 in Wien ein stattliches Haus gekauft, das er nach der damals gültigen österreichischen Gesetzgebung durch eine in 80 Jahren abtragbare Hypothek belasten mußte. Gleichzeitig garantierte das österreichische Rechtssystem eine Steuerfreiheit bis 1952. Nachdem Österreich ein Teil des Großdeutschen Reiches geworden war, hatte sich die Gesetzeslage geändert. Die Steuerfreiheit wurde drastisch verkürzt, der Abzahlungsmodus geändert, so daß das Haus sich für Glaise »zu einer schweren finanziellen Bedrohung verwandelt[e], die ... [ihn] jede Stunde nach einem Leben peinlichster finanzieller Ordnung ruinieren« konnte, wie er Reichsminister Lammers darlegte.[131] Wenn diese Intervention nicht gelingen sollte, bat Glaise, daß ihm das Reich sein Haus ohne jede Entschädigung, nur gegen Übernahme der Lasten abnehme. Die Briefe des Generals sind stark persönlich gefärbt und versprühen sowohl den Charme der vergangenen k. u. k.-Monarchie, der die Erinnerungen an das kaiserliche Österreich so angenehm romantisch verklärt, als auch den Ernst der finanziellen Notlage eines Generals, der den Wegfall der Steuerfreiheit nicht verkraften konnte. Glaise fühlte sich in seiner Stellung als Kommandierender General, wie er Lammers mitteilte, »als Feldherr wider Willen«, der einem Teil der im Lande kämpfenden deutschen und kroatischen Truppen direkt zu befehlen hat. »So geht das Leben eigene Wege: Vom Soldaten zum Bücherschreiber, vom Bücherschreiber zum Politiker, vom Politiker wieder an den Anfang zum Soldaten zurück. Gottes Wege sind dunkel.«[132]

Lammers teilte Glaise mit, er wolle sich beim Reichsfinanzminister um eine Lösung seines Problems bemühen.[133] In seinem Dankschreiben vom 8. April 1943 ahnte Glaise, daß die Operation möglicherweise schwierig werden könnte. Er schrieb und schmeichelte: »Empfangen Sie für Ihr gütiges Schreiben [...] meinen verehrungsvollsten Dank. Ganz Deutschland weiß es: Man klopft beim Herrn Reichsminister Dr. Lammers nie vergebens an die Pforten! Hoffentlich ist Graf Schwerin-Krosigk nicht zu spröde. Denn wenn die Sache nicht gelingt, würde ich so unverschämt sein, Sie mit einer zweiten Bitte zu behelligen: Mit einem Gnadengesuch an den Führer, er möge die Übernahme meines Hauses in den Besitz des Reiches oder der Wehrmacht verfügen. Der Staat würde dabei ein ausgezeichnetes Geschäft machen, und ich würde, trotz Verzicht auf mein auf dem Objekt liegendes Geld einer mich tief drückenden Sorge ledig sein, in die ich ganz unverschuldet geraten bin.«[134]

Das Reichsfinanzministerium bearbeitete Glaises Bitte allerdings langsam, gründlich und ohne weiteres Entgegenkommen. Dabei verging der Sommer 1943. Lammers mußte Glaise immer wieder vertrösten.[135] Schließlich teilte von Krosigk am 11. September 1943 der Reichskanzlei mit, daß im Fall des Generalleutnants Dr. h. c. Glaise von Horstenau eine entlastende Lösung zur Milderung der Hypothekenlast nicht möglich sei. Lammers trug im September diesen unliebsamen Sachverhalt dem »Führer« vor. Hitler ermächtigte daraufhin Lammers, die Angelegenheit in einem für Glaise günstigen Sinne in Ordnung zu bringen. Dabei schwebte Lammers eine Gelddotation vor, aus der Glaise das Restdarlehen inklusive der angelaufenen Zinsen sofort zurückzahlen könne.[136] Glaise dankte für diese beruhigende Mitteilung.

Bei Besuchen im Führerhauptquartier und in Berlin verfehlten sich Lammers und Glaise mehrfach. Nach einigem Hin und Her über die Höhe der angelaufenen Hypothekenschulden und den Wert des Hauses[137] konnte Lammers im Januar 1944 Glaise mitteilen, daß der »Führer« den gordischen Knoten durchschlagen und ihm eine Dotation von 100 000 RM gewährt habe. Nachdem die Hypothek davon abzuziehen war, konnte der General mit einem Restbetrag von 36 567 RM auf seinem Bankkonto rechnen.[138] Der erleichterte Glaise sandte sofort nach Eingang der durch den Adjutanten übermittelten Nachricht an Lammers ein überschwengliches Dankschreiben.[139] Seine einzige Sorge war danach, wie er dem Führer seinen Dank abstatten sollte:

»Ihr gütiges Schreiben vom 12. Januar [...] hat mir eine schwere Sorge vom Herzen genommen. Ich bin aber auch tief beschämt ob des neuen Beweises Ihres nie erlöschenden Wohlwollens für mich und weiß nicht, wie ich mir die Gnade des Führers in solchem Ausmaße verdient habe. Ihnen, Herr Reichsminister, sage ich hiermit meinen tiefstgefühlten Dank. Wie ich diesen dem Führer abstatten soll, weiß ich nicht. Soll ich Sie darum bitten, oder ist es ziemlich, daß ich mich selbst schriftlich an ihn wende? Vielleicht haben Sie die Güte, mich durch Ihren Adjutanten anrufen zu lassen, um mir einen Rat zu erteilen. [...] Auf meinem Dienstposten habe ich es nicht leicht. Die Lage wird täglich gespannter. Auch bin ich irgendwie im eigenen Lager zwischen zwei Mühlsteinen. Die Diplomatie hat ihre eigenen Ideen, und die milit[ärischen] Dienststellen haben sie. Beide suchen irgendwie das Extrem. Realpolitik erheischt jedoch vielfach Kompromisse, die durchzusetzen man sich auf beiden Seiten nicht beliebt macht. Dazu kommt, daß ich, obgleich ich mit der Truppenführung nichts zu tun habe, vor der Öffentlichkeit für Manches die Verantwortung übernehmen muß, die mir in Wirklichkeit nicht zufällt.«[140]

Glaise spielte mit diesen Bemerkungen darauf an, daß er zwischen den vom General der Infanterie Dr. Rendulic geführten Truppenverbänden der kroatischen Regierung und den Ansprüchen Berlins häufig zu vermitteln hatte, und dies in der Erkenntnis, daß die Niederlage des Deutschen Reiches unabwendbar bevorstand. Hinsichtlich der Frage Glaises wegen seines möglichen Dankes bei Hitler teilte ihm die Adjutantur des »Führers« mit, es genüge, wenn er dies gelegentlich einer Meldung im Führerhauptquartier mache.[141]

Anfang März 1943 veranlaßte Generalmajor Schmundt, daß die Tochter des am 3. Oktober 1942 an der südlichen Ostfront gefallenen Generals der Panzertruppe Willibald Freiherr von Langermann und Erlencamp eine einmalige Summe von 5000 RM aus dem Hitler zur Verfügung stehenden Finanztitel erhielt, um »die Berufsausbildung bzw. die spätere Schaffung eines eigenen Heimes zu erleichtern«.[142] Begründet wurde das Geschenk mit dem »Dank des deutschen Volkes« an den Verstorbenen, der mit dem Ritterkreuz des Eisernen Kreuzes mit Eichenlaub ausgezeichnet worden war.

Der bei einem Flugzeugunfall dienstunfähig gewordene Flugkapitän Oberst Ludwig Glaim aus der Flugstaffel des »Führers« wurde mit einer Dotation von knapp 30000 RM ausgestattet und konnte danach ab 19. Mai 1943 ein schuldenfreies Haus bewohnen. Seine Pension wurde zudem auf monatlich 1500 RM erhöht.[143] Als der Kommandierende General des XIV. Panzerkorps Hans Hube im August 1943 heiratete, regte der Chefadjutant beim »Führer« an, dem General ein staatliches Hochzeitsgeschenk zu machen. Hitler bewilligte die Summe von 50000 RM und erklärte dazu, daß diese Summe nicht als Dotation anzusehen sei, sondern als eine »Extrabeihilfe«.[144] Da diese Bezeichnung der Reichskanzlei ungewöhnlich erschien, versah sie diese mit einem Fragezeichen. Wie Schmundt dem General mitteilte, sollte er die 50000 RM zur Ausgestaltung der »bevorstehenden Hochzeit« und der »neuen Häuslichkeit«[145] verwenden. Hube dankte dann auch in einem Brief aus dem Hochzeitsort Igls bei Innsbruck für das großherzige Geschenk.[146]

1944/45

Im letzten Kriegsjahr wurde der Strom der Dotationen Hitlers, wie sie sich in den Akten der Reichskanzlei spiegeln, spärlicher. Zwar wurde der »Führer« zur Abwicklung größerer Dotationen aus den Vorjahren, wie z.B. in den Fällen Keitel und Leeb, durch Vortrag seines Chefs der Reichskanzlei noch mehrfach mit dem Thema konfrontiert. Eigenständige größere Dotationen finden sich jedoch nicht mehr. Die Geschenke der letzten Kriegsmonate beschränkten sich auf Hitlers engste Umgebung und auf einige Geburtstage herausragender Persönlichkeiten.

Merkwürdig nimmt sich in diesem Zusammenhang ein Antrag des Kommandeurs des OKW-Stabes z.b.V. des »Sonderbeauftragten des Führers für die Überprüfung des zweckmäßigen Kriegseinsatzes«, General der Infanterie Walter von Unruh, vom 15. Januar 1944 aus.[147] Merkwürdig ist der Vorschlag deshalb, weil die Begründung für die drei vorgesehenen Geldempfänger auf viele deutsche Bürger zugetroffen haben dürfte. Unruh schlug vor, Ministerialrat Schnell von der Organisation Todt (OT), der im Kriege nicht mehr zum Ministerialdirigenten befördert werden könne, jedoch in seinem Stabe außergewöhnlich tüchtig und in Berlin ausgebombt sei, mit einer Dotation auszuzeichnen. Den zweiten Kandidaten, Generalleutnant Hans Hofmann von der Luftwaffe, der Unruhs Vertreter war, bezeichnete er als »tüchtige Kraft« und »jung verheiratet«. Der dritte, Major Trommer, sei »von prachtvollem Draufgängertum«, z.Zt. verwundet, solle aber als Regimentskommandeur wieder an die Front und sei ebenso in Berlin ausgebombt. Beträge nannte General von Unruh für die vorgeschlagenen Dotationen in seinem Schreiben nicht. Er überließ es den Beamten der Reichskanzlei, die jeweilige Höhe festzulegen. Diese orientierten sich am Jahresendgehalt der Kandidaten: Major Trommer, der ein Jahresgehalt von 8400 RM empfing, wurde mit 9000 RM als steuerfreie Zuwendung bedacht. Ministerialrat Schnell erhielt bei einem Jahresgehalt von 12600 RM eine auf 13000 RM aufgerundete Zuwendung, und Generalleutnant Hofmann bei einem Jahresgehalt von 16600 RM bekam 17000 RM steuerfrei von Hitler.[148] Alle drei

Empfänger bedankten sich dann auch überaus erfreut für die Zuwendungen.[149]

Mit SS-Gruppenführer und Generalleutnant der Waffen-SS Professor Dr. Karl Brandt wurde im März 1944 einer der schlimmsten Verbrecher des NS-Regimes mit einer Dotation von 50000 RM ausgezeichnet.[150] Brandt führte seit August 1944 den offiziellen Titel »Reichskommissar für das Gesundheits- und Sanitätswesen« und war zuvor Hitlers erster Begleitarzt gewesen. Er wurde 1939 zusammen mit NSDAP-Reichsleiter Philipp Bouhler mit der Organisation und Durchführung des »Euthanasie«-Programms T4 betraut und war ab 1942 für die Menschenversuche in den Konzentrationslagern verantwortlich. Dienstlich und privat war er eng mit Reichsminister Speer und dessen Familie befreundet. Speer vermochte es auch, ihn beim Kriegsende vor der Hinrichtung auf Hitlers Befehl zu bewahren, als er bei dem Diktator in Ungnade gefallen war. Eine kritische Sicht dieser finsteren Persönlichkeit, die am 2. Juni 1948 in Landsberg gehenkt wurde, sucht man in Speers Erinnerungen allerdings vergebens.[151]

Am 13. Juli 1944, als Lammers Hitler über mehrere Dotationsfälle berichtete, kam auch die Schenkung an die Erben von Reichenau zur Sprache.[152] Die Familie des überraschend am 17. Januar 1942 durch einen Schlaganfall im Alter von 58 Jahren verstorbenen Generalfeldmarschalls Walther von Reichenau[153] erhielt, wie auch der ehemalige Reichsfinanzminister Lutz Graf Schwerin von Krosigk in seinen Erinnerungen festhält, eine Dotation in Höhe von etwa 1,01 Millionen RM für ein Gut im Osten. Der Beleg hierfür findet sich in einem Vermerk der Reichskanzlei vom 24. April 1944, in dem die Beträge für die Dotationen an Generaloberst Guderian und Generalfeldmarschall von Leeb im Zusammenhang mit der Dotation für Reichenaus Familie genannt wurden.[154] Nähere Angaben enthalten die Akten jedoch nicht.

Unklar bleibt nach Aktenlage, ob Generalfeldmarschall Erich von Manstein von Hitler bedacht wurde. Immerhin berichten einige Zeitgenossen von einer empfangenen Dotation.[155] Es ist aber auch möglich, daß er von sich aus auf der Suche nach einem Gut war, ohne zuvor eine Dotation Hitlers erhalten zu haben. Immerhin läßt sich nachweisen, daß der Diktator ihm im Oktober 1944 »bei der Suche nach einem passenden Grundbesitz behilflich« sein wollte, wie Staatssekretär Backe als amtierender Reichsminister für Ernährung und Landwirtschaft dem Feldmarschall schrieb.[156] Diese Wortwahl deutet auf eine Dotation hin, denn sehr oft hat sich Hitler mit solchen Formulierungen nach Übergabe der Dotation bereit erklärt, weiterzuhelfen, wenn der Dotationsempfänger mit dem geschenkten Geld Grundbesitz bzw. ein Gut erwerben wollte. Backe empfahl in seinem Schreiben vom 17. Oktober 1944 von Manstein »aus grundsätzlichen Erwägungen und in Ihrem eigenen Interesse«, er solle doch besser nach einem Waldgut Ausschau halten.[157] Diesen Brief schickte Backe, der selbst als Reichsminister keine Dotation erhielt, allerdings auch an Himmler, um diesem zu zeigen, mit welchen Anliegen er sich um diese Zeit beschäftigen mußte, aber auch um allgemein seine Sorgen und speziell diesen Fall publik zu machen.[158] Auch Bormann erhielt einen Durchschlag des Schreibens, da dieser am 13. Oktober in der Sache bei Backe nachgefragt hatte. Es läßt sich nicht feststellen, ob von Mansteins Bemühen von Erfolg gekrönt war. Vielleicht hatte er nur sein Anliegen zum falschen Zeitpunkt bei Backe vorgetragen, denn dieser und seine Mitarbeiter im Ernährungsministerium wehrten gerade um jene Zeit überzogene Forderungen und Wünsche nach Dotationsgütern in der östlichen Reichshälfte ab. Backes Staatssekretär Willikens kam sogar mit dem Vorschlag, »sämtliche Dotationen bis nach Kriegsende« zurückzustellen, um dann Güter in dem »im Osten erweiterten Vorraum« zu vergeben.[159]

Dem Oberbefehlshaber der 4. Armee in Ostpreußen, General der Infanterie Friedrich Hoßbach, gewährte Hitler zu seinem 50. Geburtstag am 21. November 1944 eine Dotation in Höhe von 50000 RM.[160] Auch Hoßbach, der von keinen großen Sympathien für den Nationalsozialismus geprägt war und der noch als Oberst und Adjutant Hitlers dessen Bardotationen als ehrenrührig abgelehnt hatte, dachte sich zum Jahresende 1944 nichts dabei, die Dotation anzunehmen. Er dankte mit einem kurzen Handschreiben am 21. Dezember 1944 aus dem Armeehauptquartier der 4. Armee Reichsminister Lammers für die Zuwendung und sandte ihm die besten Wünsche zum bevorstehenden Jahreswechsel 1944/45.[161]

Wie schon erwähnt, erhielt Großadmiral Erich Raeder anläßlich seines 50jährigen Militärjubiläums im April 1944 ein Ölgemälde eines niederländischen Meisters des 17. Jahrhunderts, das immerhin einen Wert von 37 793,49 RM hatte.[162]

Mit dem Geschenk zum 60. Geburtstag des Generalfeldmarschalls Hugo Sperrle am 7. Februar 1945 im Werte von 95 000 RM für ein Bild von Eduard Grützner mit dem Titel »Drei Mönche mit einem Jäger« enden die Akten der Reichskanzlei über Geschenke Hitlers an seine militärische Elite.[163]

5. Sonstige Empfänger

In der Regel bedurften die Dotationen und Zuwendungen keiner ausführlichen Begründung, aber zumindest war der Empfänger bekannt. Jedoch: Keine Regel ohne Ausnahme. Am 19. Dezember 1940 bat der Persönliche Adjutant des »Führers«, Julius Schaub, Reichsminister Lammers um Ausstellung eines Schecks in Höhe von 100 000 RM und schrieb: »Das Geld findet Verwendung für ein persönliches Geschenk des Führers. Ich wäre Ihnen dankbar, wenn Sie bei Ihrer nächsten Besprechung mit dem Führer ihm den Scheck persönlich überreichen würden.«[1] Einen Tag später überreichte Lammers Hitler den Scheck und notierte in einem Vermerk, die Persönlichkeit des Empfängers solle unbenannt bleiben; und dabei blieb es dann auch.

Ein Geschenk an den italienischen »Duce«, Benito Mussolini, ist im eigentlichen Sinne keine Dotation Hitlers an einen »Partei- und Volksgenossen«, überstieg aber die Höhe der im zwischenstaatlichen Verkehr üblichen Repräsentationsgeschenke. Im August 1940 wurde Hitler mit dem Wunsch Mussolinis konfrontiert, sich einen Salonspeisewagen durch die Italienischen Staatsbahnen nach dem Muster des Hitlerschen Eisenbahnwagens bauen zu lassen. Die Italienischen Staatsbahnen baten daher das Reichsverkehrsministerium um Überlassung der entsprechenden Pläne. Hitler entschied, »daß sofort der gleiche Speisewagen und zwar mit roter Polsterung angefertigt wird, da der Führer denselben dem Duce als Geschenk übergeben möchte«.[2]

Der Wunsch des »Führers« erhielt die höchste Dringlichkeitsstufe. Sofort wurden zahlreiche Dienststellen des Reiches, die sich mit der Kontingentierung von Rohstoffen beschäftigten, von Hitlers Weisung unterrichtet. Schwierigkeiten bei der Erfüllung des »Führer«-Wunsches machte nicht nur die außerordentlich kurz bemessene Bauzeit für den Salonwagen, sondern auch die Beschaffung von echtem Saffianleder, das mittels Devisen nur im Ausland gekauft werden konnte. Problematisch war auch die Heranziehung von Facharbeitern, die inzwischen in die Wehrmacht einberufen, zur Fertigstellung des Salonwagens aber dringend erforderlich waren. Die Reichskanzlei räumte alle Probleme aus dem Weg: In einem Schreiben vom 4. Oktober 1940 wurde der Reichsstelle für Lederwirtschaft mitgeteilt, die Bereitstellung echten Saffianleders sei aus staatspolitischen Gründen so vordringlich, daß eine Ausnahmegenehmigung zur Beschaffung geboten sei. Auch zur Fertigstellung des Wagens dringend benötigte Fachkräfte wurden auf Weisung der Reichskanzlei unabkömmlich gestellt und aus dem Wehrdienst wieder abgezogen.[3] So konnte der Salonspeisewagen schließlich fertiggestellt und dem Duce als Geschenk des »Führers« übergeben werden. Die Kosten dieses Wunsches sind allerdings in der Akte nicht aufgeführt.

Die Freigebigkeit des »Führers« gegenüber seiner engsten Umgebung ist aus Berichten seines Luftwaffenadjutanten von Below bezeugt. Als Gerda Daranowski, eine Gymnastiklehrerin und Sekretärin Hitlers, im November 1942 Oberstleutnant Eckhard Christian vom Wehrmachtführungsstab heiratete, erhielt sie nicht nur 10000 RM als Hochzeitsgeschenk, sondern durch Reichsminister Speer eine Wohnung »aus den Beständen der Judenwohnungen in Berlin« zugewiesen.[4] Die Renovierung dieser Wohnung betrug 7000 RM, die der »Führer« ebenfalls bezahlen ließ. Wären die Renovierung und der Einzug in eine »Judenwohnung« nicht so makaber, könnte man die Beanstandungen des rechnungsprüfenden Beamten aus der Reichskanzlei mit Humor betrachten. Dieser stellte nämlich fest, daß die Abrechnung formal und rechnerisch zwar in Ordnung sei, es seien aber neben den reinen Instandsetzungskosten auch Kosten für Wandarme (Leuchten) in Höhe von 60 RM und für vier Glühbirnen in Höhe von 2,60 RM entstanden, ebenso wie in einer anderen Position eine Kugelleuchte und 24 Glühbirnen und Kerzenlampen im Gesamtbetrag von 31,02 RM in Rechnung gestellt wurden, was eigentlich nur bei weitestgehender Auslegung des Begriffs »Instandsetzungkosten« noch vertretbar sei.[5] Offensichtlich scheute man nicht davor zurück, sich von Hitler auch noch Pfennigbeträge für Glühlampen schenken zu lassen.

Professor Theodor Morell, von vielen mehr als Quacksalber und Wunderheiler denn als Arzt angesehen, war ein Mann, dem sich Hitler mit seiner schwankenden Gesundheit rückhaltlos anvertraute. Er erhielt einige Tage vor Kapitulation der deutschen Truppen in Stalingrad am 30. Januar 1943 eine Dotation von 100 000 RM. In einem entsprechenden Vermerk vom 26. Januar 1943 von Lammers heißt es: »Der Führer sagte mir heute, daß er Professor Morell in hohem Maße dafür dankbar sei, da dieser ihn in der jetzigen arbeitsreichen Zeit gesundheitlich auf der Höhe halte, und daß er sich daher entschlossen habe, Professor Morell aus Anlaß des 30. 1. 1943 [10 Jahre nach der Machtergreifung – d. Verf.] eine Dotation von 100 000 RM zu bewilligen.«[6] Bemerkenswert ist, daß der Scheck nicht durch die Reichskanzlei versandt oder überreicht wurde, sondern via Adjutantur dem »Führer« direkt zugestellt wurde, der ihn dann seinem Leibarzt persönlich aushändigte.

Die stattliche Summe von 250 000 RM empfing der deutsche Botschafter in Schweden, Viktor Prinz zu Wied, am 11. September 1944 als »Anerkennung seiner dienstlichen Leistungen«.[7] Reichsfinanzminister Graf Schwerin von Krosigk gibt in seinen Erinnerungen an, Reichsbischof Ludwig Müller habe ebenfalls eine Geldzuwendung von 500 000 RM »zur Bezahlung seiner Schulden« erhalten;[8] genauere Hinweise in den Akten fehlen; allerdings haben sich Krosigks Angaben in anderen Dotationsfällen als zutreffend erwiesen.

Die große Anzahl der mit Dotationen und Zuwendungen bedachten Persönlichkeiten läßt die Fragen aufkommen, wer denn aus Hitlers Umgebung keine Dotation erhalten hat und wo die Gründe dafür liegen könnten. Eine erschöpfende Antwort auf diese Fragen ist nicht möglich. Es gibt gewisse Kriterien bei der Vergabe, wie z. B. an alte Kämpfer, Kabinettsmitglieder und Persönlichkeiten der näheren Umgebung Hitlers aus der »Kampfzeit«. Aber auch diese Linie wurde nicht konsequent eingehalten. Es wurden auch Dotationen ohne erkennbare Anlässe wie Geburtstage oder Jubiläen vergeben. Bei zwei Persönlichkeiten, die Hitler besonders nahestanden, nämlich Heinrich Himmler und Joseph Goebbels, fällt auf, daß sie keine Dotationen oder andere Geldzuwendungen aus den verschiedenen Sonderfonds des »Führers« erhalten haben. Vielleicht lag der Grund darin, daß beide – ebenso wie Hermann Göring – über eigene Möglichkeiten verfügten, sich zu bereichern.

Zwar hat Himmler stets propagiert, daß seine SS frei von Korruption bleiben solle, und er hat auch versucht, dieses vorzuleben. Als er mit seiner Geliebten 1942 eine Art zweite Familie mit eigenen Kindern gründete, benötigte er für den Ankauf eines Hauses ein Darlehen, weigerte sich aber, Hitler darauf anzusprechen, und nahm von Reichsleiter Bormann eine Hypothek aus Parteimitteln zu einem Zinssatz auf, der sogar höher lag als ein üblicher Bankkredit.[9] Trotz dieser zur Schau getragenen Bescheidenheit und Zurückhaltung war Himmler dennoch in zahlreiche Machenschaften von Korruption und Transaktionen erheblicher Vermögenswerte in Millionenhöhe ins Ausland verwickelt.[10]

Joseph Goebbels verfügte über ein Film- und Presseimperium sowie eigene Finanzmittel und benötigte dadurch keine Dotationen Hitlers, um sein Vermögen zu vergrößern. Eine feudale Villa aus einstmals jüdischem Besitz kaufte er 1936 auf der Wannsee-Halbinsel Schwanenwerder. Den Kaufpreis dafür in Höhe von 350000 RM erhielt er durch den von Hitler gebilligten und initiierten Verkauf seiner Tagebücher, die 20 Jahre nach seinem Tod veröffentlicht werden sollten, an den parteieigenen Eher-Verlag von Max Amann. Später konnte er dieses Grundstück mit ähnlichen Machenschaften großzügig arrondieren. Als Geburtstagsgeschenk ließ er sich von der Stadt Berlin 1936 ein Blockhaus am Bogensee bei Berlin schenken. Den Ausbau einer repräsentativen Anlage, die 2,26 Millionen RM kostete, ließ sich Goebbels von der UFA-Filmindustrie bezahlen.[11] Sowohl die Biographien über Joseph Goebbels als auch die über Hermann Göring enthalten denn auch zahlreiche Kapitel und Hinweise, die sich mit der schamlosen Bereicherung beider Parteiführer beschäftigen.[12]

Auch Reichsminister Speer und Ulrich von Hassell entrüsteten sich über die Angewohnheit von Goebbels und Göring, anläßlich ihrer Geburtstage für die Industrie regelrechte »Wunschlisten« – wie z.B. bei Monarchen – zu erstellen, die diese dann zu erfüllen hatte oder gern erledigte. So erwähnte von Hassell in seinen Tagebuchaufzeichnungen am 22. Januar 1943: »Empörendes von Görings 50. Geburtstag [12. 1.]. Geschenke von rd. einer Milllion Goldmark Wert, darunter von drei Wirtschaftlern ein Sèvres-Service von 2400 Stücken (mit

Sèvres-Stempel, Eisernem Kreuz und Widmung), Preis 500000 Mark, ein französisches Jagd-Palais, dort gestohlen und in einen Göringschen Jagdpark zu überführen, drei mittelalterliche Statuen zu 16000, 17000 und 18000 Mark.«[13]

Es ist hier nicht der Ort und Raum vorhanden, eine Geschichte der Korruption im nationalsozialistischen Staat vorzulegen.[14] Aber man kann angesichts des leichtfertigen und kriminellen Umgangs mit Geld aus der Staatskasse, auch wenn man Leid, Tod und Kriegsschäden, die das NS-System durch seine zum Weltkrieg führende Politik über Europa gebracht hat, außer acht läßt, feststellen: Das Dritte Reich ist Deutschland »teuer zu stehen gekommen«.

VI. Nach 1945: Der Bereicherungsvorwurf im Nürnberger Prozeß und in der Memoirenliteratur

Vor dem Internationalen Militärgerichtshof gegen die Hauptkriegsverbrecher des NS-Regimes, der vom 20. November 1945 bis zum 1. Oktober 1946 von den Alliierten bewußt in Nürnberg, der ehemaligen »Stadt der Reichsparteitage«, durchgeführt wurde, kamen die Dotationen als Bereicherungs- und Bestechungsgelder mehrmals zur Sprache. Dabei wurden die Zuwendungen an Lammers, Funk, Ley, von Ribbentrop, Keitel, Rosenberg, von Neurath, Raeder und Milch publik gemacht. Da im Prozeß gegen die Hauptkriegsverbrecher nur die wichtigsten Minister und Männer aus Hitlers näherer Umgebung vor Gericht standen, ging es vorrangig nicht um den Bestechungsvorwurf, sondern um die Frage, inwieweit sich die politischen und militärischen Führer des Dritten Reiches vom Diktator schamlos aus staatlichen Geldern beschenken ließen. Der Bereicherungsvorwurf war allerdings kein Punkt der Anklageschrift.

Im strafverfahrensrechtlichen Sinne diente die Offenlegung und öffentliche Bekanntmachung jedoch der moralischen Demontage und Bloßstellung der Angeklagten oder von zu Zeugenaussagen bereiten »Ehrenmännern« aus der politischen und militärischen Führungsschicht. Dabei wurden nur die Zuwendungen Hitlers angesprochen. Weitgehend unerwähnt blieb, daß sich viele NS-Führer und deren Bekannte nicht nur vom »Führer«, sondern auch auf regionaler Ebene durch die Gau- oder Kreisleitungen beschenken ließen.

Als Hans Heinrich Lammers am 9. April 1946 nach den verschiedenen Geldfonds der Reichskanzlei gefragt wurde, über die Hitler unkontrolliert verfügen konnte,[1] versuchte der ehemalige Reichsminister zuerst, ihre Bedeutung zu mindern, mußte sich dann aber die Geldgeschenke in Millionenhöhe an Ley, Ribbentrop und Keitel vorhalten lassen. Schließlich mußte er sie auch bestätigen, da die alliierte Anklagebehörde die entsprechenden Beweisdokumente aus den erbeuteten deutschen Akten vorlegen konnte. Auch seine eigene Dotation über 600000 RM kam zur Sprache. Dabei belog der einstige Minister den Gerichtshof, indem er eine falsche Begründung für den Empfang der Zuwendung konstruierte und behauptete: »Ich habe bei meinem 65. Geburtstag 600000 Mark bekommen, und die Begründung für die Summe war die, daß ich bei den früheren Stellen nie etwas bekommen habe, weil ich mich ja selbst nie gemeldet habe, weil ich zweimal ausgebombt war und weil ich keinerlei eigenen Besitz hatte, kein eigenes Haus und nichts sonst. Der Führer wünschte, ich sollte mir ein kleines Haus beilegen.«[2] Gewitzt unterschlug Lammers dem alliierten Gericht, daß er sich bei seinem 65. Geburtstag am 27. Mai 1944 zuallererst einmal das von ihm schon bewohnte Jagdhaus in der Schorfheide mit Mobiliar und mit weiteren umliegenden Grundstücken hatte schenken lassen. Daß er die steuerfreie Bardotation von 600000 RM dann noch zusätzlich zur Grundbesitzübereignung aus öffentlichen Geldern erhielt, verschwieg er vorsorglich.

Auch der ehemalige Reichsminister Funk gab sich alle Mühe, die Umstände des Empfangs der als Dotation gedachten 520000 RM zu vernebeln und sie als angeblichen Grundstock für mehrere Stiftungen hinzustellen. Angeblich wollte er sogar den erworbenen Bauernhof nach seinem Tod »wieder als Stiftung, entweder an die Reichsbank oder an [seine] ostpreußische Heimat« abgeben.[3] Und vor allem wollte er es nach eigener Aussage nicht selbst gewesen sein, der die Dotation angeregt hatte, sondern es seien andere Reichsministerkollegen gewesen, wie z.B Göring und Goebbels, welche die Dotation an ihn deshalb veranlaßt hätten, weil sie von der finanziellen Not des deutschen Reichswirtschaftsministers und Präsidenten der Reichsbank »gehört« hatten.[4]

Als Hitlers Dotation an Großadmiral Raeder bei dessen Vernehmung vor Gericht am 17. Mai 1946 zur Sprache kam, schien es dem ehemaligen Oberbefehlshaber der Kriegsmarine von besonderer Bedeutung zu sein, den Richtern einen speziellen Grund für die Annahme der Dotation zu nennen. Er wies darauf hin, daß Hitler ihm dargelegt habe, »daß auch Feldmarschall von Hindenburg und Mackensen von ihm Dotationen erhalten hätten«[5] und daß er die Dotation »in gleicher Weise wie die früheren Herrscher von Preußen« verleihen würde. Beide Erklärungen akzeptierte Raeder für sich, um letztlich das Geld des Diktators ohne Skrupel anzunehmen.

Ebenso mußte Generalfeldmarschall Milch als Zeuge vor dem alliierten Militärtribunal die Annahme der Hitlerschen »Bargeld-Anerkennung«[6] von 250000 RM zugeben. Angeblich sollte er sich davon »ein Landgut kaufen« können.

Unter dem Eindruck der öffentlichen Enthüllung der bis 1945 geheimgehaltenen Dotationenen während der Nürnberger Prozesse hielt Generalfeldmarschall Ritter von Leeb in einem apologetischen Schriftsatz fest, die Hitlerschen Dotationen hätten den »Dank des Volkes« für seine verdienstvolle Heerführung dargestellt und seien eine in allen größeren Staaten Europas übliche »Ehrengabe« gewesen.[7] Niemand habe bisher an solchen »Ehrengaben« Anstoß genommen. Auch die Feldmarschälle von Hindenburg und von Mackensen hätten schon während des Ersten Weltkrieges Dotationen von Kaiser Wilhelm II. erhalten. Diese Behauptung traf jedoch nicht zu, denn beide erhielten ihre Dotationen erst von Hitler. Gleichwohl dienten von Hindenburg und von Mackensen auch anderen Empfängern als Vorbilder für die Annahme ihrer Dotationen durch den Diktator während des Zweiten Weltkrieges.

Ebenso rabulistisch war der Hinweis von Leebs, die Dotationen Hitlers seien nicht von diesem als »Führer der nationalsozialistischen Partei«, sondern vielmehr als »ein staatsrechtlicher Akt« des amtierenden Staatsoberhauptes ausgeführt worden. Die Beschenkten seien deshalb auch nicht Nutznießer oder Profiteure des NS-Regimes gewesen. Es ist durchsichtig, warum Leeb auf dieser formalen Trennung bestehen mußte, weil er dann aus seiner Sicht begründen konnte, daß die Dotationen »nichts mit dem Nationalsozialismus und mit Hitler als Führer des Nationalsozialismus zu tun« gehabt hatten. Denn selbstverständlich war die Vergabepraxis während des Krieges eine genuine Handlungsweise der nationalsozialistischen Staatsführung, wie dies das schon erwähnte Gespräch zwischen Hitler und Goebbels am 21. Dezember 1944 deutlich macht, als sie sich über die Funktion der Dotationen als besondere Auszeichnungsform für die nationalsozialistische Ausrichtung der gesamten Gesellschaft des Reiches unterhielten.[8]

Peinlich ist die nachträgliche Erklärung Leebs, man habe die Dotation des Staatsoberhauptes ebensowenig wie den von Hitler übergebenen und sehr wertvollen Marschallstab zurückweisen können, ohne den »Führer« persönlich zu brüskieren und damit möglicherweise sein Leben aufs Spiel zu setzen. Diese Einschätzung entbehrt allerdings jeglicher Grundlage, denn es ist kein Fall überliefert, in dem die Ablehnung etwa zu Nachteilen für den Betroffenen geführt hat.

Das schlechte Gewissen der von Hitler mit Dotationen bedachten Persönlichkeiten zeigte sich nach dem Kriege auch in der Memoirenliteratur. Mehrere von ihnen schrieben nach 1945 ihre Lebenserinnerungen nieder, oder ihre privaten Aufzeichnungen wurden als Editionen herausgegeben, wie z.B. von Erich Raeder, Joachim von Ribbentrop, Heinz Guderian, Erich von Manstein, Wilhelm Keitel, Arno Breker, Otto Meißner, Alfred Rosenberg, Wilhelm Ritter von Leeb, Friedrich Hoßbach, Heinz Linge und Erich Kempka.[9] Die Zuwendungen und Geschenke durch Hitler werden darin nicht oder, wie bei Heinz Guderian, Wilhelm Keitel und Wilhelm Ritter von Leeb, nicht vollständig erwähnt.[10] Kritisch beleuchtet werden dagegen die Dotationen in den Memoiren der dem Widerstand gegen Hitler zuzurechnenden Personen, wie z.B. von Ulrich von Hassell, Fabian von Schlabrendorff und Rudolf-Christoph von Gersdorff, die die Vergabe der Dotationen als Zeitzeugen aus nächster Nähe miterlebt hatten.[11]

Erst angesichts des Unterganges des Dritten Reiches Ende April 1945 und auch des eigenen Endes waren einige Angehörige der politischen und militärischen Elite Hitlers bereit, sich mit dem Bereicherungsvorwurf auseinanderzusetzen, die Verlogenheit des NS-Regimes und seiner Führung beim Namen zu nennen und auch zu kritisieren, weil sie den Idealismus ihrer Anhänger so skrupellos ausgebeutet sahen. Als General Wilhelm Burgdorf, der Chef des Heerespersonalamtes, mit dem »Sekretär des Führers«, NSDAP-Reichsleiter Bormann, und dem letzten Chef des Generalstabes des Heeres, General Hans Krebs, im Bunker der Reichskanzlei über den Sinn eines weiteren Kampfes für Hitler und den Nationalsozialismus – kurz vor dem Selbstmord des Diktators – stritt, erklärte er in großer Erregung:

»Unsere jungen Offiziere sind mit einem Glauben und Idealismus, wie er in der Weltgeschichte einmalig ist, hinausgezogen. Zu Hunderttausenden sind sie mit einem stolzen Lächeln in den Tod gegangen. Aber wofür denn? Für ihr geliebtes deutsches Vaterland, für unsere Größe und Zukunft? Für ein anständiges, sauberes Deutschland? Nein. Für euch sind sie gestorben, für euer Wohlleben, für euren Machthunger. Im Glauben an die gute Sache ist die Jugend eines 80-Millionen-Volkes auf den Schlachtfeldern Europas verblutet, sind Millionen unschuldiger Menschen geopfert worden, während ihr, die Führer der Partei, euch am Volksvermögen bereichert habt. Gepraßt habt ihr, ungeheure Reichtümer zusammengerafft, Rittergüter gestohlen, Schlösser gebaut, im Überfluß geschwelgt, das Volk betrogen und unterdrückt. Unsere Ideale, unsere Moral, unseren Glauben, unsere Seele habt ihr in den Schmutz getreten. Der Mensch war für euch nur noch das Werkzeug eurer unersättlichen Machtgier. Unsere Jahrhunderte alte Kultur, das deutsche Volk habt ihr vernichtet. Das ist eure furchtbare Schuld!«[12]

Wenn man dieser Beobachtung des im übrigen hitlertreuen Generals Burgdorf, der noch sechs Monate vorher Generalfeldmarschall Erwin Rommel im Auftrag Hitlers zum Selbstmord durch Einnahme von Gift nötigte und der sich selbst nach Hitlers Tod das Leben nahm, die Vorstellungen von Goebbels und Hitler über Ziel und Zweck der Dotationen und Geschenke gegenüberstellt, die gerade mit Hilfe großer finanzieller Zuwendungen an die nationalsozialistische Führungsschicht und an bewährte Militärs »das Staatsleben« im Reich »rein nach nationalsozialistischen Gesichtspunkten ausrichten« wollten,[13] wird deutlich, wie kläglich Hitler mit dem Einsatz seines besonderen Instruments »Vergabe von Dotationen« gescheitert war.

Obwohl diese Gunstgewährungen des Diktators heimlich erfolgten, kam es zu regelrechten Vermögensnachforderungen und -erschleichungen durch bereits Beschenkte oder andere Aspiranten. Zurück blieb der Eindruck von hemmungsloser und willkürlicher Bereicherung oder Bereicherungsversuchen, wenn es darum ging, bei Hitler über die Ordonnanzen und persönlichen Adjutanten möglichst große Dotationen zu erlangen. Die Vergabe von Dotationen an einzelne Angehörige der Machtelite durch Hitler war Bestandteil der Ausnahmetatbestände und Willkürmaßnahmen des Regimes. Sie erfolgte ohne geordnete Prinzipien oder Richtlinien, vielmehr nicht selten aufgrund bestimmter Einflußmöglichkeiten und Cliquenbildungen im Umfeld des Diktators, so daß die Dotationen letztlich als Launen und Willkürhandlungen des »Führers« und seiner Kanzleien zustande kamen und damit ein – bislang kaum beachtetes – Kennzeichen des nationalsozialistischen Maßnahmenstaates wurden.

Die Vergabe der Dotationen erfolgte auf ebenso undurchsichtigen Wegen wie andere Entscheidungen, die der persönlichen Willkür des Diktators oder einzelner seiner Mitarbeiter unterlagen, etwa bei der Gewährung von Ausnahmeregelungen von den Nürnberger Rassegesetzen.[14] Ganz bewußt vermieden es Hitler und sein Minister Lammers, für die Vergabe der Dotationen feste und somit nachvollziehbare Richtlinien aufzustellen. Hitler wollte aufgrund der eingereichten Vorschläge ganz allein und nach eigenem Gutdünken über die Gewährung von Dotationen entscheiden können. Keiner sollte ihm hineinreden, und keiner sollte einen Anspruch geltend machen können.

Daß die Zuweisung einer Dotation durch Hitler grundsätzlich als Versuch zu werten ist, den Empfänger gleichsam von oben zu korrumpieren, kann allgemein angenommen werden, muß aber im Einzelfall nicht immer zutreffen, besonders dann nicht, wenn der Empfänger bereits ein zutiefst überzeugter Anhänger des »Führers« war, wie z. B. manche Parteigenossen, die Dotationen aus der Hand ihres Parteiführers erhielten.[15] Zum Teil stand die Dotation aber auch in direktem Zusammenhang mit der Absicht, den so Ausgezeichneten für den nationalsozialistischen Staat insgesamt positiv zu beeinflussen. Ebenso kann eine Dotation von Hitler in bestimmten Fällen als nachträgliche »Wiedergutmachung« für einen inzwischen aus dem aktiven Dienst entlassenen Heer- oder Parteiführer angesehen werden.

Ob der Diktator in anderen Fällen wiederum mit dem Geldgeschenk bereits vorausschauend das künftige Wohlverhalten des Beschenkten kaufen wollte, kann nur nach eingehender Prüfung jedes einzelnen Falles festgestellt werden, wobei dabei auch im größeren Zusammenhang das persönliche Verhalten des jeweilig Beschenkten gegenüber Hitler und dem NS-Staat zu anderen Zeiten zu berücksichtigen ist, wie z. B. bei Generalfeldmarschall von Kluge, der zeitweilig mit dem militärischen Widerstand gegen Hitler sympathisiert hatte. In einigen Fällen scheidet die These von vornherein aus, da die Dotation erst der Familie eines Verstorbenen gewährt wurde, wie z. B. der Familie des verstorbenen Generalfeldmarschalls von Reichenau. Erreichte die Dotation den Ausgezeichneten erst nach Versetzung in die »Führerreserve« bzw. in den Ruhestand, ist nicht auszuschließen, daß das Geschenk zur »Beruhigung« des Empfängers dienen sollte. Grundsätzlich ist zu konstatieren, daß die durch die Dotation ausgezeichneten Führer des Heeres, der Marine, Luftwaffe und Waffen-SS in ihrem persönlichen Verhalten gegenüber Hitler nach Empfang einer Dotation erheblich belastet waren.

Die nach 1945 bekannt gewordene und nicht mehr geheimzuhaltende Tatsache der Verleihung zahlreicher Dotationen an verschiedene Angehörige der politischen und militärischen Elite steht in einem Spannungsverhältnis zum Anspruch der Beschenkten, mit dem die ehemaligen Minister, Staatssekretäre, Admirale und Generale sowie Generalfeldmarschälle auch nach dem Zweiten Weltkrieg an die Öffentlichkeit getreten sind, um zu zeigen, daß »ihre Weste« bei dem von Hitler vom Zaun gebrochenen Welt- und Vernichtungskrieg »rein und sauber« geblieben sei. Diese Haltung überrascht, zumal die Dotationen ab 1945/46 sowohl in Verfahren vor alliierten Gerichten als auch in Erinnerungen von Hitlergegnern sowie ebenso des ehemaligen Reichsfinanzministers Lutz Graf Schwerin von Krosigk zur Sprache kamen.[16] Aus verständlichen Gründen wurden sie auch in einigen Biographien und Arbeiten der NS-apologetischen Literatur absichtlich oder gerne übersehen und blieben dort unerwähnt.[17]

Hitlers Praxis, großzügig lukrative Geschenke und Dotationen aus eigener diktatorischer Machtvollkommenheit zu gewähren, ist zweifellos eine der vielfältigen Erscheinungsformen politischer Korruption im Dritten Reich.[18] Gerade die hohe Zahl gezielter finanzieller Zuwendungen an Angehörige der politischen und militärischen Elite durch den Diktator dokumentiert das Ausmaß der allgemeinen korrupten Zustände in damaligen Führungskreisen; sie offenbart zugleich die Selbstbedienungsmentalität der NSDAP-Mitglieder und Hitler-Anhänger beim Umgang mit dem Staatsvermögen.

Überraschend ist die Beobachtung, daß die Beschenkten keinerlei Gespür für die Rechtmäßigkeit oder Zulässigkeit des Dotationsvorgangs und für die Korrumpierung durch den »Führer« entwickelten. Die Dotationsempfänger werteten es nicht als Bestechung durch Hitler, wenn dieser ihnen zum Geburtstag ein riesiges Vermögen, wie z.B. 250000 Reichsmark, schenkte. Es ist anzunehmen, daß ein Teil der Dotationsempfänger im staatlichen und insbesondere im parteipolitischen Bereich diese Zuwendung durch Hitler als gerechten Ausgleich für in der »Kampfzeit« erlittene materielle Nachteile ansah.

Das Ende von Hitlers Eliten: Von den Alliierten gefangengenommene Minister, Staatssekretäre, Parteiführer, Feldmarschälle, Admirale und Generale des Dritten Reichs im Sommer 1945 (Foto: AP)

Die Geschenke und Dotationen sollten demnach frühere Verluste und Opfer ausgleichen. Es gibt die Erklärungsmöglichkeit, daß sich viele NS-Führer deshalb so bedenkenlos bereichert haben, weil sie sich vor der Machtergreifung und in Einzelfällen auch noch kurz danach als Angehörige einer »Gemeinschaft von Opfern«[19] der Weimarer Zeit verstanden. Diese Opfermentalität ließ keinen Selbstzweifel bei der Annahme der großen Dotationen und Geschenke aufkommen, nachdem endlich die eigene Partei an der Herrschaft war. Materielle Belohnungen und die Gewährung finanzieller Vorteile durch Hitler – auch aus öffentlichen Geldern – wurden von den NS-Führern als gerechte Wiedergutmachung angesehen, unabhängig davon, wie die Bevölkerung während des Krieges litt.

Dies allerdings erklärt nicht, wieso auch andere Angehörige der militärischen und politischen Funktionselite, die keineswegs benachteiligte alte Parteikämpfer waren, sich ebenfalls bereitwillig durch eine Dotation belohnen bzw. korrumpieren ließen. Möglicherweise liegen auch hier Gefühle des Zuspätgekommenen oder des in früherer feudaler Gesellschaft der Kaiserzeit Übergangenen vor. Für sie bot der Empfang großer Dotationen durch Hitler die Möglichkeit, in dieser Gesellschaftsschicht aufzusteigen und mit dem neuen Besitz eines Rittergutes gleichzuziehen. Andererseits erhielten auch schon lange zur politischen Elite zählende Anhänger Hitlers steuerfreie Geldgeschenke, die sie ebenso selbstverständlich entgegennahmen wie die neuen nationalsozialistischen Aufsteiger in Partei und Staat.

Die Selbsteinschätzung als frühere Opfer und das Selbstverständnis, keinen politischen Maßstäben oder Straftatbeständen unterworfen zu sein, machten die Empfänger von Hitlers Dotationen in den politischen und militärischen Eliten zugleich unempfindlich gegenüber Bereicherungs- und Korruptionsvorwürfen.

Obwohl die vorherrschende Korruption in hohen Führungskreisen des NS-Staates ein nicht seltenes Gesprächsthema in der Bevölkerung war, wie die Lageberichte der Gestapo und des SD belegen,[20] blieben viele umfangreiche Dotationen weitgehend unbekannt und führten zu keinem Ansehens- und Popularitätsverlust des Diktators. Offensichtlich war die von Reichsminister Lammers praktizierte Geheimniskrämerei lange Zeit erfolgreich und verhinderte, daß es wegen der Dotationen zur detaillierten Kritik an Hitler kam. Erst in der zweiten Kriegshälfte – als die Dotationen an Umfang zunahmen – sprach es sich herum, daß man über Lammers Dotationen und Güter erlangen konnte, so daß sich dann auch einige Funktionäre selbst als Dotationsempfänger ins Spiel brachten und vorstellig wurden.

Obwohl Hitler seine Dotationen ohne Regel und willkürlich vergab, hat er sie letztlich jedoch nicht ohne Absicht verteilt. Wie Joseph Goebbels in seinen Tagebüchern festhielt, sollten sie selbstverständlich Dankbarkeit, Wohlverhalten und Anhängerschaft der Beschenkten erzeugen. Die Empfänger der Zuwendungen waren durch die akzeptierte und praktizierte Geheimniskrämerei zu Komplizen des Dotationsgebers Adolf Hitler und seiner verbrecherischen Herrschaft geworden.

Dokumente

Orthographie- und Zeichensetzungsfehler wurden in den abgedruckten Dokumenten berichtigt. Aus Platzgründen notwendige Auslassungen sind durch [...] gekennzeichnet.

Verzeichnis der Dokumente und Übersichten

Fortlaufende monatliche Sonderzuwendungen Hilters

1. Die Reichsregierung unter Hitler (1933–1945)

Funktion	Amtsinhaber oder mit der Wahrnehmung der Geschäfte beauftragt	Dotation erhalten?
Reichsminister und »Stellvertreter des Führers«	1933–1941 Rudolf Heß	
Reichsaußenminister	1933–1938 Konstantin Frhr. von Neurath 1938–1945 Joachim von Ribbentrop	ja ja
Reichsinnenminister	1933–1943 Wilhelm Frick 1943–1945 Heinrich Himmler	ja –
Reichsfinanzminister	Lutz Graf Schwerin von Krosigk	–
Reichswirtschaftsminister	Walther Funk	ja
Reichsarbeitsminister	Franz Seldte	–
Reichsjustizminister	1933–1941 Franz Gürtner 1941–1942 Sts. Franz Schlegelberger 1942–1945 Otto Thierack	– ja
Reichspostminister	1933–1937 Paul Reichsfreiherr von und zu Eltz-Rübenach 1937–1945 Dr. Ing. e.h. Wilhelm Ohnesorge	– ja
Reichsverkehrsminister	1933–1937 Paul Reichsfreiherr von und zu Eltz-Rübenach 1937–1945 Julius Dorpmüller	– ja
Reichsluftfahrtminister	Hermann Göring	ja
Reichsminister für Volksaufklärung und Propaganda	Dr. Joseph Goebbels	ja
Reichsminister für Ernährung und Landwirtschaft	1933–1942 Richard Walther Darré 1942–1945 Sts. (ab 1942 Reichsminister ohne Geschäftsbereich) Herbert Backe	–

Funktion	Amtsinhaber oder mit der Wahrnehmung der Geschäfte beauftragt	Dotation erhalten?
Reichsminister für Wissenschaft, Erziehung und Volksbildung	1934–1945 Bernhard Rust	
Reichsminister für kirchliche Angelegenheiten	1935–1941 Hanns Kerrl 1941–1945 Sts. Hermann Muhs	
Reichsminister für die besetzten Ostgebiete	1941–1945 Alfred Rosenberg	ja
Reichsminister für Rüstung u. Kriegsproduktion	1940–1942 Fritz Todt 1941–1945 Albert Speer	
Reichsminister und Chef der Reichskanzlei	1937–1945 Hans Heinrich Lammers (1933–1937 Staatssekretär)	ja
Reichswehr- bzw. Reichskriegsminister und Oberbefehlshaber der Wehrmacht	1933–1938 Generaloberst bzw. Generalfeldmarschall Werner von Blomberg 1938–1945 Adolf Hitler	
Chef des Oberkommandos der Wehrmacht	1938–1945 Generaloberst bzw. Generalfeldmarschall Keitel	ja
Chef der Heeresleitung bzw. Oberbefehlshaber des Heeres	1933–1938 Generaloberst Werner Frhr. von Fritsch 1938–1941 Generaloberst bzw. Generalfeldmarschall Walther von Brauchitsch 1941–1945 Adolf Hitler	 ja
Chef der Marineleitung bzw. Oberbefehlshaber der Kriegsmarine	1933–1943 Generaladmiral bzw. Großadmiral Erich Raeder 1943–1945 Großadmiral Karl Dönitz	ja
Oberbefehlshaber der Luftwaffe	1935–1945 Generaloberst bzw. Generalfeldmarschall und ab 1940 »Reichsmarschall« Hermann Göring 1945 Generalfeldmarschall Robert Ritter von Greim	ja –

2. Die deutschen Generalfeldmarschälle und Großadmirale (1936–1945)

	Geburtsjahr	Beförderungsdatum	Letzte Dienststellung	Todesdatum	Dotation erhalten?
Blomberg, Werner von	1878	1. 4.1936	Reichskriegsminister und Oberbefehlshaber der Wehrmacht	14. 3.1946	–
Göring, Hermann	1893	4. 2.1938 19. 7.1940	OB der Luftwaffe »Reichsmarschall«	15.10.1946	ja
Raeder, Dr. h.c. Erich	1876	1. 4.1939	Admiralinspekteur	6.11.1960	ja
Brauchitsch, Walther von	1881	19. 7.1940 (1)	OB des Heeres	18.10.1948	ja
Keitel, Wilhelm	1882	19. 7.1940 (2)	Chef des OKW	16.10.1946	ja
Rundstedt, Gerd von	1875	19. 7.1940 (3)	OB West	24. 2.1953	ja
Bock, Fedor von	1880	19. 7.1940 (4)	OB d. Heeresgruppe Süd	3. 5.1945	ja
Leeb, Wilhelm Ritter von	1876	19. 7.1940 (5)	OB d. Heeresgruppe Nord	29. 4.1956	ja
List, Wilhelm	1880	19. 7.1940 (6)	OB d. Heeresgruppe A	16. 8.1971	?
Kluge, Hans G. von	1882	19. 7.1940 (7)	OB West	19. 8.1944	ja
Reichenau, Walther von	1884	19. 7.1940 (8)	OB d. Heeresgruppe Süd	17. 1.1942	ja (an Erben)
Witzleben, Erwin von	1881	19. 7.1940 (9)	OB West	8. 8.1944	–
Milch, Erhard	1892	19. 7.1940 (1 L)	Staatssekretär im RLM	25. 1.1972	ja

Sperrle, Hugo	1885	19. 7.1940 (2L)	OB d. Luftflotte 3	2. 4.1953	ja
Kesselring, Albert	1885	19. 7.1940 (3L)	OB West	15. 7.1960	?
Böhm-Ermolli, Eduard	1856	31.10.1940 charakter.	zuvor k.u.k. Feldmarschall	9.12.1941	–
Rommel, Erwin	1891	22. 6.1942	OB d. Heeresgruppe B	14.10.1944	–
Küchler, Georg von	1881	30. 6.1942	OB d. Heeresgruppe Nord	5. 5.1968	–
Manstein, Erich von	1887	30. 6.1942	OB d. Heeresgruppe Nordukraine	10. 6.1973	?
Paulus, Friedrich	1890	31. 1.1943	OB 6. Armee	1. 2.1957	–
Dönitz, Karl	1891	30. 1.1943	OB d. Kriegsmarine	24.12.1980	?
Kleist, Ewald von	1881	1. 2.1943 (1)	OB d. Heeresgruppe Südukraine	15.10.1954	ja
Weichs, Maximilian Frhr. von und zur Glon	1881	1. 2.1943 (2)	OB d. Heeresgruppe F	27. 9.1954	–
Busch, Ernst	1885	1. 2.1943 (3)	OB d. Heeresgruppe Nordwest	17. 7.1945	ja
Richthofen, Wolfram Frhr. von	1895	16. 2.1943	OB d. Luftflotte 2	12. 7.1945	–
Model, Walter	1891	1. 3.1944	OB d. Heeresgruppe B	21. 4.1945	–
Schörner, Ferdinand	1892	5. 4.1945	OB d. Heeresgruppe Mitte	2. 7.1973	–
Greim, Robert Ritter von	1892	25. 4.1945	OB d. Luftwaffe	24. 5.1945	

3. Steuerbefreiung für Gut Neudeck von Reichspräsident von Hindenburg

(Nr. 13966.) **Gesetz zur Durchführung des § 1 Abs. 2 des Gesetzes über die Befreiung des Reichspräsidenten von Hindenburg von Reichs- und Landessteuern für das Rittergut Neudeck vom 27. August 1933 (Reichsgesetzbl. I S. 595). Vom 27. August 1933.**

Auf Grund des § 1 Abs. 2 des Gesetzes über die Befreiung des Reichspräsidenten von Hindenburg von Reichs- und Landessteuern für das Rittergut Neudeck vom 27. August 1933 (Reichsgesetzbl. I S. 595) hat das Staatsministerium das folgende Gesetz beschlossen:

§ 1.

Zum Rittergut Neudeck mit Preußenwald gehören folgende Grundstücke:

1. das bisherige Rittergut Neudeck,
   nachgewiesen im Grundbuch Band XIII S. 252 „Neudeck Gut", in der Grundsteuermutterrolle des Gemeindebezirkes Heinrichau Artikel 154,
   zur Gesamtgröße von . . . . 811 ha 7 a 82 qm;
2. die bisherige preußische Domäne Langenau,
   nachgewiesen
   a) im Grundbuch Band II S. 169 „Adlige Güter Langenau Gut", in der Grundsteuermutterrolle des Gemeindebezirkes Langenau Artikel 87 und des Gemeindebezirkes Heinrichau Artikel 155,
   b) im Grundbuch Band II Blatt 37 „Langenau Gut", in der Grundsteuermutterrolle des Gemeindebezirkes Langenau Artikel 130,
   zur Gesamtgröße von . . . . 1044 ha 23 a 96 qm;
3. die bisherige preußische Forst Königswald,
   nachgewiesen im Grundbuch Band X Blatt 181 „Rehhof", in der Grundsteuermutterrolle des Gemeindebezirkes Schornsteinmühle Artikel 1 und 2,
   zur Gesamtgröße von . . . . 1351 ha 29 a 45 qm.

§ 2.

Mit der Ausführung dieses Gesetzes werden der Finanzminister und der Minister für Landwirtschaft, Domänen und Forsten beauftragt.

§ 3.

Dieses Gesetz tritt mit Wirkung vom 1. Juli 1933 in Kraft.

Berlin, den 27. August 1933.

(Siegel.) Das Preußische Staatsministerium.

Göring. Popitz. Rust. Kerrl.
Schmitt. Darré.

Das vorstehende, vom Preußischen Staatsministerium beschlossene Gesetz wird hiermit verkündet.

Berlin, den 27. August 1933.

Für den Reichskanzler:
Der Preußische Ministerpräsident.
Göring.

Quelle: Preußische Gesetzessammlung, Nr. 54 v. 27. 8. 1933, S. 311.

4. Steuerbefreiung für das Rittergut Neudeck von Reichspräsident von Hindenburg durch die Reichsregierung

Gesetz über die Befreiung des Reichspräsidenten von Hindenburg von Reichs- und Landessteuern für das Rittergut Neudeck. Vom 27. August 1933.

Die Reichsregierung hat das folgende Gesetz beschlossen, das hiermit verkündet wird:

§ 1

Reichspräsident von Hindenburg und seine Abkömmlinge werden für das Rittergut Neudeck von der Zahlung der Steuern des Reichs und des Landes Preußen für die Zeit befreit, in der sich das Rittergut im Eigentum des Reichspräsidenten oder eines seiner Abkömmlinge im Mannesstamm befindet.

Welche Grundstücke zum Rittergut Neudeck gehören, bestimmt das Preußische Staatsministerium.

§ 2

Das Gesetz tritt mit Wirkung vom 1. Juli 1933 in Kraft.

Berlin, den 27. August 1933.

Der Reichskanzler
Adolf Hitler

Der Reichsminister der Finanzen
Graf Schwerin von Krosigk

Quelle: Reichsgesetzblatt, Teil I, Nr. 95 v. 27. 8. 1933, S. 595.

5. Dankschreiben Reichspräsident von Hindenburg an Reichskanzler Hitler v. 30. 8. 1933

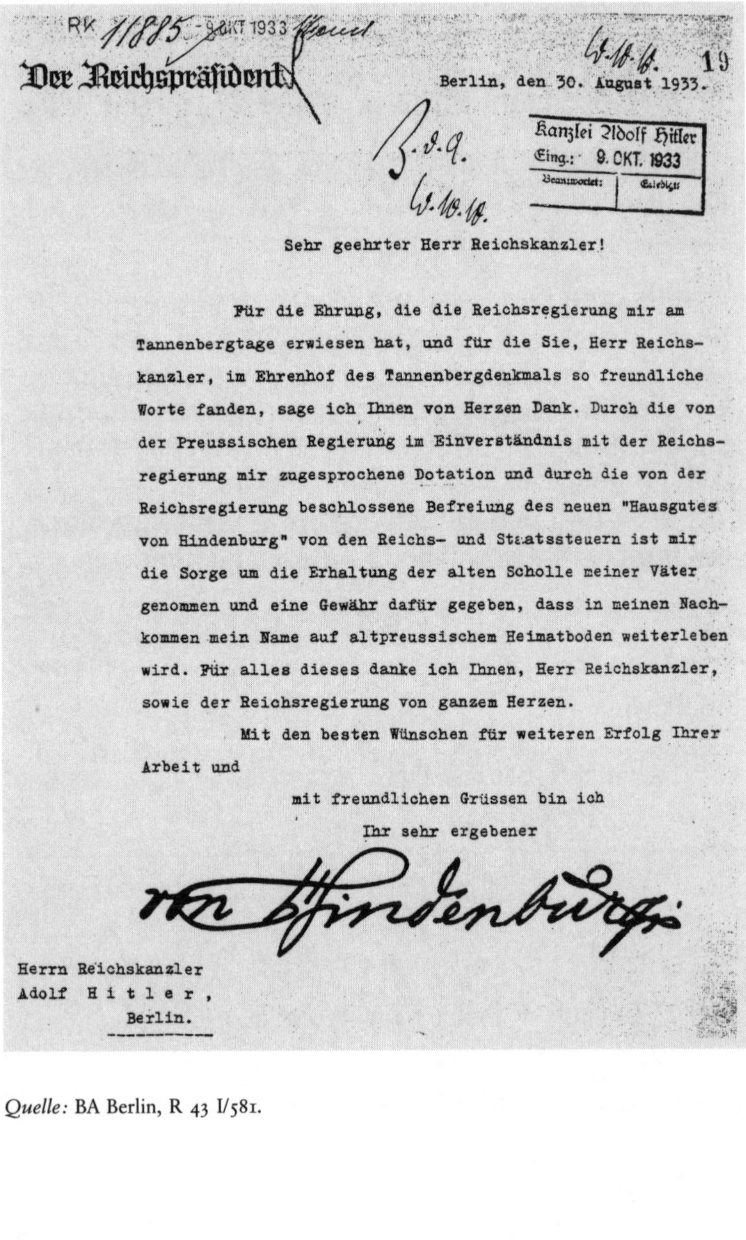

RK 11885 - 9 OKT 1933

Der Reichspräsident

Berlin, den 30. August 1933.

Kanzlei Adolf Hitler
Eing.: 9. OKT. 1933
Beantwortet: | Erledigt:

Sehr geehrter Herr Reichskanzler!

Für die Ehrung, die die Reichsregierung mir am Tannenbergtage erwiesen hat, und für die Sie, Herr Reichskanzler, im Ehrenhof des Tannenbergdenkmals so freundliche Worte fanden, sage ich Ihnen von Herzen Dank. Durch die von der Preussischen Regierung im Einverständnis mit der Reichsregierung mir zugesprochene Dotation und durch die von der Reichsregierung beschlossene Befreiung des neuen "Hausgutes von Hindenburg" von den Reichs- und Staatssteuern ist mir die Sorge um die Erhaltung der alten Scholle meiner Väter genommen und eine Gewähr dafür gegeben, dass in meinen Nachkommen mein Name auf altpreussischem Heimatboden weiterleben wird. Für alles dieses danke ich Ihnen, Herr Reichskanzler, sowie der Reichsregierung von ganzem Herzen.

Mit den besten Wünschen für weiteren Erfolg Ihrer Arbeit und

mit freundlichen Grüssen bin ich

Ihr sehr ergebener

von Hindenburg

Herrn Reichskanzler
Adolf H i t l e r,
Berlin.

Quelle: BA Berlin, R 43 I/581.

6. Abgabenbefreiung für die Dotation an Generalfeldmarschall von Mackensen

Gesetz über die Abgabenbefreiung einer Dotation an den Generalfeldmarschall August von Mackensen.

Vom 22. Oktober 1935.

Die Reichsregierung hat das folgende Gesetz beschlossen, das hiermit verkündet wird:

§ 1

Bei Durchführung des preußischen Gesetzes über eine Dotation an den Generalfeldmarschall August von Mackensen vom 22. Oktober 1935 (Preuß. Gesetzsamml. S. 135) werden Steuern und andere Abgaben des Reichs, der Länder und der Gemeinden (Gemeindeverbände) nicht erhoben.

§ 2

Dieses Gesetz tritt mit dem Tage der Verkündung in Kraft.

Berlin, den 22. Oktober 1935.

Der Führer und Reichskanzler
Adolf Hitler

Der Reichsminister der Finanzen
Graf Schwerin von Krosigk

Quelle: Reichsgesetzblatt, Teil I, Nr. 115 v. 22. 10. 1935.

7. Steuerbefreiung für Hitlers Dotationen

Schreiben von Lammers an die Reichsminister v. 9. 10. 1943

Der Reichsminister und Chef der Reichskanzlei

Rk. 1024 C g

Es wird gebeten, dieses Geschäftszeichen bei weiteren Schreiben anzugeben.

Berlin W 8, den 9. Oktober 1943
Voßstraße 6

100

z. Zt. Feldquartier

Postsendungen sind ausnahmslos an die Anschrift in Berlin zu richten

Geheim!

An

die Herren Reichsminister

Betrifft: Dotationen des Führers.

Der Führer hat aus gegebenem Anlaß seiner Willensmeinung Ausdruck gegeben, daß er die Vergebung von Dotationen und die Bestimmung über deren Steuerfreiheit als sein höchstpersönliches Recht in Anspruch nehme. Das Vorliegen einer Dotation des Führers, die steuerfrei bleibt, wird daher künftig nur anerkannt werden, wenn der Führer eine solche Dotation im Einzelfalle selbst zugunsten einer bestimmten Person angeordnet und dabei die ausdrückliche Anordnung getroffen hat, daß die Dotation steuerfrei sein soll. Solche Dotationen werden ausschließlich aus Mitteln des Führers gewährt. Alle anderen Zuwendungen, die die Reichsminister oder andere Stellen im Rahmen ihrer Befugnisse und Zuständigkeiten in Anerkennung bestimmter Verdienste im Wege der Schenkung machen, unterliegen den dafür geltenden haushaltsrechtlichen, steuerlichen und sonstigen allgemeinen Vorschriften.

Ich darf Ihnen diese Entscheidung des Führers zur Kenntnis bringen und daran die Bitte knüpfen, etwaige durch die Sachlage gerechtfertigte Wünsche nach Bewilligung von Dotationen durch den Führer mir als dem für die Verwaltung der Mittel des Führers zu allgemeinen Zwecken zuständigen Reichsminister mit entsprechender Begründung zur weiteren Behandlung mitzuteilen.

Quelle: BA Berlin R 43 II/986 S. 160.

8. Hitlers Ermächtigung an Reichsminister Lammers v. 13. 7. 1944 betr. Festlegung der Höhe der Dotationen

FQ., den 13. Juli 1944

Verschlossen!

Betrifft: Dotationen.

1.) Ich habe dem Führer über die Dotationsangelegenheiten für GFM. Keitel, für die Familie des verstorbenen GFM. v. Reichenau und für GFM. Ritter v. Leeb Vortrag gehalten. Bei dieser Gelegenheit hat der Führer mich ermächtigt, alle z. Zt. laufenden Dotationen, bei denen es sich um die Zuweisung von Grund und Boden handelt, ohne besonderen Vortrag großzügig zu behandeln und zu erledigen und mich dabei im ungefähren Rahmen derjenigen Summen zu halten, die der Führer bisher in vergleichbaren Fällen bewilligt hat.
[2.) ...] (Paraphe v. Lammers)

Quelle: BA Berlin, R 43 II/1092b, S. 102.

9. Lammers' Vorstoß zur Regelung des Verfahrens bei Vergabe von Dotationen durch Hitler v. 1. 3. 1944

Der Reichsminister und Chef der Reichskanzlei
Rk. 881 C

Berlin, den 1. 3. 1944
z. Zt. Feldquartier

Geheim!

3.) An
a) den Leiter der Partei-Kanzlei
Herrn Reichsleiter Bormann
b) den Chef des Oberkommandos der Wehrmacht
Herrn Generalfeldmarschall Keitel

– einzeln –

Betrifft: Regelung des Verfahrens bei Vergebung von Dotationen durch den Führer.

Zu a): Sehr verehrter Herr Bormann!
Zu b): Sehr verehrter Herr Generalfeldmarschall!
Wir haben uns bereits vor einiger Zeit über die Notwendigkeit einer generellen Regelung des Verfahrens bei der Vergebung von Dotationen des Führers unterhalten. Wie unerläßlich eine solche Regelung ist, wird mir an einem

Einzelfall deutlich, der zur Zeit schwebt und mit dessen Behandlung nicht weniger als 6 Stellen befaßt sind, ohne daß über die Federführung Klarheit bestünde. Diese Frage bedarf aber ebenso der Klärung wie diejenige, welchen Stellen grundsätzlich und in der Regel die Verwirklichung der vom Führer jeweils angeordneten Dotationen, besonders der Landdotationen, obliegen soll. Schon im Interesse einer gleichmäßigen und damit gerechten Bemessung des Umfangs der Dotationen in vergleichbaren Fällen – z.B. an verdiente Persönlichkeiten gleichen Ranges – ist es erforderlich, daß die einzelnen Fälle zur Einhaltung einer kontinuierlichen Praxis grundsätzlich stets von den gleichen Stellen behandelt werden. Bisher wird der Umfang einer Landdotation im Einzelfall, wie mir scheint, sehr stark von Zufallsmomenten bestimmt.

Ich glaube, mit Ihnen darüber einig zu sein, daß nach Lage der Sache das nächstliegende ist, wenn die Behandlung dieser Angelegenheit grundsätzlich

zu a): durch Sie, den Chef des Oberkommandos der Wehrmacht

zu b): durch Sie, den Leiter der Partei-Kanzlei

und mich als die an diesen Angelegenheiten regelmäßig beteiligten Stellen erfolgt. Dabei würde es mir zweckmäßig erscheinen, wenn dem Sinne des Absatzes 2 meines an die Herren Reichsminister gerichteten, in Abdruck beiliegenden Schreibens vom 9. Oktober 1943 – Rk. 1024 C g – entsprechend die Federführung in der Regel von mir wahrgenommen würde. Selbstverständlich wird auch im Einzelfalle die Beteiligung weiterer Stellen, wie etwa des Reichsführers-SS, des Reichsministers für Ernährung und Landwirtschaft, des Reichsministers für Rüstung und Kriegsproduktion und des Reichsministers der Finanzen, angebracht sein können.

Voraussetzung für eine sachgemäße und gerechte Behandlung der Einzelfälle ist aber auch die Klärung einer Anzahl grundsätzlicher Fragen, von denen ich beispielsweise nur die Frage eines u.U. bei veränderten Verhältnissen vorzusehenden Rückfalls der Dotation erwähnen möchte.

Da wir uns persönlich weder mit jedem Einzelfall vor Abschlußreife selbst befassen können noch auch die bei der Behandlung des Einzelfalles zu berücksichtigenden Leitsätze persönlich klären können, möchte ich es für zweckmäßig halten, wenn wir je einen mit der Behandlung dieser Fragen zu beauftragenden Vertreter benennen, denen insgesamt die Klärung der offenen grundsätzlichen Fragen wie die vorbereitende Behandlung des Einzelfalles obläge. Für den Fall Ihres Einverständnisses mit meinem Vorschlage wäre ich dankbar, wenn Sie mir den von Ihnen zu bestellenden Vertreter alsbald namhaft machen wollten. Sowie mir Ihre Zustimmung bekannt ist, werde ich Ihnen gleichfalls unmittelbar meinen Vertreter für diese Angelegenheit benennen.

Zusatz nur für a): Bei dem eingangs erwähnten Einzelfall handelt es sich um die zur Zeit noch in Vorbereitung befindliche Dotation für SS-Oberst-Gruppenführer Daluege. Der Reichsführer-SS hatte mir seinerzeit eine Abschrift seines an Sie gerichteten Schreibens vom 22. August 1943 zur Kenntnis übersandt. Aus diesem Anlaß hatte ich Sie mit Schreiben vom 10. September 1943 – Rk. 939 C – gebeten, mir Ihre Auffassung über die weitere Behandlung der Angelegenheit mitzuteilen. Ich wäre Ihnen zu Dank verbunden, wenn Sie mich baldtunlichst über Ihre Meinung unterrichten wollten.

Heil Hitler!
Ihr sehr ergebener
(N. d. H. RMin.)
[Paraphe von Lammers]

[4.) ...]

Quelle: BA Berlin, R 43 II/1087a, S. 122–125.

10. Vorschlag der Reichskanzlei zur besonderen Form der Ausführung von Hitlers Dotationen v. 5. 4. 1944

Zu Rk. 1582 C   Berlin, den 5. April 1944

Betrifft: Form der Ausführung von Dotationen des Führers.

1.) Herrn Reichsminister
gehorsamst vorgelegt.
Die vom Führer dem Generaloberst Guderian gewährte Dotation eines landwirtschaftlichen Gutes ist inzwischen in der Form ausgeführt worden, daß Generaloberst Guderian das von der Ostdeutschen Landbewirtschaftungsgesellschaft Reichsland verwaltete Gut Deipenhof durch den Reichsführer-SS, Reichskommissar für die Festigung deutschen Volkstums, übereignet worden ist. Dabei sind zum Abschluß eines Vertrages vor dem Amtsgericht Generaloberst Guderian als »Übernehmer« persönlich und als Vertreter des »Eigentümers« für den Reichsführer-SS SS-Gruppenführer und Generalleutnant der Polizei Ulrich Greifelt erschienen. Diese Form der Ausführung der Dotation in Form eines »Überlassungsvertrages mit Auflassung«, die ähnlich auch in anderen Dotationsfällen gewählt worden oder in Aussicht genommen ist (zu vgl. Fall von Kleist – Rk. 15587 B –), muß m.E. als schlechthin unwürdig bezeichnet werden und entspricht in keiner Weise der Bedeutung einer Dotation als einer Auszeichnung durch den Führer. Außerdem findet nach Vollziehung des Eigentumserwerbs der Dotationsgedanke nicht mehr den erforderlichen sichtbaren Ausdruck, da der Dotierte das Eigentum in der gleichen

Weise erworben hat und für die Zukunft über den gleichen Besitztitel darüber verfügt, wie es auch bei einem rechtsgeschäftlichen Erwerb durch eine beliebige andere Person der Fall sein würde. Man wird daher nach einem Weg suchen müssen, um sowohl in der Form wie in der Sache einer solchen Dotation den Inhalt und die Bedeutung zu geben, die ihr zukommen.

Es sind nach der bisherigen Praxis 3 Gruppen von Dotationsfällen zu unterscheiden:

a) Dotation eines Geldbetrages ohne Zweckbestimmung (mit und ohne nachfolgende Unterstützung durch öffentliche Stellen bei der Anlage in Grundbesitz).

b) Dotation eines Geldbetrages zum Zweck des Erwerbs von Landbesitz aus privater Hand oder mit nachfolgender Genehmigung eines solchen Erwerbs durch den Führer.

c) Reine Sachdotation, d.h. unmittelbare Übertragung von Grundeigentum der öffentlichen Hand auf den zu Dotierenden (Ausnahme von der allgemeinen Weisung des Führers, daß während des Krieges Sachdotationen nicht vergeben werden sollen).

Wenn der Dotierte im Falle zu a) die empfangenen Geldbeträge dazu verwendet, Grund und Boden zu erwerben, so sollte diese Verwendung außerhalb des Interesses des Führers stehen. Mit Rücksicht auf die zahlreichen zu erwartenden reinen Gelddotationen empfiehlt es sich m.E. nicht, die Anlage dieser Gelder durch den Dotierten einer von den üblichen Formen des rechtsgeschäftlichen Erwerbs abweichenden besonderen Gestaltung zu unterwerfen.

Die Fälle zu b) und c) dürften zusammenfassend zu betrachten sein. Hier kann das Bedürfnis für eine besonders würdige Form nicht unterschiedlich beurteilt werden, je nachdem ob von vornherein Landbesitz der öffentlichen Hand auf den zu Dotierenden übertragen werden soll oder ob Landbesitz zu diesem Zweck zunächst erst von privater Seite beschafft werden muß. Voraussetzung wäre aber m.E. für eine besondere Ausgestaltung des Erwerbsvorgangs immer, daß der Führer den Landerwerb von vornherein anordnet oder später genehmigt. Wenn der Dotierte für die Anlage einer Gelddotation in Grundbesitz die Unterstützung öffentlicher Stellen erhält, ohne daß der Führer damit befaßt wird, so kann dies allein nicht genügen, um ihn hinsichtlich der Durchführung des Erwerbs aus dem Kreis der Fälle zu a) herauszuheben.

Ich könnte mir eine Behandlung der Fälle zu b) und c) in dieser Abgrenzung etwa wie folgt denken:

Soweit Landbesitz, den der Dotierte erhalten soll, sich bereits im Eigentum der öffentlichen Hand befindet, übereignet der Führer diesen durch eine Urkunde besonderer Art. Der damit vollzogene Rechtsübergang wird im Grundbuch eingetragen. Die Eintragung hat also lediglich berichtigenden Charakter, wie dies z.B. beim Erwerb eines Grundstücks durch Zuschlagsbeschluß in der Zwangsversteigerung der Fall ist. Soweit der zu übertragende Landbesitz erst aus privater Hand beschafft werden muß, erscheint es nicht möglich, den Rechtsübergang unmittelbar zwischen dem Voreigentümer und dem zu Dotierenden durch eine Verfügung (Urkunde) des Führers zu vollziehen. Hier müßte eine andere Stelle eingeschaltet werden, die zunächst den für eine Übereignung durch den Führer bestimmten Grundbesitz für das Reich in den üblichen Formen erwirbt. Zweckmäßig wäre dies der Reichsminister der Finanzen, der überhaupt als Haushaltsminister beim Erwerb und der Veräußerung von Grundbesitz der öffentlichen Hand zu beteiligen ist (Reichsgrundbesitzverzeichnis). Damit ist nicht gesagt, daß auch die Vorverhandlungen für eine solche Eigentumsübertragung vom Reichsminister der Finanzen wahrzunehmen wären. Hierbei wird, wie dies auch bisher gehandhabt worden ist, der zu Dotierende selbst eine wesentliche Rolle spielen müssen. Im Interesse einer klaren Rechtslage würde ich empfehlen, die Modalitäten einer derartigen Durchführung von Landdotationen in einem allgemeinen Führererlaß festzulegen, bei dessen Vorbereitung der Reichsminister der Justiz und der Reichsminister der Finanzen zu beteiligen wären. Zuvor dürfte die Frage zweckmäßig mit dem Chef des OKW. und dem Leiter der Partei-Kanzlei und nach deren Billigung in dem für die Behandlung von Dotationsangelegenheiten zu bildenden Arbeitsausschuß zu behandeln sein.

2.) Abschrift von Ziffer 1) zu Rk. 2426 C, wo die Angelegenheit nach der grundsätzlichen Seite weiterbehandelt wird.

3.) Zum Vorgang. [Paraphe unleserlich]

Quelle: BA Berlin, R 43 II/1092, S. 114–117.

11. Zuwendung Hitlers an den Stellvertretenden Polizeipräsidenten von Berlin, SA-Gruppenführer Graf Helldorf, v. 20. 8. 1935

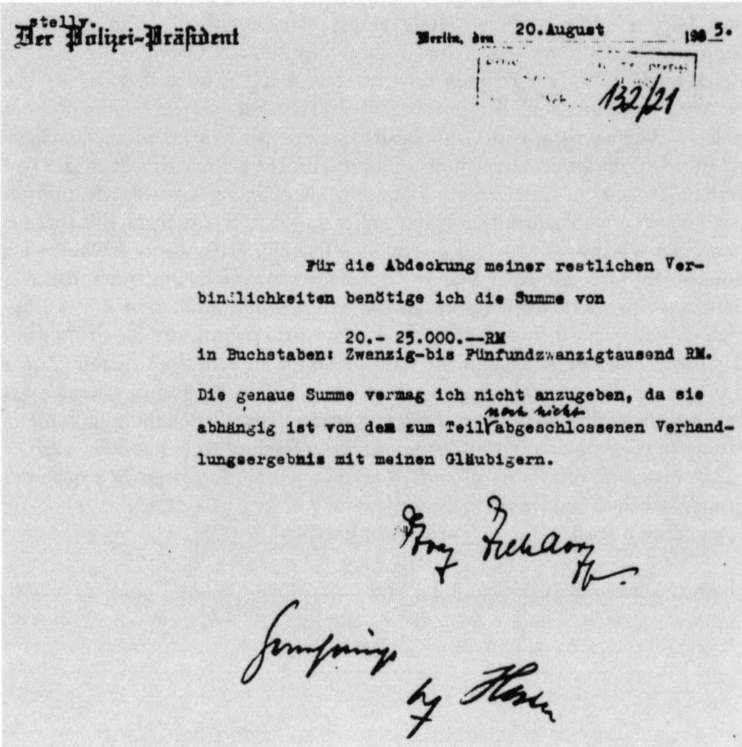

stellv. Der Polizei-Präsident

Berlin, den 20. August 1935.

132/21

Für die Abdeckung meiner restlichen Verbindlichkeiten benötige ich die Summe von

20.- 25.000.--RM

in Buchstaben: Zwanzig-bis Fünfundzwanzigtausend RM.

Die genaue Summe vermag ich nicht anzugeben, da sie abhängig ist von dem zum Teil noch nicht abgeschlossenen Verhandlungsergebnis mit meinen Gläubigern.

Quelle: BA Berlin, ehem. BDC.

12. Dotation an Bildhauer Professor Arno Breker

Schreiben Speers an Reichsminister Lammers v. 4. 4. 1940

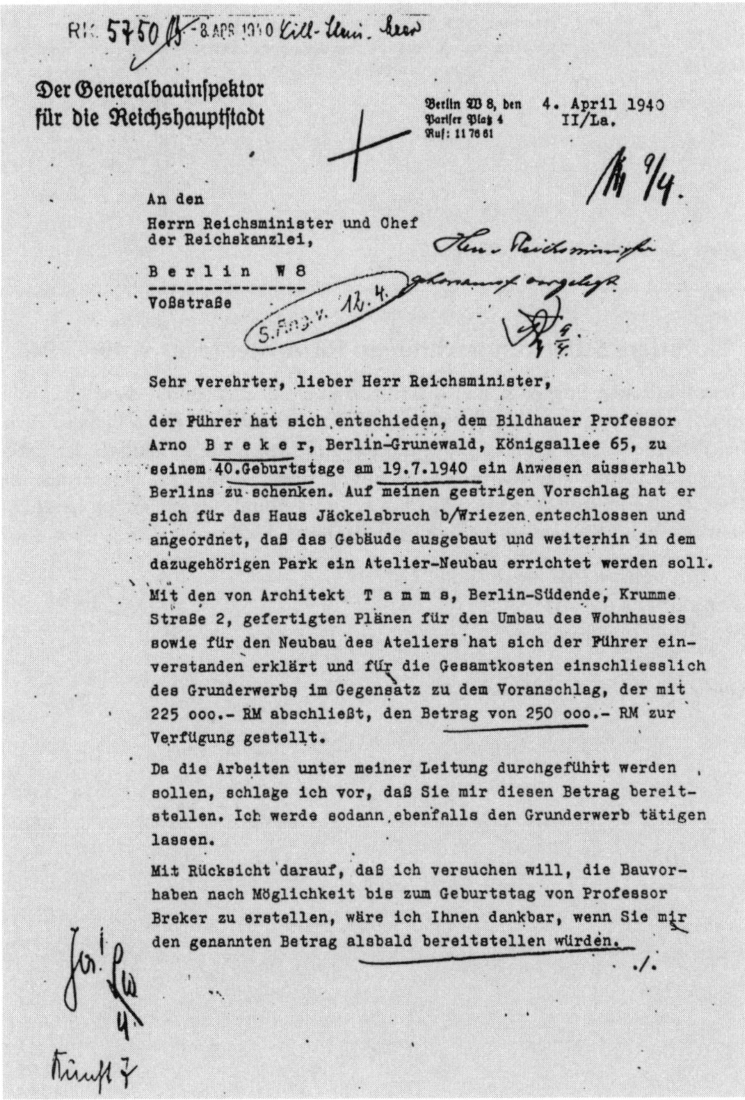

RK. 5750 B - 8 APR 1940

Der Generalbauinspektor
für die Reichshauptstadt

Berlin W 8, den 4. April 1940
Pariser Platz 4
Ruf: 11 76 61

II/La.

An den
Herrn Reichsminister und Chef
der Reichskanzlei,

Berlin W 8
Voßstraße

Herrn Reichsminister gehorsamst vorgelegt.

S. Ang. v. 12.4.

Sehr verehrter, lieber Herr Reichsminister,

der Führer hat sich entschieden, dem Bildhauer Professor Arno Breker, Berlin-Grunewald, Königsallee 65, zu seinem 40. Geburtstage am 19.7.1940 ein Anwesen ausserhalb Berlins zu schenken. Auf meinen gestrigen Vorschlag hat er sich für das Haus Jäckelsbruch b/Wriezen entschlossen und angeordnet, daß das Gebäude ausgebaut und weiterhin in dem dazugehörigen Park ein Atelier-Neubau errichtet werden soll.

Mit den von Architekt Tamms, Berlin-Südende, Krumme Straße 2, gefertigten Plänen für den Umbau des Wohnhauses sowie für den Neubau des Ateliers hat sich der Führer einverstanden erklärt und für die Gesamtkosten einschliesslich des Grunderwerbs im Gegensatz zu dem Voranschlag, der mit 225 000.- RM abschließt, den Betrag von 250 000.- RM zur Verfügung gestellt.

Da die Arbeiten unter meiner Leitung durchgeführt werden sollen, schlage ich vor, daß Sie mir diesen Betrag bereitstellen. Ich werde sodann ebenfalls den Grunderwerb tätigen lassen.

Mit Rücksicht darauf, daß ich versuchen will, die Bauvorhaben nach Möglichkeit bis zum Geburtstag von Professor Breker zu erstellen, wäre ich Ihnen dankbar, wenn Sie mir den genannten Betrag alsbald bereitstellen würden.

./.

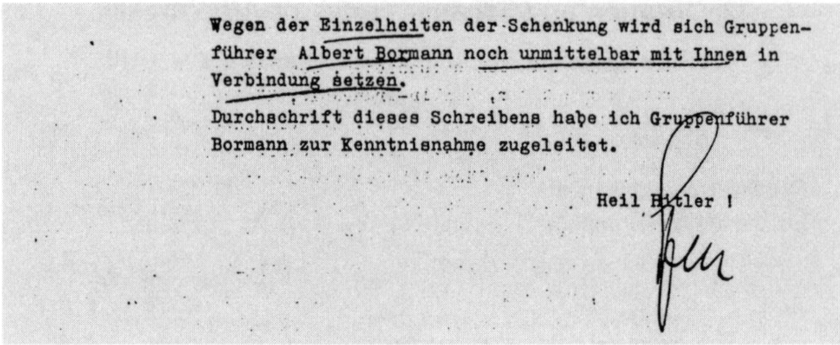

Wegen der Einzelheiten der Schenkung wird sich Gruppenführer Albert Bormann noch unmittelbar mit Ihnen in Verbindung setzen.

Durchschrift dieses Schreibens habe ich Gruppenführer Bormann zur Kenntnisnahme zugeleitet.

Heil Hitler !

Quelle: BA Berlin, R 43 II/986, S. 40 f.

13. Hitlers Schenkungsschreiben für Arno Breker v. 19. 7. 1940

Dem Bildhauer, Professor Arno Breker, übereigne ich durch diese Urkunde zu seinem heutigen 40. Geburtstage schenkungsweise das Haus Jäckelsbruch bei Wriezen mit Park und dem in diesem errichteten Atelierneubau. Ich gebe hierdurch meiner dankbaren Anerkennung seiner schöpferischen Arbeit im Dienste der deutschen Kunst Ausdruck und verbinde damit meine herzlichsten Wünsche für sein weiteres künstlerisches Schaffen.

Berlin, den 19. Juli 1940.
Der Führer
gez. Adolf Hitler

Quelle: BA Berlin, R 43 II/986, S. 75.

14. Hitlers Dotation an Breker über 250000 RM

Schreiben Bormanns an Lammers v. 21. 4. 1942

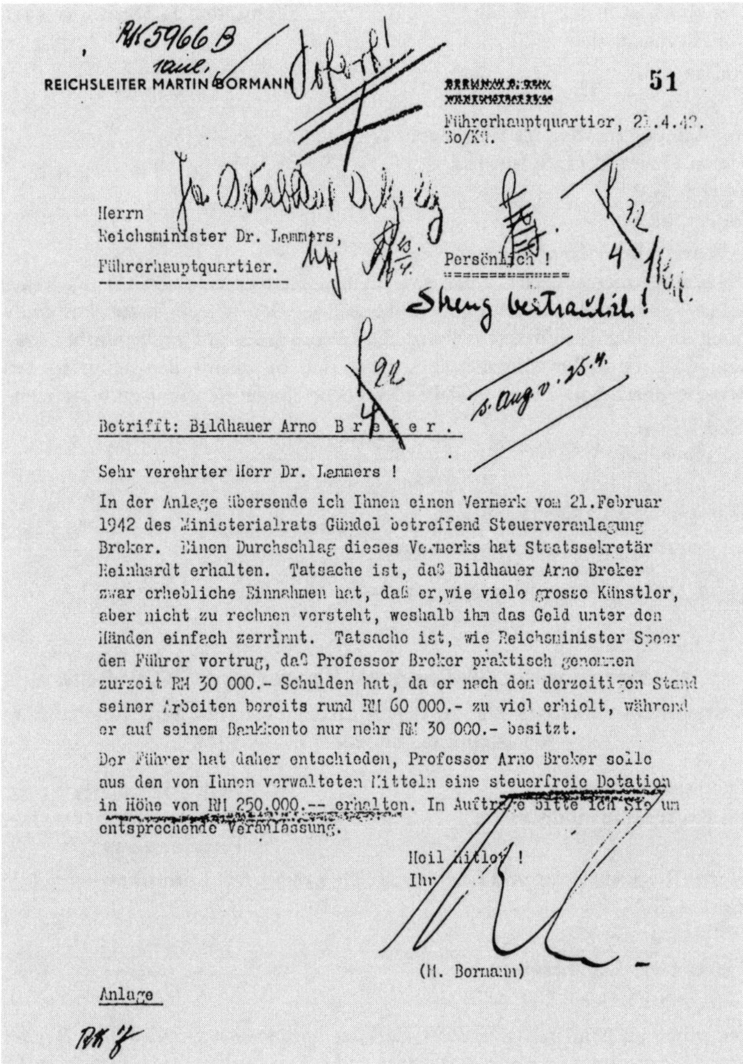

RK 5966 B

REICHSLEITER MARTIN BORMANN

51

Führerhauptquartier, 21.4.42.
Bo/Kr.

Herrn
Reichsminister Dr. Lammers,
Führerhauptquartier.

Persönlich !

Streng vertraulich!

Betrifft: Bildhauer Arno B r e k e r .

Sehr verehrter Herr Dr. Lammers !

In der Anlage übersende ich Ihnen einen Vermerk vom 21.Februar 1942 des Ministerialrats Gündel betreffend Steuerveranlagung Breker. Einen Durchschlag dieses Vermerks hat Staatssekretär Reinhardt erhalten. Tatsache ist, daß Bildhauer Arno Breker zwar erhebliche Einnahmen hat, daß er,wie viele grosse Künstler, aber nicht zu rechnen versteht, weshalb ihm das Geld unter den Händen einfach zerrinnt. Tatsache ist, wie Reichsminister Speer den Führer vortrug, daß Professor Breker praktisch genommen zurzeit RM 30 000.- Schulden hat, da er nach dem derzeitigen Stand seiner Arbeiten bereits rund RM 60 000.- zu viel erhielt, während er auf seinem Bankkonto nur mehr RM 30 000.- besitzt.

Der Führer hat daher entschieden, Professor Arno Breker solle aus den von Ihnen verwalteten Mitteln eine steuerfreie Dotation in Höhe von RM 250.000.-- erhalten. In Auftrage bitte ich Sie um entsprechende Veranlassung.

Heil Hitler !
Ihr

(M. Bormann)

Anlage

RK

Quelle: BA Berlin, R 43 II/986, S. 51.

15. Dotation an Generalfeldmarschall von Rundstedt

Schreiben von Lammers an Oberst Schmundt v. 11. 12. 1941

Der Reichsminister und Chef der Reichskanzlei — Berlin, den 11. Dezember 1941

Rk. 17793 B

1. An
den Chefadjutanten der Wehrmacht beim Führer
Herrn Oberst d. G. Schmundt
Berlin W 8
Voßstraße 4

Sehr geehrter Herr Oberst!

Hiermit übersende ich ergebenst einen Barscheck Nr. 4611153 der Deutschen Reichsbank in Berlin über 250000 RM. Der Scheck ist zur Aushändigung an Generalfeldmarschall von Rundstedt, der am 12. Dezember 1941 sein 65. Lebensjahr vollendet, bestimmt. Ich bitte, mir den Empfang des Schecks durch Vollzug der beiliegenden vorbereiteten Quittung zu bestätigen.

Heil Hitler!
Ihr ergebener
(N. d. H. RMin.)
[Paraphe von Lammers]

2./ Sofortige Wv. (Steuerfreiheit usw.)

Quelle: BA Berlin, R 43 II/985a, S. 23.

16. Dotation an Großadmiral Raeder über 250000 RM

Schreiben von Staatssekretär im Reichsfinanzministerium Fritz Reinhardt an Reichsminister Lammers v. 1. 4. 1942

Der Staatssekretär im Reichsfinanzministerium — Berlin W 8, 1. April 1942
Wilhelmplatz 1/2
Fernruf: 120015

Herrn Reichsminister und Chef der Reichskanzlei Dr. Lammers
Berlin W 8
Wilhelmstraße 78

Lieber Herr Lammers!

Dotation Raeder

Sie haben im Mai 1941 mitgeteilt, daß der Führer dem Großadmiral Raeder eine Dotation von 250000 RM zugewendet habe. Ich habe damals dem Finanzamt mitgeteilt, daß die Dotation steuerfrei bleiben solle.

Das Finanzamt Charlottenburg-West teilt mir jetzt mit, daß Großadmiral Raeder in seiner Einkommenserklärung keine Zinsen aus der Dotation angibt, und daß er in seiner Vermögenserklärung auf den 1. Januar 1942 Angaben gemacht hat, in denen die Dotation nicht enthalten ist. Ich nehme an, daß Großadmiral Raeder der Meinung ist, die Werte, die aus der Dotation entstehen, seien auch vermögensteuerfrei und die Erträge daraus seien für alle Zeiten einkommensteuerfrei.

Ich habe mich bisher stets auf den Standpunkt gestellt, daß nach dem Willen des Führers nur die Gewährung der Dotation steuerbefreit sein soll, und daß nach der Gewährung der Dotation der Kapitalbetrag zur Vermögensteuer und die Erträge aus dem Kapital zur Einkommensteuer veranlagt werden sollen. Ich bitte Sie, mir die Richtigkeit meiner Ansicht zu bestätigen. Gleichzeitig bitte ich um Mitteilung, ob Sie Großadmiral Raeder entsprechend verständigen wollen, oder ob ich mich an Großadmiral Raeder wenden soll.

Heil Hitler!
Ihr
[gez. Fritz Reinhardt]

Quelle: BA Berlin, R 43 II/985 a, S. 63 f.

17. Dotation an Reichspostminister Ohnesorge über 250000 RM

Hitlers Glückwunschschreiben zum 70. Geburtstag Ohnesorges v. 7. 6. 1942

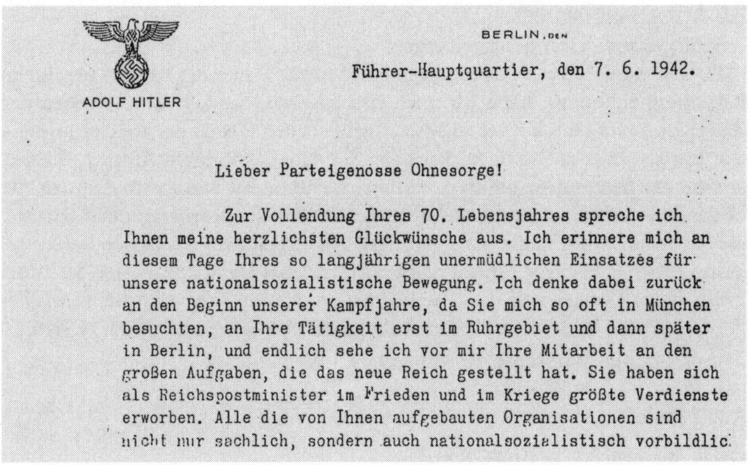

ADOLF HITLER

BERLIN, DEN

Führer-Hauptquartier, den 7. 6. 1942.

Lieber Parteigenosse Ohnesorge!

Zur Vollendung Ihres 70. Lebensjahres spreche ich Ihnen meine herzlichsten Glückwünsche aus. Ich erinnere mich an diesem Tage Ihres so langjährigen unermüdlichen Einsatzes für unsere nationalsozialistische Bewegung. Ich denke dabei zurück an den Beginn unserer Kampfjahre, da Sie mich so oft in München besuchten, an Ihre Tätigkeit erst im Ruhrgebiet und dann später in Berlin, und endlich sehe ich vor mir Ihre Mitarbeit an den großen Aufgaben, die das neue Reich gestellt hat. Sie haben sich als Reichspostminister im Frieden und im Kriege größte Verdienste erworben. Alle die von Ihnen aufgebauten Organisationen sind nicht nur sachlich, sondern auch nationalsozialistisch vorbildlic

Sehen Sie es als ein bescheidenes Zeichen meiner Dankbarkeit an, wenn ich Sie bitte, das anliegende Bild mit Unterschrift entgegenzunehmen, desgleichen wenn ich als Dank des Deutschen Volkes versuche, in seinem Namen Ihnen bei der Ausgestaltung Ihres ferneren Lebensweges behilflich zu sein.

Meine besten Wünsche für Ihr persönliches Wohlergehen und für eine weitere langjährige Arbeit im Dienste für Volk und Reich begleiten Sie in das neue Jahrzehnt Ihres Lebens.

In immer gleicher alter Verbundenheit und herzlicher Freundschaft

Ihr

Herrn
Reichspostminister Ohnesorge
Berlin.

Quelle: BA Berlin, R 4701/21283.

18. Dotation an Staatssekretär Schlegelberger vom Reichsjustizministerium über 100000 RM

Hitlers Schreiben v. 20. 8. 1942

Abschrift

Der Führer Führer-Hauptquartier, den 20. August 1942

An

Herrn Staatssekretär Professor Dr. Schlegelberger
Reichsjustizministerium

Sehr geehrter Herr Schlegelberger!

Da den Aufgaben der Rechtspflege bei längerer Dauer des Krieges besondere Bedeutung zukommt, habe ich mich entschlossen, den seit dem Ableben des Reichsministers Dr. Gürtner unbesetzt gebliebenen Posten des Reichsministers der Justiz wieder zu besetzen. Ich habe Sie daher von Ihrem Auftrag, die Geschäfte des Reichsjustizministers zu führen, entbunden und Ihrem Antrage, Sie in den Ruhestand zu versetzen, stattgegeben. Für die hervorragenden Dienste, die Sie in jahrzehntelanger aufopferungsvoller Arbeit dem Deutschen Reiche geleistet haben, spreche ich Ihnen meinen besonderen Dank aus. Fassen Sie es als Zeichen des Dankes und der Anerkennung auf, wenn ich versuche, Ihnen bei der Gestaltung Ihres so verdienten Ruhestandes besonders behilflich zu sein.

Mit den besten Wünschen für Ihr ferneres Wohlergehen
gez. Ihr
Adolf Hitler

Quelle: BA Berlin, R 43 II/986, S. 132.

19. Erste Dotation an Generalfeldmarschall Keitel über 250 000 RM

Hitlers Schreiben v. 22. 9. 1942

Der Reichsminister und Chef
der Reichskanzlei

Adolf Hitler Hauptquartier, den 22. September 1942

Lieber Herr Feldmarschall!

Nehmen Sie zu Ihrem sechzigsten Geburtstage meine herzlichsten Glückwünsche entgegen!

Sie verbinden sich mit der Hoffnung, daß es Ihnen noch lange Jahre vergönnt sein möge, in voller Gesundheit Ihre Kraft dem Leben und Kampfe unserer Wehrmacht zu widmen.

Ich selbst aber möchte Ihnen anläßlich dieses Tages darüber hinaus meinen aufrichtigsten Dank aussprechen für die Treue und Ergebenheit, mit der Sie sich einst in den Tagen einer schweren Krise mir zur Verfügung gestellt haben. Ich weiß, daß sich an dieser Ihrer inneren und äußeren Einstellung mir und meinem Werke gegenüber seitdem nichts geändert hat.

Sehen Sie, Herr Feldmarschall, es daher nur als ein kleines Zeichen meiner persönlichen und der Dankbarkeit des deutschen Volkes an, wenn ich in seinem Namen versuche, Ihnen dafür aus Anlaß des 60. Geburtstages bei der Gestaltung der Annehmlichkeiten Ihres privaten Lebens etwas behilflich zu sein.

Mit herzlichen Wünschen
Ihr ergebener
[Faksimile-Stempel]

Herrn Generalfeldmarschall Wilhelm Keitel, Berlin.

Quelle: BA Berlin, R 43 II/985c, S. 72.

20. Zusätzliche Dotation an Generalfeldmarschall Keitel über 739 340,76 RM

Aktenvermerk von Reichsminister Lammers v. 13. 7. 1944

Verschlossen!

1.) Ich habe dem Führer Vortrag gehalten.

Der Führer hat entschieden, daß Feldmarschall Keitel den Waldbesitz nach Vertragsentwurf II erhalten soll. Der Kaufpreis von 739 340,76 RM soll in voller Höhe aus Mitteln zu allgemeinen Zwecken bezahlt werden, ohne daß Feldmarschall Keitel genötigt ist, die ihm seinerzeit gewährte Bardotation in den Kaufpreis hineinzuwerfen.

2.) Feldmarschall Keitel ist zunächst fernmündlich von mir verständigt worden.

3.) Hrn. MinR. Dr. Boley
erg. m. d. B. u. R. [Paraphe von Lammers
FQ., den 13.7.44 20/7.]

Quelle: BA Berlin, R 43 II/1087a.

21. Dotation an Generalfeldmarschall von Kluge über 250000 RM

Empfangsbescheinigung von NSKK-Gruppenführer Albert Bormann über den erhaltenen Scheck für von Kluge v. 23.10.1942

Empfangsbescheinigung.

Von dem Reichsminister und Chef der Reichskanzlei Dr. Lammers habe ich heute einen für den Generalfeldmarschall Kluge bestimmten Scheck Nr. A 1 555 828 über

250000 – Zweihundertfünfzigtausend –
Reichsmark

auf die Reichsbank in Berlin, gestellt auf den Überbringer, datiert vom 30. Oktober 1942, ausgehändigt erhalten.

Führer-Hauptquartier, den 23. Oktober 1942

[gez. Albert Bormann]
NSKK.-Gruppenführer und persönlicher Adjutant des Führers

Quelle: BA Berlin, R 43 II/985c, S. 84.

22. Dotation an Generaloberst von Kleist über 192300 RM

Auszahlungsanordnung der Reichskanzlei v. 11.11.1942

Der Reichsminister und Chef
der Reichskanzlei
Rk. 15587 B Berlin, den 11. November 1942

1.) *Auszahlungsanordnung*
Verbuchungsstelle: Kapitel I 3 Titel 32 – Rechnungsjahr 1942 –.
Auf Weisung des Führers ist ein 106.92.98 ha großes Teilstück des Rittergutes Hünern bei Breslau als Dotation des Führers an Generaloberst von Kleist unentgeltlich, schulden- und lastenfrei übereignet worden. Der hierfür erforderliche Kaufpreis von
192 300,00 RM

(buchst.) ist aus den Mitteln zu allgemeinen Zwecken an die Gesellschaft für Landsiedlung m.b.H., Berlin NW 87, Josef-Haydn-Str. 1, auf deren Konto bei der Bank der Deutschen Arbeit A.-G., Berlin C 2, zu überweisen.

(N. d. H. RMin.)

[2.) …]

Quelle: BA Berlin, R 43 II/985c, S. 115.

23. Dotation an Generaloberst Guderian über 1240000,11 RM

a) Schreiben von Gauleiter Greiser im Reichsgau Wartheland an Reichsminister Lammers v. 30.10.1942

Der Gauleiter und Reichsstatthalter
im Reichsgau Wartheland

Posen, den 30. Oktober 1942.
Schloßfreiheit 13
Fernsprecher Nr. 1823/24

A.Z.: P. 2181/42.
(In der Antwort anzugeben)

An
Herrn Reichsminister Dr. Lammers,
Berlin W. 8.
Voßstraße 6.

Sehr geehrter Herr Reichsminister!

Herr Generaloberst Guderian teilt mir mit Schreiben vom 26. Oktober mit, daß der Führer ihn durch Vermittlung von Herrn Generalmajor Schmundt habe wissen lassen, daß er beabsichtige, ihm im deutschen Osten ein Gut zuzuweisen und daß er sich etwas Passendes aussuchen solle. Er beabsichtige, in der Heimat seiner Vorfahren wieder seßhaft zu werden und durch dieses großmütige Geschenk des Führers sich im Warthegau anzusiedeln.

Da mir offiziell oder auf dem Dienstwege hierüber bisher noch nichts bekanntgegeben worden ist und ich andererseits den Brief an Herrn Generaloberst Guderian, der sich um meine Vermittlung bemüht, nicht allzu lange unbeantwortet lassen kann, wäre ich Ihnen dankbar, wenn Sie mir möglichst umgehend eine Entscheidung des Führers übermitteln könnten oder wenigstens einen Zwischenbescheid zugehen lassen würden.

Heil Hitler!
Ihr sehr ergebener
[gez. Greiser]

Quelle: BA Berlin, R 43 II/1092, S. 59.

b) Schreiben von Gauleiter Greiser an Reichsminister Lammers v. 26. 5. 1943 mit Hinweis auf Hitlers Äußerung v. 1. 6. 1943

Der Gauleiter und Reichsstatthalter
im Reichsgau Wartheland

Posen, den 26. Mai 1943.
Schloßfreiheit 13
Fernsprecher Nr. 1823/24

A.Z.: P. 924/43
(In der Antwort anzugeben)

An
Herrn Reichsminister Dr. Lammers,
Berlin W. 8.
Voßstraße 6.

Sehr geehrter Herr Reichsminister,
lieber Parteigenosse Dr. Lammers!

Verfügung Seite 3!

Auf Grund des zwischen uns geführten Briefwechsels habe ich die vom Führer gewünschte Dotation an Herrn Generaloberst Guderian praktisch zu verwirklichen versucht. Das geschah in der Form, daß ich durch die zuständigen Dienststellen eine Liste von solchen Betrieben aufstellen ließ, die in gesunder Mischung von Wald und Landwirtschaft und bei guter Bodenqualität eine Gewähr für die sichere landwirtschaftliche Bewirtschaftung des Betriebes abgaben. Bezüglich der Größe habe ich mich auf den Standpunkt gestellt, daß man einem Generaloberst als die erste vom Führer ausgesprochene Dotation im deutschen Osten nicht mehr geben sollte, als der Führer s. Zt. dem Generalfeldmarschall von Mackensen in Pommern hat schenken lassen. Die Dotation Mackensen in Brüssow beträgt nach meinen Informationen ca. 4300 Morgen. In mehreren persönlichen Empfängen und Rücksprachen bin ich mit Herrn Generaloberst Guderian dahingehend einig geworden, daß bei seinen vielen Besichtigungen die Aussonderung eines Betriebes in ungefähr dieser Größe in Frage kommen würde.

Herr Generaloberst Guderian hat mit seinen Begleitern und dem sachverständigen Stab, den ich ihm von meinen Dienststellen hierfür jeweils zur Verfügung gestellt habe, eine ganze Reihe von Betrieben einer Besichtigung unterzogen. Es standen in den letzten Wochen 2 Betriebe in engerer Wahl und er machte die endgültige Auswahl abhängig von der Begutachtung durch seine Frau Gemahlin, die er vor einigen Tagen zur Besichtigung mit in den Gau Wartheland brachte.

Zum Abschluß dieser Besichtigung kam er mit seiner Frau und seinem Sohn noch einmal zu mir, hat dabei aber nicht einen der enger in der Wahl stehenden Betriebe ausgesucht, sondern einen vollkommen neuen, der in der ihm übergebenen Liste aller besichtigten Betriebe gar nicht enthalten war. Dieser Betrieb, welcher Schöngarten heißt und im Kreise Gostingen liegt und rund 7000 Morgen groß ist, gefiel besonders Frau Guderian gut wegen des Wohnhauses, das in einem kulturell und baulich guten Zustand ist und in einem besonders schönen Park liegt. Ich mußte die Hergabe dieses Betriebes ablehnen und bin in der Ablehnung dieses Betriebes vollkommen einig mit dem Reichsführer-SS in seiner Eigenschaft als Reichskommissar für die Festigung deutschen Volkstums, den ich rechtzeitig über den Gang dieser Dinge unterrichtet habe. Ich habe bei dieser etwas unliebsamen letzten Rücksprache dann vereinbart, daß ich Herrn Generaloberst Guderian eine Liste mit neuen 10–15 Betrieben in der von mir bezeichneten Größenart übersende, und daß Herr Generaloberst Guderian nach Erhalt dieser Liste erneut auf die Besichtigungsreise geht.

Indem ich Ihnen mit Vorstehendem Kenntnis von dem bisherigen Stand der Angelegenheit gebe, nehme ich Veranlassung, einmal grundsätzlich zu dieser Frage Stellung zu nehmen und bitte Sie, mir hier die Meinung und möglichst die Entscheidung des Führers einholen und bekanntgeben zu wollen. Es geht m.E. nach auf keinen Fall an, daß schon bei der ersten Dotation Landflächen in einer derartigen Größe vergeben werden. Ich muß offen gestehen, wo sollen wir dann mit den Dotationen für die Feldmarschälle und vielleicht noch andere Bedachte verbleiben, wenn die erste Dotation an einen Generaloberst schon mit rund 7000 Morgen vergeben wird. Wenn das so weiter geht, wird ein großer Teil meines Gaugebietes bezüglich der landwirtschaftlich genutzten Fläche an Dotationsinhaber vergeben, die naturgemäß nicht den Ehrgeiz haben, hier zu wohnen und mit ihren Familien den Verdeutschungsprozeß zu verstärken, sondern diese Dotation lediglich als Sommersitz und als Einnahmequelle betrachten. Ich wende mich keinesfalls gegen die Vergebung von Dotationen überhaupt, im Gegenteil, ich halte dieses Mittel in der Hand des Führers als unumgänglich notwendig und begrüße es auch, wenn einige Dotationen in den Reichsgau Wartheland fallen. Ich muß aber pflichtgemäß davor warnen, die Betriebsgrößen für solche Dotationen unbegrenzt zu belassen, da sich hieraus Komplikationen schon vor und während der Vergebung ergeben, die den Gesamteindruck nur stören und nicht im Interesse der Sicherung der kriegsmäßigen landwirtschaftlichen Produktion liegen.

Aus diesem Grunde bitte ich eine Entscheidung des Führers herbeizuführen, die mich ermächtigt, bei der Vergebung von Dotationen nach ernährungspolitischen und vernünftigen Gesichtspunkten bezüglich der Betriebsgröße zu verfahren.

Heil Hitler!
Ihr sehr ergebener
[gez. Greiser]

1.) Dem Führer vorgetragen. Der Führer stimmt der Auffassung des Reichsstatthalters Greiser grundsätzlich zu.

2.) Hrn. Pers. Ref. erg. m. d. B. um Rücksprache.

FQ., den 1. 6. 43
[Paraphe von Lammers]

Quelle: BA Berlin, R 43 II/1092, S. 67 ff.

c) Dankschreiben Guderians an Reichsleiter Bormann v. 15.10.1943

Der Generalinspekteur
der Panzertruppen

Berlin W 35, den 15. Oktober 1943
Bendlerstr. 8
Fernsprecher: 12 61 81, 26 60 71
App. 4438

Sehr verehrter Herr Reichsleiter!

Die Übergabe des Gutes Deipenhof, Kreis Hohensalza, Warthegau, als Dotation des Führers ist am 11. dieses Monats durch den Vertreter des Reichskommissars für die Festigung des Volkstums im Osten, SS-Standartenführer Hübner aus Posen erfolgt.

Hierbei ergaben sich noch 2 Fragen, für deren Klärung ich dankbar wäre.

1.) Unterliegt die Dotation der Schenkungssteuer?

Wenn ja, wäre ich für eine kurze Mitteilung dankbar. Wenn nein, würde ich bitten, den Herrn Reichsfinanzminister zu benachrichtigen.

2.) Welcher Dienststelle obliegt das Dotationsfähigmachen des Gutes? Hierbei handelt es sich um die Instandsetzung der Bauten und um die Instandsetzung und Ergänzung des toten Inventars (Ackergeräte, Möbel, Maschinen). Ist dies Sache des Reichskommissars oder der Gauleitung oder der Bauernsiedlung?

Ich darf hierzu bemerken, daß das Gut sich in einem befriedigenden Zustand befindet und keine großen Aufwendungen dieser Art erforderlich sind.

Mit Heil Hitler
Ihr sehr ergebener
[gez. Guderian]

Quelle: BA Berlin, R 43 II/1092, S. 76.

d) Dankschreiben Guderians an Reichsminister Lammers v. 27. 1. 1944

-2.FEB.1944 RK. 850

Der Generalinspekteur
der Panzertruppen

H.Qu.OKH, den 27. Januar 1944

Hochverehrter Herr Reichsminister !

Ich bestätige mit bestem Dank den Empfang Ihres Schreibens vom 24.Januar, durch welches sich meine Anfragen an Herrn Reichsleiter Bormann vom 15.10 vorigen Jahres erledigen. Inzwischen hatte ich Gelegenheit, den Herrn Reichsstatthalter Greiser aufzusuchen und mich über die Instandsetzungsfragen in Deipenhof ins Benehmen zu setzen. Der Herr Reichsstatthalter zeigte hierbei die größte Bereitwilligkeit, mir zu helfen und ich zweifle nicht, daß das Gut in einen den Kriegsverhältnissen entsprechenden guten Zustand versetzt werden wird. Daß ich schon jetzt mit größtem Eifer an der Arbeit bin, aus dem großmütigen Geschenk des Führers das Beste zu machen, brauche ich Ihnen nicht zu versichern.

Mit nochmaligem besten Dank für Ihre Freundlichkeit und

E504811

Heil Hitler
bin ich
Ihr
sehr ergebener

Berlin, den 5. Febr. 1944

Quelle: BA Berlin, R 43 II/1092, S. 90.

24. Dotation an SS-Oberstgruppenführer Daluege über 599821 RM

a) Schreiben von Reichsführer SS Himmler an Reichsleiter Bormann v. 22.8. 1943

Der Reichsführer-SS 22. August 1943

Feld-Kommandostelle

Reichsleiter Bormann

Lieber Parteigenosse Bormann!

SS-Oberst-Gruppenführer Daluege geht krankheitshalber in einen längeren, wohl bis zu 2 Jahren dauernden Urlaub.

Der Führer hat mich beauftragt, Ihnen mitzuteilen, daß er dem SS-Oberst-Gruppenführer Daluege als Dotation für seine langjährigen treuen Dienste und um ihm eine bessere Möglichkeit zur Wiederherstellung seiner Gesundheit zu verschaffen, ein Gut übereignen will.

Der Wunsch des SS-Oberst-Gruppenführers Daluege geht dahin, ein Gut in der Gegend von Mecklenburg, Vorpommern, Frankfurt/Oder, der Mark Brandenburg oder in Niederschlesien zu erhalten.

Ich stelle mir für diesen Zweck ein Gut in der Größe von 1500 bis 2000 Morgen vor, wie es ähnlich Generaloberst Guderian erhalten soll. Es wäre gut, wenn auch Wald dabei wäre.

Die Kosten insgesamt wollte der Führer durch Sie oder durch die Dienststelle des Herrn Reichsministers Dr. Lammers übernehmen lassen.

An Staatssekretär Backe und Staatssekretär Alpers erlaube ich mir, eine Durchschrift meines Briefes an Sie zu schicken; ebenso habe ich an Herrn Reichsminister Dr. Lammers in diesem Sinne geschrieben.

Heil Hitler!
[gez. H. Himmler]

Quelle: BA Berlin, R 43 II/1087a, S. 110.

b) Schreiben des Beauftragten des Reichskommissars für die Festigung deutschen Volkstums beim Reichsstatthalter des Reichsgaues Wartheland an SS-Obergruppenführer Greifelt vom SS-Stabshauptamt v. 14. 4. 1944

Der Reichsstatthalter
des Reichsgaues Wartheland
Beauftragter des Reichskommissars
für die Festigung deutschen Volkstums

(6) Posen, den 14. April 1944.
Kaiserring 13 · Ruf: 45–25
Postschließfach 107

Hü/Ra.

An
SS-Obergruppenführer Greifelt

Schweiklberg
bei Vilshofen, Ndb.

Nach Anweisung des Stabshauptamtes soll dem Generaloberst SS-Oberstgruppenführer Daluege das Gut Ilsenau, Kr. Samter ohne das Vorwerk Neuvorwerk zuzüglich 153 ha Wald vom Gut Stoppelhang übergeben und übereignet werden. Generaloberst Daluege möchte das Gut Ilsenau nach Rückkehr von seiner Kur endgültig übernehmen. Damit ich die Übergabe planmäßig vorbereiten kann, bitte ich baldmöglichst um folgende Anweisungen:

1) Generaloberst Daluege wünscht Übernahme des Betriebes mit Stichtag 1. 7. 1943

2) Zu welchen Bedingungen soll das Gut Ilsenau zuzüglich 153 ha Wald übergeben werden? Ist ein besonderer Vertrag vorgesehen oder soll der Vertrag gleichlautend dem des Generaloberst Guderian abgeschlossen werden?

3) Wer soll die Übergabe vornehmen, bezw. wer ist legitimiert, die grundbuchliche Übereignung vorzunehmen?

I. A.
[gez. Unterschrift]
SS-Standartenführer.

Quelle: BA Berlin, R 49/137, S. 24.

c) Zustimmung Himmlers v. 22. 4. 1944 zur Forderung Dalueges auf Übereignung zum 1. 7. 1943

Fernschreiben. 22. 4. 44
(Paraphe)

Vorg.: Überlassung des Gutes Ilsenau Kr. Samter an Oberst-Gruppenführer Daluege.

Reichsführer-SS ist mit Stichtag 1. Juli 1943 einverstanden. Wegen der weiteren Regelung bitte ich mit der Dienststelle des Herrn Reichsminister Dr. Lammers Verbindung aufzunehmen, da es sich um eine Dotation des Führers handelt.

gez. Brandt
SS-Standartenführer.

durchgegeben Berlin
am 22. 4. 44 – 9.30 Uhr.

Quelle: BA Koblenz, R 49/137, S. 27.

d) Schreiben von Lammers an den Reichskommissar für die Festigung deutschen Volkstums (Himmler) wegen Übernahme der Kosten für die Dotation an Daluege v. 5. 6. 1944

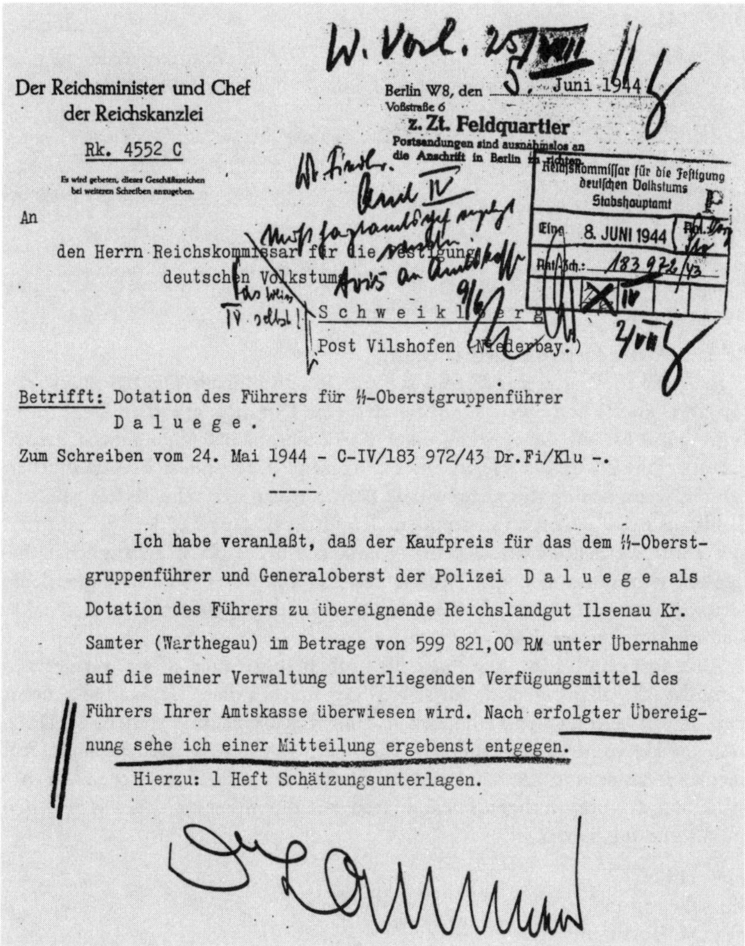

Der Reichsminister und Chef der Reichskanzlei

Rk. 4552 C

Es wird gebeten, dieses Geschäftszeichen bei weiteren Schreiben anzugeben.

Berlin W8, den 5. Juni 1944
Voßstraße 6
z. Zt. Feldquartier
Postsendungen sind ausnahmslos an die Anschrift in Berlin zu richten.

Reichskommissar für die Festigung deutschen Volkstums Stabshauptamt
Eing. 8. JUNI 1944
Akt/Zch.: 183 972/43

An

den Herrn Reichskommissar für die Festigung deutschen Volkstums

Schweiklberg

Post Vilshofen (Niederbay.)

Betrifft: Dotation des Führers für ﾀﾀ-Oberstgruppenführer Daluege.

Zum Schreiben vom 24. Mai 1944 - C-IV/183 972/43 Dr.Fi/Klu -.

Ich habe veranlaßt, daß der Kaufpreis für das dem ﾀﾀ-Oberstgruppenführer und Generaloberst der Polizei Daluege als Dotation des Führers zu übereignende Reichslandgut Ilsenau Kr. Samter (Warthegau) im Betrage von 599 821,00 RM unter Übernahme auf die meiner Verwaltung unterliegenden Verfügungsmittel des Führers Ihrer Amtskasse überwiesen wird. Nach erfolgter Übereignung sehe ich einer Mitteilung ergebenst entgegen.

Hierzu: 1 Heft Schätzungsunterlagen.

Quelle: BA Berlin, R 49/137, S. 129.

25. Dotation an Reichsminister Lammers über 600000 RM

a) Schreiben von Bormann an Göring v. 17.5.1944

Abschrift

Der Sekretär des Führers
Reichsleiter Martin Bormann

Führerhauptquartier 17. 5. 44
Anschrift für Postsendungen
München 33, Führerbau

Bo./Kr.

Herrn
Reichsmarschall Hermann Göring
Hauptquartier.

Betrifft: Dotation für den Chef der Reichskanzlei, Reichsminister Dr. Lammers.

Sehr verehrter Herr Reichsmarschall!

In Anerkennung seiner Verdienste soll Reichsminister Dr. Lammers, der am 27. 5. 44 das 65. Lebensjahr vollendet, eine Dotation erhalten. Der Führer hatte zunächst die Gewährung einer Bar-Dotation ins Auge gefasst. Inzwischen erfuhr er, daß er Herrn Dr. Lammers eine besondere Freude machen würde, wenn er ihm das gegenwärtig bewohnte, in der Schorfheide gelegene Jagdhaus nebst einem angrenzenden Grundstückskomplex, der im Eigentum der »Stiftung Schorfheide« steht, schenken würde. Nach anfänglichen Bedenken entschloss sich der Führer, den ich von Ihrer Bereitwilligkeit, die Grundstücke abzutreten, in Kenntnis setzte, dem Wunsch des Herrn Dr. Lammers zu entsprechen.

Auftragsgemäß bitte ich Sie, die auf beiliegendem Blatt vermerkten Grundstücke abzutreten, damit seitens des Reiches diese Grundstücke nebst den darauf befindlichen Gebäuden, die im Reichseigentum stehen, als Dotation an Herrn Reichsminister Dr. Lammers gegeben werden können. Auf meine Veranlassung hin wird sich Staatssekretär Kritzinger wegen der Abwicklung der notwendigen Formalitäten mit Ihrem Persönlichen Referenten in Verbindung setzen.

Heil Hitler!
Ihr sehr ergebener
gez. M. Bormann

<u>Anlage</u>

Quelle: BA Berlin, R 43 II, 1092b, S. 22c.

b) Schreiben von Bormann an Reichsfinanzminister Graf Schwerin von Krosigk v. 17.5.1944

Der Sekretär des Führers
Reichsleiter Martin Bormann

Führerhauptquartier 17. 5. 1944.
Anschrift für Postsendungen
München 33, Führerbau

Herrn
Reichsminister
Graf Schwerin von Krosigk,
Berlin W 8,
Wilhelmplatz 2.

Persönlich!

Betrifft: Dotation für den Chef der Reichskanzlei, Reichsminister Dr. Lammers.

Sehr verehrter Parteigenosse Graf Schwerin von Krosigk!

Der Führer hatte, wie ich Ihnen mitteilte, verfügt, Reichsminister Dr. Lammers solle aus Anlaß seines 65. Geburtstages eine Dotation von RM 250 000,– erhalten. Inzwischen erfuhr der Führer, daß er Herrn Dr. Lammers eine besondere Freude machen würde, wenn er ihm das gegenwärtig bewohnte, in der Schorfheide gelegene Jagdhaus nebst einem angrenzenden, im Eigentum der »Stiftung Schorfheide« stehenden Grundstückskomplex schenken würde. Der Reichsmarschall erklärte sich auf Befragen bereit, die der Stiftung Schorfheide gehörenden Grundstücke abzutreten. Der Führer entschloß sich nun, dem Wunsche des Herrn Dr. Lammers zu entsprechen.

Auftragsgemäß bat ich mit dem abschriftlich anliegenden Schreiben Herrn Reichsmarschall Göring, die in Frage kommenden Grundstücke dem Reich abzutreten, damit diese seitens des Reiches nebst den darauf befindlichen Gebäuden, die im Reichseigentum stehen, als Dotation an Reichsminister Dr. Lammers gegeben werden können.

Damit Herr Dr. Lammers in die Lage versetzt wird, nach dem Kriege auf dem geschenkten Grundstück zweckentsprechende Wohn- und Wirtschaftsgebäude zu errichten, soll er außerdem, wie ich Ihnen auftragsgemäß mitteile, aus Anlaß seines 65. Geburtstages eine steuerfreie Bardotation in Höhe von RM 600 000,– erhalten; die hierüber vom Führer gezeichnete Weisung liegt in Abschrift an.

Heil Hitler!
Ihr sehr ergebener
[gez. Bormann]

2 Anlagen

Quelle: BA Berlin, R 2/17680.

c) Schreiben von Bormann an Staatssekretär Kritzinger in der Reichskanzlei v. 17. 5. 1944

Der Sekretär des Führers
Reichsleiter Martin Bormann

Führerhauptquartier 17. 5. 1944.
Anschrift für Postsendungen
München 33, Führerbau

Bo/Kr.

Herrn
Staatssekretär Kritzinger,
Berlin W 8,
Voß-Str. 6.

Sehr geehrter Herr Staatssekretär Kritzinger!

Aus Anlaß des 65. Geburtstages, den Reichsminister Dr. Lammers am 27. 5. begehen kann, verfügte der Führer zunächst eine Bar-Dotation, wegen deren Auszahlung ich dem Reichsfinanzminister schrieb.

Diese an den Reichsfinanzminister gegangene Mitteilung ist überholt, weil ich dem Führer inzwischen mitteilen konnte, Herrn Reichsminister Dr. Lammers würde mit der Schenkung des jetzt von ihm bewohnten Jagdhauses Schorfheide nebst dem auf beiliegender Karte eingetragenen Grund – ca. 33 ha – eine besondere Freude bereitet werden.

Der Führer verfügte, wie ich Ihnen zur Durchführung dieses Führer-Auftrages mitteile, Reichsminister Dr. Lammers solle als Dotation zum 27. 5. 1944 das gegenwärtig bewohnte Jagdhaus und seine Nebengebäude nebst dem vorhandenen Mobiliar bekommen; ausserdem sollen zu dieser Dotation die Gegenstände, die Reichsminister Dr. Lammers aus dem Dienstgebäude v. d. Heydtstraße 18 und aus der Dienstwohnung Voß-Straße 6 benötigt, gehören.

Auftragsgemäss werde ich Herrn Reichsmarschall Göring bitten, die auf beiliegender Karte bezeichneten Grundstücke abzutreten. Der Wert der Grundstücke soll, wenn erwünscht, der »Stiftung Schorfheide« aus den Haushaltsmitteln des Führers ersetzt werden. Ich bitte Sie, sich wegen der Abtretung mit Herrn Ministerialdirigent Dr. Görnnert in Verbindung zu setzen.

Damit Reichsminister Dr. Lammers in die Lage versetzt wird, nach dem Kriege auf dem geschenkten Grundstück zweckentsprechende Wohn- und Wirtschaftsgebäude zu errichten, soll er ausserdem eine steuerfreie Bar-Dotation von RM 600 000,– erhalten; die hierüber vom Führer gezeichnete Weisung liegt an.

Heil Hitler!
Ihr sehr ergebener
[gez. Bormann]

Anlagen

Quelle: BA Berlin, R 43 II/1092b, S. 22a ff.

d) Hitlers Dotationsschreiben an Lammers v. 27. 5. 1944

(Beglaubigte Photokopie)

Der Führer

Ich habe dem Reichsminister und Chef der Reichskanzlei aus Anlass seines 65. Geburtstages eine Dotation von RM 600000,– bewilligt, die aus den mir zur Verfügung stehenden »Haushaltsmitteln für allgemeine Zwecke« zur Auszahlung zu bringen ist.

Führerhauptquartier, den 27. 5. 1944.

(Großes Reichssiegel) [gez. Adolf Hitler]

Es wird hiermit beglaubigt, daß die vorstehende Photokopie eine vollständige Wiedergabe der Urschrift ist.

Berlin, den 27. Mai 1944
Der Reichsminister und Chef der Reichskanzlei
In Vertretung
[gez. Unterschrift]

Quelle: BA Berlin, R 43 II/1092b, S. 22e.

e) Dankschreiben von Lammers an Göring v. 5. 6. 1944

Der Reichsminister und Chef der Reichskanzlei FQ, den 5. Juni 1944

An
den Reichsmarschall des Großdeutschen Reiches
Herrn Göring
Hauptquartier

Hochverehrter Herr Reichsmarschall!

In reichstem Maße haben Sie mir anläßlich meines 65. Geburtstages Ehrungen zuteil werden lassen und mir unter anderem durch Ihre Genehmigung für eine Übereignung des Besitzes in der Schorfheide an mich, der mir im Laufe der Jahre so sehr ans Herz gewachsen ist, eine ganz große Freude bereitet. Ich bin vom Gefühl der tiefsten Dankbarkeit Ihnen, Herr Reichsmarschall, gegenüber bewegt. Worte vermögen es nur schwer auszudrücken, seien Sie aber versichert, daß ich stets davon erfüllt sein werde. Vielen herzlichen Dank für alles, für Ihre und Ihrer verehrten Frau Gemahlin guten Wünsche, für die prachtvolle Blumengabe, die Ministerialdirigent Görnnert in Ihrem Auftrage mir überreichte, und für das Stück Erde am Werbellinsee, das mir immer teuer sein wird. Wie bisher gehört meine ganze Kraft weiterhin dem Führer und seinem großen Werke. Ich will nicht müde werden, meinen Anteil am Siege und für Bereitung einer glücklichen Zukunft unseres Volkes beizutragen. Stark im Glauben an den Führer und durchdrungen von der Zuversicht auf den Erfolg unserer guten Sache bitte ich Sie, hochverehrter Herr Reichsmarschall, mir Ihr Vertrauen, das zu besitzen ich mir stets zur hohen Ehre anrechne, weiterhin zu erhalten und mir damit eine der Voraussetzungen meines ganzen Schaffens auch für die Zukunft zu geben. In diesem Sinne darf ich meine besten Grüße übermitteln und gleichzeitig die Bitte aussprechen, mich Ihrer hochverehrten Frau Gemahlin angelegentlich zu empfehlen.

Heil Hitler!
Ihr stets aufrichtig ergebener
(N. d. H. RMin.)
[Paraphe von Lammers]

Quelle: BA Berlin, R 43 II/1092b, S. 22f.

26. Dotation an Generalfeldmarschall Ritter von Leeb über 918000 RM

a) Schreiben von Lammers an Ritter von Leeb v. 17. 11. 1943

Der Reichsminister und Chef der Reichskanzlei
Rk. 11865 C

Berlin W 8, den 17. November 1943
Voßstraße 6
z. Zt. Feldquartier

An
Herrn Generalfeldmarschall Ritter von Leeb
München-Solln
Pößenbacherstraße 2

Betrifft: Erwerb von Waldbesitz.

Sehr verehrter Herr Generalfeldmarschall!

Gauleiter Giesler hat mich davon verständigt, daß Sie den Distrikt XXIII des Forstamtes Seestetten zu erwerben wünschen. Ich freue mich, Ihnen mitteilen zu können, daß sich der Führer in Würdigung der besonderen Sachlage entschlossen hat, Ihnen die Erfüllung dieses Wunsches durch die Gewährung einer weiteren Dotation zu ermöglichen. Gauleiter Giesler habe ich hiervon bereits mit der Bitte um weitere Veranlassung unterrichtet. Wegen der endgültigen Bemessung des Kaufpreises sind die Erörterungen noch nicht als abgeschlossen anzusehen.

Heil Hitler!
Ihr sehr ergebener
[gez. Lammers]

Quelle: BA Berlin, R 43 II/1092b, S. 76.

b) Dankschreiben von Generalfeldmarschall Ritter von Leeb an Hitler v. 26. 7. 1944

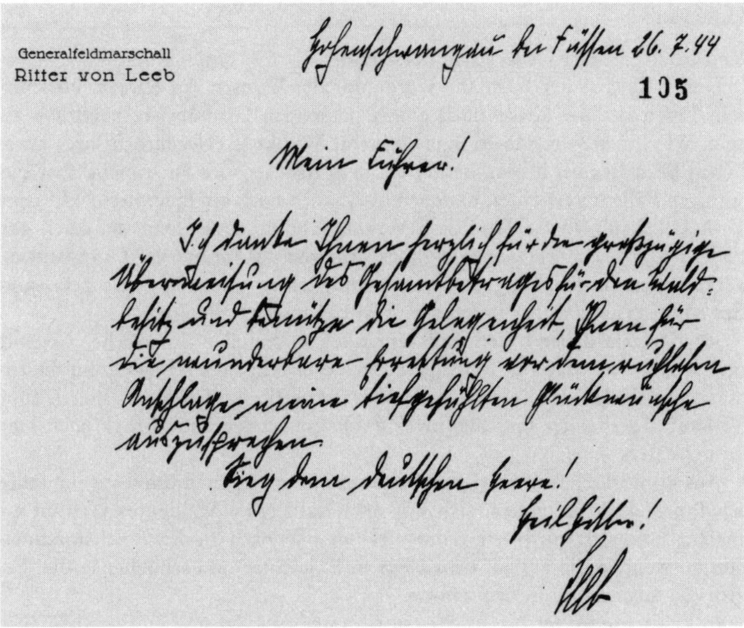

Generalfeldmarschall
Ritter von Leeb

Hohenschwangau bei Füssen 26. 7. 44

105

Mein Führer!

Ich danke Ihnen herzlich für die großzügige Überweisung des Gesamtbetrages für den Waldbesitz und benütze die Gelegenheit, Ihnen für die wunderbare Errettung vor dem ruchlosen Anschlage meine tiefgefühlten Glückwünsche auszusprechen.

Sieg dem deutschen Heere!

Heil Hitler!

Leeb

Quelle: BA Berlin, R 43 II/1092b, S. 105.

27. »Dotationsfall« Generalfeldmarschall von Manstein

Schreiben von Staatssekretär Backe vom Reichsministerium für Ernährung und Landwirtschaft v. 17.10.1944

Abschrift

Der Reichsminister für
Ernährung und Landwirtschaft
M.d.F.d.G.b.

Berlin, den 17. Oktober 1944
Wilhelmstr. 72

Herrn
Generalfeldmarschall von Manstein
Liegnitz
Holteystr. 10

Sehr geehrter Herr Generalfeldmarschall!

Durch Reichsleiter Bormann wurde mir der Wunsch des Führers übermittelt, Ihnen bei der Suche nach einem passenden Grundbesitz behilflich zu sein. Wie Ihnen schon mein Staatssekretär Willikens gelegentlich Ihres kürzlichen Besuches bei ihm mitteilte, ist mein Ministerium auch nicht über die wenigen Fälle unterrichtet, in denen überhaupt noch ein landwirtschaftliches Grundstück in Deutschland zum Verkauf kommt, und kann das auch gar nicht sein, da sich die Genehmigungsverfahren auf Grund der Grundstücksverkehrsbekanntmachung zur Vermeidung einer unerträglichen Belastung des Ministeriums in der unteren und Mittel-Instanz abspielen.

Ich darf Sie daher bitten, mir schriftlich mitzuteilen, in welcher Gegend und welcher Art das von Ihnen gewünschte Grundstück sein soll, um die zuständigen Stellen des Reichsnährstandes anzuweisen, über ein dort evtl. zum Verkauf anstehendes und für Ihre Zwecke passendes Grundstück nach hier zu berichten.

Aus grundsätzlichen Erwägungen und in Ihrem eigenen Interesse empfehle ich Ihnen darüber hinaus, sich mit dem Kauf eines Waldgutes vertraut zu machen und sich mit einem dahin zielenden Wunsch an den Reichsforstmeister zu wenden, da Sie auf dem Wege m.E. leichter und schneller in den Besitz von Grund und Boden kämen.

In Erwartung Ihrer Nachricht bin ich mit

Heil Hitler!
Ihr gez. Backe

Quelle: BA Berlin, NS 19/904.

28. Dotation an NSDAP-Gauleiter Eggeling über 100000 RM

Schreiben von SS-Obergruppenführer Schaub an Reichsminister Lammers v. 9. 11. 1944

DER FÜHRER UND KANZLER DES DEUTSCHEN REICHES
DER PERSÖNLICHE ADJUTANT

BERLIN W 8, DEN
REICHSKANZLEI

F.H.Qu., den 9.11.44.

SS-Obergruppenführer
Julius Schaub

Herrn Reichsminister
Dr. L a m m e r s .
==================

Sehr verehrter Herr Minister Lammers !

Der F ü h r e r hat heute angeordnet, dass Gauleiter E g g e l i n g anlässlich seines 60. Geburtstages am 30. November 1944 eine D o t a t i o n in Höhe von RM 100.000.-- (Hunderttausend Reichsmark) erhalten soll.

Ich wäre Ihnen dankbar, wenn Sie mir einen Scheck in dieser Höhe zukommen lassen würden.

Der Führer wünscht, dass dieser Betrag steuerfrei sein soll.

Ich nehme an, dass Sie sich wegen des Finanzamtes direkt mit Gauleiter Eggeling in Verbindung setzen werden.

Mit Dank und mit Heil Hitler !

Ihr sehr ergebener

Julius Schaub

Quelle: BA Berlin, R 43 II/1087a, S. 101.

29. Dotation an General d. Infanterie Hoßbach über 50000 RM

Schreiben v. SS-Obergruppenführer Schaub an Reichsminister Lammers v. 19. 11. 1944

20.NOV.1944 Rk. 1000

DER FÜHRER UND KANZLER DES DEUTSCHEN REICHES
DER PERSÖNLICHE ADJUTANT
ᛋᛋ-Obergruppenführer
Julius S c h a u b

BERLIN W 8, DEN 19.11.44.
REICHSKANZLEI

Herrn Reichsminister
Dr. L a m m e r s
B e r l i n W 8.

Sehr verehrter Herr Reichsminister !

Der F ü h r e r hat angeordnet, dass Herr General d.Inf. H o ß b a c h anlässlich seines 50. Geburtstages am 21. November 1944 eine Dotation in Höhe von RM 50.000.-- (Fünfzigtausend Reichsmark) bekommen soll.

Wie bereits telefonisch vereinbart, wäre ich Ihnen für Übermittlung des Schecks dankbar, ausserdem wenn Sie sich, wie in früheren Fällen,wegen des Finanzamtes mit Herrn Hoßbach gleichfalls ins Benehmen setzen wollten. Der Führer Wünscht, dass der Betrag steuerfrei sein soll.

Mit Heil Hitler !
Ihr sehr ergebener
Julius Schaub

Quelle: BA Berlin, R 43 II/1087a, S. 149.

30. Fortlaufende monatliche Sonderzuwendungen Hitlers

a) Formschreiben von Lammers für die Bewilligung von monatlich 2000 RM an die Generalobersten, Generaladmirale und SS-Oberstgruppenführer

Der Reichsminister und Chef der Reichskanzlei | Berlin W 8, den 1940
Voßstraße 6 12

Auftragsgemäß habe ich heute den in der Reichskanzlei erschienenen Generalobersten

von der Anordnung des Führers vom 8. August 1940 Kenntnis gegeben.

Ich habe den Herren ferner eröffnet:

1. Der für Generalobersten monatlich bis auf weiteres auf Verfügungsmittel des Führers übernommene Betrag beziffert sich auf 2000 RM.

2. Ob und in welcher Höhe hierauf anderwärts bezogene Aufwandsentschädigungen anzurechnen sind, bleibt für den Einzelfall meiner Entscheidung auf Grund der mir vom Führer erteilten Ermächtigung vorbehalten. Anderwärts bezogene oder künftig anfallende Aufwandsentschädigungen sind mir daher zwecks Prüfung zur Kenntnis zu bringen.

3. Die vom Führer bewilligten Beträge sind von der Einkommensteuer befreit und in die Einkommensteuererklärung nicht aufzunehmen.

4. Neben diesen Bewilligungen dürfen Mittel aus dem Haushalt der Allgemeinen Finanzverwaltung grundsätzlich nicht in Anspruch genommen werden.

Ferner habe ich die Erschienenen gebeten, das Konto, auf das die Beträge monatlich überwiesen werden sollen, mir alsbald mitzuteilen.

Die Erschienenen bestätigen hiermit durch ihre Unterschrift, daß sie von den in dieser Niederschrift festgelegten Mitteilungen und den von mir hierzu gegebenen mündlichen Erläuterungen Kenntnis genommen haben.

v. g. u.

Quelle: BA Berlin, R 43 II/1565, S. 12f.

b) Formschreiben von Lammers für die Bewilligung von monatlich 4000 RM an die Generalfeldmarschälle und Großadmirale, hier ausgestellt für Generalfeldmarschall Schörner ab 1.4.1945

Der Reichsminister und Chef der Reichskanzlei

Berchtesgaden, den 17. April 1945

1.) Generaloberst Schoerner ist nach einer Pressemitteilung im VB. vom 7. April 1945 am 5. April 1945 zum Generalfeldmarschall befördert worden. Auf Grund des Erlasses des Führers vom 8. August 1940 ist Generalfeldmarschall Schoerner vom 1. April 1945 an eine monatliche Aufwandsentschädigung von 4000,00 RM zu zahlen.

2.) Unter Rückerbittung Vertraulich!
Herrn Generalfeldmarschall Schoerner

Eigenhändig!
(nur auf der Außenanschrift)

Betrifft: Aufwandsentschädigung.

Sehr verehrter Herr Generalfeldmarschall!

Nach einer Anordnung des Führers bin ich beauftragt, Ihnen aus Anlaß Ihrer Beförderung zum Generalfeldmarschall vom 1. April 1945 an aus den meiner Verwaltung unterliegenden Verfügungsmitteln des Führers eine monatliche Aufwandsentschädigung von 4000,00 RM zu zahlen.

Ich beehre mich, Ihnen hiervon ergebenst Mitteilung zu machen. Den für Monat April noch zu zahlenden Betrag von 2000,00 RM, wie auch die weiteren fällig werdenden Beträge werde ich wie bisher auf das von Ihnen bezeichnete Konto überweisen lassen.

Ein Schriftwechsel soll in dieser *vertraulich* zu behandelnden Angelegenheit grundsätzlich nicht stattfinden. Da Sie indessen für mich zur Zeit schwer erreichbar sind, habe ich ausnahmsweise den schriftlichen Weg gewählt. Ich bitte, mir die Kenntnisnahme von diesem Schreiben nachfolgend unterschriftlich zu bestätigen und dieses Schriftstück alsbald unter Benutzung des beigefügten, für die Kennzeichnung des Briefumschlags bestimmten grünen Klebezettels, urschriftlich mir persönlich mit dem auf dem Briefumschlag deutlich sichtbaren Vermerk »*Eigenhändig!*« wieder zuzuleiten.

Heil Hitler!
Ihr sehr ergebener
(N. d. H. RMin.)

Durch Kurier OKW.

An
den Reichsminister und Chef der Reichskanzlei
Herrn Dr. Lammers.
nach Kenntnisnahme von vorstehendem Schreiben urschriftlich zurück.

........., den 1945

....
Generalfeldmarschall

3.) Grünen Klebezettel beifügen.

4.) Dem Herrn Adjutanten erg.
mit der Bitte, die Weiterbeförderung des Briefes an Generalfeldmarschall Schoerner durch die Adjutantur der Wehrmacht beim Führer zu veranlassen.

5.) Wv. bei ORR. Hänsel.

(N. d. H. RMin.)
[Paraphe von Lammers]

Quelle: BA Berlin, R 43 II/1565, S. 151 ff.

31. Auszahlungsliste der monatlichen Sonderzahlungen für April 1945

Lfd. Nr.	Zu Gunsten von	sind für April 1945 RM
Abschnitt A		
1	Reichsminister Freiherr von Neurath	8000,00
2	Reichsminister Dr. Frick	2900,00
3	Reichsminister Graf Schwerin von Krosigk	4000,00
4	Reichsminister Seldte	2900,00
5	Reichsminister Ohnesorge	4000,00
6	Reichsminister Darré	2900,00
7	Reichsminister Dr. Goebbels	7400,00
8	Reichsminister Göring Reichsmarschall	–
9	Reichsminister Rust	2900,00
10	Reichsminister Dr. Frank	3400,00
11	Staatsminister Dr. Meißner	4000,00
12	Reichsminister Dr. Lammers	8000,00

13	Reichsminister Funk	4000,00
14	Reichsminister von Ribbentrop	3500,00
15	Reichsminister Dr. Ing. Dorpmüller	3500,00
16	Reichsminister Dr. Seyß-Inquart	3400,00
17	Reichsminister Alfred Rosenberg	3400,00
18	Reichsminister Professor Speer	2900,00
19	Reichsminister Dr. Thierack	4000,00
20	Reichsminister Himmler Reichsführer SS und Chef der Deutschen Polizei	2900,00
21	Staatsminister Karl Hermann Frank	3400,00
22	Reichsarbeitsführer Hierl	3400,00
23	Reichsminister Backe	3500,00
Summe Abschnitt A:		*88300,00*

Abschnitt B

1	Staatssekretär z.D. Pfundtner	1500,00
2	Staatssekretär Dr. Posse	1500,00
3	Staatssekretär Krohn	1500,00
4	Staatssekretär Milch	–
5	Staatssekretär Koerner	900,00
6	Staatssekretär Landfried	1500,00
7	Staatssekretär Zschintzsch	1500,00
8	Staatssekretär Reinhardt	1400,00
9	Staatssekretär Nagel	2000,00
10	Staatssekretär Dr. Muhs	2500,00
11	Staatssekretär Willikens	900,00
12	Generalforstmeister Staatssekretär Alpers	1500,00
13	Staatssekretär Gauleiter Bohle	1400,00
14	Staatssekretär Dr. Otto Dietrich	1400,00
15	Staatssekretär Dr. Stuckart	1500,00
16	Staatssekretär Keppler	1400,00
17	Staatssekretär Esser	1400,00
18	Staatssekretär Dr. Syrup	1500,00
19	Staatssekretär Dr. Conti	1500,00
20	Reichsstatthalter Dr. Alfred Meyer als ständiger Vertreter des Reichsministers für die besetzten Ostgebiete	900,00
21	Minister a.D. Dr. Fischböck Staatssekretär als Reichskommissar für die Preisbildung	1400,00

22	Staatssekretär Dipl.-Ing. Schulze-Fielitz	2000,00
23	Staatssekretär Engel	2000,00
24	Staatssekretär Ganzenmüller	1500,00
25	Staatssekretär Kritzinger	2000,00
26	Staatssekretär Dr. Klopfer	2000,00
27	Staatssekretär Dr. von Steengracht	2000,00
28	Staatssekretär Klemm	2000,00
29	Staatssekretär Dr. Hayler	1400,00
30	Staatssekretär Dr. Naumann	2000,00
31	Staatssekretär Riecke	–
Summe Abschnitt B:		*46 000,00*

Abschnitt C

1	Reichsmarschall Göring	20 000,00
2	Generalfeldmarschall Keitel Chef des Oberkommandos der Wehrmacht	4000,00
3	Generalfeldmarschall von Brauchitsch	4000,00
4	Admiral-Inspekteur der Kriegsmarine Dr. h.c. Raeder	4000,00
5	Großadmiral Dönitz Oberbefehlshaber der Kriegsmarine	4000,00
6	Generalfeldmarschall von Rundstedt	4000,00
7	Generalfeldmarschall von Bock	4000,00
8	Generalfeldmarschall Ritter von Leeb	4000,00
9	Generalfeldmarschall List	4000,00
10	Generalfeldmarschall von Kluge	–
11	Generalfeldmarschall Milch	4000,00
12	Generalfeldmarschall Sperrle	4000,00
13	Generalfeldmarschall Kesselring	4000,00
14	Generalfeldmarschall von Küchler	4000,00
15	Generalfeldmarschall Rommel	–
16	Generalfeldmarschall von Manstein	4000,00
17	Generalfeldmarschall von Kleist	4000,00
18	Generalfeldmarschall Frhr. von Weichs	4000,00
19	Generalfeldmarschall Busch	4000,00
20	Generalfeldmarschall Frhr. von Richthofen	4000,00
21	Generalfeldmarschall Paulus	–
22	Generalfeldmarschall Model	4000,00

1	Generaloberst Blaskowitz	2000,00
2	Generaloberst Halder	–
3	Generaloberst Guderian	2000,00
4	Generaloberst Hoth	2000,00
5	Generaloberst Strauß	2000,00
6	Generaloberst von Falkenhorst	2000,00
7	Generaloberst Fromm	–
8	Generaloberst Stumpff	2000,00
9	Generaloberst Keller	2000,00
10	Generaloberst Weise	2000,00
11	Generaloberst Löhr	2000,00
12	Generaloberst Reinhardt	2000,00
13	Generaloberst Ruoff	2000,00
14	Generaloberst Lindemann	2000,00
15	Generaloberst Heitz	–
16	Generaloberst von Arnim	2000,00
17	Generaloberst Heinrici	2000,00
18	Generaloberst von Salmuth	2000,00
19	Generaladmiral Marschall	–
20	Generaloberst Ritter von Greim	2000,00
21	Generaloberst Loerzer	2000,00
22	Generaloberst von Mackensen	2000,00
23	Generaloberst von Vietinghoff gen. Scheel	2000,00
24	Generaloberst Hollidt	2000,00
25	Generaloberst Jodl	2000,00
26	Generaloberst Zeitzler	–
27	Generaloberst Jaenecke	–
28	Generaloberst Weiß	2000,00
29	Generaloberst Deßloch	2000,00
30	Generaladmiral Schniewind	2000,00
31	Generaladmiral Warzecha	2000,00
32	Generaloberst Schoerner	2000,00
33	Generaloberst Harpe	2000,00
34	Generaloberst Rendulic	2000,00
35	Generaladmiral Boehm	–
36	Generaloberst Raus	2000,00
37	Generaloberst Frießner	2000,00
38	Generaloberst Student	2000,00

39	SS-Oberstgruppenführer und Generaloberst der Waffen-SS Sepp Dietrich	2000,00
40	SS-Oberstgruppenführer und Generaloberst der Waffen-SS Hausser	2000,00
41	Generaladmiral Kummetz	2000,00
Summe Abschnitt C:		*160 000,00*

Abschnitt D

1	Präsident des Reichsgerichts Dr. Dr. h.c. Bumke	2000,00
2	Präsident des Volksgerichtshofs Dr. Freisler	–
3	Präsident des Reichsverwaltungsgerichts Dr. Hueber	1400,00
4	Präsident des Rechnungshofs des Deutschen Reichs Staatsminister a.D. Dr. Müller	2000,00
5	Präsident des Reichsfinanzhofs Ludwig Mirre	2000,00
6	S. Kgl. H. Herzog von Coburg	4000,00
7	Professor Dr. med. Karl Brandt	–
Summe Abschnitt D:		*11 400,00*

Abschnitt E

1	Reichskabinettsrat Dr. Willuhn	600,00
2	Reichskabinettsrat Dr. Killy	600,00
3	Reichskabinettsrat von Stutterheim	600,00
4	Reichskabinettsrat Dr. Ficker	600,00
5	Ministerialdirektor Dr. Meerwald	600,00
6	Oberstleutnant d. Sch. Rauch	250,00
7	General d. Inf. Schmundt	–
8	Konteradmiral von Puttkamer	500,00
9	Oberstleutnant von Below	400,00
10	Oberstleutnant Engel	400,00
11	Oberst d.G. Christian	500,00
12	Major d.G. Waizenegger	300,00
13	Major d.G. Borgmann	400,00
Summe Abschnitt E:		*5750,00*

Anhang

Anmerkungen

I. Dotationen und Schenkungen in der Geschichte

1 Die Tagebücher von Joseph Goebbels. Hrsg. v. Elke Fröhlich. Teil II: Diktate 1941–1945. Bd. 14. München 1996, S. 327 (2. 12. 1944), auch zum Folgenden.

2 Ebenda, S. 324.

3 Ebenda.

4 Ebenda, S. 327.

5 Vgl. »Dotation« in Brockhaus' Conversationslexikon. Allgemeine deutsche Real-Enzyklopädie. 5. Bd. Leipzig [13]1883, S. 503; siehe auch das Stichwort »Dotationen« in: Handwörterbuch der gesamten Militärwissenschaften. Hrsg. v. B. Poten. 3. Bd. Leipzig 1877, S. 17.

6 Vgl. dazu Jan Hirschbiegel: Gabentausch als soziales System? – Einige theoretische Überlegungen. In: Mitteilungen der Residenzen-Kommission der Akademie der Wissenschaften zu Göttingen. Sonderheft 2: Ordnungsformen des Hofes. Hrsg. v. Ulf Chr. Ewert und Stephan Selzer. Göttingen 1997, S. 44–55, hier S. 50 f.

7 Gerhard Papke: Von der Miliz zum Stehenden Heer. In: Handbuch zur deutschen Militärgeschichte 1648–1939. Bd. I. Hrsg. v. Militärgeschichtlichen Forschungsamt. München 1979, S. 54.

8 David Cannadine: The Decline and Fall of the British Aristocracy. London, New Haven 1990, S. 299.

9 Georg Piltz: Prinz Eugen von Savoyen. Weg und Werk des edlen Ritters. Berlin 1991, S. 77.

10 Ebenda, S. 165, und Max Braubach: Prinz Eugen von Savoyen. Eine Biographie. 5 Bde. München 1963 ff., hier Bd. 2, S. 178, die eine gute Gesamtdarstellung der Einkommens- und Vermögensverhältnisse des Prinzen Eugen enthält Bd. 5, S. 14–27.

11 Ebenda, S. 262.

12 Wolfgang W. Parth: Goethes Christiane. Ein Lebensbild. München 1980. S. 138, auch zum Folgenden.

13 Zum weiteren Vergleich: Ein Schauspieler erhielt ca. 8–9 Taler wöchentlich. Ein Taler entspricht etwa 30–40 DM. Vgl. Karl O. Conrady: Goethe. Leben und Werk. Frankfurt 1993, S. 57.

14 Vgl. den Hinweis im Handwörterbuch der gesamten Militärwissenschaften, 3. Bd., S. 17.

15 Jacques Presser: Napoleon. Das Leben und die Legende. Zürich, Stuttgart 1977, S. 299.
16 Ebenda, S. 534.
17 Ebenda, S. 557.
18 Jean Tulard: Napoleon oder der Mythos des Retters. Tübingen 1978, S. 569.
19 Lt. Handwörterbuch der gesamten Militärwissenschaften, S. 17, wurde Lefebvre am 28. 5. 1807 Duc de Dantzick.
20 Tulard, Napoleon, S. 369.
21 Presser, Napoleon, S. 566.
22 Helmuth K. G. Rönnefarth: Konferenzen und Verträge. Vertrags-Ploetz. Teil II. Bd. 3. Neuere Zeit 1492–1914. Würzburg 1958, S. 252ff.
23 Guillaume de Bertier de Sauvigny: Metternich – Staatsmann und Diplomat für Österreich und den Frieden. Gernsbach 1988, S. 186.
24 Ebenda, S. 212.
25 Ebenda, S. 307.
26 Ebenda, S. 252.
27 Ebenda, S. 264.
28 Ebenda, S. 520.
29 Johann G. Droysen: Das Leben des Feldmarschalls Grafen York von Wartenburg. Bd. 3. Berlin 1852, S. 413; Tom Crepon: Leberecht von Blücher. Leben und Kämpfe. Biographie. Berlin 1988, S. 300f.
30 Droysen, York von Wartenburg, S. 413f., auch zu den folgenden Zitaten.
31 Ebenda, S. 414, auch zum Folgenden.
32 Hermann Müller-Bohn: Graf Moltke. Ein Bild seines Lebens und seiner Zeit. Berlin 3. Aufl. o. J., S. 367.
33 Vgl. u. a. Ger van Roon: Neuordnung im Widerstand. Der Kreisauer Kreis innerhalb der deutschen Widerstandsbewegung. München 1967; Eberhard Kessel: Moltke. Stuttgart 1957, S. 494.
34 Ebenda, S. 603.
35 Ebenda, S. 604.
36 Handwörterbuch der gesamten Militärwissenschaften, S. 17.
37 Nasreddin Schah: Reisetagebuch (1873). Ein Harem in Bismarcks Reich. Hrsg. v. Hans Leicht. Tübingen und Basel 1969, S. 124ff.
38 Kaiser- und Kanzlerbriefe. Briefwechsel zwischen Kaiser Wilhelm I. und Fürst Bismarck. Hrsg. v. Johannes Penzler. Leipzig 1900, S. 62; vgl. auch Otto Pflanze: Bismarck – der Reichsgründer. München 1997, S. 547f. und 550f.
39 Kaiser- und Kanzlerbriefe, S. 76; vgl. auch u. a. Lothar Gall: Bismarck. Der weiße Revolutionär. Berlin 1980, S. 461f.; Ernst Engelberg: Bismarck. Urpreuße und Reichsgründer. Berlin 1986, S. 700f.

40 Kaiser- und Kanzlerbriefe, S. 101 ff.; Ernst Engelberg: Bismarck. Bd. 2: Das Reich in der Mitte Europas. Berlin 1990, S. 34 f.
41 Gall, Bismarck, S. 462; Engelberg, Bismarck, Bd. 2, S. 34 f.
42 Otto von Bismarck: Gedanken und Erinnerungen. 3 Bde. Stuttgart 1898 und 1921; vgl. auch Engelberg, Bismarck, S. 35.
43 Franz Herre: Bismarck, der preußische Deutsche. München 1998, S. 380.
44 Jürgen Mirow: Geschichte des deutschen Volkes. Gernsbach 1990, S. 496.
45 Vgl. Wolfgang Büttner: Der Trompeter der Revolution. In: Die Zeit, Nr. 29 vom 12. 7. 1996, S. 60, auch zu den folgenden Zitaten.
46 Zit. nach ebenda, S. 60.
47 Lew Kopelew: Ein Dichter kam vom Rhein. Heinrich Heines Leben und Leiden. Berlin 1981, S. 297.
48 Edda Ziegler: Heinrich Heine. Leben, Werk, Wirkung. Düsseldorf 1993, S. 150 f.
49 Ebenda, S. 151.
50 Kopelew, Ein Dichter kam vom Rhein, S. 298.
51 Generalfeldmarschall Wilhelm Ritter von Leeb. Tagebuchaufzeichnungen und Lagebeurteilungen aus zwei Weltkriegen. Hrsg. v. Georg Meyer. Stuttgart 1976, S. 350, vgl. dort auch die Bewertung auf S. 65; Gerhard L. Weinberg: Zur Dotation Hitlers an Generalfeldmarschall Ritter von Leeb. In: Militärgeschichtliche Mitteilungen Nr. 2/1979, S. 97–99.
52 So die Formulierung bei Peter Meroth: Vorschuß auf den Endsieg. In: stern Nr. 25 v. 12. 6. 1980.

II. Dotationen in der Weimarer Republik und im NS-Staat bis 1939

1 Heinrich August Winkler: Weimar 1918–1933. Die Geschichte der ersten deutschen Demokratie. München 1993, S. 256.
2 Vgl. BA Berlin, R 2/17676–80 und 17681–84 (ehemals F9: Verfügungsmittel des Reichspräsidenten, Gruppe 9030), R 2/17681–83 (ehemals Gruppe F 9093) und R 2/17742–48 (ehem. Gruppe F 9990).
3 BA Berlin, R 2/17676: Schreiben Gottscheid an Hindenburg v. 29. 4. 1930.
4 Ebenda: Verfügung Präsidialkanzlei an preußisches Finanzministerium v. 15. 5. 1930.
5 Ebenda, R 2/17677: Schreiben der Frontliga v. 2. 6. 1932.
6 Ebenda, R 2/17676: Schriftwechsel zwischen Reichswehrminister Groener und Reichsfinanzminister Treviranus v. 3. 9. 1930, Treuhandstelle und Reichsfinanzministerium v. 30. 9. 1930, Reichsfinanzministerium und Büro des Reichspräsidenten v. 9. 10. 1931.
7 Ebenda.
8 Die Tagebücher von Joseph Goebbels. Sämtliche Fragmente. Hrsg. v. Elke Fröhlich. Teil I, Bd. 2. München 1987, S. 354 ff.

9 Ebenda, T. I, Bd. 2, S. 361.
10 Ebenda, T. I, Bd. 2, S. 375.
11 BA Berlin, R 2/17677: Vermerk des Reichsministers der Finanzen v. 6. 12. 1934, auch zu den folgenden Zitaten.
12 Ebenda.
13 Ebenda, R 2/17681: Göring an Reichsfinanzminister v. 7. 9. 1936.
14 Ebenda: Brief des Staatssekretärs und Chefs der Präsidialkanzlei an Göring v. 22. 10. 1936.
15 Zit. nach Golo Mann: Erinnerungen und Gedanken – Eine Jugend in Deutschland. Frankfurt am Main 1986, S. 491.
16 BA Berlin, R 2/17747: Gercke an Hitler v. 28. 7. 1933. Zu Gercke siehe Günter Neliba: Wilhelm Frick. Der Legalist des Unrechtsstates. Eine politische Biographie. Paderborn 1992, S. 166.
17 BA Berlin, R 2/17747: Frick an Reichsfinanzminister v. 5. 10. 1933.
18 Ebenda: Gercke an Hitler v. 28. 7. 1933.
19 Ebenda.
20 Ebenda: Heß an Reichsfinanzminister v. 14. 10. 1933.
21 Ebenda: Niederschrift v. 24. 12. 1936 über Sitzung im Reichs- und preußischen Ministerium des Innern am 7. 12. 1936.
22 Ebenda.
23 Ebenda.
24 Ebenda, R 2/17678–17684 und 17747.
25 Ebenda.
26 Ebenda.
27 Brigitte Hamann: Hitlers Wien. Lehrjahre eines Diktators. München 1996, S. 78.
28 Ebenda.
29 BA Berlin, R 2/17679: Vermerk v. 5. 8. 1937.
30 Ebenda, R 2/17683: Meißner an Reichsfinanzminister v. 9. 4. 1940.
31 Ebenda, R 2/17679: Meißner an Reichsfinanzminister v. 20. 6. 1935.
32 Ebenda, R 2/17679: Göring an Lammers v. 25. 11. 1937.
33 Ebenda, R 2/17678: Präsidialkanzlei an Reichsminister der Finanzen v. 20. 1. 1936.
34 Ebenda, R 2/17683: Schreiben von Rust v. 18. 7. 1941.
35 Ebenda, R 2/17743: Vermerk v. 15. 10. 1934 und Vermerk v. Goebbels v. 11. 2. 1934.
36 Ebenda, R 2/17682: Antrag von Staatssekretär Bohle v. 24. 1. 1939.
37 Ebenda: Schreiben Meißner an Reichsfinanzminister v. 9. 2. 1939.
38 Ebenda, R 2/17677: Schreiben von Papen an Reichsfinanzminister v. 17. 10. 1934.
39 Ebenda: Schreiben von Reichsstatthalter Seyss-Inquart an den Reichsfinanzminister v. 26. 4. 1939.

40 Ebenda, R 2/17678: Meißner an den Reichsfinanzminister v. 24. 4. 1935.
41 Ebenda, R 2/17679: Meißner an den Reichsfinanzminister v. 1. 7. 1937.
42 Ebenda, R 2/17680: Lammers an den Reichsfinanzminister v. 21. 9. 1940.
43 Ebenda: Schmundt an Lammers v. 20. 6. 1941.
44 Ebenda, R 2/17681: Raeder an Reichsfinanzminister v. 28. 10. 1936 und Vermerk Versorgungsamt Königsberg an Reichsminister der Finanzen v. 6. 9. 1937.
45 Ebenda, R 2/17681: Raeder an Reichsfinanzminister v. 28. 10. 1936 und R 2/17682: Raeder an Reichsarbeitsminister Seldte v. 10. 1. 1939.
46 Ebenda: Seldte an Reichsfinanzminister v. 7. 2. 1939.
47 Ebenda.
48 Ebenda, R 2/17681: Blomberg an Reichsfinanzminister v. 26. 4. 1937. Die Ernennung zum *charakterisierten* Generalmajor gewährte die Trageerlaubnis der Uniform eines Generalmajors. Siehe dazu Reinhard Stumpf: Die Wehrmacht-Elite. Rang- und Herkunftsstruktur der deutschen Generale und Admirale 1933–1945. Boppard 1982, S. 116; zu Haselmayr siehe auch BA-MA Freiburg, Pers 6/2541.
49 BA Berlin, R 2/17681: Meißner an Göring v. 22. 10. 1936: »Die gesetzlichen Hinterbliebenenbezüge (Witwen- und Waisengeld zusammen) werden auf den Betrag der vollen Dienstbezüge des Generals Wever in seiner letzten Stelle erhöht und bis zu dem Zeitpunkt bezahlt [...] an welchem General Wever das 65. Lebensjahr vollendet haben würde. Von diesem Zeitpunkt an sollen diese Bezüge auf den Betrag der Höchstpension herabgesetzt werden, die er aus seiner letzten Stelle erhalten haben würde.«
50 Ebenda, R 2/17683: Schwerin von Krosigk an Keitel v. 29. 1. 1941.
51 Ebenda, R 2/17681: Raeder an Schwerin von Krosigk v. 16. 11. 1937.
52 Ebenda: Meißner an Reichsfinanzminister v. 14. 11. 1938.
53 Ebenda.
54 Ebenda, R 2/17680: Meißner an Reichsfinanzminister v. 26. 2. 1943.
55 Ebenda, R 2/17679: Meißner an Reichsfinanzminister v. 5. 1. 1940.
56 Vgl. Peter Meroth: Vorschuß auf den Endsieg. In: stern Nr. 25 v. 12. 6. 1980, auch zum Folgenden; siehe auch BA Berlin, R 2 Anhang/24: Die Entwicklung der Ausgaben im Haushalt »Führer und Reichskanzler« von 1933 bis 1944.
57 Zit. nach Die Weimarer Republik. 3 Bde. Hrsg. v. Theo Stammen u.a. Bd. 2: Der brüchige Friede 1924–1928. Hrsg. v. Everhart Holtmann. München 1994, S. 44.
58 Theodor Eschenburg: Die Weimarer Republik. München 1984, S. 252.
59 Golo Mann, Erinnerungen, S. 34.
60 Harry Graf Kessler: Tagebücher 1918–1937. Frankfurt am Main 1996, S. 456 ff.

61 Walter Rauscher: Hindenburg. Feldmarschall und Reichspräsident. Wien 1997, S. 226.
62 Ebenda, S. 220.
63 Andreas Dorpalen: Hindenburg in der Geschichte der Weimarer Republik. Berlin 1966, S. 132.
64 So die Bewertung bei John W. Wheeler-Bennett: Der hölzerne Titan. Paul von Hindenburg. Tübingen 1969, S. 321 f.
65 BA Berlin, R 43 I/580.
66 Walther Hubatsch: Hindenburg und der Staat. Aus den Papieren des Generalfeldmarschalls und Reichspräsidenten von 1878 bis 1934. Göttingen 1966, S. 106.
67 Rauscher, Hindenburg, S. 254; Wheeler-Bennett, Der hölzerne Titan, S. 323 f.
68 Wolfgang Ruge: Hindenburg. Berlin 1974, S. 313.
69 Rauscher, Hindenburg, S. 304.
70 Vgl. dazu BA Berlin, R 43 I/581: S 1030.
71 RGBl, Teil I v. 28. 8. 1933. Siehe dazu auch S. 205 dieses Bandes, auch zum Folgenden.
72 BA Berlin, R 43 I/581: Erste Abendausgabe, W. T. B., Nr. 2051 v. 27. 8. 1933.
73 Ebenda: Zweite Abendausgabe, W. T. B. Nr. 2052 v. 26. 8. 1933, auch zum folgenden Zitat aus Hitlers Ansprachen.
74 Ebenda: W. T. B., Nr. 2052 v. 26. 8. 1933.
75 Ebenda, S. 19: Hindenburgs Schreiben an Hitler v. 30. 8. 1933.
76 Ebenda: Vermerk v. 18. 9. 1933.
77 Ebenda, S. 25.
78 Ebenda: Auszug aus der Niederschrift über die Ministerbesprechung v. 26. 9. 1933.
79 Ebenda: Schreiben Hitlers an Hindenburg v. 2. 10. 1933. Darin wird die exakte Summe allerdings nicht genannt, sondern es werden nur die »erforderlichen Mittel« für den Wiederaufbau von Langenau aufgeführt.
80 Siehe die biographische Studie von Theo Schwarzmüller: Zwischen Kaiser und »Führer«. Generalfeldmarschall August von Mackensen. Paderborn 1995, ^{3}1997; vgl. ferner Freiherr Ludwig Rüdt von Collenberg: Generalfeldmarschall von Mackensen. Berlin 1942; Mackensen. Briefe und Aufzeichnungen des Generalfeldmarschalls aus Krieg und Frieden. Bearb. v. Wolfgang Foerster. Leipzig 1938.
81 Schwarzmüller, Mackensen, S. 146.
82 Ebenda, S. 243.
83 Ebenda.
84 Ebenda, S. 301.
85 BA Berlin, R 43 II/791, S. 116–136, auch zum Folgenden; bei Mackensen (bearbeitet v. W. Foerster) ist auf S. 401 der Hinweis aufgeführt, dies er-

folge, »nach dem Brauche früherer Zeiten« und »zugleich einem Wunsche Hindenburgs entsprechend«.
86 BA Berlin, R 43 II/791, S. 116–136.
87 Schwarzmüller, Mackensen, S. 315 f.
88 Ebenda, S. 309.
89 Ebenda.
90 Ebenda, S. 136.
91 BA Berlin, R 43 II/985, S. 39.
92 Vgl. Gerd R. Ueberschär: Das Dilemma der deutschen Militäropposition. Berlin 1988, S. 15 (mit Abdruck von Mackensens Schreiben).
93 Vgl. IMT, Bd. 14, S. 95.
94 Adolf Hitler: Mein Kampf. 67. Aufl. München 1933, S. 255 ff.
95 Schwarzmüller, Mackensen, S. 305.

III. Dotationen im Krieg

1 Vgl. die Hinweise bei Henry Picker: Hitlers Tischgespräche im Führerhauptquartier. Sonderausgabe Stuttgart 1976, S. 304; ferner David Littlejohn und C. M. Dodkins: Orders, Decorations, Medals and Badges of the Third Reich. Mountain View, Kalif., 3. Aufl. 1971.
2 Rudolf Absolon: Die Wehrmacht im Dritten Reich. Band V: 1. September 1939 bis 18. Dezember 1941. Boppard am Rhein 1988.
3 Schwarzmüller, Mackensen, S. 377.
4 Heeresadjutant bei Hitler 1938–1943. Aufzeichnungen des Majors Engel. Hrsg. v. Hildegard von Kotze. Stuttgart 1974, S. 85, auch zum Folgenden.
5 Ebenda, S. 86.
6 Ebenda.
7 Fritz Wiedemann: Der Mann, der Feldherr werden wollte. Erlebnisse und Erfahrungen des Vorgesetzten Hitlers im 1. Weltkrieg und seines späteren Persönlichen Adjutanten. Velbert 1964, S. 93.
8 Nicolaus von Below: Als Hitlers Adjutant 1937–1945. Mainz 1980, S. 56.
9 Ebenda.
10 Ebenda.
11 Vgl. BA Berlin, R 4701/21283: Dotation von 250 000 RM an Reichspostminister Dr. Ohnesorge v. 7. 6. 1942, siehe auch Abdruck im Dokumentenanhang dieses Buches, S. 215.
12 So die Erklärung von Generaloberst Guderian in seinen Memoiren, siehe Heinz Guderian: Erinnerungen eines Soldaten. 15. Aufl. Stuttgart 1996, S. 248.
13 Siehe BA-MA Freiburg, RH 15/288. Ausführlich dazu Rolf-Dieter Müller: Hitlers Ostkrieg und die deutsche Siedlungspolitik. Die Zusammen-

arbeit von Wehrmacht, Wirtschaft und SS. Frankfurt am Main 1991, zum folgenden Zitat, S. 34.

14 BA Berlin, R 43 II/1528, S. 44 ff.: Lammers v. 8. 5. 1940.

15 Siehe dazu Wolfram Wette: Gustav Noske. Eine politische Biographie. Düsseldorf 1987, S. 758 ff.

16 Adolf Hitler: Monologe im Führerhauptquartier 1941–1944. Die Aufzeichnungen Heinrich Heims. Hrsg. v. Werner Jochmann. Hamburg 1980, S. 161.

17 Archiv des Instituts für Zeitgeschichte (IfZ) München, ED 177.

18 BA Berlin, R 2/17683.

19 Gerhard L. Weinberg: Eine Welt in Waffen – Geschichte des Zweiten Weltkrieges. Stuttgart 1995, S. 504.

20 Die Hassell-Tagebücher 1938–1944. Ulrich von Hassell. Aufzeichnungen vom Andern Deutschland. Hrsg. v. Friedrich Freiherr Hiller von Gaertringen und Klaus Peter Reiß. Neuausgabe, Berlin 1988, S. 360.

21 Ebenda, S. 207.

22 BA Berlin, R 43 II/1092, S. 115: Vermerk der Reichskanzlei RK 1582 C v. 5. 4. 1944.

23 Ebenda. Einen Überblick über die Entwicklung der Ausgaben im Haushalt »Führer und Reichskanzler« von 1933 bis 1944 bietet BA Berlin, R 2 Anhang/24.

24 Vgl. Otto Meißner: Ebert, Hindenburg, Hitler. Erinnerungen eines Staatssekretärs 1918–1945. München 1991.

25 Meißner kam nach 1945 durch alle Verfahren der Strafjustiz und der Entnazifizierung ohne große Schwierigkeiten und starb 1953 im Alter von 74 Jahren.

26 Vgl. Lammers' Rolle in der verharmlosenden Arbeit von Günter Franz-Willing: Die Reichskanzlei 1933–1945. Rolle und Bedeutung unter der Regierung Hitler. Tübingen 1984.

27 Lammers wurde 1949 im sogenannten Wilhelmstraßen-Prozeß zu 20 Jahren Gefängnis verurteilt, jedoch 1952 vorzeitig entlassen. Er starb 1962 in Düsseldorf.

28 Jochen von Lang: Der Sekretär. Martin Bormann: Der Mann, der Hitler beherrschte. Stuttgart 1977.

29 Vgl. dazu generell Dieter Rebentisch: Führerstaat und Verwaltung im Zweiten Weltkrieg. Wiesbaden 1989; siehe ferner Enzyklopädie des Nationalsozialismus. Hrsg. v. Wolfgang Benz, Hermann Graml, Hermann Weiß. München 1997, S. 747.

30 Gutachten des Bundesministeriums der Finanzen zu den Dotationen v. 24. 9. 1980.

31 Ebenda.

32 Es handelte sich um die Dotation an SS-Oberstgruppenführer Kurt Daluege. Siehe dazu die weiteren Hinweise in diesem Band, S. 143 ff.

33 BA Berlin, R 43 II/1087a: Schreiben von Reichsminister Lammers v. 1. 3. 1944.
34 Ebenda.
35 Ebenda, R 43 II/1092b: Vermerk v. 13. 7. 1944.
36 Ebenda, R 43 II/1092, auch zum Folgenden.
37 Ebenda, R 43 II/1092a, S. 91: Vermerk RK 3932 C, RK 4032 C v. 31. 5. 1944.
38 Ebenda, R 43 II/1092a, S. 93: Schreiben Fromms an Lammers v. 21. 6. 1944.
39 Ebenda, S. 95 f.: Entwurf v. 17. 7. 1944, die Absendung ist nicht vermerkt.
40 Ebenda, S. 94 Rückseite.
41 Ebenda, R 43 II/1087a, S. 74 ff., auch zu Folgenden.
42 Ebenda, S. 78.
43 Ebenda, S. 79 f.
44 Ebenda, S. 97.
45 Ebenda, R 43 II/1092a, S. 93 ff. und R 43 II/985b: Schreiben v. Keitel an Lammers v. 6. 5. 1941, auch zum Folgenden.
46 Zu dem früheren bulgarischen Generalstabschef und Oberbefehlshaber Schekoff (geb. 1867) siehe Der Erste Weltkrieg in Bildern und Dokumenten. Hrsg. v. Hans Dollinger. München, Wien, Basel 1969 (auch Wiesbaden 1965), S. 48; Geschichte der Ritter des Ordens »pour le mérite« im Weltkrieg. Hrsg. v. Hanns Möller. Bd. 1. Berlin 1935, S. 534 f., dort steht allerdings fälschlicherweise »Nach dem Kriege ist Generalleutnant Jekow gestorben«; siehe auch Janusz Piekalkiewicz: Erster Weltkrieg. Augsburg 1993, S. 238.
47 BA Berlin, R 43 II/985b: Militärattaché der deutschen Gesandtschaft in Sofia an Keitel v. 23. 4. 1941.
48 Ebenda: Schreiben vom Chef OKW an Lammers v. 25. 6. 1941.
49 Ebenda: Lammers an Keitel v. 15. 7. 1941.
50 Ebenda: Mitteilung des OKW an Lammers v. 19. 6. 1942.
51 Zu nennen ist vor allem der Bestand R 43 II (neue Reichskanzlei) und R 2 (Reichsfinanzministerium) im BA Berlin.
52 Zu Halder siehe die Feststellung im Spruchkammer-Verfahren München X, September 1948, siehe Archiv Amtsgericht München, Registratur S.
53 Lutz Graf Schwerin von Krosigk: Persönliche Erinnerungen. Teil II. Essen 1973, S. 185.
54 Wiedemann, Der Mann, der Feldherr werden wollte, S. 94.
55 Lutz Koch: Rommel. Der Wüstenfuchs. Eine Biographie. Berlin 1978, S. 218.
56 Generalfeldmarschall Ritter von Leeb, Tagebuchaufzeichnungen, S. 65.
57 BA Berlin, R 55/46: Schreiben von Lammers v. 10. 8. 1939.

58 Ebenda: Schreiben von Reichsminister Lammers an die Obersten Reichsbehörden v. 20. 2. 1942.
59 Ebenda.
60 Ebenda: Schreiben von Reichsminister Lammers an die Obersten Reichsbehörden v. 27. 10. 1942, auch zum folgenden Zitat.
61 Wulf C. Schwarzwäller: Hitlers Geld. Vom armen Kunstmaler zum millionenschweren Führer. Erste Ausgabe Rastatt 1986, Neuausgabe Wien 1998, S. 82.
62 Ebenda, S. 93.
63 Ebenda, S. 133.
64 Ebenda (Ausgabe v. 1986), S. 150.
65 Völkischer Beobachter v. 7. 2. 1933.
66 Schwarzwäller, Hitlers Geld, S. 159 f.
67 Siehe dazu Gerd R. Ueberschär: Die Deutsche Reichspost im Zweiten Weltkrieg. In: Deutsche Postgeschichte. Essays und Bilder. Hrsg. von Wolfgang Lotz. Berlin 1989, S. 292 f.
68 Die Tagebücher von Joseph Goebbels, Bd. 3, S. 103.
69 Ueberschär, Die Deutsche Reichspost, S. 292.
70 Heinrich Hoffmann: Hitler was my friend. London 1955, S. 182 f.; Albert Speer: Erinnerungen. Frankfurt 1969; auch Schwarzwäller, Hitlers Geld (Ausgabe von 1986), S. 194 f.; Below, Als Hitlers Adjutant, S. 83.
71 Ulrich Chaussy/Christoph Püschner: Nachbar Hitler. Führerkult und Heimatzerstörung am Obersalzberg. Berlin 1998, S. 121.
72 Lutz Graf Schwerin von Krosigk: Persönliche Erinnerungen. II. Teil: 25 Jahre Berlin, 1920 bis 1945. Essen o. J. [1973], S. 184 f., auch zum Folgenden.
73 Vgl. BA Koblenz, Kleine Erwerbungen, 544: Bericht von Dr. Erich Bandekow und Erich Dressler »Über steuerliche Korruptionsfälle von Reichsministern, Reichsleitern usw.« v. 2. 7. 1945.
74 Vgl. dazu Reimer Voß: Steuern im Dritten Reich. Vom Recht zum Unrecht unter der Herrschaft des Nationalsozialismus. München 1995, S. 90 ff., 112 ff.
75 Bekannt ist die Nachversteuerung im Falle von Generalfeldmarschall von Leeb von 75 000 bei 250 000 RM Dotation, wobei dies nur ein Teilbetrag der Dotation Leebs war.
76 Siehe BA Koblenz, Kleine Erwerbungen 544: Bericht v. Dr. Erich Bandekow und Erich Dressler v. 2. 7. 1945, S. 3–6.
77 BA Berlin, R 43 II/985 c: Vermerk V. A. w. RK 18115 C betr. Steuerfreiheit von Dotationen des Führers v. 30. 12. 1942.
78 Ebenda: Brief v. Lammers an Reichsfinanzminister Graf Schwerin von Krosigk v. 31. 12. 1942.

79 Ebenda, S. 36.
80 Ebenda: Schreiben von Krosigk an Reichsminister Lammers v. 29. 3. 1943.
81 Ebenda, R 43 II/986: Lammers an die Herren Reichsminister v. 9. 10. 1943, auch zum Folgenden.
82 Siehe BA-MA Freiburg, RH 53-7/v. 415: Der Chef der Heeresrüstung und Befehlshaber des Ersatzheeres, Stab IIa, Nr. 5799/43 geh. an die Stellv. Generalkommandos (hier stv. GenKdo. VII. A.K.).
83 BA Koblenz, Keine Erwerbungen 544: Bericht von Dr. Erich Bandekow und Erich Dressler »Über steuerliche Korruptionsfälle von Reichsministern, Reichsleitern usw.« v. 2. 7. 1945.
84 Die Tagebücher von Joseph Goebbels. Bd. 9, S. 335 (21. 8. 1943), auch zum Folgenden.
85 BA Koblenz, Kleine Erwerbungen, 544: Bericht von Dr. Ernst Bandekow und Erich Dressler v. 2. 7. 1945, S. 11.
86 Ebenda, S. 2, auch zum Folgenden.
87 Vgl. dazu Kreis Ahrweiler unter dem Hakenkreuz. Studien zu Vergangenheit und Gegenwart, Bd. 2. Bad Neuenahr-Ahrweiler 1989, S. 36.
88 Vgl. dazu Timothy W. Mason: Sozialpolitik im Dritten Reich. Arbeiterklasse und Volksgemeinschaft. Opladen 1975.
89 Gitta Sereny: Albert Speer. München 1997, S. 176.
90 Siehe die genauen Zahlen bei Wolfgang Paul: Der Heimatkrieg 1939–1945. Augsburg 1999, S. 90.
91 Frauen in Konzentrationslagern. Bergen-Belsen, Ravensbrück. Hrsg. v. Claus Füllberg-Stolberg. Bremen 1993, S. 224.
92 BA Koblenz, Kleine Erwerbungen 544: Bericht v. Erich Bandekow und Erich Dressler v. 2. 7. 1945, S. 3–6.

IV. Die monatlichen Sonderzuwendungen

1 BA Berlin, R 43 II/1565, S. 12: Entwurfschreiben Lammers v. 1940, in das jeweils das entsprechende Datum nach der Beförderung eingesetzt werden konnte.
2 Unzutreffend ist die Angabe bei Lutz Koch: Rommel. Der Wüstenfuchs. Eine Biographie. Berlin 1978, S. 218, daß die Sonderzuwendung für Generaloberste und Feldmarschälle anfangs einheitlich 1000 RM betragen haben soll und erst ab 1942 auf 2000 RM für die Feldmarschälle erhöht worden sein soll.
3 Mitteilung v. Generaloberst a.D. von Hollidt an Verf. v. 3. 8. 1980.
4 Siehe RGBI I, 1927, S. 349, Reichsbesoldungsgesetz v. 16. 12. 1927.
5 Hinzu kam jeweils noch der Wohnungsgeldzuschlag.
6 Siehe RGBl I, 1943, S. 189.

7 OKH/BdE-Az 60 m – AHA/H. Haush. (ua) Nr. 2152/39 geh. v. 10. 11. 1939 (Kopie im Besitz d. Verf.).

8 OKH/ChefHRüst u. BdE – Az 60 m – H. Haush. II Nr. 1417/42 g II. Ang. v. 18. 7. 1942 (Kopie im Besitz d. Verf.).

9 BA Berlin, R 43 II/1565, S. 12: Entwurfschreiben v. Lammers von 1940.

10 Ebenda.

11 Vgl. dazu die Verhandlungsniederschriften in BA Berlin, R 43 II/1565, S. 28 ff.

12 Mehrere Musterbriefe (z.B. an Generaladmiral Kummetz, Generaladmiral Boehm, Generaloberst Hube, Generaloberst Schörner, Generaloberst Harpe, Generaloberst Rendulic) befinden sich im Bestand BA Berlin, R 43 II/1565.

13 Ebenda: Vertrauliches Entwurfschreiben von Lammers an Generaloberst Heinrici, Rommel, von Salmuth u. Generaladmiral Marschall v. Februar bzw. 15. 3. 1942 (Hervorhebung im Original).

14 Ebenda (Hervorhebung im Original).

15 Ebenda, S. 24 (ohne Jahresdatum).

16 Vgl. dazu die Biographie von Jochen von Lang: Der Sekretär. Martin Bormann: Der Mann, der Hitler beherrschte. Stuttgart 1977.

17 BA Berlin, R 43 II/1565: Lammers an Bormann, März 1943.

18 Ebenda.

19 Ebenda: Schreiben von Lammers an Keitel v. Juli 1944, dort auch Vermerk RK 6426 C über die Vereinbarung zwischen Lammers und Keitel vom 10. 3. 1943; ebenda, R 43 II/1622: Mitteilung des OKW an Lammers über das Ausscheiden von Generaladmiral Boehm zum 31. 1. 1945.

20 Seine Entlassung aus dem aktiven Dienst zum 30. 6. 1943 war Lammers nicht zur Kenntnis gekommen, vgl. ebenda, R 43 II/1565: Vermerk RK 7786 C v. September 1944 und Schreiben von Lammers an Keitel v. September 1944.

21 Ebenda, R 43 II/1621: Vermerk v. 13. 12. 1944 und R 43 II/1565: Handschriftliche Aufzeichnung v. Dezember 1944, auch zum Folgenden.

22 Die Zahlung an Brandt wurde im Dezember 1944 eingestellt, siehe ebenda, R 43 II/1622: Schreiben von Lammers an Brandt v. 15. 1. 1945 und dessen Bestätigungsschreiben v. 7. 2. 1945.

23 Siehe ebenda, R 43 II/1565 und 1622: Übersicht über die Gewährung einer Aufwandsentschädigung an Angehörige der Reichskanzlei und an Adjutanten der Wehrmacht des Führers (S. 143 bzw. S. 12).

24 Ebenda, R 43 II/1621: Puttkamer an Reichskabinettsrat Dr. Killy v. 23. 11. 1944 und R 43 II/1622: Puttkamer an Killy v. 24. 12. 1944.

25 Siehe dazu die Liste aus: BA Berlin, R 43 II/1565 und 1621, S. 144 f. und S. 6 f.

26 Ebenda: Vermerk v. 29. 11. 1944 zu Puttkamers Anfrage.
27 Ebenda, R 43 II/1622: Lammers an von Puttkamer v. 7. 1. 1945.
28 Ebenda, R 43 II/1565: Schreiben v. Lammers an Schoerner v. 14. 4. 1945 (am 19. 4. 1945 abgeschickt).
29 Siehe beispielsweise ebenda, R 43 II/1622: Schreiben v. Generaloberst von Vietinghoff-Scheel als Oberbefehlshaber der Heeresgruppe Kurland an Lammers v. 15. 2. 1945; Generalfeldmarschall von Küchler an Lammers v. 16. 2. 1945; Ehefrau von Generaloberst Hans-Jürgen von Arnim an Lammers v. 6. 3. 1945; ferner Generaloberst Georg Lindemann an Lammers v. 22. 3. 1945.
30 Ebenda, R 43 II/1622: Vermerk v. 31. 3. 1945 aufgrund eines Telefonanrufs von Generaloberst Ritter von Greim.
31 Ebenda: Bitte von Generalfeldmarschall Freiherr von Weichs an Lammers v. 4. 4. 1945 mit entsprechendem Zahlungsvermerk.

V. Exemplarische Fälle von Hitlers Gebefreudigkeit

1 Vgl. Schwerin von Krosigk, Persönliche Erinnerungen, S. 184.
2 Zu Schaub, 1898 in München geboren und dort 1967 verstorben, siehe die Personalangaben im BA Berlin (im ehemaligen BDC).
3 BA Berlin, R 43 II/985a: Bormann an Lammers v. 14. 11. 1941 (S. 7) und Dank der Familie v. 9. 12. 1941 (S. 12).
4 Ebenda, R 43 II/984: Engels »Notiz für Herrn Chef PA« (Oberst Meisel) v. 23. 5. 1943, dessen Schreiben an Lammers v. 28. 5. 1943 und Schreiben von Lammers an den Empfänger v. 6. 6. 1943.

1. Architekten, Bauräte, Künstler und Schriftsteller

5 Ebenda, R 43 II/985, S. 2: Bormann an Lammers v. 30. 3. 1937.
6 Ebenda, S. 11: Brugmann an Lammers v. 28. 12. 1937.
7 Ebenda, S. 6: Lammers an Speer v. 23. 9. 1937 und Speer an Lammers v. 30. 9. 1937, auch zum folgenden Zitat.
8 Ebenda, S. 21 f.
9 Ebenda, S. 33: Lammers an Speer v. 29. 4. 1939.
10 Ebenda, S. 37: Speer an Lammers v. 7. 6. 1939.
11 Ebenda, S. 101: Forster an Lammers v. 9. 7. 1941.
12 Ebenda, R 43 II/985c, S. 67 f.: Schriftwechsel Lammers–Bormann v. 4. 5. 1943 und 6. 5. 1943, auch zum Folgenden.
13 Die Tagebücher von Joseph Goebbels, T. II, Bd. 3, S. 395.
14 Ebenda.
15 Ebenda, T. II, Bd. 11, S. 408 (21. 6. 1944).
16 BA Berlin, R 43 II/1092b, S. 13.

17 Ebenda, S. 20: Brief an Lammers v. 22. 8. 1944.
18 Ebenda, R 43 II/986, S. 153: Brief v. Min.Dir. Naumann v. Reichspropagandaministerium an Lammers v. 9. 2. 1944 und »Völkischer Beobachter« v. 16. 2. 1944.
19 Ebenda, R 43 II/1087a, S. 187.
20 Ebenda, R 43 II/1092, S. 2: Führerinformation v. Goebbels v. 27. 3. 1944.
21 Ebenda.
22 Ebenda, R 43 II/1087a, S. 145 f.: Bormann an Goebbels v. 9. 12. 1944.
23 Ebenda, R 43 II/1092, S. 52: Bormann an Lammers v. 26. 4. 1944.
24 Ebenda, R 43 II/1092a, S. 4: Vermerk Reichskanzlei v. 5. 2. 1944.
25 Ebenda.
26 Ebenda, S. 85: Führerinformation des Reichspropagandaministeriums v. 16. 6. 1944, auch zum Folgenden.
27 Ebenda, S. 88: Lammers an Goebbels v. 22. 6. 1944, auch zum Folgenden.
28 Ebenda, R 43 II/1092d, S. 133: Lammers an Schaub v. 5. 8. 1944.
29 Ebenda, R 43 II/985c, S. 42: Speer an Lammers v. 25. 4. 1940, auch zum Folgenden.
30 Ebenda, S. 29 f.
31 Ebenda, R. 43 II/1092b, S. 2: NSKK-Gruppenführer Albert Bormann an Lammers v. 21. 8. 1944 (zum Geburtstag am 24. 8. 1944).
32 Breker wurde 1900 in Elberfeld geboren, studierte an der Düsseldorfer Kunstakademie und von 1927 bis 1933 auch in Paris, wo er unter dem Einfluß des französischen Bildhauers Maillol stand. Für seinen Stil »kennzeichnend waren klassizistische Monumentalfiguren mit pathetischem Gestus und idealisierte germanische Heldengestalten« (Robert Wistrich: Wer war wer im Dritten Reich, München 1983, S. 34). Er erhielt 1936 anläßlich der Olympischen Spiele die Silbermedaille für künstlerische Leistungen und war von 1938 bis 1945 Professor an der Hochschule für bildende Künste in Berlin-Charlottenburg. Nach dem Krieg wurde er bei der Entnazifizierung als »Mitläufer« zu 100 DM Geldstrafe verurteilt (Biographisches Lexikon zum Dritten Reich. Hrsg. v. Hermann Weiß. Frankfurt am Main 1998, S. 62) und durch Aufträge bekannter deutscher Industriekonzerne beschäftigt. Seine Memoiren »Im Strahlungsfeld der Ereignisse – Leben und Wirken eines Künstlers – Portraits, Begegnungen, Schicksale« erschienen 1972; er starb 1991 in Düsseldorf.
33 Arno Breker: Im Strahlungsfeld der Ereignisse. Preußisch-Ohlendorf 1972, S. 12.
34 Ebenda, S. 12.
35 Ebenda, S. 100.
36 So waren seine Urteile über Personen völlig unzutreffend, vgl. ebenda, S. 277, zu Erwin Rommel, den er als »Typ eines Denkers« bezeichnete,

und S. 370 zu Heinz Guderian, den er als »Wissenschaftler in Generalsuniform« ansah.

37 Ebenda, S. 100.

38 BA Berlin, R 43 II/986: Speer an Lammers v. 4. 4. 1940, auch zum Folgenden.

39 Ebenda, S. 43: Speer an Lammers v. 3. 9. 1940.

40 Ebenda, S. 46.

41 Ebenda, S. 52.

42 Ebenda, S. 53.

43 Ebenda, auch zum Folgenden.

44 Ebenda, S. 54.

45 Ebenda, S. 55.

46 Ebenda: Bormann an Lammers v. 21. 4. 1942, auch zum Folgenden.

47 Ebenda: Lammers an Breker v. 25. 4. 1942.

48 Ebenda, S. 64: Vermerk der Reichskanzlei v. 18. 3. 1943.

49 Ebenda, S. 67: Speer an Lammers v. 6. 4. 1943 (Abrechnung der Gesamtkosten).

50 Ebenda, S. 74: Speer an Meißner v. 2. 8. 1943.

51 Ebenda, S. 76: Lammers an Speer v. 6. 9. 1943, auch zum Folgenden.

52 Siehe dazu seine Memoiren: Breker, Im Strahlungsfeld.

2. Minister und Staatssekretäre

1 Adolf Wagner, geb. 1. 10. 1890 in Algringen in Lothringen, war im Ersten Weltkrieg Offizier, danach Direktor einer bayerischen Bergwerksgesellschaft gewesen. Er wurde 1923 Mitglied der NSDAP; 1924 wurde er Abgeordneter des Bayerischen Landtags und am 1. November 1929 NSDAP-Gauleiter für München/Oberbayern. Im März 1933 ernannte ihn Hitler zum Staatskommissar für Bayern, im April 1933 wurde er Innenminister und stellvertretender bayerischer Ministerpräsident. Aktiv wirkte er bei der Verhaftung politischer Gegner ab 1933 und bei der Ausschaltung des SA-Führers Ernst Röhm 1934 mit. 1936 wurde er bayerischer Staatsminister für Unterricht und Kultus und am 1. 9. 1939 Reichsverteidigungskommissar für die Wehrkreise VII und XIII.

2 BA Berlin, R 43 II/985, S. 55: Schaub an Lammers v. 8. 10. 1940.

3 Ebenda, S. 58: Vermerke der Reichskanzlei v. 11. und 13. 10. 1940.

4 Ebenda, S. 60: Direktor Haus der Kunst an Lammers v. 22. 10. 1940.

5 Dorpmüller wurde am 24. 7. 1869 in Elberfeld geboren; er studierte an der Technischen Hochschule in Aachen, trat in den preußischen Eisenbahndienst ein und arbeitete 10 Jahre bis 1917 bei der Kaiserlich-Chinesischen Staatsbahn. Am Ende des Ersten Weltkrieges floh er aus China über Rußland nach Deutschland und wurde 1926 Generaldirektor der

Deutschen Reichsbahn. Dorpmüller starb am 5. 7. 1945 in Malente-Gremsmühlen.

6 BA Berlin, R 43 II/1092a, S. 79 f.

7 Ebenda, R 43 II/985a, S. 74: Vermerk der Reichskanzlei v. 14. 5. 1942 über Telefongespräch mit Schaub, auch zum Folgenden.

8 Seldte wurde am 29. 6. 1882 in Magdeburg geboren, studierte Chemie, wurde Fabrikant und gründete im Dezember 1918 nach seiner Zeit als Kriegsteilnehmer im Ersten Weltkrieg den »Stahlhelm«, einen deutschnationalen Frontkämpferbund, der neben der von den Nationalsozialisten gegründeten SA die größte paramilitärische Organisation der Weimarer Republik wurde.

9 BA Berlin, R 43 II/1092b, S. 28–32.

10 Todt wurde am 4. 9. 1891 in Pforzheim geboren. Nach seinem Studium an der Technischen Hochschule München und Teilnahme am Ersten Weltkrieg wurde er schon im Januar 1922 Mitglied der NSDAP. Er wurde als bescheidene, zurückhaltende und sympathisch wirkende Persönlichkeit geschildert, die durch ihre Fachkenntnisse und Effizienz allgemeine Achtung genoß und seit 1938 als Generalbevollmächtigter für die Bauwirtschaft Kontrolleur sämtlicher Infrastrukturbauten im Verkehrswesen tätig war. 1938 erhielt er den Auftrag, mit seiner Arbeitsorganisation, der »Organisation Todt (OT)«, den Westwall an der Grenze zu Frankreich zu errichten. Im März 1940 wurde er Reichsminister für Bewaffnung und Munition. Todt starb bei einem Flugzeugunfall am 8. 2. 1942. Sein Nachfolger wurde Albert Speer.

11 BA Berlin, R 43 II/985, S. 103–105.

12 Meißner, am 13. 3. 1880 im Elsaß geboren, diente als Verwaltungsfachmann den Reichspräsidenten Ebert, Hindenburg und schließlich Hitler. Am 15. 4. 1949 wurde er im Nürnberger Wilhelmstraßenprozeß freigesprochen. Von der Münchner Spruchkammer wurde er 1951 als »Belasteter« eingestuft. 1952 wurden sämtliche anhängige Verfahren eingestellt. Vgl. auch seine schon 1950 veröffentlichten Lebenserinnerungen unter dem Titel »Staatssekretär unter Ebert, Hindenburg und Hitler«. Er starb im Alter von 74 Jahren im April 1953 in München. Zur Dotation siehe BA Berlin, R 43 II/1087a, S. 170 f.

13 Schlegelberger wurde am 13. 10. 1876 in Königsberg geboren; er war von 1931 bis 1942 Staatssekretär im Reichsjustizministerium und von Januar 1941 bis August 1942 mit der Wahrnehmung der Geschäfte des Reichsjustizministers beauftragt. Zur Biographie siehe Michael Förster: Jurist im Dienst des Unrechts. Leben und Werk des ehemaligen Staatssekretärs im Reichsjustizministerium, Franz Schlegelberger (1876–1970). Baden-Baden 1995.

14 BA Berlin, R 43 II/986, S. 132 f.: Hitler an Staatssekretär Schlegelberger v. 20. 8. 1942.

15 Ebenda, S. 137–143 mit Vermerk der Reichskanzlei v. 3. 2. 1944.
16 Ebenda: Vermerk der Reichskanzlei v. 24. 1. 1944, auch zum Folgenden.
17 Ebenda.
18 Ebenda: Lammers an Schlegelberger v. 4. 4. 1944, auch zum Folgenden.
19 Ebenda, R 43 II/985a, S. 38: Lammers an Schaub v. 10. 3. 1942.
20 Ebenda, S. 76: Lammers an Ohnesorge v. 12. 6. 1942.
21 Ebenda, R 43 II/985c, S. 1–8, mit Schreiben v. Lammers an Rosenberg v. 13. 1. 1943.
22 Ebenda, S. 23–27: Lammers an Neurath v. 4. 2. 1943.
23 Graf Schwerin von Krosigk, Persönliche Erinnerungen, S. 185, auch zum Folgenden.
24 BA Berlin, R 4701/21283: Hitler an Ohnesorge v. 7. 6. 1942.
25 Vgl. dazu auch IMT, Bd. 13, S. 158 f.
26 Graf Schwerin von Krosigk, Persönliche Erinnerungen, S, 185. Nach BA Koblenz, Kleine Erwerbungen 544: Bericht v. Dr. Erich Bandekow und Erich Dressler v. 2. 7. 1945, S. 3–6, betrugen die Umbaukosten 1 Million RM.
27 Ebenda und BA Berlin, R 43 II/986, S. 84: Lammers an Funk v. 29. 8. 1943.
28 So der Hinweis bei BA Koblenz, Kleine Erwerbungen 544: Bericht v. Dr. Erich Bandekow und Erich Dressler v. 2. 7. 1945, S. 3–6.
29 BA Berlin, R 43 II/986, S. 84 f.
30 Graf Schwerin von Krosigk, Persönliche Erinnerungen, S. 185.
31 Tschammer und Osten wurde am 25. 10. 1887 in Dresden geboren, trat 1929 der NSDAP bei, machte Karriere in der SA, wurde Reichstagsabgeordneter der NSDAP und am 19. 7. 1933 Reichssportführer. In dieser Funktion hatte er auch im Rahmen der NS-Gemeinschaft »Kraft durch Freude« die Arbeitsmoral der deutschen Arbeiter zu heben und im Ausland für Deutschland auf dem Gebiet des Sports Imagewerbung zu betreiben.
32 BA Berlin, R 43 II/1092, S. 9: Bormann an Lammers v. 27. 3. 1943.
33 Ebenda, auch zum folgenden Zitat.
34 Ebenda: Pfundtner an Lammers v. 1. 4. 1943, auch zum Folgenden.
35 Ebenda.
36 Ebenda: Frau von Tschammer und Osten an Lammers v. 30. 5. 1943 und v. 23. 8. 1943, auch zum folgenden Zitat.
37 Ribbentrop wurde am 30. 4. 1893 in Wesel am Niederrhein geboren. Begütert geworden durch seine Heirat mit Anneliese Henkell, der Tochter des bekannten deutschen Sektfabrikanten, wurde er am 4. 2. 1938 Reichsaußenminister. Gehenkt in Nürnberg am 16. 10. 1946.
38 BA Berlin, R 43 II/985c, S. 52 f.; siehe auch IMT, Bd. XIII, S. 161.
39 Ebenda, S. 56: Lammers an Schaub v. 29. 4. 1943.
40 Vgl. auch IMT, Bd. XI, S. 156.

41 BA Berlin, R 43 II/1092b, S. 22af.: Bormann an Kritzinger v. 17. 5. 1944, auch zum folgenden Zitat.
42 Ebenda: Hitlers Bewilligungsschreiben v. 27. 5. 1944.
43 Ebenda, auch zum Folgenden.
44 Ebenda: Bormann an Göring v. 17. 5. 1944.
45 Ebenda: Bormann an Staatssekretär Kritzinger v. 17. 5. 1944 und Hitlers Bewilligung v. 27. 5. 1944. Siehe dazu auch IMT, Bd. XI, S. 156.
46 BA Berlin, R 43 II/1092b, S. 22af.: Lammers an Göring v. 5. 6. 1944, auch zum folgenden Zitat.
47 Graf Schwerin von Krosigk, Persönliche Erinnerungen, S. 184, auch zum folgenden Zitat.
48 Ebenda.
49 BA Koblenz, Kleine Erwerbungen 544: Bericht v. Dr. Erich Bandekow und Erich Dressler v. 2. 7. 1945, S. 3–6, auch zum Folgenden.
50 Speer, Erinnerungen, S. 28; Lang, Der Sekretär, S. 241.
51 BA Berlin, R 43 II/985, S. 96–98: Schaub an Lammers v. 21. und 28. 6. 1941.

3. NSDAP-Reichsleiter, -Gauleiter, SA-/SS-Führer und andere Parteifunktionäre

1 Speer, Erinnerungen, S. 230.
2 Ebenda, S. 230.
3 Ebenda, S. 231 und R 2 Anhang.
4 Ebenda, S. 231.
5 BA Berlin (ehem. BDC), Personalanlagen Graf Helldorf: Aufzeichnung Helldorfs v. 20. 8. 1935.
6 Ebenda: Anhang zum Vermerk Helldorfs v. 20. 8. 1935, auch zum Folgenden.
7 Siehe die verschiedenen Hinweise in: Meldungen aus dem Reich. Die geheimen Lageberichte des Sicherheitsdienstes der SS. Hrsg. und eingeleitet von Heinz Boberach. 17 Bde. Herrsching 1984.
8 BA Koblenz, Kleine Erwerbungen, 544: Bericht v. Bandekow/Dressler, Über steuerliche Korruptionsfälle von Reichsministern, Reichsleitern usw. v. 2. 7. 1945, S. 4, auch zum Folgenden.
9 Amann wurde am 24. 11. 1891 in München geboren. Er verkörpert eine der rücksichtslosesten Personen des Nationalsozialismus. Im Ersten Weltkrieg war er Hitlers Vorgesetzter in derselben Kompanie. Als Teilnehmer des Hitlerputsches vom 9. 11. 1923 genoß er das unerschütterliche Vertrauen Hitlers. Da er kaufmännische Grundkenntnisse hatte, machte dieser ihn zum Geschäftsführer des »Völkischen Beobachters« und zum Direktor des Franz-Eher-Verlages. 1922 wurde er NSDAP-Reichsleiter für die gesamte nationalsozialistische Presse. Dies blieb er bis 1945.
10 BA Berlin, R 43 II/985b, S. 89.

11 Ebenda, R 43 II/985a, S. 80.
12 Ebenda, R 43 II/1092, S. 124–125: Vermerk der Reichskanzlei v. 16. 5. 1944.
13 Siehe Heinz Linge: Bis zum Untergang. Als Chef des Persönlichen Dienstes bei Hitler. München, Berlin 1980.
14 BA Berlin, R 43 II/1092a, S. 24–27: Vermerk der Reichskanzlei v. 29. 5. 1944.
15 Ebenda, R 43 II/986, S. 93.
16 Bouhler wurde am 11. 9. 1899 in München geboren und war Chef der Kanzlei des »Führers«.
17 BA Berlin, R 43 II/985c, S. 60–65: u.a. Bormann an Lammers v. 1. 5. 1943, Lammers an Bormann v. 2. 5. 1943.
18 Ebenda, S. 58.
19 Ebenda, R 43 II/986, S. 142.
20 Sauckel wurde am 27. Oktober 1894 in Haßfurt/Main geboren. Er war Parteimitglied der ersten Stunde und seit 1927 Gauleiter in Thüringen. Ihm gelang es, das Musterparteizentrum in Weimar, das heute noch zu besichtigen ist, zu errichten. Sauckel wurde am 16. 10. 1946 nach seiner Verurteilung im Nürnberger Prozeß gehängt.
21 Geboren am 15. 2. 1890 in Niederbreidenbach (Rheinland), war Ley als Chemiker bei den IG Farbwerken in Leverkusen und wurde dort entweder aus politischen Gründen oder wegen seiner Neigung zum Alkohol 1928 entlassen. Ley trat der NSDAP schon 1924 bei und wurde im Juni 1925 NSDAP-Gauleiter des Gaues Rheinland-Süd. 1930 wurde er Abgeordneter im Reichstag, im November 1932 Nachfolger Gregor Strassers als Reichsorganisationsleiter und im Mai 1933 Leiter der Deutschen Arbeitsfront, der Großorganisation zur Erfassung aller deutschen Arbeiter unter Einbeziehung der zwangsweise aufgelösten Gewerkschaften. Zu Ley siehe Ronald Smelser, Robert Ley. Paderborn 1989.
22 BA Berlin, R 43 II/985c, S. 12: Lammers an Ley v. 19. 3. 1940.
23 Wagner (1890–1944) gehörte zu Hitlers ältesten Kampfgefährten aus seiner Münchner Zeit der Jahre 1923/24, zu seinem Begräbnis im April 1944 kam Hitler selbst nach München.
24 BA Berlin, R 43 II/1092a, S. 1.
25 Ebenda, NS 19/3190: Schreiben Himmlers an Bormann v. 2. 9. 1944 betr. Dotation an Gauleiter Weinrich.
26 Ebenda: Schreiben des persönlichen Referenten des Reichsministers für Ernährung und Landwirtschaft an SS-Standartenführer Brandt, Persönlicher Referent des Reichsführers SS v. 11. 8. 1944.
27 Ebenda: Reisebericht des SS-Führers Buba von der Parteikanzlei betr. Sonderauftrag der Parteikanzlei über den Besuch bei Gauleiter Weinrich am 2. 8. 1944, auch zum Folgenden.

28 Ebenda.
29 Ebenda: Aufzeichnung von Staatssekretär Willikens betr. Dotation für den ehemaligen Gauleiter Weinrich v. 14. 8. 1944.
30 Ebenda.
31 Ebenda: Vermerk A/Be. v. 19. 8. 1944.
32 Ebenda: Schreiben von Staatssekretär Willikens an Parteigenossen und NSDAP-Bereichsleiter Hellmann v. 26. 6. 1944.
33 Ebenda: Himmler an Bormann v. 2. 9. 1944, auch zu den folgenden Zitaten.
34 Ebenda: Reisebericht von SS-Führer Buba betr. Sonderauftrag der Partei-Kanzlei (ohne Datum) über den Besuch bei Gauleiter Weinrich am 2. 8. 1944.
35 BA Berlin, R 43 II/1092a, S. 108: Lammers an Schaub v. 26. 1. 1943.
36 Ebenda, S. 109: NSKK-Gruppenführer Albert Bormann an Lammers v. 26. 1. 1943.
37 Kurt Daluege wurde am 15. 9. 1897 in Oberschlesien geboren. Er war einer der skrupellosesten und mächtigsten Nationalsozialisten in Hitlers Reich. Schnell stieg er in der NSDAP ab 1926 auf, wurde er als SS-Führer Abteilungsleiter im preußischen Innenministerium, wo er die preußische Polizei in einen unverzichtbaren Faktor der nationalsozialistischen Politik umwandeln konnte. 1936 wurde er Chef der Ordnungspolizei im Reich, nach Heydrichs Tod am 31. 5. 1942 Stellvertretender Reichsprotektor in Böhmen und Mähren. In seine Verantwortung fallen die Zerstörung von Lidice und die Terrormaßnahmen gegen die tschechische Bevölkerung. Deshalb wurde er am 23. 10. 1946 von den Tschechen verurteilt und in Prag hingerichtet.
38 BA Berlin, R 43 II/1087a: Himmler an Bormann v. 22. 8. 1943.
39 Ebenda.
40 Ebenda, R 49/137: Backe an Himmler v. 4. 11. 1943, auch zu den folgenden Zitaten.
41 Ebenda: SS-Gruppenführer Greifelt von Himmlers Stabshauptamt an SS-Obersturmbannführer Dr. Brandt v. 6. 11. 1943. Die Güter waren Ilsenau (286 ha), Berndorf (417,5 ha), Golasdorf (851 ha), Grokshof (464 ha), Slawno (1656 ha), Feldstätt (492 ha), Josefstal (478 ha), Roschken (480 ha), Grundheim (758 ha), Hellau (415 ha) und Wiesenwinkel (485 ha).
42 Ebenda: Der Reichsstatthalter des Reichsgaues Wartheland an das Stabshauptamt v. 8. 1. 1944.
43 Ebenda, S. 17: Greiser an Himmler v. 20. 1. 1944.
44 Ebenda, S. 17.
45 Ebenda, R 43 II/1076a, S. 119: Vermerk zu Rk 881C v. 29. 2. 1944, auch zum folgenden Zitat.

46 Ebenda, S. 24: Der Reichsstatthalter des Reichsgaues Wartheland an SS-Gruppenführer Greifelt vom Reichskommissar für die Festigung deutschen Volkstums v. 14. 4. 1944.

47 Ebenda, R 49/137, S. 27: Fernschreiben von SS-Standartenführer Brandt v. 22. 4. 1944.

48 Ebenda: Schreiben v. Amt IV des Stabshauptamtes beim Reichskommissar für die Festigung deutschen Volkstums an den Beauftragten des Reichskommissars beim Reichsstatthalter des Reichsgaues Wartheland v. 24. 4. 1944.

49 Am 23. 5. 1944 wurde dann der Ertragswert auf 599 831 RM geschätzt; siehe ebenda: SS-Obergruppenführer Greifelt an Lammers v. 23. 5. 1944.

50 Ebenda, S. 72: Der Beauftragte des Reichskommissars für die Festigung deutschen Volkstums beim Reichsstatthalter des Reichsgaues Wartheland an den Reichskommissar für die Festigung deutschen Volkstums (Himmler) v. 6. 5. 1944 mit beigefügtem Vertragsentwurf.

51 Ebenda, S. 127: Verhandlung mit Daluege in Ilsenau v. 24. 5. 1944.

52 Ebenda, S. 129: Lammers an SS-Gruppenführer Greifelt v. 5. 6. 1944 und Vermerk Amt V-Ref. 3a (1. 7. 1944) über Eingang des Geldbetrages v. 1. 7. 1944.

53 Ebenda: Daluege an Greifelt v. 22. 9. 1944. Zur notariellen Beurkundung siehe ebenda, S. 157 f.: Urkundenrolle Nr. 1541/44.

4. Führende Offiziere der Wehrmacht und Führer der Waffen-SS

1 Mitteilung von Generalmajor a. D. Heinz Guderian v. 6. 7. 1979.

2 Siehe dazu die Bestände Berlin, R 43 II und R 2.

3 Zu den Gerüchten im Falle von Generalfeldmarschall von Bock siehe S. 159.

4 Rudolf Schmundt (1896–1944) war seit 29. 1. 1938 Nachfolger von Oberst Hoßbach als Chefadjutant der Wehrmacht bei Hitler. Im Oktober 1942 wurde er zusätzlich Chef des Heerespersonalamtes im OKH. Er starb an den Folgen seiner Verletzungen, die er beim Attentat des Obersten Graf Stauffenberg am 20. Juli 1944 erlitten hatte. Er galt als überzeugter Nationalsozialist und Anhänger Hitlers. Vgl. Reinhard Stumpf: General der Infanterie Rudolf Schmundt. In: Hitlers militärische Elite. Hrsg. v. Gerd R. Ueberschär. Bd. II. Darmstadt 1998, S. 226–235.

5 BA Berlin, R 43 II/985, S. 107 f., auch zum Folgenden.

6 Ebenda, S. 112 f.: Studie von Regierungs- und Kulturrat Nowak beim Reichsstatthalter im Warthegau v. 12. 2. 1941, auch zum folgenden Zitat.

7 Ebenda.

8 Ebenda, S. 114.

9 Ebenda, S. 141 f.: Schreiben Reichsstatthalter im Warthegau an Lammers v. 4. 9. 1941.
10 Ebenda.
11 Ebenda, R 43 II/985, S. 147: Vermerk RK 14534C/41 v. 25. 1. 1944.
12 Erich Raeder wurde am 24. April 1876 in Wandsbek geboren. Er war Offizier der Kaiserlichen Marine im Ersten Weltkrieg und ab Oktober 1928 Chef der Marineleitung in der Reichswehr. Am 1. Januar 1935 wurde er von Adolf Hitler zum Oberbefehlshaber der Kriegsmarine ernannt. Obwohl er sich gegen den Einmarsch ins Rheinland im Mai 1936 und auch gegen den Angriff auf die Sowjetunion am 22. Juni 1941 ausgesprochen hatte, billigte und feierte er wiederholt die Entscheidungen des »Führers«. Zu Raeder siehe zusammenfassend nun Kurt Fischer: Großadmiral Dr. phil. h.c. Erich Raeder. In: Hitlers militärische Elite. Hrsg. v. Gerd R. Ueberschär. Bd. 1. Darmstadt 1998, S. 185–194.
13 BA Berlin, R 43 II/985a, S. 58.
14 Ebenda, S. 63: Reinhardt an Lammers v. 1. 4. 1942 und Vermerk RK 4719 B v. 14. 4. 1942 (S. 64 f.).
15 Ebenda: Reinhardt an Lammers v. 1. 4. 1942.
16 Ebenda: Lammers an Raeder v. 15. 4. 1942.
17 Ebenda, S. 66 f.: Raeder an Lammers v. 17. 4. 1942.
18 Ebenda, S. 69: Lammers an Reinhardt v. 2. 5. 1942.
19 Siehe IMT, Bd. 14, S. 95 (Raeders Aussage v. 17. 5. 1946).
20 Leeb wurde am 5. 9. 1876 als Sohn einer bayerischen Offiziersfamilie in Landsberg/Lech geboren, kämpfte im Ersten Weltkrieg als Offizier der bayerischen Armee, erhielt als Tapferkeitsauszeichnung den Max-Josephs-Orden und dadurch den persönlichen Adel (Ritter von). 1919 war er für kurze Zeit Freikorps-Mitglied. Im März 1938 als Generaloberst verabschiedet, wurde er während der Sudetenkrise reaktiviert und kommandierte die 12. Armee beim Einmarsch in das Sudetengebiet. Ab September 1939 war er Oberbefehlshaber der Heeresgruppe C, die den französischen Truppen am Oberrhein gegenüberlag. Nach dem siegreichen Frankreichfeldzug wurde er am 19. 6. 1940 zum Generalfeldmarschall befördert. Beim Angriff auf die Sowjetunion am 22. 6. 1941 erhielt Leeb den Oberbefehl über die Heeresgruppe Nord, die in Ostpreußen stationiert war und durch die baltischen Staaten auf Leningrad vorstieß. Als der Angriff scheiterte, seine Panzerverbände durch Abzug an andere Abschnitten geschwächt wurden, Eingriffe Hitlers und des OKH seine Befehlsbefugnisse stark beeinträchtigten, bat er am 12. 1. 1942 um seinen Abschied. Zur Biographie Leebs siehe neuerdings Gene Mueller: Generalfeldmarschall Wilhelm Ritter von Leeb. In: Hitlers militärische Elite. Hrsg. v. Gerd R. Ueberschär. Bd. 1. Darmstadt 1998, S. 146–153 mit Angabe weiterer Literatur.

21 Generalfeldmarschall Wilhelm Ritter von Leeb, Tagebuchaufzeichnungen, S. 350 (5. 9. 1941); siehe auch BA Berlin, R 43 II/1092b, S. 64 f.: Lammers an Schwerin von Krosigk v. 21. 9. 1941; Lammers an Leeb v. 9. 1. 1941; Vermerk Lammers RK 13294 B v. 5. 9. 1941.
22 Generalfeldmarschall Wilhelm Ritter von Leeb, Tagebuchaufzeichnungen, S. 350 Anm. 380.
23 Ebenda, S. 65, auch zum folgenden Zitat.
24 BA Berlin, R 43 II/1092b, S. 66: Leeb an Lammers v. 16. 9. 1941.
25 Ebenda, S. 67: Leeb an Lammers v. 26. 3. 1943.
26 Ebenda.
27 Ebenda, S. 68: Lammers an Leeb v. 9. 4. 1943.
28 Ebenda, S. 62: Vermerk von Lammers v. 10. 5. 1943.
29 Ebenda, S. 69: Lammers an Giesler v. 20. 5. 1943; S. 70: Lammers an Leeb v. 20. 5. 1943.
30 Ebenda, S. 71: Leeb an Lammers v. 26. 5. 1943, auch zum Folgenden.
31 Ebenda, S. 72: Fernschreiben über Anruf Giesler v. 9. 6. 1943.
32 Ebenda, S. 73: Vermerk RK 6875 C v. 10. 6. 1943.
33 Ebenda: Giesler an Lammers v. 26. 10. 1943.
34 Ebenda, S. 74: Giesler an Lammers v. 26. 10. 1943.
35 Ebenda: Leeb an bayer. Landesforstverwaltung v. 15. 10. 1943.
36 Ebenda, R 43 II/1092b: Notiz v. Lammers v. 12. 11. 1943.
37 Ebenda, S. 75: Lammers an Giesler v. 17. 11. 1943 und Lammers an Leeb v. 17. 11. 1943.
38 Ebenda, S. 78: Leeb an Lammers v. 23. 11. 1943.
39 Ebenda, S. 79: Leeb an Hitler v. 23. 11. 1943.
40 Ebenda, S. 80: Giesler an Lammers v. 5. 4. 1944.
41 Ebenda, S. 81: Vermerk RK 2931 C v. 21. 4. 1944.
42 Ebenda, S. 84 ff.: Entwurf Lammers an Giesler v. 23. 4. 1944 und Schreiben Lammers an Giesler v. 27. 4. 1944 sowie Giesler an Lammers v. 10. 5. 1944 u. 11. 5. 1944.
43 Ebenda, S. 91: Vermerk RK 3932 C, 4032 C v. 31. 5. 1944; S. 92: Lammers an Reichsminister der Justiz v. 4. 6. 1944.
44 Ebenda, S. 93: Leeb an Lammers v. 27. 6. 1944; S. 94: Vermerk RK 5702 C v. 8. 7. 1944.
45 Ebenda, S. 99: Vermerk RK 6023 C v. 13. 7. 1944; S. 100: Lammers an Leeb v. 21. 7. 1944. Zuvor hatte Lammers am 12. 7. 1944 von Leeb gebeten, die schon erhaltenen 250 000 RM an die bayer. Landeshauptkasse zu überweisen. Nun änderte er dies nach Hitlers Entscheidung wieder ab.
46 Ebenda, S. 104: Leeb an Lammers v. 26. 7. 1944.
47 Ebenda, S. 111: Notarielle Urkunde Nr. 1054/1944 (Kaufvertrag) v. 28. 8. 1944. Als Bevollmächtigter Leebs handelte Oberstleutnant Robert Frhr. v. Grießenbeck, Adjutant bei Leeb.

48 Ebenda, S. 109: Giesler an Lammers v. 11. 10. 1944, S. 110: Vermerk RK 9073 C v. 24. 10. 1944.
49 Ebenda, S. 105: Leeb an Hitler v. 26. 7. 1944.
50 Zweites Deutsches Fernsehen, Sendung v. 25. 6. 1998.
51 Gerhard L. Weinberg: Zur Dotation Hitlers an Generalfeldmarschall Ritter von Leeb. In: Militärgeschichtliche Mitteilungen Nr. 2/1979, S. 97–99.
52 Brief des bayr. Staatsministers Bocklet vom 12. 8. 1996 (im Besitz der Verf.)
53 Bayerisches Staatsministerium für Ernährung, Landwirtschaft und Forsten vom 24. 6. 1997 an »DIE ZEIT« (im Besitz der Verf.).
54 Siehe Generalfeldmarschall Wilhelm Ritter von Leeb, Tagebuchaufzeichnungen, S. 350 mit Anm. 380.
55 BA Berlin, R 43 II/985a, S. 23: Lammers an Schmundt v. 11. 12. 1941. Zu Rundstedt und dessen Dotation siehe Detlef Vogel: Generalfeldmarschall Gerd von Rundstedt. In: Hitlers militärische Elite. Hrsg. v. Gerd R. Ueberschär. Bd. 1. Darmstadt 1998, S. 223–233.
56 BA Berlin, R 43 II/985c, S. 31: Lammers an Rundstedt v. 28. 2. 1942.
57 Ebenda, S. 28 f.: Rundstedt an Lammers v. 22. 2. 1942.
58 Ebenda, S. 24.
59 Ebenda, R 43 II/985a, S. 30: Lammers an Rundstedt v. 28. 2. 1942.
60 Ebenda, S. 71.
61 Siehe dazu BA Koblenz, Kleine Erwerbungen 544: Bericht v. Bandekow/Dressler v. 2. 7. 1945: Über steuerliche Korruptionsfälle von Reichsministern, Reichsleitern.
62 Theodor Eicke (1892–1943) war im Ersten Weltkrieg Zahlmeister, seit 1928 NSDAP-Mitglied und seit Juni 1933 Kommandant des KZ Dachau.
63 BA Berlin, R 43 II/985c, S. 76: Vermerk RK 14049B v. 15. 10. 1942; S. 78: Lammers an Eicke v. 31. 10. 1942; S. 79: Auszahlungsanordnung v. Lammers v. 5. 11. 1942.
64 Vgl. dazu ferner David Irving: Die Tragödie der Deutschen Luftwaffe. Aus den Akten und Erinnerungen von Feldmarschall Milch. Frankfurt am Main, Berlin 1970, S. 218, dort auch Faksimile-Abdruck des Hitlerschen Dotationsschreibens auf S. 276 f. Zu Milch siehe auch Gerhard Hümmelchen: Generalfeldmarschall Erhard Milch. In: Hitlers militärische Elite. Hrsg. v. Gerd R. Ueberschär. Bd. 1. Darmstadt 1998, S. 171–177. Milch wurde in Nürnberg 1947 als Kriegsverbrecher zu lebenslanger Haft verurteilt, aber bereits 1954 amnestiert und war als Industrieberater bis zu seinem Tode 1972 tätig, siehe dazu Friedhelm Kröll: Fall 2: Der Prozeß gegen Erhard Milch (»Milch Case«). In: Der Nationalsozialismus vor Gericht. Hrsg. v. Gerd R. Ueberschär. Frankfurt am Main 1999, S. 88–100.
65 Hassell, Vom andern Deutschland, S. 163.

66 Karl-Heinz Janßen, Fritz Tobias: Der Sturz der Generale. Hitler und die Blomberg-Fritsch-Krise 1938. München 1994, S. 206, 214.
67 BA Berlin, R 43 II/985a, S. 33.
68 Wilhelm Keitel wurde am 22. 9. 1882 auf dem Landgut Helmscherode bei Bad Gandersheim im damaligen Herzogtum Braunschweig geboren. Die Familie war traditionell dem Hannoverschen Königshaus verbunden, dessen Herrschaft Bismarck im Deutsch-Dänischen Krieg 1866 beendet hatte. Keitel trat in das Feldartillerieregiment 46 in Wolfenbüttel ein, wurde Berufsoffizier, kämpfte im Ersten Weltkrieg und tat anschließend in der Reichswehr Dienst. Abgesehen von der Führung eines Artilleriebataillons wurde er nahezu ausschließlich in Stabsstellungen verwandt. Am 4. 2. 1938 wurde Keitel Chef des Oberkommandos der Wehrmacht, im November 1938 Generaloberst und nach dem Frankreichfeldzug im Juli 1940 Generalfeldmarschall. Seine Willfährigkeit und Dienstbeflissenheit ließen ihn im Zusammenhang mit den sogenannten »verbrecherischen Befehlen« schuldig werden. Die kriminellen Handlungen des NS-Regimes, in die auch die Wehrmacht sich zunehmend verstrickte, wurden von ihm gedeckt und in propagandistisch gefärbten Befehlen der Truppe zu erklären versucht. Im Nürnberger Prozeß wurde er zum Tode verurteilt und am 16. 10. 1946 hingerichtet. Zu Keitel siehe: Generalfeldmarschall Keitel, Verbrecher oder Offizier; ferner Samuel W. Mitcham jr.: Generalfeldmarschall Wilhelm Keitel. In: Hitlers militärische Elite. Hrsg. v. Gerd R. Ueberschär. Bd. 1. Darmstadt 1998, S. 112–120.
69 Vgl. auch IMT, Bd. XIII, S. 160.
70 BA Berlin, R 43 II/ 985c, S. 89: Schaub an Lammers v. 14. 8. 1942.
71 Ebenda, S. 70: Schaub an Lammers v. 15. 9. 1942.
72 Ebenda, R 43 II/985b, S. 72: Hitler an Keitel v. 22. 9. 1942, S. 73; Lammers an Keitel und Schwerin von Krosigk wegen Steuerfreiheit der Dotation v. 25. 9. 1942.
73 BA-MA Freiburg, N 54/72: Keitel an Lammers als Entwurf v. 28. 12. 1942; BA Berlin, R 43 II/1087a, S. 2: Keitel an Lammers v. 30. 12. 1942.
74 Ebenda, S. 3: Vermerk RK 1081 Cg v. 2. 1. 1943 mit handschriftlicher Notiz von Lammers v. 4. 3. 1943.
75 BA-MA Freiburg, N 54/72: Lammers an Keitel v. 8. 3. 1943; BA Berlin, R 43 II/1087a: Lammers an Reichsminister Rust v. 8. 3. 1943.
76 Ebenda: Rust an Keitel v. 24. 3. 1943.
77 Ebenda: Präsident der staatl. Kulturfondsverwaltung Stalmann an Keitel v. 17. 8. 1943.
78 BA-MA Berlin, R 43 II/1087a, S. 11: Keitel an Lammers v. 9. 4. 1944, auch zum Folgenden.
79 Ebenda, S. 21: Vermerk RK 516 Cg v. 24. 4. 1944.
80 Ebenda, S. 26: Vermerk RK 5491 C v. 29. 6. 1944.

81 Ebenda, S. 26f.: Vermerk Lammers v. 13. 7. 1944 und S. 28: Lammers an Keitel v. 21. 7. 1944.
82 Ebenda, R 43 II/1187a, S. 7.
83 BA-MA Freiburg, N 54/72 und BA Berlin, R 43 II/1087a, S. 30: Keitel an Lammers v. 18. 8. 1944.
84 Ebenda, N 54/72 und BA Berlin, R 43 II/1087a, S. 31: Keitel an Rust v. 18. 8. 1944.
85 Ebenda, R 43 II/1087a, S. 34: Rust an Keitel v. 24. 8. 1944.
86 Ebenda.
87 Ebenda, S. 36ff, 44: Vermerke RK 7146C, 7439C v. 2. 9. 1944, Lammers an Rust v. 3. 9. 1944, Lammers an Keitel v. 3. 9. 1944, Vermerk RK 7439C v. 21. 9. 1944, Lammers an Rust v. 27. 9. 1944.
88 BA-MA Freiburg, N 54/72 und BA Berlin R 43 II/1087a, S. 50ff.: Kaufvertrag v. 29. 9. 1944, S. 64ff.: Rust an Keitel v. 20. 10. 1944 mit Vertragsgeschäften und Nebenabreden sowie Schiedsgerichtsvereinbarung.
89 Ebenda, S. 47f.: Auszahlungsanordnung v. 27. 9. 1944, Lammers an Keitel v. 27. 9. 1944.
90 Vgl. dazu im einzelnen: Biographisches Lexikon. Hrsg. v. Hermann Weiß. Frankfurt am Main 1998, S. 260; Robert Wistrich: Wer war wer im Dritten Reich. München 1983, S. 154; Die Militärelite des Dritten Reiches, S. 262; Samuel W. Mitcham, jr.: Generalfeldmarschall Keitel. In: Hitlers militärische Elite, Bd. 1, S. 112ff.
91 BA Berlin, R 43 II/986b, S. 81: Hitlers Adjutant Major Rauch an Lammers v. 19. 10. 1942 (auf dem Rand des Schreibens ist vermerkt »Rittergut Böhme Kr. Ruthenow); S. 82: Lammers an Albert Bormann v. 20. 10. 1942.
92 Hassell, Vom andern Deutschland, S. 350.
93 Fabian von Schlabrendorff: Offiziere gegen Hitler. Berlin 1984, S. 71.
94 Gersdorff, Soldat im Untergang, S. 124ff.
95 Ebenda, S. 125; siehe dazu auch die Aussagen v. Gersdorff im Zeugenschrifttum des Archivs IfZ München, ZS/A 31, Bd. 2.
96 BA Berlin, R 43 II/985 C, S. 86: Lammers an Kluge v. 31. 10. 1942.
97 Die Tagebücher von Joseph Goebbels. Bd. 13: Juli–September 1944, S. 402 (3. 9. 1944).
98 BA Berlin, R 43 II/985b, S. 97: Schmundt an Lammers v. 27. 9. 1942.
99 Ebenda, S. 94: Gauleiter Hanke an General Schmundt v. 6. 6. 1942.
100 Ebenda, auch zum Folgenden.
101 Ebenda, S. 96: Schmundt an Hanke v. 28. 6. 1942.
102 Ebenda, S. 103: Entwurf für Kaufvertrag; S. 107: Vermerke RK 13444 B und 13612 B v. 1. 10. 1942: S. 115: Auszahlungsanordnung v. 11. 11. 1942.
103 Ebenda, S. 110: Lammers an Hanke v. 9. 10. 1942 und an Reichsfinanzminister sowie an Schmundt v. 9. 10. 1942; S. 114: Hanke an Lam-

mers v. 11. 11. 1942; S. 117: Reichsfinanzminister an Lammers v. 30. 11. 1942.

104 Ebenda, S. 118 ff.: Vermerk RK 17056 C v. 7. 12. 1942; S. 121: Lammers an Schwerin von Krosigk v. 20. 12. 1942; S. 124: Vermerk RK 17912 C v. 30. 12. 1942 und Auszahlungsanordnung v. 30. 12. 1942.

105 Siehe Friedrich-Christian Stahl: Generalfeldmarschall Ewald von Kleist. In: Hitlers militärische Elite. Hrsg. von Gerd R. Ueberschär. Bd. 2. Darmstadt 1998, S. 100–106.

106 Generaloberst Heinz Guderian wurde am 17. 6. 1888 in Kulm (Chelmno) an der Weichsel geboren; er nahm am Ersten Weltkrieg teil und war in der Reichswehr im Fernmeldewesen tätig. 1933 wurde er zum Oberst befördert, danach war er Chef des Stabes beim Inspekteur der motorisierten Truppen. Als treibende Kraft beim Aufbau der Panzerverbände genießt er bis heute fachliche Anerkennung. Bei Beginn des Krieges ist er General der Panzertruppe und Kommandierender General des XIX. Armeekorps. Sein Vorstoß durch die Ardennen 1940 wurde berühmt; beim Überfall auf die Sowjetunion im Juni 1941 führte er eine Panzergruppe, aus der später die 2. Panzerarmee wurde, bis in den Raum Tula südlich von Moskau. Wegen Differenzen über die weitere Kriegführung an der Ostfront in der Winterkrise im Dezember 1941 und der Anschuldigungen des Generalfeldmarschalls von Kluge bei Hitler wurde Guderian seines Kommandos enthoben. Nach dem Krieg schuf er als Mitarbeiter der Historical Division der US-Army, die an seinem Fachwissen als Panzerspezialist interessiert war, die Grundlagen für Lob und Legendenbildung der deutschen Panzerwaffe. Er starb am 14. Mai 1954 in Schwangau bei Füssen. Zu Guderian siehe Kenneth Macksey: Generaloberst Heinz Guderian. In: Hitlers militärische Elite, Bd. 2, S. 80–87. Hans-Heinrich Wilhelm weist in seiner biographischen Skizze: Heinz Guderian – Panzerpapst und Generalstabschef. In: Die Militärelite des Dritten Reiches. Hrsg. v. Roland Smelser und Enrico Syring. Berlin 1995, S. 187–208, darauf hin, daß nur noch die Bundeswehr »in der von einem seiner Söhne und zahlreichen anderen ehemaligen Schülern Guderians wieder aufgebauten Panzertruppe [...] das Andenken Guderians als des vermeintlichen alleinigen Schöpfers dieser neuen Waffe und als eines legendären Truppenführers hochhält [...]«.

107 BA Berlin, R 43 II/1092, S. 59: Greiser an Lammers v. 30. 10. 1942. Guderians Sohn, Generalmajor der Bundeswehr a. D. Heinz Guderian, stellt dagegen fest, sein Vater sei im Frühjahr 1943 aufgefordert worden, sich ein Gut auszusuchen; dabei seien ihm von »Untergebenen« des Gauleiters Greiser entsprechende, auch größere Güter angeboten worden; siehe Briefe Heinz G. Guderian vom 17. 4. 1978, 6. 7. 1979 und 10. 4. 1997 an das Militärgeschichtliche Forschungsamt und Verf.

108 BA Berlin, R 43 II/1092, S. 61 f.: Killy an Schmundt v. 13. 11. 1942.
109 Ebenda, S. 63 f.: Engel an Killy v. 25. 11. 1942.
110 Ebenda.
111 Ebenda, S. 65: Lammers an Greiser v. 3. 12. 1942.
112 Ebenda, S. 67: Greiser an Lammers v. 26. 5. 1943, auch zum Folgenden.
113 Ebenda, S. 67 f.
114 Ebenda, S. 68: Vermerk Lammers v. 1. 6. 1943.
115 Ebenda, S. 69 ff.: Lammers an Greiser, Keitel, Himmler und Schmundt v. 4. 6. 1943.
116 Ebenda, S. 72: Brandt an Laue in der Reichskanzlei v. 4. 6. 1943; S. 73: Vermerk RK 6874 C v. 9. 6. 1943.
117 Ebenda, S. 76: Guderian an Bormann v. 15. 10. 1943.
118 Ebenda.
119 Ebenda, S. 84: Greiser an Lammers v. 14. 1. 1944.
120 Ebenda, S. 90: Guderian an Lammers v. 27. 1. 1944.
121 Ebenda, S. 91–109: SS-Standartenführer Hiege an Lammers v. 26. 2. 1944 mit Anlagen und Vertrag; S. 110 ff.: Vermerk RK 1582 C v. 9. 3. 44 u. 10. 3. 1944.
122 Siehe auch die Hinweise auf S. 81 f. in diesem Band.
123 Vgl. Guderians Schilderung in seinen Memoiren, Heinz Guderian: Erinnerungen eines Soldaten. Neckargmünd 1951, 15. Aufl. 1986, S. 405.
124 Alexander Stahlberg: Die verdammte Pflicht. Erinnerungen 1932 bis 1945. Berlin 1987, S. 405.
125 Guderian, Erinnerungen eines Soldaten, S. 60 f.
126 BA Berlin, NS 19/2578: Ramcke an Himmler v. 15. 1. 1943; Abdruck bei Müller, Hitlers Ostkrieg, S. 204.
127 BA Berlin, NS 19/2578: Himmler an Ramcke v. 31. 1. 1943. Siehe dazu auch Olaf Groehler: Die Güter der Generale. In: Zeitschrift für Geschichtswissenschaft 19 (1971), S. 659.
128 BA Berlin, NS 19/909: Backe an Himmler v. 17. 10. 1944.
129 Edmund Glaise von Horstenau wurde am 27. 2. 1882 in Braunau am Inn geboren. Aus bescheidenen Verhältnissen stammend, machte er eine ungewöhnliche Karriere. Vom Leutnant bei den Tiroler Kaiserjägern über eine Generalstabsausbildung, Versetzung ins Kriegsarchiv, in die Operationsabteilung eines Armeeoberkommandos, Berater bei verschiedenen Friedensverhandlungen im Ersten Weltkrieg, wurde er Direktor des Kriegsarchivs in Wien und Dozent für neuere Heeres- und Kriegsgeschichte an der Universität. Seine weitgespannten geistigen Fähigkeiten, sein Charme, Fingerspitzengefühl und seine Klugheit ließen ihn in mehreren Funktionen an der Grenze zwischen Militärdiplomatie und Politik tätig werden. 1936 wurde er Minister ohne Portefeuille im Kabinett Schuschnigg, danach übernahm er das Innenministerium, das

er aber an den Nationalsozialisten Dr. Seyß-Inquart abgeben mußte. Nach dem »Anschluß« Österreichs wurde er Mitglied des Reichstages und ehrenhalber SA-Brigadeführer und erhielt den Charakter eines Generalmajors. Sein Biograph Peter Broucek nennt Glaises Leben »gleichsam eine der Brücken von der Katastrophe Altösterreichs zum Untergang Groß-Deutschlands«, siehe Peter Broucek: Edmund Glaise von Horstenau. In: Militärgeschichtliche Beiträge Nr. 1/1992, S. 5–11, hier S. 5. Glaise beendete sein Leben am 20. 7. 1946 durch die Einnahme von Gift.

130 BA Berlin, R 43 II/1092a, S. 29: Glaise an Lammers v. 11. 2. 1943.

131 Ebenda.

132 Ebenda.

133 Ebenda, S. 34 f.: Lammers an Schwerin von Krosigk und Lammers an Glaise v. 24. 3. 1943.

134 Ebenda, S. 33: Glaise an Lammers v. 8. 4. 1943.

135 Ebenda, S. 35: Lammers an Glaise von Horstenau v. 22. 4. 1943; S. 39: Glaise an Lammers v. 3. 8. 1943.

136 Ebenda, S. 41 f.: Lammers an Glaise v. 6. 4. 1943. S. 44: Lammers an Glaise v. 3. 10. 1943.

137 Ebenda, S. 46–57.

138 Ebenda, S. 58 f.: Lammers an Glaise v. 12. 1. 1944 und an Reichsfinanzminister v. 12. 1. 1944.

139 Ebenda, S. 60: Glaise an Lammers v. 24. 1. 1944.

140 Ebenda, S. 61 f.: Glaise an Lammers v. 22. 1. 1944.

141 Ebenda, S. 62: Vermerk RK Nr. 261/44 A von Oberstleutnant Rauch; Glaise an Lammers v. 2. 6. 1944, indem er schmerzvoll bedauerte, dem »Führer« noch nicht persönlich gedankt zu haben.

142 BA-MA Freiburg, Pers 6/249: Schmundt an Fräulein von Langermann und Erlencamp v. 3. 3. 1943.

143 BA Berlin, R 43 II/986, S. 9 f.: Albert Bormann an Lammers v. 19. 5. 1943.

144 Ebenda, R 43 II/1087a: Schmundt an Lammers v. 31. 8. 1943, auch zum Folgenden.

145 Ebenda, R 43 II/1087a, S. 120.

146 Ebenda, S. 89: Hube an Lammers v. 13. 9. 1943.

147 Ebenda, R 43 II/986, S. 158: Unruh an Lammers v. 15. 1. 1944, auch zu den folgenden Zitaten.

148 Ebenda, S. 159 ff.: Auszahlungsanordnung von Lammers v. 15. 2. 1944, Lammers an Unruh v. 10. 2. 1944.

149 Ebenda, S. 156–168: Trommer, Schnell und Hofmann an Lammers v. 27. 2., 5. 3. und 10. 3. 1944.

150 Vgl. zu Brandt (geb. am 8. 1. 1904 in Mülhausen/Elsaß) die biographische Skizze von Wolfgang U. Eckart: SS-Gruppenführer und General-

leutnant der Waffen-SS Prof. Dr. med. Karl Brandt. In: Hitlers militärische Elite, Bd. 2, S. 12–19.

151 Speer, Erinnerungen.

152 BA Berlin, R 43 II/1092b, S. 102: Vermerk 6024C v. Lammers v. 13. 7. 1944.

153 Siehe Bernd Boll: Generalfeldmarschall Walther von Reichenau. In: Hitlers militärische Elite, Bd. 1, S. 195–202. Generalfeldmarschall Walther von Reichenau, am 8. Oktober 1884 in Karlsruhe geboren, wird als politischer Kopf unter Hitlers Heerführern bewertet und als Prototyp des modernen, eher technisch orientierten Offiziers ohne Standesdünkel der vergangenen Zeit des Kaiserreiches gesehen, der im Nationalsozialismus eine willkommene Massenbewegung erblickte. Zusammen mit Reichswehr- bzw. Reichskriegsminister von Blomberg wurde er zur Schlüsselfigur der Eingliederung der Reichswehr in den NS-Staat von 1933 bis 1938. Beim Kriegsausbruch wurde er Oberbefehlshaber der 10. Armee, kommandierte beim Einmarsch in die Sowjetunion die 6. Armee; Anfang Dezember 1941 wurde er Oberbefehlshaber der Heeresgruppe Süd an der Ostfront. Nach dem Blutbad von Babi Yar, das die SS im September 1941 im Raum Kiew an Juden anrichtete, erließ Reichenau seinen berüchtigten Tagesbefehl vom 10. Oktober 1941, mit dem er die harten aber gerechten Maßnahmen an jüdischen Untermenschen als notwendig rechtfertigte und den deutschen Soldaten im Osten als Träger einer »unerbittlichen rassischen Idee« bezeichnete, die über alle bisher geltenden militärischen Ehrbegriffe zu setzen sei; Abdruck in: Der deutsche Überfall auf die Sowjetunion. »Unternehmen Barbarossa« 1941. Hrsg. v. Gerd R. Ueberschär und Wolfram Wette. 3. Aufl. Frankfurt am Main 1998, S. 285 ff. – Laut Meldung des Sonderkommandos 4a wurden am 29. und 30. 9. 1941 in der Schlucht von Babi Yar 33 771 Juden exekutiert. Der Vorfall war Wehrmachtskreisen in der Führung der 6. Armee bekannt, weil die Aufrufe an die Juden, sich an Sammelplätzen einzufinden, in der Druckerei der Propagandakompanie 637, die der 6. Armee zugeteilt war, hergestellt worden waren. Näheres siehe Hartmut Rüß: »Wer war verantwortlich für Babi Yar?«, in: MGM 57 (1998), S. 483–508.

154 BA Berlin, R 43 II/1087a, S. 23.

155 Kunrat von Hammerstein: Spähtrupp. Stuttgart 1963, S. 140; auch Müller, Hitlers Ostkrieg, S. 35, geht von einer empfangenen Dotation aus.

156 BA Berlin, NS 19/909: Backe an Manstein v. 17. 10. 1944.

157 Ebenda.

158 Ebenda: Backe an Himmler v. 17. 10. 1944, auch zum Folgenden.

159 BA Koblenz, NS 19/3190: Staatssekretär Willikens an Parteigenosse Hellmann v. 26. 6. 1944.

160 BA Berlin, R 43 II/1087, S. 149: Schaub an Lammers v. 19. 11. 1944; S. 153: Lammers an Hoßbach v. 25. 11. 1944. Friedrich Hoßbach, am 21. 11. 1894 geboren, war seit 1. 9. 1934 Adjutant des Heeres bei Hitler. In dieser Position fertigte er 1937 das »Hoßbach-Protokoll« an, ein sogenanntes »Schlüsseldokument« zum Nachweis für Hitlers Expansionswillen. Entgegen Hitlers Weisung informierte er den Oberbefehlshaber des Heeres, General Frhr. von Fritsch, im Februar 1938 über die gegen ihn bei Hitler erhobenen Anschuldigungen. Deshalb wurde er aus seiner Adjutanten-Position entfernt und als Regimentskommandeur im Westfeldzug eingesetzt. Zuletzt kämpfte er als Oberbefehlshaber der 4. Armee in Ostpreußen.

161 BA Berlin, R 43 II/1087, S. 157: Hoßbach an Lammers v. 21. 12. 1944.

162 Ebenda, R 43 II/1092, S. 120: Schaub an Lammers v. 25. 4. 1944.

163 Ebenda, R 43 II/1087a, S. 192: Schaub an Lammers v. 14. 3. 1945.

5. Sonstige Empfänger

1 BA Berlin, R 43 II/985, S. 88: Schaub an Lammers v. 19. 12. 1940.

2 Ebenda, S. 62: Schaub an Lammers v. 31. 8. 1940.

3 Ebenda.

4 Ebenda, R 43 II/986, S. 26 u. 28: Generalbauinspekteur für die Reichshauptstadt an Reichskanzlei v. 8. 12. 1942.

5 Ebenda, S. 35: Vermerk Reichskanzlei v. 16. 8. 1943.

6 Ebenda, R 43 II/985c, S. 18: Vermerk Lammers v. 26. 1. 1943.

7 Ebenda, R 43 II/1092b, S. 33.

8 Graf Schwerin von Krosigk, Erinnerungen, II. Teil, S. 185.

9 Heinrich Fraenkel/Roger Manvell: Himmler. Kleinbürger und Massenmörder. Berlin 1965, Herrsching 1981, S. 95.

10 Frank Bajohr: Nationalsozialismus und Korruption. In: Mittelweg 36 H. 1/1998, S. 57–77, hier S. 67.

11 Guido Knopp: Hitlers Helfer. München 1996, S. 54.

12 Z.B. Ralf Georg Reuth: Goebbels. Berlin 1990, S. 342 ff.; David Irving: Göring. München 1987, S. 447 ff.; Leonard Mosley: Göring. München 1975, S. 305 f.

13 Hassell-Tagebücher, Vom Andern Deutschland (Neuausgabe), S. 346; siehe dazu auch Speer, Erinnerungen, S. 183, 278, 335.

14 Vgl. dazu demnächst: Frank Bajohr: Korruption im NS-Staat. Frankfurt am Main 2000.

VI. Nach 1945: Der Bereicherungsvorwurf im Nürnberger Prozeß und in der Memoirenliteratur

1 Vgl. IMT, Bd. XI, S. 155 f.
2 Ebenda.
3 Ebenda, Bd. XIII, S. 160.
4 Ebenda, S. 159.
5 IMT, Bd. XIV, S. 95.
6 So die Bezeichnung von Milch, siehe IMT, Bd. IX, S. 90.
7 So Leebs Stellungnahme zu den Dotationen v. 1948/49, Privatbesitz d. Verf., auch zum Folgenden.
8 Die Tagebücher von Joseph Goebbels, Bd. 14, S. 324, 327.
9 Erich Raeder: Mein Leben. 2 Bde. Tübingen 1956f.; Guderian: Erinnerungen, S. 248 f.; Erich von Manstein: Verlorene Siege. Frankfurt am Main 1955; Generalfeldmarschall Keitel. Verbrecher oder Offizier? Hrsg. v. Walter Görlitz. Göttingen 1961; Generalfeldmarschall Wilhelm Ritter von Leeb, Tagebuchaufzeichnungen, S. 65, 350; Arno Breker, Im Strahlungsfeld der Ereignisse; Joachim von Ribbentrop: Zwischen London und Moskau. Erinnerungen und letzte Aufzeichnungen. Aus dem Nachlaß hrsg. v. Annelies von Ribbentrop. Leoni am Starnberger See 1953; Alfred Rosenberg: Das politische Tagebuch Alfred Rosenbergs aus den Jahren 1934/35 und 1939/40. Hrsg. v. Hans-Günther Seraphim. Göttingen, Berlin 1956; Otto Meißner, Ebert, Hindenburg, Hitler; Heinz Linge: Bis zum Untergang. Als Chef des Persönlichen Dienstes bei Hitler. Hrsg. v. Werner Maser. München 2. Aufl. 1980; Erich Kempka: Die letzten Tage um Adolf Hitler. Erweitert u. erläutert v. Erich Kern. Preußisch-Oldendorf 1975, 2. Aufl. 1976.
10 Keitel geht z.B. in seinen Niederschriften während des Nürnberger Prozesses, die im Buch von Walter Görlitz, Generalfeldmarschall Keitel. Verbrecher oder Offizier, veröffentlicht wurden, nur auf die erste Dotation, nicht jedoch auf die zweite, erheblich höhere Schenkung ein; zu Guderians verharmlosender Darstellung siehe dessen Erinnerungen, S. 248 f.
11 Siehe dazu Schlabrendorff, Offiziere gegen Hitler; Gersdorff, Soldat im Untergang; Die Hassell-Tagebücher.
12 So überliefert vom 1. Ordonnanzoffizier beim Chef des Generalstabes des Heeres, Rittmeister Gerhard Boldt: Die letzten Tage der Reichskanzlei. Wien, Zürich, New York 1947, S. 79 f.
13 Die Tagebücher von Joseph Goebbels, Bd. 14, S. 324, 327.
14 Bekannt ist die Feststellung Görings im Hinblick auf den »jüdischen Anteil« von Generalfeldmarschall Milch: »Wer Jude ist, bestimme ich«, sowie die Ausnahmegewährungen Hitlers bei einigen Offizieren, vgl. dazu John H. M. Steiner/Jobst Freiherr von Cornberg: Willkür in der Willkür.

Befreiungen von den antisemitischen Nürnberger Gesetzen. In: VfZG 46 (1998), S. 143–187.

15 Siehe dazu vorn S. 84 ff.

16 Nicht zutreffend ist die Anmerkung bei Meroth, Vorschuß auf den Endsieg, daß nach 1950 »nie darüber geredet« wurde, »daß die Spitzen der Wehrmacht sich von Hitler mit Geld und Gut das Kriegerleben versüßen ließen.«

17 Siehe z.B. die Publikation von Georg Franz-Willing: Die Reichskanzlei 1933–1945. Rolle und Bedeutung unter der Regierung Hitler. Tübingen 1984, in der die hohen Dotationen an den langjährigen Chef der Reichskanzlei Lammers nicht erwähnt werden.

18 Siehe dazu nun Frank Bajohr, Nationalsozialismus und Korruption. In: Mittelweg 36, 1/98, S. 57–77.

19 So ebenda, S. 62.

20 Siehe u.a.: Meldungen aus dem Reich 1938–1945. Die geheimen Lageberichte des Sicherheitsdienstes der SS. Hrsg. v. Hans Boberach. 17 Bde. Herrsching 1984.

Quellen- und Literaturverzeichnis

I. Quellenverzeichnis

1. Bundesarchiv (BA) Berlin

NS 19	Persönlicher Stab Reichsführer SS
R 2	Reichsfinanzministerium
R 2 Anhang	Restverwaltung (Archiv) des ehemaligen Reichsfinanzministeriums
R 43 I	Alte Reichskanzlei
R 43 II	Neue Reichskanzlei
R 49	Reichskommissar für die Festigung deutschen Volkstums
R 55	Reichsministerium für Volksaufklärung und Propaganda
R 4701	Reichspostministerium

Personalunterlagen im Bestand ehem. BDC

2. Bundesarchiv (BA) Koblenz

Kleine Erwerbungen, 544: Bericht von Dr. Erich Bandekow und Erich Dressler »Über steuerliche Korruptionsfälle von Reichsministern, Reichsleitern usw.« v. 2. 7. 1945.

3. Bundesarchiv – Militärarchiv (BA-MA) Freiburg

RH 15	OKH / Allgemeines Heeresamt
RH 53–7	Wehrkreiskommando VII
N 54	Nachlaß GFM Keitel
Pers 6	Personalakten von Wehrmachtsangehörigen

4. Archiv Amtsgericht München

Registratur S Spruchkammerverfahren gegen Generaloberst Halder in München X

5. Archiv Institut für Zeitgeschichte (IfZ) München

ED 177	Archiv des ehemaligen Reichsfinanzministeriums: Ausarbeitungen zur Finanzpolitik im 3. Reich, 1948–1951, insgesamt 21 Einzelstudien
ZS / A 31	Zeugenschrifttum

II. Literaturverzeichnis

1. Aktenveröffentlichungen, Lexika, Augenzeugenberichte, Dokumente, Memoiren

Below, Nicolaus von: Als Hitlers Adjutant 1937–1945. Mainz 1980
Biographisches Lexikon zum Dritten Reich. Hrsg. v. Hermann Weiß. Frankfurt am Main. 2. Aufl. 1998
Biographisches Lexikon zur Weimarer Republik. Hrsg. v. Wolfgang Benz und Hermann Graml. München 1988
Bismarck, Otto von: Gedanken und Erinnerungen. 3 Bde. Stuttgart 1898 und 1921
Boldt, Gerhard: Die letzten Tage der Reichskanzlei. Wien, Zürich, New York 1947
Breker, Arno: Im Strahlungsfeld der Ereignisse. Leben und Wirken eines Künstlers. Preußisch-Oldendorf 1972
Brockhaus' Conversationslexikon. Allgemeine Deutsche Real-Enzyklopädie. 13. vollständig umgearbeitete Auflage. 16 Bände. Leipzig 1883
Brockhaus Enzyklopädie. In zwanzig Bänden. 17. völlig neu bearbeitete Auflage des Großen Brockhaus. Fünfter Band. Wiesbaden 1968
Deutsche Geschichte 1933–1945. Dokumente zur Innen- und Außenpolitik. Hrsg. v. Wolfgang Michalka. Frankfurt a.M. 1993
Enzyklopädie des Nationalsozialismus. Hrsg. v. Wolfgang Benz, Hermann Graml, Hermann Weiß. München 1997
Generalfeldmarschall Keitel. Verbrecher oder Offizier? Hrsg. v. Walter Görlitz. Göttingen 1961
Generalfeldmarschall Wilhelm Ritter von Leeb: Tagebuchaufzeichnungen und Lagebeurteilungen aus zwei Weltkriegen. Hrsg. v. Georg Meyer. Stuttgart 1976
Gersdorff, Rudolf-Christoph Frhr. von: Soldat im Untergang. 2. Aufl. Berlin 1977
Guderian, Heinz: Erinnerungen eines Soldaten. Heidelberg 1951, 15. Aufl. Stuttgart 1996
Hammerstein, Kunrat Frhr. von: Spähtrupp. Stuttgart 1963
Handbuch der deutschen Militärgeschichte 1648–1939. Bd. 1. Hrsg. v. Militärgeschichtlichen Forschungsamt Freiburg, o.J.
Handwörterbuch der gesamten Militärwissenschaften. Hrsg. v. B. Poten. 3. Bd. Leipzig 1877
Die Hassell-Tagebücher 1938–1944. Ulrich von Hassell. Aufzeichnungen vom Andern Deutschland. Hrsg. v. Friedrich Frhr. Hiller von Gaertringen unter Mitarbeit von Klaus P. Reiß. Berlin 1988
Heeresadjutant bei Hitler 1938–1943. Aufzeichnungen des Majors Engel. Hrsg. v. Hildegard von Kotze. Stuttgart 1974

Hitler, Adolf: Mein Kampf. München 67. Aufl. 1933
Hitler, Adolf: Monologe im Führerhauptquartier 1941–1944. Die Aufzeichnungen Heinrich Heims. Hrsg. v. Werner Jochmann. Hamburg 1980
Hoffmann, Heinrich: Hitler was my friend. London 1955
Kaiser- und Kanzlerbriefe: Briefwechsel zwischen Kaiser Wilhelm I. und Fürst Bismarck. Hrsg. v. Johannes Penzler. Leipzig 1900
Keitel, Wilhelm: Mein Leben. Pflichterfüllung bis zum Untergang. Hitlers Generalfeldmarschall und Chef des Oberkommandos der Wehrmacht in Selbstzeugnissen. Hrsg. v. Werner Maser. Berlin 1998
Kempka, Erich: Die letzten Tage um Adolf Hitler. Erweitert und erläutert von Erich Kern. Preußisch-Oldendorf 1975, 2. Aufl. 1976
Kempner, Robert M. W.: Das Dritte Reich im Kreuzverhör. Aus den unveröffentlichten Vernehmungsprotokollen des Anklägers. München 1969
Kessler, Harry Graf: Tagebücher 1918–1937. Frankfurt a. M. 1966
Linge, Heinz: Bis zum Untergang. Als Chef des Persönlichen Dienstes bei Hitler. Hrsg. v. Werner Maser. 2. Aufl. München 1980
Mackensen: Briefe und Aufzeichnungen des Generalfeldmarschalls aus Krieg und Frieden. Bearb. v. Wolfgang Foerster. Leipzig 1938
Mann, Golo. Erinnerungen und Gedanken – Eine Jugend in Deutschland. Frankfurt a. M. 1986
Manstein, Erich von: Verlorene Siege. Frankfurt am Main 1955
Meißner, Otto: Ebert, Hindenburg, Hitler. Erinnerungen eines Staatssekretärs 1918–1945. München 1991
Meldungen aus dem Reich 1938–1945. Die geheimen Lageberichte des Sicherheitsdienstes der SS. Hrsg. v. Heinz Boberach. 17 Bde. Herrsching 1984
Nasreddin Schah: Reisetagebuch (1873). Ein Harem in Bismarcks Reich. Hrsg. v. Hans Leicht. Tübingen, Basel 1969
Picker, Henry: Hitlers Tischgespräche im Führerhauptquartier. Überarbeitete und erw. Sonderausg. Stuttgart 1976
Der Prozeß gegen die Hauptkriegsverbrecher vor dem Internationalen Militärgerichtshof. Nürnberg 14. November 1945–1. Oktober 1946 (IMT). 42 Bände. Nürnberg 1947 ff.
Raeder, Erich: Mein Leben. 2 Bde. Tübingen 1956 f.
Reichsgesetzblatt v. 1927, 1933, 1943
Ribbentrop, Joachim von: Zwischen London und Moskau. Erinnerungen und letzte Aufzeichnungen. Aus dem Nachlaß hrsg. v. Annelies von Ribbentrop. Leoni am Starnberger See 1953
Rönnefarth, Helmut K. G.: Konferenzen und Verträge. Vertrags-Ploetz. Teil II. Bd. 3. Neuere Zeit 1492–1914. Würzburg 1958, S. 252 ff.
Rosenberg, Alfred: Das politische Tagebuch Alfred Rosenbergs aus den Jahren 1934/35 und 1939/40. Hrsg. v. Hans-Günther Seraphim. Göttingen, Berlin 1956

Schlabrendorff, Fabian von: Offiziere gegen Hitler. Frankfurt am Main 1959, Berlin 1984
Schwerin von Krosigk, Lutz Graf: Persönliche Erinnerungen. II. Teil: 25 Jahre Berlin 1920–1945. Essen o. J. (1973)
Speer, Albert: Erinnerungen. Berlin 1969
Stahlberg, Alexander: Die verdammte Pflicht. Erinnerungen 1932 bis 1945. Berlin 1987, 1994
Die Tagebücher von Joseph Goebbels. Hrsg. v. Elke Fröhlich. Teil I: Aufzeichnungen 1924–1941. 4 Bde. München 1987. Teil II: Diktate 1941–1945. 17 Bde. München 1993–96
Wiedemann, Fritz: Der Mann, der Feldherr werden wollte. Erlebnisse und Erfahrungen des Vorgesetzten Hitlers im 1. Weltkrieg und seines späteren Persönlichen Adjutanten. Velbert 1964
Wistrich, Robert: Wer war wer im Dritten Reich. München 1983

2. Zeitgenössische Literatur vor 1945

Collenberg, Frhr. Ludwig Rüdt von: Generalfeldmarschall von Mackensen. Berlin 1942
Droysen, Johann G.: Das Leben des Feldmarschalls Grafen York von Wartenburg. Bd. III. Berlin 1852
Haffner, Sebastian: Germany: Jekyll & Hyde. 1939 – Deutschland von innen betrachtet. Deutsche Erstausgabe. Berlin 1996 (zuerst London 1940)
Müller-Bohn, Hermann: Graf Moltke. Ein Bild seines Lebens und seiner Zeit. Berlin o. J.

3. Darstellungen, Sammelbände, Biographien:

Absolon, Rudolf: Die Wehrmacht im Dritten Reich. Band V: 1. September 1939 bis 18. Dezember 1941. Boppard 1988
Bajohr, Frank: Nationalsozialismus und Korruption. In: Mittelweg 36, H. 1/1998, S. 57–77
Bismarck: Ausstellungskatalog. Hrsg. v. Christoph Stölzl. Deutsches Historisches Museum. Berlin 1990
Boll, Bernd: Generalfeldmarschall Walther von Reichenau. In: Hitlers militärische Elite. Hrsg. v. Gerd R. Ueberschär. Bd. 1. Darmstadt 1998, S. 195–202
Braubach, Max: Prinz Eugen von Savoyen. Eine Biographie. 5 Bde. München 1963–1965
Broucek, Peter: Der Deutsche Bevollmächtigte General in Kroatien, Edmund Glaise von Horstenau. In: Militärgeschichte 2 (1992), S. 3–9
Büttner, Wolfgang: Der Trompeter der Revolution. In: Die Zeit Nr. 29 vom 12. 7. 1996
Cannadine, David: The Decline and Fall of the British Aristocracy. London, New Haven 1990

Chaussy, Ulrich und Püschner, Christoph: Nachbar Hitler. Führerkult und Heimatzerstörung am Obersalzberg. Berlin 1998

Conrady, Karl O.: Goethe. Leben und Werk. 2 Bde. Frankfurt am Main 1993

Crepon, Tom: Leberecht von Blücher. Leben und Kämpfe. Berlin-Ost 1988

Dorpalen, Andreas: Hindenburg in der Geschichte der Weimarer Republik. Berlin 1966

Eckart, Wolfgang U.: SS-Gruppenführer und Generalleutnant der Waffen-SS Prof. Dr. med. Karl Brandt. In: Hitlers militärische Elite. Hrsg. v. Gerd R. Ueberschär. Bd. 2. Darmstadt 1998, S. 12–19

Engelberg, Ernst: Bismarck. Urpreuße und Reichsgründer Bd. 2: Das Reich in der Mitte Europas. Berlin 1990

Eschenburg, Theodor: Die Weimarer Republik. München 1984

Fischer, Kurt: Großadmiral Dr. phil. h. c. Erich Raeder. In: Hitlers militärische Elite. Hrsg. v. Gerd R. Ueberschär. Bd. 1. Darmstadt 1998, S. 185–194

Förster, Michael: Jurist im Dienst des Unrechts. Leben und Werk des ehemaligen Staatssekretärs im Reichsjustizministerium, Franz Schlegelberger (1876–1970). Baden-Baden 1995

Fraenkel, Heinrich/Manvell, Roger: Himmler. Kleinbürger und Massenmörder. Herrsching 1981

Franz-Willing, Georg: Die Reichskanzlei 1933–1945. Rolle und Bedeutung unter der Regierung Hitler. Tübingen 1984

Frauen in Konzentrationslagern. Bergen-Belsen, Ravensbrück. Hrsg. v. Claus Füllberg-Stolberg, Bremen 1993

Gall, Lothar: Bismarck. Der weiße Revolutionär. Frankfurt am Main, Berlin, Wien 1980

Geschichte der Ritter des Ordens »pour le mérite« im Weltkrieg. Hrsg. v. Hanns Möller. Bd. 1. Berlin 1935

Groehler, Olaf: Die Güter der Generale. Dotationen im zweiten Weltkrieg. In: Zeitschrift für Geschichtswissenschaft 19 (1971), S. 655–663

Hamann, Brigitte: Hitlers Wien. Lehrjahre eines Diktators. München 1996

Herre, Franz: Bismarck, der preußische Deutsche. München 1998

Hirschbiegel, Jan: Gabentausch als soziales System? – Einige theoretische Überlegungen. In: Mitteilungen der Residenzen-Kommission der Akademie der Wissenschaften zu Göttingen. Sonderheft 2: Ordnungsformen des Hofes. Hrsg. v. Ulf Chr. Ewert und Stephan Selzer. Göttingen 1997, S. 44–55

Hubatsch, Walther: Hindenburg und der Staat. Aus den Papieren des Generalfeldmarschalls und Reichspräsidenten von 1879 bis 1934. Göttingen 1966

Hümmelchen, Gerhard: Generalfeldmarschall Erhard Milch. In: Hitlers militärische Elite. Hrsg. v. Gerd R. Ueberschär. Bd. 1. Darmstadt 1998, S. 171–177

Irving, David: Göring. München 1987
Irving, David: Die Tragödie der Deutschen Luftwaffe. Aus den Akten und Erinnerungen von Feldmarschall Milch. Frankfurt a. M., Berlin 1970
Janßen, Karl-Heinz/Tobias, Fritz: Der Sturz der Generäle. Hitler und die Blomberg-Fritsch-Krise 1938. München 1994
Kessel, Eberhard: Moltke. Stuttgart 1957
Knopp, Guido: Hitlers Helfer. München 1996
Koch, Lutz: Rommel. Der Wüstenfuchs. Eine Biographie. Berlin 1978
Kopelew, Lew: Ein Dichter kam vom Rhein. Heinrich Heines Leben und Leiden. Berlin 1981 u. 1997
Kreis Ahrweiler unter dem Hakenkreuz. Studien zu Vergangenheit und Gegenwart, Bd. 2: Bad Neuenahr-Ahrweiler 1989
Kröll, Friedhelm: Fall: Der Prozeß gegen Erhard Milch (»Milch Case«). In: Der Nationalsozialismus vor Gericht. Hrsg. v. Gerd R. Ueberschär. Frankfurt am Main 1999, S. 88–100
Lang, Jochen von: Der Sekretär. Martin Bormann. Der Mann, der Hitler beherrschte. Stuttgart 1977
Littlejohn, David / C. M. Dodkins: Orders, Decorations, Medals and Badges of the Third Reich (including the Free City of Danzig). Mountain View, Kalif., 3. Aufl. 1971
Mason, Timothy W.: Sozialpolitik im Dritten Reich. Arbeiterklasse und Volksgemeinschaft. Opladen 1975
Meroth, Peter: Vorschuß auf den Endsieg. In: stern Nr. 25 vom 12. 6. 1980
Die Militärelite des Dritten Reiches. Hrsg. v. Ronald Smelser und Enrico Syring. Berlin 1995, 2. Aufl.1998
Mirow, Jürgen: Geschichte des deutschen Volkes. Gernsbach 1990
Mitcham, Samuel W. jr.: Generalfeldmarschall Wilhelm Keitel. In: Hitlers militärische Elite. Hrsg. v. Gerd R. Ueberschär. Bd. 1. Darmstadt 1998, S. 112–120
Möller, Hanns: Geschichte der Ritter des Ordens »pour le mérite« im Weltkrieg. Berlin 1935
Mosley, Leonard: Göring. Die Militärelite des Dritten Reiches. Eine Biographie. München 1975
Mueler, Gene: Generalfeldmarschall Wilhelm Ritter von Leeb. In: Hitlers militärische Elite. Hrsg. v. Gerd R. Ueberschär. Bd. 1. Darmstadt 1998, S. 146–153
Müller, Rolf-Dieter: Hitlers Ostkrieg und die deutsche Siedlungspolitik. Die Zusammenarbeit von Wehrmacht, Wirtschaft und SS. Frankfurt a. M. 1991
Neliba, Günter: Wilhelm Frick. Der Legalist des Unrechtsstaates. Eine politische Biographie. Paderborn 1992
Palmer, Alain: Metternich, der Staatsmann Europas. Düsseldorf 1977

Papke, Gerhard: Von der Miliz zum Stehenden Heer. Wehrwesen im Absolutismus. In: Handbuch zur deutschen Militärgeschichte 1648–1939. Bd. 1. Hrsg. v. Militärgeschichtlichen Forschungsamt. München 1979, S. 1–311

Parth, Wolfgang: Goethes Christiane. Ein Lebensbild. München 1980

Paul, Wolfgang: Der Heimatkrieg 1939–1945. Augsburg 1999

Piekalkiewicz, Janusz: Erster Weltkrieg. Augsburg 1993

Piltz, Georg: Prinz Eugen von Savoyen. Weg und Werk des edlen Ritters. Berlin 1991

Pflanze, Otto: Bismarck – der Reichsgründer. München 1997

Presser, Jacques: Napoleon. Das Leben und die Legende. Zürich, Stuttgart 1977

Rauscher, Walter: Hindenburg, Feldmarschall und Reichspräsident. Wien 1997

Rebentisch, Dieter: Führerstaat und Verwaltung im Zweiten Weltkrieg. Wiesbaden 1989

Reuth, Ralf Georg: Goebbels. Berlin 1990

Roon, Ger van: Neuordnung im Widerstand. Der Kreisauer Kreis innerhalb der deutschen Widerstandsbewegung. München 1967

Ruge, Wolfgang: Hindenburg. Berlin 1974

Sauvigny, Guillaume de Bertier de: Metternich – Staatsmann und Diplomat für Österreich und den Frieden. Gernsbach 1988

Schwarzmüller, Theo: Zwischen Kaiser und »Führer«. Generalfeldmarschall August von Mackensen. Eine politische Biographie. Paderborn 1995. 3. Aufl. 1997

Schwarzwäller, Wulf C.: Hitlers Geld. Vom armen Kunstmaler zum millionenschweren Führer. Wien 1998. (1. Ausgabe u. d. T.: Hitlers Geld. Bilanz einer persönlichen Bereicherung. Rastatt 1986)

Sereny, Gitta: Albert Speer. München 1997

Smelser, Ronald: Robert Ley. Paderborn 1989

Stahl, Friedrich-Christian: Generalfeldmarschall Ewald von Kleist. In: Hitlers militärische Elite. Hrsg. v. Gerd R. Ueberschär. Bd. 2. Darmstadt 1998, S. 100–106

Steiner, John H. M. und Jobst Frhr. von Cornberg: Willkür in der Willkür. Befreiungen von den antisemitischen Nürnberger Gesetzen. In: Vierteljahrshefte für Zeitgeschichte 46 (1998), S. 143–187

Stern, Fritz: Gold und Eisen – Bismarck und sein Bankier Bleichröder. Hamburg 1988

Stumpf, Reinhard: Die Wehrmacht-Elite. Rang- und Herkunftsstruktur der deutschen Generale und Admirale 1933–1945. Boppard 1982

Stumpf, Reinhard: General der Infanterie Rudolf Schmundt. In: Hitlers militärische Elite. Hrsg. v. Gerd R. Ueberschär. Bd. 2. Darmstadt 1998, S. 226–235

Tulard, Jean: Napoleon oder der Mythos des Retters. Tübingen 1979
Der deutsche Überfall auf die Sowjetunion. »Unternehmen Barbarossa« 1941. Hrsg. v. Gerd R. Ueberschär und Wolfram Wette. Frankfurt am Main 1991, 3. Aufl. 1997 (zuerst Paderborn 1984), Sonderausgabe 1999
Ueberschär, Gerd R.: Das Dilemma der deutschen Militäropposition. Berlin 1998
Ueberschär, Gerd R.: Die Deutsche Reichspost im Zweiten Weltkrieg. In: Deutsche Postgeschichte. Essays und Bilder. Hrsg. von Wolfgang Lotz. Berlin 1989, S. 288–337.
Vogel, Detlef: Generalfeldmarschall Gerd von Rundstedt. In: Hitlers militärische Elite. Hrsg. v. Gerd R. Ueberschär. Bd. 1. Darmstadt 1998, S. 223–233
Vogel, Winfried: »... schlechthin unwürdig«. In: Die Zeit Nr. 14 vom 28. März 1997, S. 44
Voß, Reimer: Steuern im Dritten Reich. Vom Recht zum Unrecht unter der Herrschaft des Nationalsozialismus. München 1995
Wächter, Katja-Maria: Die Macht der Ohnmacht. Leben und Politik des Franz Xaver Ritter von Epp (1868–1947). Frankfurt am Main 1999
Die Weimarer Republik. 3 Bde. Hrsg. v. Theo Stammen u. a. München 1994
Weinberg, Gerhard L.: Zur Dotation Hitlers an Generalfeldmarschall Ritter von Leeb. In: Militärgeschichtliche Mitteilungen Nr. 2/1979, S. 97–99
Weinberg, Gerhard L.: Eine Welt in Waffen – Geschichte des Zweiten Weltkrieges. Stuttgart 1995
Der Erste Weltkrieg in Bildern und Dokumenten. Hrsg. v. Hans Dollinger. Wiesbaden 1965
Wette, Wolfram: Gustav Noske. Eine politische Biographie. Düsseldorf 1987
Wheeler-Bennett, John W.: Der hölzerne Titan. Paul von Hindenburg. Tübingen 1969
Wilhelm, Hans-Heinrich: Heinz Guderian – »Panzerpapst« und Generalstabschef. In: Die Militärelite des Dritten Reiches. Hrsg. v. Ronald Smelser und Enrico Syring. Berlin 1995, S. 187–208
Winkler, Heinrich August: Weimar 1918–1933. Die Geschichte der ersten deutschen Demokratie. München 1993
Ziegler, Edda: Heinrich Heine. Leben, Werk, Wirkung. Düsseldorf 1993

Abkürzungsverzeichnis

a.D.	außer Dienst
AHA	Allgemeines Heeresamt
A.K.	Armeekorps
Anl.	Anlage
Anm.	Anmerkung
AOK	Armeeoberkommando
Aufl.	Auflage
Az.	Aktenzeichen
BA	Bundesarchiv
BA-MA	Bundesarchiv-Militärarchiv
BDC	Berlin Document Center (jetzt BA Berlin)
BdE	Befehlshaber des Ersatzheeres
Calif.	California
ChefH Rüst. u. BdE	Chef der Heeresrüstung und Befehlshaber des Ersatzheeres
d.	der/die
d. G.	des Generalstabsdienstes (im OKW)
DNVP	Deutschnationale Volkspartei
Ed.	edited (herausgegeben)
EK	Eisernes Kreuz
Erl.	Erledigt
F.H.Qu., FQ	Führerhauptquartier
fol.	folio, auf dem Blatt
Frhr.	Freiherr
g.	geheim
GAdm.	Großadmiral
geb.	geboren
Gen.	General
GenAdm.	Generaladmiral
gen.	genannt
GenKdo	Generalkommando (Führungsstab eines Armeekorps)
GenLtn.	Generalleutnant
GenO.	Generaloberst
GFM	Generalfeldmarschall

ha	Hektar (10000 m^2)
Haush.	Haushalt
h.c.	honoris causa (ehrenhalber)
HGr, H.Gr.	Heeresgruppe
H.Qu.OKH	Hauptquartier des Oberkommandos des Heeres
Hrn.	Herrn
Hrsg.	Herausgeber, herausgegeben
IfZ München	Institut für Zeitgeschichte München
i.G.	im Generalstab
IMT	Internationaler Militärgerichtshof (internationales Militär-Tribunal) in Nürnberg
Inf.	Infanterie
inkl.	inklusive
Kav.	Kavallerie
kgl.	königlich
Kr.	Kreis
KTB	Kriegstagebuch
k.u.k.	kaiserlich und königlich
KZ	Konzentrationslager
lat.	lateinisch
Lt., lt.	laut
Lw	Luftwaffe
m.d.B.u.R.	mit der Bitte um Rückgabe
M.d.F.d.G.b.	mit der Führung der Geschäfte beauftragt
MinDir, Min.Dir.	Ministerialdirektor
MinDirig.	Ministerialdirigent
MinR	Ministerialrat
mtl.	monatlich
N, NL	Nachlaß
N.d.H.RMin	Namen des Herrn Reichsministers
NS	nationalsozialistisch, Nationalsozialismus
NSDAP	Nationalsozialistische Deutsche Arbeiterpartei
NSFO	Nationalsozialistischer Führungsoffizier
NSKK	Nationalsozialistisches Kraftfahrerkorps
OB, Ob.	Oberbefehlshaber
ObdH	Oberbefehlshaber des Heeres
ObdM	Oberbefehlshaber der Kriegsmarine
o.J.	ohne Jahresangabe
OKH	Oberkommando des Heeres
OKL	Oberkommando der Luftwaffe
OKM	Oberkommando der Kriegsmarine
OKW	Oberkommando der Wehrmacht

o. O.	ohne Ortsangabe
OT	Organisation Todt
OTL	Oberstleutnant
PA	Personalamt
PKW	Personenkraftwagen
Pers	Personal, Personalakten
Pol.	Polizei
RdF	Reichsminister der Finanzen
RFSS	Reichsführer SS
RGBl	Reichsgesetzblatt
RH	Reichsheer, Heer
RHO	Reichshaushaltsordnung
RK, Rk.	Reichskanzlei
RKR	Reichskabinettsrat
RLM	Reichsluftfahrministerium
RM	Reichsmark bzw. Reichsminister
RMin	Reichsminister
Rpf	Reichspfennig
SA	Sturmabteilung der NSDAP
Sch.	Schutzpolizei
S. kgl. H.	Seine Königliche Hoheit
SPD	Sozialdemokratische Partei Deutschlands
SS	Schutzstaffel der NSDAP
Sts.	Staatssekretär
stv., Stellv.	Stellvertretend (er/es)
T 4	Tiergartenstraße 4
u. d. T.	unter dem Titel
Ufa, UFA	Universum Film-Aktiengesellschaft
v.	vom, vorläufig (bei Aktensignatur)
Verf.	Verfasser
vgl.	vergleiche
VfZG	Vierteljahrshefte für Zeitgeschichte
WFSt	Wehrmachtführungsstab im OKW
W. T. B.	Wolffsches Telegraphen-Büro (auch Wolffs Telegraphisches Büro)
Wv.	Wiedervorlage
z. d. A.	zu den Akten
ZfG	Zeitschrift für Geschichtswissenschaft
zit.	zitiert
ZS	Zeugenschrifttum (im Archiv)
z. S.	zur See
z. Zt.	zur Zeit

Namenregister

Die sich auf den Dokumententeil beziehenden Seitenangaben sind kursiv gesetzt. Der Name Adolf Hitler und die Namen im Anhang wurden nicht aufgenommen.